U0103272

晚明閒賞美學

毛文芳　著

臺灣學生書局　印行

本書承蒙

「洪瑞焜先生學術著作暨
博士論文獎助出版委員會」
獎助出版，特此致謝

龔 序

　　我在讀大學一年級時，頗讀馬一浮先生《復性書院講錄》。馬氏格局弘闊、氣象端凝，文字尤爲爾雅；論六藝統攝一心，且謂六藝之教莫先於詩，均極能沃啓靈明，令人神往。其中詩教云云僅舉《禮記·孔子閑居》進行釋義，尤其特殊。因爲歷來都只把這一篇視爲儒者論禮的文章。而馬先生談禮教，所舉的，也只是〈仲尼燕居〉一篇。在馬先生的體系中，他很強調「舉一詩而六藝全賅」，因此舉〈孔子閑居〉來論詩教、舉〈仲尼燕居〉來釋禮教，當然也就表示這兩篇文獻涵括了所有詩與禮的精義。但如此說經，實與一般經學家迥異，故當時我讀來頗有點摸不著頭腦之感，不免欽其寶而不名其器。

　　厥後治學多歧，達徑亡羊，雖好談群經之大義，而結習所存，終耽吟詠，論文學則偏於生命型態與美感境界。喜歡從體察作者之生命底蘊，去探索主題及心志狀態，了解詩家文人對存在的看法；再由作品的體製、語言構成，去說明美感意境的經營、符號和社會文化的關聯等等。黽勉不已，漸具綱維。昔日誦讀者，如馬先生之書，則漸漸束諸高閣，不復存省。

　　一九八五年我出版的《文學與美學》，所談即屬於前述這兩個路數，可稱爲生命美學和語言美學的部分。到一九八八年出版《文化、文學與美學》時，則在其上加進了文化的面向，主張經由歷史文化意識去理解、感知文學的流變與內涵，也透過文學藝術來省察該文化的

審美意識，形成一種具有歷史文化意識的文學研究，和聯貫文學與美學的文化史學。

但這時我所講的只是具有文化面向的美學，並非眞正的文化美學。眞正體悟到這個路子，是一九九四年寫〈論唐君毅的人文美學〉時，由人文美的涵義談到現代社會中如何進行禮樂文化重建的問題。這個問題，在古代儒家，即稱爲人文化成之問題，所致力者，則爲美風俗，故屬於人文美或文化美之課題。從這個角度去看，詩教與禮教才得以會通，群經大義，亦遂得以與文學藝術相涵攝。

至此我才能了解辜鴻銘將「禮」譯爲 arts 之意，也才能上溯荀子及漢代禮學，重構中國文化美學的譜系；並於一九九八年出版《生活美學》一書，討論中國人如何營造具有美感的文化生活。

在這條新路向的開發過程中，我才猛然憶起：原來馬一浮老早就說過：「辜鴻銘譯禮爲 arts，用字頗好。……善會此意，可以悟得禮樂」（見豐子愷〈桐廬負暄〉）；也早就如我一般，引用〈孔子閒居〉〈仲尼燕居〉以說明美感應體現於日用言動之間。於是深悔讀書之孟浪，並嘆爲學之艱難。

另一個足以令我慨嘆的事，就是毛文芳這本書。

毛文芳聽我談文論藝，想必是吃足了苦頭。因爲我言無端緒，夸誕恢奇雜於樸澀肫篤之間，莫可蹤跡。使得她不得不去石守謙先生那裡加強藝術史的訓練，並幸運地獲得石先生指導，寫成了〈董其昌的逸品觀〉。其後她定居嘉義，論文雖由我掛名指導，實則相見甚難，太半仍須她自己摸索。而她下的是苦工夫，從《四庫全書》的著錄、晚明各式叢輯書籍的分類入手，詳製目錄提要、分類對照，不但考出當時幾部閒賞著作的承襲關係，更進而以「閒賞美學」來概括，指明

那個時代。在這樣的研究中，她的輯比、考訂和理論綜攝能力都很可觀，且已有「足以造論」的氣勢，頗令我刮目相看。

但老實說，我向來對下笨工夫的人缺乏敬意，故於其考訂所得，不免漫然視之。而她造論時又有兩個依傍，一是西方文藝理論、一是大陸學者的晚明研究。這兩個依傍，我都覺得是大有問題的。徵引西方理論以說明末文化，巧則巧矣，用功也夠用功了，但欲求其銖兩悉稱、妥貼明暢，真是談何容易！偶一援引，輒便可商。大陸學者的晚明研究，則經濟史觀氣味濃厚。論晚明，總是要從資本主義萌芽或江南市鎮繁榮的角度去談問題，害得毛文芳這本書也是從晚明奢華風尚、鄉紳階層講起，治絲益棼，非我所喜。因此，總體說來，對於她的研究，我本不敢寄予厚望，心想不過又是一塊敲門磚罷了。

不料這情形就像我們站著看小孩子在沙丘上堆土玩，本來只是看著他們玩玩而已，想不到一會兒忽然堆成了個七寶樓臺，令人訝然。毛文芳這本書其實觸探到了許多過去論晚明時所未及注意的問題。藝術類書籍的著錄、叢輯書刊的分類、相關著作的承襲關係等等，固然是這些新發現的一部分；晚明文人對名物世界的纖細感知、對尊生的態度、對養護與裝飾的經營，以及對花、美女、癖人、遊舫的審美活動，也都是前此少人論及的。而更重要的，是她說明了晚明文人對生活之美的追求。她用「閑賞美學」來指稱當時人審美生活的價值追求，容或仍有商榷之餘地；但美學的研究範疇顯然已被她打開，從藝術品、藝術創作活動、藝術家創造的心靈，移向藝術的生活了。

她在進行這項研究時，正是我覃思文化美學生活美學之際，異曲者同工，故更覺得有意思。她的發現也對我頗有啟發。在臺灣的美學研究史上，過去表現得最好的，是生命美學之闡述（詳見林素玫、孫

中曾與我合著的《美學在臺灣的發展》一書。1998，南華管理學院出版）。而現在，那本書應該再加上一個續章，談談生命美學、語言美學之外的文化生活美學。毛文芳的研究，即是這個章節中很好的一個開端。在各別問題的處理上，它當然未盡妥善完滿，但凡事肇端為難，開發一個新的論域並不容易，這樣的成績仍然是應該珍惜的。

　　不過，本文一開始即談到馬一浮先生的例子。馬先生的卓見，成於一九四○年左右。當時即有此等見解，惜無繼起者為之宏闡發皇，致使這條思路寂寞至今。唐君毅先生所論人文美學之義，成於一九七○年代，而嗣響也不易覯。學術史的發展，並不只是靠某一二人、某一二處孤明先發，靠的是繩繩不絕的努力，並從前行者身上找出持續發展的可能性。因此我不但期望後來者能賡續鑽研文化生活美學的奧義，也希望毛文芳能上徵禮樂之教、溯考往哲遺說，而宏闡於方來。是為序。

中華民國八十九年二月於佛光人文社會學院

龔鵬程

謝　誌

　　曾經有好友說，我是一個處事端凝嚴肅的人；但我又一直嚮往放曠逍遙的生命型態。這樣的游移與矛盾，幸而，未將我變成一個「苦悶的象徵」。「才人之行多放，當以正斂之；正人之行多板，當以趣通之。」晚明陳眉公的這段綺語，正好道盡了我十年來生命追索歷程的微曲。

　　嚴肅的學術磨練中，我選擇「董其昌的『逸品』觀」與「晚明『閒賞』美學」作爲碩士與博士的主力論題，也是基於這樣放與正、板與趣的折衷與調和。這兩個佔去我人生黃金歲月的學術論題，與我過往十年的人生體驗與思惟緊密地結合在一起。

＊　　　＊　　　＊　　　＊　　　＊

　　我的恩師龔鵬程教授，一直指導、見證並包容著我這樣的學思歷程，他在文化事業永無停歇的忙碌隙縫間，總能賜予我乍現即逝的寶貴靈光，收執無數點寶貴靈光的火亮，我逐漸將之燃成巨燭。龔師給我的最大啓引，不只在問學的技能上而已，更要透過與古人對話，來觀察與感受自己身處的時代，有了這種認知，學術研究的生命始能永不枯涸。

　　除了龔師之外，十年來，對我論文研究影響鉅大的，是我私淑的臺大藝研所所長石守謙教授。數百個日子裡，與眾人擠身在臺大藝研所的研究斗室中，聆聽石老師帶領著研究生對問題抽絲剝繭、反覆致

問，進行縝密的腦力挑戰，無疑是我最覺過癮的一件事。在此，特別感謝他指引本書一個極重要的思考方向，當初盛意借我英國學者 Craig Clunas 撰寫的 *Superfluous Things (長物): Material Culture and Social Status in Early Modern China*，這部經典論著對本書架構的思惟與形成，有極大助益。

感謝邱燮友、曾昭旭、呂正惠、陳萬益諸位教授，在口試過程中，賜予本論文多種角度的指正；感謝邱燮友、顏崑陽、袁保新以及陳郁夫諸位教授，在百事繁忙中，優先完成我的論文初審；感謝母系蔡所長宗陽與郭助教對我畢業申請煩冗雜務的無比寬容與鼎力相助。

＊　　　＊　　　＊　　　＊　　　＊

論文撰寫期間，承蒙吳鳳工商專科學校李旭光董事長慷慨允借研究室，讓我能在南臺灣美麗的校園與完備的設施中，順利完成論文，謹此致謝；淑媛、放之兩位摯友兩年來遇事的大力協助，以及電機科老師們的親切熱忱，均教我銘心不已。

＊　　　＊　　　＊　　　＊　　　＊

最後，我要感謝父母給予我的細心培育，以及對我精神上始終不斷地期勉與鼓舞、亦感謝忙碌的妹妹與妹婿經常的關懷，遠在德國柏林深造的弟弟，透過網路的空中對談，於我極有砥礪切磋之功。我還要特別感謝多年來在背後一直支持我，並默默為我擔負起育兒重責的公公與婆婆，他們用待女兒之心給我這個媳婦最大的包容與疼愛；感謝相知相惜的外子，對我體貼入微的顧憐之情，長久以來，他以隻手為我擎起一片自由天空，任我遨翔；感謝兩個小女兒為我帶來生命成長時時的驚喜。……友人喜愛暱稱我為「幸福的女人」，我在溫暖的家族裡，備受呵護與寵愛，深刻地體驗著幸福的滋味。

　　我將多年來由師長、家族、朋友處所得到的學識、親情與友誼，收納在人生的聚寶盆中，現在，該是我要捧著這個聚寶盆，四下散寶的時候了，面對這些永遠報答不完的恩情，我也只能用轉移回饋的方式，勉力以赴而已。

　　　　1997 年仲夏蒲月　嘉義綠樹蟬鳴（博論完稿誌記）

補　誌

　　再度閱讀上篇「謝誌」，距離寫成之時又忽忽過了兩年。承蒙「洪瑞焜先生學術著作暨博士論文獎助出版委員會」的慷慨贊助，以及龔師與臺灣學生書局的鼎力支持，拙作始得以出版與學界同好見面，內心充滿無限的感激。

　　本書已非博士論文甫出爐之原貌，其中約半數左右的篇章業經修改調整，已陸續發表刊登於國內學術期刊*，本書可看作是一冊環繞著

---

*　　本書若干章節曾陸續發表於國內學術期刊，依序臚列如下：

　　〈晚明文人纖細感知的名物世界〉，《大陸雜誌》95:2（1997.08），p.1-8。

　　〈晚明閒賞美學之品味鑑識系統〉，《國立編譯館館刊》26:2（1997.12），p.239-264。

　　〈養護與裝飾：晚明文人對俗世生命之美感經營〉，《漢學研究》15:2（1997.12），p.109-143。

　　〈花、美女、癖人與遊舫：晚明文人之美感境界與美感經營〉，《中國學術年刊》第 19 期（1998.03），p.381-416。

　　〈晚明美學之主體體驗的美感型態〉，《國文學誌》第 2 期（1998.06），p.335-382。

　　〈閒賞：晚明美學之風格意涵析論〉，《中正大學中文學術年刊》第 2 期（1999.03），p.23-50。

「晚明閒賞美學」爲中心課題的論文結集。

*   *   *   *   *

　　晚明實在是個令人著迷的時代，不僅其有著迥異於前朝、具特殊處世態度的文化主流階層——文人，以奇異身姿向筆者頻頻召喚；也由於其中包含了許多新穎、且富現代感的時髦議題，如：消費型態、女性意識、圖像世界、商業贊助、出版熱潮……等，因爲這樣的傳統召喚與強烈的現代感，筆者常常得以透過研究工作的展開而出入古今、游移於傳統與當代，進行各項對話。

　　筆者目前正持續展開晚明時期的相關研究，慶幸有學界前輩如陳萬益、周師志文、曹師淑娟、顏天佑等教授師長爲我指點迷津，殷殷勸勉與提攜；亦有治學嚴謹、屢有學術創獲的王鴻泰、巫仁恕、楊玉成等教授學兄不吝砥礪切磋，使筆者的學術熱力得以不減。拙著的出版，是筆者學術研究里程的一個鮮明紀錄，期盼能爲晚明文化研究，略盡棉力。

2000 年暮春桃月　中正校園紫荊花季（一刷誌記）

三　誌

　　筆者非常幸運，1997 年取得博士學位，翌年便榮獲「洪瑞焜先生學術著作暨博士論文獎助出版委員會」獎助，得到臺灣學生書局青睞出版，開啓筆者後續各類編撰委由書局優質出版的善緣。拙著《晚明閒賞美學》列入書局規劃的「中國文學研究叢刊」，當時採用臺靜農教授一幅以屈騷「紉秋蘭以爲佩」行書題句的墨蘭圖作爲叢刊封面。

臺老以方折字體末署「歇腳盦」，此為先生溫州街之卜居，復用一枚同名的篆體白文朱印鈐於字旁。書畫題鈐灑脫簡淡又充滿動勢，而幽蘭墨印則散發出隱形香氛，直寫書名「晚明閒賞美學」一如立體匾額懸於右端，與書名的意象頗為相俟，墨綠二色的深淺層次相互搭配，整體風格清新脫俗。拙著是這款封面設計「中國文學研究叢刊」首部上市的書，能率先獲得臺老書畫墨寶作為與讀者見面的優雅衣冠，真是筆者與拙書之鴻福。

＊　　　＊　　　＊　　　＊　　　＊

　　學生書局的超級編輯蕙文小姐不久前來函告知：「《晚明閒賞美學》準備二刷了。」2000 年初版一刷 1000 冊，另有精裝 100 冊，悠悠忽忽的，竟賣了 22 年！平均每年 55 本、每月 4～5 本售出，這種蝸步的銷量，自然難敵動輒上萬冊的流行暢銷書。不過，透過這部學術專著，筆者卻締結了不少知音。首先，2000 年拙書甫出版，即獲得何國慶先生關注。何董經營建設公司成功，富而好禮，侍親至孝，於 1995 年即以書法家父親名諱在臺北創立「何創時書法藝術文教基金會」，發願推廣書法以弘揚父親遺志，並陸續購藏兩千餘件價值不菲之明代稀珍尺牘、畫蹟與古籍，慷慨大度策展印書，俾其購藏有功於世。何董聘請書法家吳國豪史學博士擔任基金會主任研究員，以其專擅之書法史素養董理珍稀藏品之研究整理與展覽推廣等事宜。拙著出版不久，筆者即接獲何董來電相詢，遂與國豪研究員聯袂南訪，相談甚歡，由此建立長達二十年友誼。當初承蒙何董慨賜《許力臣給諫小影》與《峴山逸老圖》二卷畫蹟高清圖版，今年又得見黃媛介《為月人沈夫人畫冊》，俾筆者得以陸續展開明清畫像系列研究，得與何董、吳兄因書結緣，誠為筆者津津樂道、永銘不忘之平生盛事。

＊　　＊　　＊　　＊　　＊

　　拙書一刷 1100 冊幾已售罄，即將進入二刷，意味著拙書擁有購書者已超過千人，若再加上歷年借閱者，讀者數量應該遠遠超過 1100 人！筆者揣想著這個數字對應的讀者群何在？22 年來，如上述何國慶董事長因留心書畫拍賣市場的晚明尺牘珍品而對拙著產生興趣的鑑藏家，畢竟是少數，讀者大概以成果相互觀摩的國內外同道學者居多。筆者曾偶遇幾位海外學者或博士生來函詢問購書事宜，確與其研究課題有關。前幾年，浙江溫州一帶有個購書網曾經協助讀者向臺灣學生書局訂購大批拙著，書局當時特邀筆者前往書局一趟，爲這批訂書親筆簽名，這群讀者多爲中國古代文學的研究者，或者業餘有興味的愛書人。筆者亦曾偶然間發現一本臺灣建築雜誌，隨意翻覽一位建築師的專欄訪談，附有一張照片，在建築師家宅客廳沙發旁的一座小型書架，赫然擺著幾本書，拙書赫然在列，與其他園藝及室內設計的書並置，讀者是位建築師呢！更喜悅的是，2013 年 9 月，筆者赴首爾高麗大學開會，會後有幾位關注明清文化的韓國教授們攜帶拙作前來相識，並請我簽書，在重洋外如此遇會異國讀者，讓我受寵若驚。與研究朝鮮漢文化的韓國學者因書及人進而締結善緣，無疑爲筆者後來的韓國漢學研究揭開序幕。

　　過去 22 年本書的讀者群包括：收藏家、建築師、業餘愛書人、韓國漢學教授，以及大量國內外同道學者……，能與超過千位的國內外讀者締結書緣，相濡以墨，今昔對話，異地共感，默合契會爲天涯知己，是筆者的知遇之恩，於此深致謝忱。殷殷期待下一段默契結緣之旅……。

＊　　＊　　＊　　＊　　＊

　　三度補寫「謝誌」，距離一刷出版已 22 個年頭，再回看 25 年前博論完稿送印前的致謝親人名錄，最摯愛的慈父慟逝於今年元宵後二日已升天爲佛，再前推 5 年間，待我如親生女兒的寬仁婆婆、公公亦相繼歸返上帝的懷抱。筆者得天獨厚，作爲毛家第一個女兒，深獲慈父一甲子哺育教養之宏恩；作爲夫家賢慧但不典型的子媳，亦領受著憫愛公婆半甲子之大惠。四分之一世紀的光陰如梭，黽勉於學術耕耘的我，曾以人文才智與襟懷爲娘家、夫家兩個家族的重要儀典蒐理文獻、推動成員執筆書寫以存留史蹟，進而匯纂編輯成冊，期盼對家族存史的用心能對在天之靈的慈父及公婆沒有愧怍！

　　時時爲我帶來生命成長喜悅的一雙小公主已蛻變成優雅淑女，專擅語言的姊姊在韓國高麗大學攻讀西、韓、日等歐亞語文，當醫師的妹妹即將負笈前往美國哈佛大學攻讀碩士學位，如明珠雛鳳般的寶愛女兒們，將繼續烘焙可塑性高的品味人生。而三十多年來始終「以隻手爲我擎起一片自由天空，任我遨翔」的外子，一直孜孜矻矻勤勉於行政，由系主任、總務長、教務長、主任祕書到現職副校長，貢獻半生心力給服務機構的他，已過花甲之年，近來利用公暇復習孩童時期跟隨父親入出果園的農藝，整治庭除，調木植樹，蒔卉弄草，成爲快樂的灌園叟，爲將屆的退休生涯鋪路轉身。感謝外子沒有忘情，始終樂爲我撐起白雲藍天，儘管要迎接無可避免之視茫髮蒼與齒牙動搖，唯願《晚明閒賞美學》如此豐盈啓益人生的文史研究與撰述，能成爲筆者青春永駐的不老活泉。

　　　　2022 年季夏荔月 民雄書房之向陽軒窗（二刷誌記）

博士口試的那一天（代序）

　　一九九七年六月二十二日，是我人生中極爲重要的一個日子，披戴著臺灣仲夏炎炙漫灑的金色陽光，我趕赴博士論文的口試會場。會場上即將群聚數位學界的知名學者：包括我的指導恩師龔鵬程教授、主考官曾昭旭教授、於晚明研究對我指導勸勉有加的陳萬益教授、以及邱燮友教授與呂正惠教授。

＊　　＊　　＊　　＊　　＊

　　透過後照鏡，我看到把著方向盤的計程車司機，皺著鼻子，尋問香水的來源，未抹香水的我和媽媽用力吸了幾口，上下左右，疑惑地在一方小小的車體中四下張望，我嗅出了是哈密瓜，司機說：「再怎麼樣，我也不會去吃那種搽了香水的果子」，這位運將有著個人鑑賞水果的特殊品味。

　　「搽了香水的哈蜜瓜」，與南洋水果榴槤，對臺灣住民而言，在怪味的層次上，是不一樣的。說榴槤怪味，是指榴槤具有一種令人鼻息不悅的臭味，就好像「臭豆腐」給人錯綜複雜、又愛又恨的味覺型態一樣。但是哈密瓜的味道，就大不對勁了，因爲香水與脂粉俱在，是人爲的，不可食的；而水果則是自然的食物，將不可食的女人香水加在可食的自然水果中，就是不對勁的怪味了。由於我一心掛懷我的博士論文——十七世紀明人之閒賞美學，不由得揣想著這名運將對哈密瓜鑑賞品味的來龍去脈。

　　清晨走過酸餿撲鼻的中壢市街,那一堆堆多日來處理不掉的垃圾,在盛日溽暑中,快速蒸養著蛆體。二十世紀末的臺灣,有如何的環境可供人們從容地閒賞?我厭煩地想著。但是後來臺北遇到的那名計程車司機,在隘窄的車體中,還能自如堅持他對哈密瓜的鑑賞品味,我由衷地歡喜著。看來,垃圾四佈的髒臭市街與堅持不苟的水果鑑賞品味,在矛盾扞格中融和,還有那麼一點環境與心境相互辨證的意味。

＊　　　＊　　　＊　　　＊　　　＊

　　近世黑格爾申闡辨證法,認為任何一種觀念,常涵正反兩面而形成矛盾,必以較高級之思想融化綜合之,是為正－反－合,但該觀念既經融合之後,又產生新矛盾,必賴更高一級之思想來融化綜合之,如是遞衍上進,乃得發展。故觀念之在低層級者,其思想內容疏簡,愈往上則其所含之矛盾愈多,而其內容亦愈豐富,由此法來展拓觀念思想者,謂之辨證法。自早期希臘哲學家芝諾、柏拉圖、亞里斯多德以降,辨證法在哲學領域中,一直是件推究真理觀念的方便利器。執此法,吾人可據以察鑑一切人文社會現象,乃至觀照個人生命遞展的趨向。

＊　　　＊　　　＊　　　＊　　　＊

　　口試進行到雷聲隆隆響起、西北雨豆大的水點颭拂文學院大樓的透明窗之際,我的指導恩師龔鵬程教授正在作精彩壓軸的闊論。他用辨證法的思惟為我的博士論文作最後一度、也是最全面的修葺——

　　古典與浪漫,在本質上是互斥的,文震亨(1585-1646)的《長物志》中,舉凡書齋生活等一切用物,處處皆標榜古典樣式,古典樣式是要在傳統中尋找古人之規矩;但是稍晚的李漁(1611-1677),卻又

時時要獨出新裁，創古人所未有。譬如他爲湖舫設計一款便面（扇面）洞窗，借湖景入舫，坐於其中，則兩岸之湖光山色、寺觀浮屠、雲煙竹樹、以及往來之樵人牧豎、醉翁游女、連人帶馬，盡入便面之中。隨著湖水波盪，搖一櫓，變一象；撐一篙，換一景，可收扇幅中風景變幻之奇。這樣的求奇求變，是浪漫的。「古典」的規則與「浪漫」的奇變彼此矛盾互斥，晚明文人一方面要建構古典美感，另一方面又要去創新求變，他們如何彌縫古典與浪漫（性靈）之間的隙縫？這是值得以辨證思惟探討的問題之一。

晚明文人重視尊生，強調俗世中個體生命的養護，是「重世俗」的；但是他們又排斥現實社會責任的羈絆，喜愛往遁山林，熱衷隱逸生活，強調古雅的價值，這一點又是「反世俗」的。明人如何調和「重世俗」又「反世俗」的矛盾文化意識？這是值得辨證思惟的問題之二。

說到古雅，就要素樸自然，平淡天眞，反對巧飾，所以具「反裝飾性」，但是他們又以戲劇的觀點，處處注意生活舞臺之形象經營，以隔離的美感包裝平凡的生活，講究生活的「裝飾性」，他們如何在審美的生活中，既求「裝飾性」，又要「反裝飾性」？如何來融匯二者之間的矛盾與互斥？這是值得辨證思惟的問題之三。

* * * * *

身著唐裝，甫從佛光大學的議事會場抽空抵達的龔先生，是這一生對我影響極深極遠的人師。他青青的年紀常不自覺地拉近學生與他的距離，可是根柢紮實、繁複綿密、敏銳犀利的問學功夫，卻讓學生如望一座高山、如臨一座深淵。在他的教授下，不管是思慮順捷的、資質駑鈍的、還是態度輕鄙的學生，都染患或多或少的「懼龔症」——

一種隨著老師步伐走近而心跳加速、腦筋凝固、舌齒打結的症候群，這種症候群會因對老師欽慕效尤程度的多寡，而有重有輕，許多初識龔師的學生，共有如此夢魘。我後來想通，這種夢魘的根源，在於我們與老師之間存在著一道很深的鴻溝，一道鴻溝將老師異於常人的生命氣性與我們判然隔開。由於年少得志，龔先生在眾人面前，總是執著奮發圖作、意興風發、銳不可當之儒家氣性的時候居多；但有時在私密的場合又不免塘畔觀柳、放歌舟流、呼嘯穿林的道家情懷；「不平則鳴」爲他帶來爭議，也爲他贏得掌聲；他有理性之心能觀察時局，也有易感之心可以賦詩；指掌可以舞拳，也能援筆立就一手文人好書；他有一夫當關的嚴正膽氣，亦有嬌柔女兒騎馬肩上的溫情；他有極細緻與古人對話的才力，卻經常被現代科技產品擊敗；他對俗事時顯不耐，卻一肩挺負世俗之業；他喜好與學術巨人往覆辯難，又自承寧爲一眞小人，不爲僞君子。

　　與龔師結識八年，直到雷雨大作的這個仲夏午后，口試會場中寧靜地流盪著老師一波波抑揚有致的思惟聲浪，我才從一團糾結許久的迷霧中豁地走出，原來老師的生命質素中，帶著融匯了正反矛盾、相反相生的辨證性，正因爲生命具有這樣曲折往返、推演遞進的精神，他才能勇於顛覆傳統、挑戰權威、建立典範。終於，我用他的生命氣性懂得了他的思惟模式，也因他的思惟模式，而愈發懂得老師的可敬與可愛。至此，「懼龔症」一掃而去可矣！

　　　　　＊　　　＊　　　＊　　　＊　　　＊

　　其實，在探索人生的旅程中，每個人的生命氣質都帶有若干的辨證性吧！一味地爲理想執著，或者，就乖乖地與現實妥協，能如此截然二分的，畢竟不多，人們總是在理想與現實的折衝中，匍匐前進。

這是自己與外力諧調的過程，即便是個人內在的小宇宙，也時時充滿著歌行體般的辨證旋律。在我的生命中，兩極化的氣性交相運作，始於研究生涯尚未展開之前。芳華歲月時的初戀情人，原先視我爲月中遙不可及、冷若冰霜的廣寒仙子，繼而又驚訝歎服於我波斯貓般柔枕臂彎的戀執熱情。一位大學同窗曾觀察我，說我是一個處事端凝嚴肅的人，總是用冷眼睢度世物，而我卻一直熱切嚮往逍遙放達的生命型態……。究竟是什麼生命氣質，能同時涵括冷熱相反的情性？晚明陳眉公曰：「才人之行多放，當以正斂之；正人之行多板，當以趣通之」，放之過度，要以正收攝；板腐不堪了，便以趣靈暢通之，生命一成不變者，必枯澀而乏精彩，任性於放與正、板與趣之間悠游與擺盪，陳眉公的這段綺語，貼合地爲我道盡十餘年來生命追索的微曲。

＊　　　＊　　　＊　　　＊　　　＊

擔任博士論文口試的主考官——曾昭旭教授，溫文儒雅、態度悠閒地環繞著論文的「古典情懷」，一步步指引我再去理清「寄」的深層意涵。曾教授說：「古」是過去經驗的積澱，不是一個指涉明確的概念，是主體內在的感覺，必需經過確當繁瑣之揣摩過程，才能說明清楚，古是什麼？我回答：文震亨說是「古式」，傢俱啦！文房器物啦！以合「古式」者爲雅。曾教授問：那麼「古典情懷」又是怎麼樣的一種「古式」呢？文人由歷史積澱而來之美感，推導出古式，選擇性地將其符應於心中，成爲一種情感價值，這必需用方法去釐清，妳找到了晚明文人「古典情懷」的源頭是「古式」，再進一步，「古式」真的就是文人心中審美的終極標準嗎？究竟文人心中最高的美學標準是什麼？具備了什麼性質？我回答說：明人回到歷史中去找尋人物定點，以這些定點人物的風姿與展現作爲審美標準。曾教授說：但

他們不見得眞是要回到唐宋去作白居易、蘇東坡，或是回到東晉去作謝安、陶淵明吧？我回答說：他們要「寄」。曾教授爲我理出了問題的層次，畢竟晚明人心中是有一個標準在，這個標準不只停留在白、蘇、陶、謝，必需越過白、蘇、陶、謝這些「寄體」，放下外緣，直陳寄體所指，透過這個方式，才能眞切掌握住晚明文人審美標準的終極——「古雅」。

*　　*　　*　　*　　*

我的父親是耿介的軍人，母親是勤勞家計的職業婦女，清儉家庭的長女身分，是我早熟內斂性格的源頭，從小我就有極強的自制力，約束自己與弟妹，不能有越矩犯規的情事發生。自中學開始，叛逆青春的宣洩處，只在綺麗的幻夢與初戀的情書中，夢外現實的我，仍是乖巧，這眞是我的人生最爲板正的時期。到了大學，雖進了心目中的第一志願，對中華文化抱著崇偉的理想，然年少收拾得很好的輕浮，全在此時迸發了出來，對學問因認識粗淺而鄙視；曾經瞥見一位攻讀數年有成的女博士，因自恃年輕，竟被她垂老背駝，枯槁慘淡的形色所驚嚇。那時的我，用繪畫、箏樂、舞蹈的學習，以及多種社團活動的參與，甚至恣意虛擲的浪漫，對學問作柔性的抗拒，我由板正，刻意地走向放達。

然而根柢淺薄的放達路，因空洞貧乏，所以走得並不適意逍遙，我一度懷念起那個垂老背駝，枯槁慘淡的身影來了。一定有些什麼值得她願意付出青春的歲月與容貌吧！我曾經由板正轉向放達，畢竟又由放達轉回到板正的路了，經此一轉折，我心甘情願地接受嚴格的訓練，心平氣順地埋首在故紙堆中作工，享有心境轉折後的喜悅。雖然碩士讀書期間，曾被西方系統建構的美學理論史嚇阻過，但是從宗白

華到李澤厚等先生的美學進路中，我約略探知了中國美學之所以殊勝的特質，因此到了決定研究領域的時刻，我幾乎是毫不猶豫地確定了中國美學的範疇。碩士論文「董其昌逸品觀念之研究」，我不從繪畫技術層級的神、妙、能三品入手，而從三品外的超然逸品，去把握中國文人在藝術創造精神中的「叛逆」性格。

其實「叛逆」亦就是一種別樣的「辨證」性格，我將自己生命氣質裡的辨證性格，寄託在對中國文藝創造精神之「叛逆」性的研究中。前引曾昭旭教授言「找尋寄體」，我們是應該努力去找出自己生命中的各種「寄體」，藉由找尋寄體背後的因緣與意旨，試圖瞭解蒙昧的自己。我何以要作這些研究？當然有一大堆學術上堂皇的理由，但是研究一旦落實，亦是人生歷程的一部分。學術研究與訓練是嚴謹的，身為二十世紀末的今天，必需在繁華燦爛的現代花園中，墾守一方古代荒蕪的城池，有時近乎是禁閉與酷刑。碩士論文——「董其昌逸品觀念之研究」，是我生命底層中「叛逆」性格的寄體，而我的博士論文——「晚明閒賞美學」，則是我生命中另一個重要的寄體。

董其昌所在的十七世紀，文人們或遊山玩水、尋花品泉、採石試茗；或焚香對月、洗硯弄墨、鼓琴蓄鶴；或摩挲古玩、擺設書齋、佈置園林；無論品鑑書畫鼎彝、山水茆亭，或是欣慕美人的情態，乃至對懶、狂、癖、癡、拙、傲各種偏至人格的激賞，均被當時文人納入美感欣趣的物類範疇中，以成就閒賞審美的生活。由於人口激增而官額有限，大批的士大夫面臨閒置在鄉的處境，然而及第作官的文人，又汲汲嚮往閒適的遊隱生活，「閒」是當時文士的處境與精神追求。生活的本身是繁雜多面沒有統一頭緒的，將十七世紀人們的生活以嚴肅的學術課題對待，這件事本身就饒有興味。

＊　　　＊　　　＊　　　＊　　　＊

　　論文選述期間，我以午時別開古今。早晨到正午以前，我將自己的思緒置於十七世紀，午餐之後，在報紙的覽閱中，回到二十世紀末的繽紛華麗，午睡醒來，又是十七世紀的古人笑貌，黃昏後，回到家，還原自己為一名平凡忙碌的妻媳與母親。在這樣古今交錯的歲月中，有時才讀到晚明劉士龍的〈烏有園記〉，大談紙上造園說，一頓午餐後，就拜讀到漢寶德先生寫史丹佛先生創造名校校園的舊事；有時才讀到高濂《遵生八牋》〈飲饌服食牋〉中，各類食品湯點的製法，翻開報紙，就有大篇幅傳培梅精緻食譜跳入眼中；有時白天才讀到李漁《閒情偶寄》〈聲容〉篇的「選姿」、「修容」、「治服」等篇章，教導明代女子化粧，扮飾與姿儀，晚間電視廣告便響徹美容瘦身的宣言。還有插花、養魚、棋藝、書畫鑑賞、室內裝潢、庭園設計、生活百科常識……等，隔了三百年時空，古人與今人居然也如此雷同地活著，十七世紀的人們，竟然也可以離我們這麼近。

　　三十萬字的論文，探討晚明時期，文人閒適遊賞的生活美學，是我個人在古今對照的學思過程中，一個板與趣、放與正往復調節的產物。儘管學術的課題與研究工作是嚴肅板正的，原來也是可以放曠的靈趣去思考與處理，這完全取決於研究者自己的生命氣質。

＊　　　＊　　　＊　　　＊　　　＊

　　博士學位口試通過的這一天，上蒼為我安排了一場「辨證」思惟的特殊體驗，執著這點辨證的燭光，我彷彿通體照亮了過往如一片渾沌模糊的自己。這個特殊的體驗，不只是經歷了早晨燥熱、過午陰霾轉雷雨、又終將復晴的天氣型態而已，在龔鵬程與曾昭旭兩位先生的問題導引與思想點化之下，我一步步揭開自己論文的盲點所在，更藉

由揭明盲點的途徑，廓清了自己生命成長歷程中，一道道放與正、板與趣的幽微痕跡。我恍然明悟，原來在渾沌蒙昧的人生與學思的道路中，我是以如此辨證的方式一步步走來，以這個方式觀照周遭事物現象，因爲對自己辯證性格的逐漸瞭解，亦明白了龔先生特有的生命情致與學術思惟；於是，坐在臺北大道的計程車中，我能認眞揣想著那名運將對哈密瓜堅執的品味，因而寬容了環境與心境相互辨證的中壢市街垃圾堆。

　　坐在高速公路滂沱大雨下的巴士裡，我的心緒因沈澱而漸次澄明了起來，人生探索的旅程，繼續行進。

晚明閒賞美學

目　錄

第貳篇　晚明美學之風格意涵與範疇定位：
「閒賞」

第參篇　晚明閒賞美學之文獻基礎與探討

晚明閒賞美學的文獻環境：博雜學風
——以《四庫全書》的著錄為考察中心 89

晚明文人纖細感知的名物世界 117

第肆篇　晚明閒賞美學論

第壹篇
緒　論

引　言

　　晚明時期的文人，喜好以能喚引美感欣趣❶的事物與心態，來裝點悠閒無擾的日常起居生活，或遊山玩水、尋花品泉、探石試茗；或焚香對月、洗硯弄墨、鼓琴蓄鶴；或摩挲古玩、擺設書齋、佈置園林；無論品鑑書畫鼎彝、山水茆亭，或是欣慕美人的情態，乃至對懶、狂、癖、癡、拙、傲各種偏至人格的激賞，均被晚明文人納入美感欣趣的物類範疇中，以成就其閒賞審美的生活。

　　以下筆者將以「晚明閒賞美學」此論題所涉及到的幾個問題義涵，加以說明。

「晚明」

　　近十數年來，晚明時期的文化研究在臺灣地區蔚為風氣，專家研究姑且不論，以晚明的斷代研究寫成的專書、學位論文、期刊論文，實不勝枚舉。其中具代表性的文學研究專著如陳萬益《晚明性靈文學思想研究》、《晚明小品與明季文人生活》、曹師淑娟《晚明性靈小品研究》、周質平《公安派的文學批評及其發展》、陳少棠《晚明小

---

❶　牟宗三先生提出「美學的判斷」、「欣趣判斷」來詮釋魏晉劉劭的《人物志》，先生以為《人物志》對才性的品鑑，是美感的品鑑，其中所用的品鑑詞語，皆為欣趣判斷的詞語，先生將美感欣趣濃縮為「美趣」一詞，詳見先生著《才性與玄理》（學生，民78年）第二章〈「人物志」之系統的解析〉。

品論析》、鄭培凱《湯顯祖與晚明文化》、龔師鵬程《晚明思潮》
等，均頗有可觀。除了文學領域的研究之外，其他如早期嵇文甫《晚
明思想史論》、晚近林聰舜《明清之際儒家思想的變遷與發展》、何
冠彪《明末清初學術研究》等為哲學思想研究；早期謝國禎《明清之
際黨社運動考》、嵇若昕撰〈從嘉定朱氏論明末清初工匠地位的提
昇〉、劉志琴〈晚明城市風尚初探〉、晚近巫仁恕撰〈明末的戲劇與
城市民變〉等為社會層面的研究；劉志琴〈商人資本與晚明社會〉等
是經濟層面的研究；西人高居翰（James Cahill）著《氣勢撼人──十
七世紀中國繪畫中的自然與風格》是繪畫史的研究；釋聖嚴《明末佛
教研究》為佛教史研究；林皎宏撰〈晚明徽州商人的文化活動──以
徽商族裔潘之恒為中心〉為地域文化史研究；李國安〈明末肖像畫製
作的兩個社會特徵〉為藝術社會學的研究；劉巧楣〈晚明蘇州繪畫中
的詩畫關係〉為橫跨詩畫的研究；鄭培凱〈天地正義僅見於婦女──
明清之際的情色意識與貞淫問題〉是婦女研究；拙作〈晚明「狂禪」
論析〉是文化影響論的研究；另外『晚明變形主義畫家作品展』、
『明清之際名畫特展』是臺北故宮為館藏之明末畫作所舉辦的特展等
等。

　　學者對於文史、藝術乃至文化課題的研究，本來就有各類各樣不
同關懷的角度與進路，「晚明」是一個學界公認的文化史分期，其大
致起自隆、萬，下至清初，在中國歷史上，代表著一個充滿了變遷意
義的時代，從文化變遷的角度來說，春秋戰國、漢魏之際、唐宋之
際、明清之際、清末民初以及吾人所身處的當代，各自因不同的時空
變數，而成為歷史發展進程中，舉足輕重的關鍵時期，每個時期所面
臨的問題、應對的樣態，以及對後來歷史所產生的影響，亦一一不

同❷。

　　由民初五四新文學運動首開其端，將「晚明」認知爲一個社會文化劇烈變動的時代，筆者在此願藉龔師鵬程的一段文章來簡述這個學術課題的拈出，及其發展：

> 五四新文學運動，乃是一個新文化運動，它既從晚明文學中得到滋養，又從王陽明到黃宗羲、顏元、閻若璩、胡渭的學術發展中，發現了「反玄學的革命」之路，攻擊宋明理學、批判吃人的禮教。……在思想上則排斥玄學，重估反傳統的英雄，對李卓吾、金聖嘆等，深爲景慕；在文學上，又歌頌晚明的浪漫與反擬古，直接以晚明小品做爲新文學的祖宗……晚明，是個社會文化變動的時代，五四時期也是……。不過，五四新文化運動的狂飆，迅即接之以馬克斯思想的輸入，於三〇年代激發了社會史研究的熱潮，晚明這一段時期的歷史與社會文化，因涉及「近代史之分期」、「農民戰爭」、「資本主義萌芽」諸問題，遂很自然地也成爲研究的重點。論者不再像早期那樣集中於個人與流派，或思想與文學之類「上層結構」的問題，而是企圖透過生產關係、階級矛盾來分析社會，解說思想和文學

---

❷　對於中國歷史中文化變遷的關注，乃得自龔師鵬程的啓發。吾師「以創構一中國文化史學的規模自期，欲通古今之變，以究天人之際，而有以處理當代之文化危機也」的學術關懷，爲沈浸於故紙堆中的筆者，注入一股新的研究活力，透過觀察古代來瞭解、進而關懷自己身處的當代，實爲一文史研究者責無旁貸之事，關於文中所列舉的中國幾個變遷時期，參見龔師著《晚明思潮》（里仁，民 83 年）「自序」一文，第 1-2 頁。

的轉變。例如資本主義萌芽、市民社會形成、印刷事業發達、
群眾文學興起、商人地位提高等，都是解釋晚明社會與文化時
常用的概念。……甚至於，經由馬克斯主義的衝擊，也出現了
韋伯式（Weberian）的討論，探究明清之交中國的宗教倫理和商
人精神❸。

總之，「晚明」是五四以來文史哲各界關心時代文化問題者共同思索
的學術對象，這個學術命題之能成立，也因為「晚明」課題本身所蘊
含的豐富性與複雜性。

在「晚明」這樣包蘊宏富、層面複雜的文史哲課題之林中，筆者
嘗試一個新的角度，既不擬由公安的性靈文學、或李贄自由解放等角
度進行詮析，亦企圖避開學界向來之陽明學、泰州學影響論的糾葛，
筆者不再以反傳統的英雄姿態來歌頌晚明文人，亦無意以帝國的崩解
去數落晚明文人應該背負的文化罪狀……經由文獻梳理與考察的過
程，筆者將研究焦點逐漸地轉移至晚明文人的切身週遭，將文人們還
原到自己肯認的文化體系與生活價值中，在繁榮華麗的經濟社會裡，
觀察他們新創的「閒賞」美學風格，體認他們用這樣的美學風格來裝
飾自己俗世平凡的生活。這樣一個以美學觀作為人生觀的時代，似乎
與政廢、黨爭、民變紛至沓來的時代，一下子無法貫聯起來，然而詭
異的是，晚明的閒賞美學，與晉唐宋諸期的美學，彼此所具有的明顯
差異，卻必需要由如此不貫聯的緣由之中，尋求解答。

---

❸　摘引自同上註龔師文，頁 2-3。

「晚明奢華風尚」

袁宏道曾爲明初以來的時代風氣作一簡述：

> 洪永之文簡質，當時之風習未有不儉素，眞至者也；弘正而
> 後，物力漸繁，而風氣漸盛，士大夫之莊重興則如其文，民俗
> 之豐整如其文，天下之工作，由朴而造雅如其文；嘉隆之際，
> 天機方鑿而人巧方始，然鑿不異質，巧不乖理，先輩之風，猶
> 十存其五六，而今不可得矣。（袁宏道《袁中郎集》卷二〈陝西鄉試錄
> 序〉）

時代愈向晚明推進，由於經濟物力逐漸豐饒，文風士氣逐脫離純朴儉
素，而追求人巧浮艷，這個現象從華東江南地區開始❹，江南一帶，
向以文物之盛著稱，由於物產豐富，手工業興盛，經濟發達，故有飾
玩之具的生產與銷售網絡。珠飾玩好等高價品的消費，鼓動著奢華之
風，迎合大眾求新求變的口味與文風同步：「士無蓄而藻繢日工，民
愈耗而淫巧奇麗之作日甚，薄平淡而樂深……師新異而鶩徑捷……」
（同上引袁中郎文），以姑蘇一地爲例：

---

❹　袁宏道云：「竊料今天下浮艷之習，始于東南而漸于西北者，不少珠毛繡縠之
　　飾，玩好茗錯之供，數者皆非北產，而在在有之。」（《袁中郎集》卷二〈陝西
　　鄉試錄序〉）

> 姑蘇雖霸國之餘習，山海之厚利，然其人儇巧而俗侈靡，不惟
> 不可都，亦不可居也，士子習於周旋，文飾俯仰，應對嫻熟，
> 至不可耐，而市井小人，百虛一實，舞文狙詐，不事本業，蓋
> 視四方之人，皆以爲椎魯可笑，而獨擅巧勝之名。（謝肇淛《五
> 雜俎》卷三〈地部〉）

謝肇淛觀察出姑蘇一地的士子與市井小人，均具有富饒都會型態的矯
飾習氣，而商人則更顯出財大氣粗、揮金如土的俗態❺。除了社會昌
盛的娛樂業❻外，表現在飲食與文用兩方面的奢侈，在晚明亦甚受譏
評：

> 今之富家巨室，窮山之珍，竭水之錯，南方之蠣房，北方之熊
> 掌，東海之鰒炙，西域之馬嬭，眞昔人所謂富有小四海者，一
> 筵之費，竭中家之產，不能辨也，此以明得意，示豪舉，則可
> 矣，習以爲常，不惟開子孫驕溢之門，亦恐折此生有限之福。
> （《五雜俎》卷十一〈物部〉）

---

❺ 《五雜俎》卷四〈地部〉云：「富室之稱雄者，江南則推新安，江北則推山右，
　新安大賈，魚鹽爲業，藏鏹有至百萬者，其它二三十萬則中賈耳。山右或鹽，或
　絲，或轉販，或窖粟，其富甚於新安，新安奢而山右儉也，然新安人衣食亦甚菲
　嗇，薄糜鹽虀，欣然一飽矣，惟婚妾，宿妓，爭訟，則揮金如土。」

❻ 謝肇淛言：「金陵、秦淮一帶，夾岸樓閣，中流簫鼓，日夜不絕，蓋其繁華佳
　麗，自六朝以來已然矣。」（《五雜俎》卷三〈地部〉）言江南娼妓業之興盛，
　另《戒庵老人漫筆》卷三〈供閒選勝各八〉條，提出了八種賭勝之娛，謝肇淛亦
　提出種類繁多的博戲（《五雜俎》卷六〈人部〉），王季重甚至作《奕律》以規
　範不服賭博意味的輸棋者。

富室飲食獵奇蒐珍四方的風氣，可見一斑，至於文人文書紙品之奢侈，可以晚明權傾一時的宰相張居正爲例：

> 書劄至用銷金大紅帖，奢巳極矣，聞江陵盛時，餽者用織錦，以大紅絨爲地，青絨爲字，而繡金上下格爲蟠龍蟠曲之狀，江陵見之嘻笑，不爲非也，江陵振厲有爲，不甚通賄賂，獨好華整，人以此求媚，理或有之，要亦駭甚，如此權勢，何不率先儉樸，而爲人所窺乃爾。（朱國禎《湧幢小品》卷十五〈織錦劄〉條）

張居正喜好華整文飾，平日以銷金大紅色帖書寫函劄，人以紅地青字之絨、繡金蟠龍圖案之織錦爲饋贈，當時政府部門公文送往，偏好選用寬尺幅且上等材質的羅箋，已蔚爲時尚[7]。

　　衣食無虞的富裕生活下，大眾普遍欲首先追求者，已如上所述，無非是提高生活水準，粧點週遭環境的物質層面，繁盛的娛樂業、珠飾玩好之具、珍奇異饌、上等的箋函等等，富貴勳戚之家，便努力經營這樣的生活：

> 在長安一勳戚家看菊，高堂五楹，主客几筵之下，盆盎密砌，間色成列，凡數百本，末皆齊正如一，無復高下參差，左右顧

---

[7] 　郎瑛記載曰：「予少年見公卿剌紙，不過今之白槀紙二寸，間有一二蘇箋，可謂異矣。而書柬摺拍，亦不過一二寸耳。今之用紙，非表白槀羅紋箋，則大紅銷金紙，長有五尺，闊過五寸，更用一棉紙封袋遞送，上下通行，否則謂之不敬。嗚呼！一拜帖五字，而用紙當三氂之價，可謂暴殄天物，奢亦極矣。」（《七修類稿》卷十七〈義理類〉「剌紙」）可見得當時公文用紙之奢費。

盼，若一幅霞箋然。既而移觴中堂，以及曲房夾室，迴廊耳
舍，無不若是者。孌童歌舞，委蛇其中，兼以古畫古器，琴瑟
圖書，縱橫錯陳，不行觴政，不談俗事，雖在畫欄朱拱之內，
蕭然有東籬南山之致，蓋生平看花極樂境界。（《五雜俎》卷十
〈物部〉）

古畫、古器、琴瑟、圖書、盆花、歌舞，這些可以金錢換得的物質，
縱橫錯陳地與華麗的堂室迴廊相互輝映，邀來四方賓友，宴飲於人工
欄拱內賞菊，妙得東籬自然之致，透過古物的收藏賞鑑❽，富貴之家
汲汲營造出「不俗」的審美賞鑑生活。

南都數年前，一時人物之盛，勳舊之賢，如襄城伯李公；通材
重望，如少保黃公；學行老成，如都御史吳公；得大臣體，如
侍郎徐公、通政陳公、尚書黃公；詞翰艷發，如少卿楊公；志

---

❽ 袁小修曾紀錄過訪友人君御家的古董收藏陳設：「（君御九芝堂）門內太湖石
一，峰可丈餘，玲瓏竦秀，訊之，乃金陵徐氏東園鳳凰山上主峰也，徐氏乞君御
文，以此潤筆。堂上畫一軸，乃僧傅古畫龍，上有班恕齋題長歌，畫法甚古，歌
亦妍妙……案上百乳罏一，豆一，古哥窯罏一，古瑟一，遍體牛毛斷，間以梅花
圈，捫不留手，微作殷紅色，腹內隱隱有『貞觀二年蜀僧某』數字……卷有周昉
美人調鸚圖，子瞻竹一卷，魯直贈周彥長歌一首，徽宗荔枝圖，坡仙戇蹟圖，子
昂筆，豐考功竹一卷，仇十洲擊梧圖，畫有北宋人山水一幅……梅花道人竹一
幅……又公望山水一幅，朱澤民仿郭熙山水一幅……錢舜舉蒲萄花鳥一幅，趙千
里東作圖一幅，戴文進山水一幅……日已暮如沈文諸公者，皆未暇觀……。」
（《遊居柿錄》第五十九條）由以上收藏清單似的紀錄看來，袁之友人君御必為
富貲之人。

勤修纂，如學士周公，皆有足稱。他如祭酒陳公之教條規矩，
終始不渝；尚書魏公之清修雅尚，可以廉貪敦薄，要皆無媿士
論。（葉盛《水東日記》卷二〈南都人物之盛〉）

如葉盛所述，除了皇族勳戚之外，南京一帶向來的人物之盛，諸如通
材、學行、大臣、詞翰、修纂等，均爲文人類型，文人由文字文學傳
統滋養而來的人生觀與價值傾向，表現在生活中，自然散發著優雅的
審美韻致，這在晚明經濟繁榮的社會中，亦成爲大眾追求生活品質的
典範。

「鄉紳階層」

　　明太祖將漢家天下由異族手中取回，其立國精神與制度規模，無
疑地要直追兩宋，然而就宮廷文化品味的角度而言，宋代趙姓君主是
貴族出身，而馬上爭得天下的明太祖洪武卻出身草莽，由貴族所主導
的文化品味傾向精緻與脫俗，吾人由兩宋的繪畫可見一斑；明洪武畢
竟來自鄉野，喜好熱鬧的雜戲、艷彩的繪畫，由庶民皇帝所主導的文
化品味，傾向俗麗與繁縟。這是對宋明兩代以宮廷爲主導之文化品味
的粗略比較❾。晚明時期的文化品味是承接著明代前期的俗麗與繁
縟？或是轉接了宋代的清雅與脫俗？這樣的設問，不免過於簡化了一

---

❾　關於明代由平民身分獲得天下的皇室性格，與自來即爲貴族出身的宋朝王室，有
　　明顯迥異的品味，詳參石守謙著〈浙派畫風與貴族品味〉（收入《東吳大學中國
　　藝術史集刊》第十五卷）一文。

個時代的文化現象，無論是俗麗繁縟，還是精緻脫俗，這樣的答案，並非筆者所能滿足，真正要緊的是，當時文化品味已由明初宮廷的主導轉移至文人階層身上，而「文人階層」的實際內涵為何？由貴族到庶民、由宮廷到文人、由俗麗到雅緻的演變脈絡中，晚明時期文化品味所具有的雜揉性，是要由文人（鄉紳）階層的分析中加以理解，這個階層具有前代所沒有的特殊性，這個特殊性為晚明的閒賞美學帶來迥異的時代特性與意義。

明中期逐漸形成的「鄉紳」是中國近代鴉片戰爭、太平天國等清末政治上的要角，因此探討晚明至清初中國社會結構與統治規模的共同話題，是「鄉紳」。日本漢學學者在這方面有相當豐碩的研究成果，檀上寬〈明清鄉紳論〉為日本漢學界自戰後到八〇年代的「鄉紳」問題研究，分階段地作一鳥瞰並給予評價。以下依據壇上寬之文，對此問題稍作解說❿。

「鄉紳」論並非個別研究之歸納結果，而是由關心明末清初歷史分期的方法論中所產生。「鄉紳論」大抵與土地制度、國家權力、階級統治等諸項問題互動討論。與土地制度相關者，是由商品經濟影響地主制的時代特點來說，明中期以後，由於家庭手工業發達，原來家長式的奴隸制度解體變質，佃戶相互形成地域共同體（即以地主為中心的村落秩序），鄉紳對佃戶實行政治性支配，從此形成了中國特有的土地所有制，甚至這個支配關係，透過施行地丁銀制，貫徹到了國

---

❿　日本學者檀上寬著〈明清鄉紳論〉，有主題地將戰後到八十年代的日本學者論文作細微的討論，收於劉俊文主編《日本學者研究中國史論著選譯》「第二卷　專論」頁 453-483，北京中華書局，1993 年。

家權力中。地丁銀的賦役改革，意味著國家的基本控制對象，從「戶」轉換到「田土」上來。

至於國家權力方面，學者討論的焦點在於國家權力對鄉村的統治，與里甲制共同體機能之間的相互關係上。有的學者以為里甲制是國家承認農村現有的各種階級，身分關係，更將其強化，認為鄉村已存在具體的重層統治關係；有的學者則持相反意見，認為里甲制若無國家權力的參與，共同體無法成立，國家通過此制來建立統治關係；有的學者則直接提出有力證據，證明國家權力介入保障水利、通過改革賦役制度，使地主與佃戶關係得以維持。

對於「鄉紳」階級結構的考察，有的學者將「鄉紳」當作在野之中間諸團體的統率者，是官民的媒介，其舞臺在社會；有的學者認為「鄉紳」是統治者、支配者，其舞臺在國家。有的學者著眼於秦漢以來村落結構勢力變遷的觀點，認為「鄉紳」是國家權力優越干預的結果，故仍是官僚主義的產物，是準官僚。較折衷的學者，則要破除國家、社會分離之說，承認國家權力的滲透，「鄉紳」是村落內的權力掌握者，國家權力與其維持不即不離的關係，有時可結合地方佃耕農等一般村民共同抵抗，有時也與國家權力相同利害；其一方面是官民媒介，另一方面也可能是國家權力的磁場部署。

採取折衷說法的學者，必然體認到晚明文化現象中士大夫的不穩定性，明末的黨爭最可說明這樣的現象。據宮崎市定之說，就利益觀念而言，晚明士大夫階級本身不是一個穩固安定的階級，這與六朝、唐代的中世紀貴族大不相同，他們有時團結，有時不惜前後左右傾軋造成嚴酷黨爭。為了確保自己的地位，可以向上勾結內廷宦官，出現

閹黨；或是向下結合民眾而利用之，成了民眾運動⓫。

　　以上是就社會運作的角度來看「鄉紳階級」。至於「鄉紳階級」究竟包含了那些人？重田德認爲，「鄉紳」又稱縉紳、紳士、鄉官、邑紳等，「鄉紳階級」包含鄉居的休退職者（按中國官僚制，任職地以迴避出身地爲原則），亦納入官僚預備階段之科舉資格取得者、舉人、生員等具有特殊權力如優免稅役者，由於紳民可免役，因此投靠、詭寄於其翼下的富民、百姓可壯大其社經勢力，明末土地兼併之勢極爲嚴重，貧民不得寸土，縉紳之家連田以數萬計，國家所給予的免役特權促使鄉紳階層的形成。他們爲鄉黨眾望所在⓬，卻於地域社會中獨佔經濟、政治、文化，在集權制度下，強化事實上的分配，成爲「鄉紳支配」的架構⓭。宮崎市定著眼於「士大夫精神性」的觀點，注意到蘇松一帶對仕途絕望，歸鄉歸里的士大夫，形成「市隱」⓮的風氣，「市隱」的鄉里批判，制約著士大夫的行動；酒井忠夫亦持同樣觀點，士人作爲中間階層的領導者，左右鄉黨輿論，成爲鄉評公憤意識的代言人，宮崎的「市隱」與酒井的「士人」，與民眾間存

⓫　關於士大夫階層的不穩定性，以及以自身利益向上或向下結合的說法，參見宮崎市定撰〈明代蘇松地方的士大夫和民眾〉，收入劉俊文主編《日本學者研究中國史論著選譯》「第六卷　明清」頁 229-264，北京中華書局，1993 年。

⓬　何良俊云：「凡郡縣有一善政及一切禁令，士夫皆當率先遵行，以爲百姓之望。」（《四友齋叢說》）

⓭　關於「鄉紳階級」由國家給予了免役特權，因此而獲得優越的社經勢力，並以此成爲支配的階級，詳參重田德撰〈鄉紳支配的成立與結構〉，收入劉俊文主編《日本學者研究中國史論著選譯》「第二卷　專論」頁 199-246，北京中華書局，1993 年。

⓮　明末清初夏基曾云：「大隱隱跡，市隱隱心。」（《隱居放言》）

著精神上的結合，稱爲「鄉評共同體」。宮崎、酒井等學者，將「鄉紳」研究的注意力，由政治、經濟的統治者，轉移到地域社會的領導者來，重視精神的層面，設想了以「鄉紳」爲中心的地域社會。森正夫亦將問題的焦點擺脫宋以來統治階層爲地主階層的觀點，新的認識要喚起人們應注意「鄉紳」或「士大夫」階層作爲文化、道德統治者的一面❶。

　以上據宮崎市定之說，晚明士大夫階級本身不是一個穩固安定的階級，這種現象，森正夫認爲其實與明末社會存在種種的秩序顛倒相符合，這種失序的現象，不能簡單還原爲看作基本生產關係之地主－佃戶關係，或作爲政治關係之國家－百姓關係，而呈現了更紛繁複雜的情況，如與尊－卑、長－少、上－下等觀念相聯繫的秩序❶。這些失秩的現象，最明顯牽動全民的，是四民階層位階的變動，世襲的工匠力爭上游可爲士紳之家；富商巨賈藉雄厚財力，想買官提升自己地位以左右時論；甚至優隸之輩，亦在居室、服飾、稱號上「違式」、「異制」，要與上流的文儒相混。這是由下往上的位移，而晚明大量閒置的士大夫，不願在愈形狹窄的登仕之途，匍匐前進，也可以捨棄所學，轉而投向四民之末的商賈之業而不以爲恥，陽明所提出「四民

---

❶　宮崎市定、酒井忠夫、森正夫三位學者對「鄉紳階層」著眼於精神層次的共同立場，在檀上寬的眼中，這是對「鄉紳論」的新探索，詳見檀上寬〈明清鄉紳論〉一文頁 471-476，收於劉俊文主編《日本學者研究中國史論著選譯》「第二卷　專論」，北京中華書局，1993 年。

❶　對於森正夫對晚明失秩現象的說法，參見檀上寬〈明清鄉紳論〉一文頁 476，收於劉俊文主編《日本學者研究中國史論著選譯》「第二卷　專論」，北京中華書局，1993 年。

異業而同道」的新四民觀與「治生」觀念，是這些現象的反映，他似乎默許了上下階層之相互流動，將傳統牢固的階級觀予以鬆動，甚至鼓勵士商關係二合一的現象❼。

上引日本學者關於鄉紳問題的探討，筆者由於學力有限與學問方向之故，對於晚明商品經濟與生產方式的瞭解畢竟未能深入，然由於商品流通的發展，產生官僚、地主、資本家三位一體的「鄉紳階級」，這個階級的誕生，與晚明閒賞美學有著密切的關係，晚明文學文化的研究中，向來以「晚明文人」作為論述的中心對象，以「晚明文人」主導當時文化風氣的理解❽，大致是正確的，然對「晚明文人」義涵的掌握重點不同，將左右晚明文化詮釋的路向，筆者以為本論文如果只將閒賞美學的主體，純粹鎖定在文學意義之「晚明文人」上，將遺漏許多重要的考察角度。

僅管各家學者的觀點與意見不一，但透過經濟、政治、社會各類

---

❼ 關於晚明社會所呈現的階級鬆動與失秩現象，有許多論著值得參考，關於陽明等明清學者所提出的新四民論、士商階層的變化，以及所發展而成中國的近代精神，詳參余英時著《中國近世宗教倫理與商人精神》（聯經）下篇〈中國商人的精神〉二「新四民論──士商關係的變化」。關於明清匠人汲汲於廁身士林，努力提升家聲，擺脫世襲的工匠身分，間接地促成了後來匠戶制度的廢除，此中演變，詳參嵇若昕著〈從嘉定朱氏論明末清初工匠地位的提昇〉，《故宮學術季刊》9：3。而優隸在服飾、居室、稱號上的僭位，詳參徐泓著〈明代社會風氣的變遷──以江浙地區為例〉，收於《第二屆國際漢學會議論文集》〈明清與近代史組〉。

❽ 對「晚明文人」歷來解釋的詞意澄清，與「晚明文人」在文學範疇中之指涉，黃明理有細微的辨析，詳見氏著〈「晚明文人」型態之研究〉，師大國研所碩論，民78年。

角度的討論後，「鄉紳階層」不再只是個平面的文人而已，而是集官僚、地主、資本家、鄉評者、地域社會的領導者、文化的主流等角色於一身的全方位階層，他們在晚明的確具有經濟、政治、社會、文化的獨霸權，不僅士大夫的修養使得他們具有高雅的文人品味，更由於雄厚資本的累積，在實質上有餘裕收藏古董文物以從事鑑賞，有了如此的背景理解，「鄉紳階層」在晚明閒賞美學上的角色就可以鮮活得多。

　　吾人由上述的討論中，可知「鄉紳階層」實際上就是閒賞美學潮流的推導主體。這個主體如何來推導閒賞美學？這涉及到鄉紳階層在文化層面的組成份子，文官、隱士（山人）、富商、士大夫、乃至著名工匠等人共同組成一主體位置，在此主體位置中，各有不同「功能」，文官在吏事束縛中產生對山林嚮求之意、山人具有飄逸當風的隱者形象、文人、工匠為藝術品生產者、富商成為贊助者、收藏者，以上的主體位置就文化功能而言，有製造者、鼓吹者、實行者、推波助瀾者，透過出版、創作、買賣、鑑藏、消費等活動，來鼓動流行風潮。

　　此主體所處的位置以及關係運作又如何？筆者在此以米赫依·巴赫汀（Mikhail Bakhtin, 1895-1975）有名的「對話論」來省視晚明造成流行話題的閒賞文化，可有兩個層次的理解❶：

---

❶　米赫依·巴赫汀出身為莫斯科南部的沒落貴族家庭，他在作者／角色、看／被看、我／他的對話關係上，進一步建立了讀者／正文的對話關係，作為人文科學領域中研究方法的基礎。他認為每一個言語中除了說話人之外，都有它的受話者，即使是說話者在自言自語，亦隱含一個被說話者虛擬出來的受話人。所有以言語作為溝通的行為，都隱含了說話者和受話者的互動關係。若以一本書為例，

　　第一、閒賞文獻分別與傳統與當代對話，文獻內容對於傳統積累
而成的賞鑑觀念作出繼承、補充、修正等種種不同的回應。當這些回
應傳統的動作在進行的同時，其實亦隱含了與被說話者虛擬出來的當
代受話者之間的對話，可能是同意、宣揚或爭論。當然，亦必需包括
與後世不斷出現之閱讀者的對話。

　　第二、由閒賞文獻閱讀的立場而言，說話者應如前文所述，並非
一固定的角色，而是一廣大的作者群；受話者，當然就是讀者（儘管
有時是虛擬的）。若擴大來說，吾人亦可將晚明閒賞文化視為一個大
的「對話」，說話者的部分，就是鼓動流行風潮的「主體位置」，包
括了文官、退隱文人、山人、富商、鄉紳、工匠等各階層的人物，就
這個主體位置而言，他們的組構亦必需針對燕閒清賞的話題，透過不
斷的對話而成；既然有「主體位置」作為文化的推導者，必有被推導
的對象，因此閒賞文化這個大「對話」的受話一端，即是承受文化洗
禮的普羅大眾，不論其與該文化的對話方式為何？是觀望猶疑或是欣
羨效尤？是主動的迎合，或是被動的薰染？他們的確是站在閒賞文化
的「受話者」立場上，進一步將此風潮推向普及化。

　　它回應了某些事物，預視了各種可能的回應與異議、並尋求鼓勵等。每一個言語
都可視為是對其他言語的回應，它反對、支持、補充、依靠別人的言語而存在。
　　由巴赫汀的「對話」理論看來，一個時代裡的流行「話題」（topic），通常並非
首次被提出，它早已為前代或同時代的其他人說明、爭論或評價過，每一個言
語，除了描述或討論事物之外，同時也與別人的聲音產生對話的關係，在這塊言
語的共有領域中，我的立場和「他者」的立場在互動與掙扎，「對話」的關係因
而產生。理論介紹詳參馬耀明撰〈作者、正文、讀者——巴赫汀的《對話論》〉
一文，收於《文學的後設思考》（呂正惠主編，正中，民82年）。

晚明閒賞美學，具有「創造者（如文人、工匠、藝術家）－中介者（如出版商、收藏家）－接收者（一般大眾）」的文化架構。前二者為「鄉紳階層」，包含文官、隱士山人、地方官、文人、出版商等，他們在文化方面具有集體意識，擁有豐沛的經濟力，是晚明一個新的社會階層，實際操控發言權與教育權，對廣大的文化消費者進行傳播，他們建設、組織並長期宣導，實踐著「文化霸權」❷。

「美學」

甫於今年初仙逝之臺灣美學耆宿姚一葦先生，其大作《美的範疇論》，乃姚先生於民國五十五年擔任中國文化學院藝術研究所美學課程的講義，結集出版於民國六十七年，美學在大學美術系向來就是必修課，其實談論美感經驗、美的範疇的美學教育在臺灣很早就已開始。同樣在大學美術系授課的劉文潭教授，傾力翻譯西方美學大師達達基茲的《西洋六大美學理念史》，於民國七十六年問世，聯經出版哲學系教授劉昌元所著《西方美學史導論》，於民國七十五年上市。美術界或哲學界的美學研究，偏重在引進西方美學的方法與觀點，據

---

❷　葛蘭西認為「知識分子」扮演「歷史性集團」的中堅與「文化霸權」的使徒角色。「歷史性集團」的建構與「文化霸權」的實踐，均需扣緊知識分子而言，知識分子的使命在「歷史性集團」中擔任著階級聯盟的穿針引線者，主導著維繫並形塑過去、現在與未來的種種文化霸權。葛蘭西為「知識分子」作了新的區分法：傳統的（traditional）與有機的（organic）兩種知識分子，他們在歷史洪流中不斷締造著新文化。詳參蔡其達〈實踐的馬克思主義者－葛蘭西〉一文頁126-127，蔡文收於葉啓政主編《當代社會思想巨擘》一書，正中，民83年。

劉昌元教授云：「由出版書及文章的質與量來看，美學在西方哲學界顯然愈來愈受重視，但在國內論述西方美學的書籍仍十分缺乏，有學術水準的更難得一見」（見「導論」一文），漢京於民國七十一年出版朱光潛先生的《西方美學史》，以及後來兩位劉教授的作品，正是這種學術需求下的結晶。

大陸的美學風氣要上溯到清末民初時期，當時王國維、蔡元培、魯迅等先生對西方文藝多有介紹，尼采、叔本華的哲學、美學思想，為當時知識界所熟知。再來，就是朱光潛先生，將西方美學系統地介紹到中土來，當年他所介紹的克羅齊和布洛等家學說，到現在仍是認識西方美學的重要管道。1949 年以後，馬克思主義全面進入，文藝思想提倡蘇聯的文藝理論，一方面是馬克思主義哲學思想的應用，另一方面也是十九世紀俄國革命民主主義者別林斯，特別是東爾尼雪夫斯基美學思想的發揚，「美是生活」是文藝理論的一大基石。由於馬克斯、恩格斯未曾寫出能使學者奉為一致圭臬的美學系統著作，五十年代，朱光潛、李澤厚、蔡儀等先生發起了美學大論戰。之後，八十年代大陸學界又一次出現了引進、介紹西方思想的熱潮，尼采、叔本華又重逢，並帶來了新穎的流派大師，薩特、胡賽爾、海德格、雅斯貝爾斯……等名字，常在學術報刊上亮相，更有結構主義、解釋學、哈伯瑪斯、美學上的阿多諾、接受美學、技術美學等等，新名詞、新思潮正流行著❷。

---

❷　這段大陸美學研究簡史的敘述，參引自葉秀山撰〈中國大陸美學研究概況與中國藝術精神之理解〉一文頁 1-2。該文為聯合報系文化基金會所主辦「跨世紀的文化反省與展望系列論壇之二」『百年來中國藝術精神之尋思』之講題稿。又關於現代西方美學思潮的引介，詳參大陸朱狄編《當代西方美學》，谷風，1988 年。

　　大陸美學界的發展概況如上所述，若對照臺灣的學界來說，當1949 年之後，大陸正在接受馬克思主義式美學洗禮、以及五十年代美學大論戰的時期，臺灣的學界顯得沈寂得多。而八十年代西方哲學思潮引進大陸的時期，正好即是筆者上述劉文潭、劉昌元等先生以實際行動呼籲引進西方美學的時候。爾後，進入八十年代後期，如上所述，薩特、胡賽爾、海德格、結構主義、詮釋學、現象學、哈伯瑪斯、阿多諾、接受美學等這些西來的名詞，好像也一下子輪番湧進，考驗學者的腦力。

　　美學在臺灣中文學界的研究風氣，一方面躬逢這股學術西潮東進之時，另一方面，不可諱言地實是受到大陸學界的影響。大陸學界雖在八十年代大量引進西方美學思潮，在這股認識西學的風氣中，另有一股重新審視傳統的學風在推進，並有凌駕前者的態勢。誠如蔣勳先生所云：

　　　　中國近代從蔡元培提倡之後，經過朱光潛、宗白華第一代的努
　　　　力，不但大量移譯西方美學的經典之作，同時也開始借助於西
　　　　方美學的體系建構，開始整理與分析中國傳統美學的特質；朱
　　　　光潛的貢獻偏於前者，宗白華的努力偏於後者。他們兩開創了
　　　　近代中國美學的道路，也恰好相輔相成地，使近代的中國美學
　　　　在西方的體系方法與中國的性靈本質之間，得到了完美的制
　　　　衡；在朱光潛科學的嚴謹與宗白華詩人的靈慧之間，才完成了
　　　　中國美學新一代繼承者李澤厚，他的「美的歷程」將是中國美

學擺脫西方美學體系陰影的最好歷史見證㉒。

　　筆者以為，蔣勳先生的觀察，適足解釋臺灣的中文學界對美學有著與
美術系、哲學系不同關懷的所在。

　　李澤厚、劉綱紀等學者，順著宗白華先生關注中國傳統美學的路
子，開始以美學的角度整理國故。漢京版的《中國美學史資料選
編》、宗白華名著《美從何處尋》、《美學的散步》、李澤厚《美的
歷程》等諸書，其大宗的讀者，不再是美術系或哲學系，而在中文學
界，於臺初版的時間來看，距今已近十五年。這段期間，陸續來臺的
有李澤厚、劉綱紀合寫的《先秦美學史》、《兩漢美學史》；有葉朗
著《中國美學的發端》（按即先秦至漢的美學思想）、《中國美學的
開展》（按指魏晉南北朝到明清時期的主題美學）、《中國美學的巨
擘》（按指清初王夫之到民初魯迅等數位大家的美學思想）三個系
列；有敏澤所著三大冊《中國美學思想史》（按依朝代提拈美學主題
以詮釋），以上為中國美學通史的研究，在各個朝代中，或是拈出美
學課題，或是以思想家為主軸，進行美學詮釋，另有曾祖蔭著《中國
古代美學範疇》，是以美學觀念為主的研究，另郭因則將美學的範圍
集中到繪畫領域中去，有《先秦至宋繪畫美學》、《元明繪畫美學》
等，以單一藝術門類為美學研究對象的，除了郭因的繪畫美學外，另
有書法美學、詩歌美學、小說美學、戲曲美學、園林美學、音樂美學
等各式各樣的著作。

　　這些大陸學者的美學著作，在臺灣的中文學界中，幾乎是耳熟能

㉒　引自葉朗著《中國美學的開展》〈總序〉一文，金楓，1987。

詳的，這些書籍的出版，約自八〇年代開始，這股大陸吹來的中國美學風，使得臺灣學界的研究熱鬧登場，其中於民國七十七年成立招生的淡江大學中文研究所，因高揭中國美學爲研究宏旨之一，吸引許多慕道者前來就學❷。而該所亦擔負起臺灣學界中國美學的龍頭地位，自民國七十八年開始，陸續辦了好幾屆『文學與美學』學術研討會，對推進臺灣學界中國美學的研究，其功不可沒。

「晚明美學」

美學研究中，審美主體與審美客體之間，應保持一種如何的關係呢？這是經常引發討論的主題。「晚明」時期的「美學」，之所以有被獨立探討的必要，自具有中國美學史上的殊異性，這個殊異性，筆者試以焦竑對「徇」的一段文章引起討論。

焦竑曾經沿承著宋人的物我觀❷，探討審美主體與審美客體之間

---

❷ 民國七十八年春天，筆者在第二屆招生海報中，得知淡江中研所以「中國美學」爲主要研究方向之一，便捨棄他校，以此爲唯一報考志願，因而能如願在龔師鵬程、顏師崑陽、曹師淑娟、高師柏園等諸位師長的引領之下，逐漸窺探中國美學的堂奧。

❷ 歐陽修嘗云：「有暇則學書，非以求藝之精，直勝勞心于他事爾，以此知不寓心于物者，眞所謂至人也，寓于有益者，君子也，寓於伐性汩情而爲害者，愚惑之人也，學書不能不勞，獨不害性情耳，要得靜中之樂者，惟此耳。」（歐陽修《六一筆記》〈學書靜中至樂說〉條）另又云：「夏日之長，飽食難過，不自知愧，但思所以寓心而消晝暑者，惟據案作字，殊不爲勞，當其揮翰若飛，手不能止，雖驚雷疾霆，雨雹交下有不暇顧也。」（同上〈夏日學書〉條）歐陽修所說的「寓心于物」即是「寓意於物」，北宋文人對此多有討論，如晁補之的「遺物

的對待關係，並有分析性的闡釋：

> 世之所謂樂者可知矣，蘭膏明燭，二八遞代徘徊於觴俎之間，
> 窮日夜而不能自休，叫梟盱盧，挪手交臂，離合於一秤之上，
> 擲百萬而不滿其一睨，此世俗之所共愉快也。有鑒古玩物者，
> 過而笑之曰，此何其垢且濁也，則以法書圖畫之爲清，彈琴奕
> 棋之爲適矣。而又有笑其側者，彼且與名勝相招遊，與山水爲
> 游衍，故有丹青浩然，刻劃賈島，若將求爲師資而不能，而登
> 高丘，汎長川，不可驟得，至託爲臥遊以賞之，噫，此亦達
> 矣，而知道者，猶然非之，何也？（《焦氏澹園集》卷十八〈李如野
> 先生壽序〉）

焦竑提出審美之樂由淺至深的層次，焚燭把臂喧囂熱鬧的夜宴，是世
俗之樂；鑑古玩物，觀書畫弄琴奕，是閒適之樂；汎遊名勝山川以至
臥遊賞者，是達者之樂；此三種樂的層次深淺，是由物的性質來決定
的，世俗之樂建立在蘭膏明燭美人觴俎這些物質性極強的物之上，以
及因爲這些物質所帶來的飲酒、獵艷與聚賭的歡愉；古董書畫琴奕等
物，能引人進入懷古的幽情而得閒適家居之樂，故較世俗之樂層次爲
高；更放達者，則勿需困在齋室，守在固定無變化的古物之旁，其放
情於神靈變化萬千的丘川之間，如畫家詩人般，神與山水爲遊。但是

以觀物」、董逌的「以天合天」皆是，詳參毛文芳著《董其昌逸品觀念之研究》
（淡江中文研究所碩論，民 82 年）第貳章〈繪畫品目的建立與逸品觀念的進
展〉。

儘管如此，仍爲知道者所譏，何也？焦竑進一步說：

> 物之美惡無常，而人之欣厭有主，苟屑屑焉必得之爲快，名曰
> 徇物。夫以我徇物，則物貴；而爲物所徇，則我貴；世之有待
> 而樂者，未有不喪己以逐物者也……謂直寄焉耳已……先生者
> 豈其寓意而不廢乎物，神適而形不煩……而與世俗之樂異矣。
> （同上）

這裡所討論到的，是物與我的關係，焦竑以爲如果樂要建立在努力地追求外物始能獲致，這便是「徇」了，徇與殉的意義相似，皆是犧牲自己去隨從身外之物之意，我徇於物者，則是以物爲貴，物徇於我者，則是以我爲貴。審美活動，究竟應以審美主體爲主呢？還是應以審美對象爲主呢？焦竑主張「物」應爲「我」來服務，審美活動所產生的樂，必不能有待——喪己以逐物，而是在不廢物的狀態之下寄寓一己之意，如此，才能脫去因一味逐物所造成的形神勞煩。這與宋人晁補之的「遺物以觀物」、董逌的「以天合天」一脈相承。

　　焦竑細微的義理區辨，是在對晚明美學纖膩深情而專注的審美態度，提出反思。其實正如焦竑的觀察，晚明文人的審美觀中，相當注意人對事物鍾情的狀態，「嗜」與「癖」即是這種狀態深度的用語❷。「嗜」由字形判斷其原意，應指口欲，原是人對食物喜好的極致

❷ 人有驕癖，謝肇淛云：「宋宗室郡王允良者，不喜聲色，不近貨利，惟以晝爲
　夜，以夜爲晝，旦則就寢，至暮始興，盥櫛衣冠而出，燃燈燭，治家事，飲食宴
　樂，達旦始罷，人以爲疾，余以爲此驕癖也……吾郡中紈褲子弟，常有日午始
　興，雞鳴始寢者，然貧賤之家無之也，賢子弟無之也，勤以治生者無之也……然

程度，宋人顧文薦《負暄野錄》中紀載著楚王嗜芹、文王嗜昌歜、屈到嗜芰、曾晳嗜羊棗，可為明證，芹、昌歜、芰、羊棗，均為可食性植物，由於味道美好，故能受古人青睞，自不必訝異。但顧文薦紀載另一類食嗜：劉雍嗜瘡痂、鮮于叔明好食臭蟲、權長孺好嗜人爪等，則已逸出了自然口欲的範圍。顧提出解釋說，「性之所嗜，自不覺其穢污也」❷⑥。可見人對物之嗜（癖）好，原本就帶點非理性考慮的成份在內。晚明文人將自然口欲轉化來的非理性性格特質詮釋，運用在各類物象的對待上，例如梅嗜、石嗜❷⑦、仙嗜、佛嗜❷⑧、山水之嗜❷⑨、詩癖❸⓪、畫癖❸①、登臨癖❸②、煙霞癖❸③等等，不僅成嗜成癖，晚明文人

而近數十年始有之也。」（《五雜俎》卷十三〈事部〉）以上為道德品行上對癖的負面看法，本節所詮釋癖與嗜的觀點，已去除道德性的評論，專論晚明文人於審美主體對審美對象所發出的一種特殊情致，因此如上引文的觀點，在本節文字中，一律排除不論。

❷⑥　宋顧文薦曰：「世之嗜欲一行殊性，前聞楚王嗜芹、文王嗜昌歜、屈到嗜芰、曾晳嗜羊棗，此見之于傳記多矣。近讀唐溫飛卿乾饌子載宋劉雍嗜瘡痂，雍往詣吳興太守盧休，休脫襪粘瘡落地，雍俯取而食之；宋明帝嗜蜜蟻……故劍南鮮于叔明好食臭蟲……權長孺……有嗜人爪之癖……其厭愜思欲，神色自得，合坐大驚，蓋性之所嗜，自不覺其穢污也。」（《負暄野錄》〈性嗜〉條）

❷⑦　袁中郎詮釋宋人林和靖與米元章云：「謂世人但有殊癖，終身不易，便是名士，如和靖之梅，元章之石，使有一物易其所好，便不成家，縱使易之，亦未必有補於品格也。」（《袁中郎全集》卷二十四〈與潘景升〉）

❷⑧　袁中郎亦曾詮釋李白嗜仙，東坡嗜佛云：「道人玉蟾子，彼家所稱才仙也，而詩沓拖無秀句，古宿偈頌，理掩其致，何關風雅，仙佛之不以詩名久矣。青蓮之嗜仙也，東坡之嗜佛也，世所知也，舉世皆信二公之為詞人，而未有信二公之真仙佛者，雖二公亦不自信也，豈非嗜者工而真者反不工耶？真者不工，中郎之去佛誠不遠，工者不真，何思之仙途將日遙矣。」（同上〈雷太史詩序〉）

❷⑨　袁中郎，袁小修兄弟多有對山水之嗜的討論。

❸⓪　郎瑛云：「（古人）皆耽詩成癖，不顧其身，豈非癡乎？」（《七修類稿》卷四

對於審美對象的態度，還由嗜與癖到了癡、溺、殉的地步❸。這更見出晚明文人在審美態度上所特意表現的非理性特質。

　　晚明文人一方面要對審美物象纖膩深情而專注，一方面又有像焦竑這樣強調「寓意爲寄」❸、不滯於物的莊子美學精神❸來作警醒，取宋代文人的「煙雲過眼」觀來作典型❸；一方面要表現嗜、癖、

十八「奇譎類」〈耽詩成癖〉條）；另袁中郎亦云自己與友人何思皆有詩癖：「何思與余同氣類，而各有所嗜，何思嗜仙，余嗜佛，兩者若分途，而不相笑，然皆有詩癖，余癖而拙，何思癖而工。」（《袁中郎全集》卷二〈雷太史詩序〉）

❸　董其昌曰：「余有畫癖……每見古人山水冊，寢食都廢。」（《容臺別集》卷一〈題唐宋元畫冊〉）

❸　「伯修素有登臨癖。」（《袁中郎全集》卷二十五〈尺牘──黃平倩庶子〉）

❸　袁小修評其友王天根：「天根善讀書下筆爲詩賦及小言短章天趣，皆奕奕亮楮，且也煙霞成癖，丘壑栖神，所謂文人之藻韻，士之趣備矣。」（《珂雪齋近集》卷七〈王天根文序〉）

❸　然而並不是沒有像正文所引焦竑的反省意見，陸樹聲便曾以較負面的態度提出質疑：「財賄不足言矣，多蓄珍玩，未免落富貴相，一種嗜好法書名畫，至竭資力以事收蓄，亦是通人一癖，是著清淨中貪癡。」（《避暑清談》）

❸　袁中郎舉古人爲例，說明「寄以悅生」的觀念，並謂「吾之所寄體，惟此數千卷書耳」，選擇萬卷書于硯北樓，「作老蠹魚，游戲跳躑，揮灑數語，以疏淪性靈」（《珂雪齋近集》卷三〈硯北樓記〉），此與焦竑「寓一己之意於物」的「寄」觀相同。

❸　關於莊子美學精神的詮解，請詳參顏師崑陽所著《莊子藝術精神析論》，華正，1985 年。

❸　謝肇淛曾對滯於物的富貴之家提出批判：「富貴之家，修飾園沼，必竭其物力，招致四方之奇樹怪石，窮極志願而後已，其得之也既難，則其臨終之時，必然留連眷戀，而懼子孫之不能守也。」（《五雜組》卷三〈地部〉），宋人早已有以東坡「雲煙過眼」爲題的賞鑑書：《雲煙過眼錄》（宋周密著），晚明亦有文人湯允謨秉此書而作《雲煙過眼續錄》，另明末入清的姜紹書亦曾針對項元汴的收藏提出看法云：「嘉禾項氏累世之藏，盡爲……所掠，蕩然無遺，詎非枉作千年

癡、溺、殉這樣物我之間密切貼合的關係，另一方面卻又時時要跳開、要隔離、要裝飾、要表演❸，這樣看來矛盾齟齬的現象，使得「晚明閒賞美學」更呈現了複雜耐人尋思的義涵。

筆者的論題「晚明閒賞美學研究」，「晚明」的義涵前文已大略陳述，「閒賞」是晚明美學特有的風格意識，將於本論文第貳篇中細辨，「美學」論題的成立，乃是採取李澤厚先生對中國美學廣義的研究概念，李澤厚云：

> 所謂審美意識，包含一般所說的美感（審美感受），以及與之相關的審美趣味、審美觀念、審美理想、審美心理等等。審美意識作爲社會意識形態的一個組成部分，非常具體地表現在人們對現實美（包含自然和社會）和藝術美的感受、欣賞、評論中。美學理論則不同，它是社會審美意識的系統化和理論化，是從理論上對審美意識進行哲學的或科學的研究概括。任何社會的審美意識的具體表現都包含著一定的美學思想，但當它還沒有通過思維的抽象、分析、研究、概括而取得理論的形態時，那就還沒有成爲美學理論……審美意識與美學理論的這種聯繫與區別，決定了對美學史的研究可以有廣義與狹義的不同。所謂廣義的研究，就是不限於研究已經多少取得理論形態的美學思想，而是對表現在各個歷史時代的文學、藝術以及社

計乎？物之尤者，應如煙雲過眼觀可也。」（《韻石齋筆談》卷下〈項墨林收藏〉條）

❸ 關於晚明文人的隔離美感，請詳參本書第肆篇〈養護與裝飾──晚明文人對俗世生命的美感經營〉一文。

會風尚中的審美意識進行全面的考察……這兩種不同的研究方
式比較起來，廣義的研究對中國美學史來說是更爲適合和重要
❸。

李澤厚肯定以廣義的審美意識作爲中國美學的研究對象，晚明閒賞美
學研究，即從審美意識著手，作爲本論文詮析的對象。本論文所採用
的方法，筆者亦願藉李澤厚提示的方法論在此作一說明❹：

第一、審美意識最基本的研究原則，即是審美主體人與人（歷史
傳統）的關係、人與物（自然）的關係，以及與審美意識不能分離的
生活樣態，這是筆者處理晚明閒賞美學時經常要回歸的特質所在。

第二、關於美學發展的線索，要結合對具體歷史情況的分析，不
同歷史時代的美學往往是側重於解決其中部分問題，唯有抓出這些中
心問題，才能在美學發展的線索中，突顯時代的特性。本論文爲晚明
美學所拈出的「閒賞」風格意識，其時代的側重點在「尊生」與「審
美」的關聯上，由這兩個課題所導引出「養護」與「裝飾」的美學特
點，是晚明在中國美學發展中的時代殊性。

第三、對於晚明許多審美現象、概念、範疇、原理的分析，企圖
以西方學者的觀點給予嘗試性的詮釋，在援引這些局部理論時，實不
免有強合之跡，但筆者的作法，是削西方理論之足以適晚明美學之
履，仍以晚明美學爲主，絕不以晚明美學去印證西方理論。這樣的作

---

❸　引自李澤厚、劉綱紀著《先秦美學史》〈緒論〉「中國美學史的對象和任務」一
　　節，頁 5-7，金楓，1987 年。

❹　詳見同上註「中國美學史的研究方法」一節。

法，就筆者一個對西方方法學流派的門外漢來說，是很危殆的，但若
能因此為晚明美學，開闢一個不同的詮釋路向，亦屬可喜之事！

　　晚明時期纖膩審美的生活取向與樣態，與筆者目前身處的臺灣當
代，頗有可相對應之處，借古照今，是筆者一個自我的期待❹。

---

❹　龔師鵬程將學術上晚明思潮的探索，與其任公職的處世心境相互結合，其一方面
　　提出了晚明思潮一新學界耳目的詮釋角度，另一方面亦使「一個困鬱於當代的靈
　　魂」，「藉著尚友古人，相與上下其論議，來調適安頓自己的生命」，這樣具有
　　身世感受的學術研究，對年輕的學子深具啟發性。詳參龔師著《晚明思潮》「自
　　序」一文，頁 18-21。

第貳篇
晚明美學之風格意涵與
範疇定位：「閒賞」

閒賞
——晚明美學之風格意涵析論*

引 言

　　任何一個審美活動的成立，必需由審美主體、審美對象與審美環境三要件所組成，以此觀點衡諸文人的審美活動，則審美環境是文人的優雅生活，審美對象乃文人賞鑑的物類，審美主體即為文人自己。文人之能成為一種獨出的人物類型，乃在其具有「文章德藝」的文化特性❶。博大精深的中國文化向來具有審美的質素，中國文化史的探究，若不由文人美學的角度切入，終將無法畢竟其功。晚明的政治，綱紀凌夷，相對地，卻是文人最為自由閒散的一個時期，這個時期的文化呈現了如何的美學風格？其美學風格的內涵是什麼？

　　高濂完成於萬曆十九年的《遵生八牋》，是晚明美學非常重要的

＊　本論文已刊登於《中正大學中文學術年刊》第二期，頁 23-50，民國 88 年 3 月出
　　版。

❶　李日華云：「士人以文章德藝為貴，若技藝多一不如少一，不唯受役，兼亦損
　　品……余嘗謂王摩詰玉琢才情，若非是吟得數首詩，則琵琶伶人、水墨匠而
　　已。」（《六研齋二筆》卷三）

一份文獻❷，其中尤以〈燕閒清賞牋〉最受重視。《四庫全書》針對此書提要云：「皆論賞鑑清玩之事……書中所載，專以供閒適消遣之用。」四庫館臣所下的這段評語有兩個重點：⑴書的內容爲賞鑑清玩之事，⑵書的功能爲閒適消遣之用。第一項總陳「賞」的內容，第二項點出「閒」的價值意義。「賞」爲賞鑑清玩，「閒」爲閒適消遣，用以呼應「燕閒清賞」的牋題名。筆者認爲《四庫全書》爲《遵生八牋》這部晚明代表性的美學文獻，所作出「閒」、「賞」二詞的提要，適足拈出了當時美學所特具的風格意涵❸。本文旨在對晚明文人所締造出來的美學風格意涵──「閒賞」進行論析。

　　筆者以下將分別由五個層次來探析晚明閒賞美學的風格意涵：第一、探析文人對審美生活之「閒」、「隱」、「遊」、「賞」的價值追求；第二、考察「閒賞」一詞在當時的語用與釋義；第三、「閒賞」之物，討論審美的對象；第四、「閒賞」之心，討論審美主體心的作用；第五、簡描閒賞美學風格的生活樣態。

---

❷　晚明高濂著《遵生八牋》一書，體系龐大，不僅是當時文人生活美學範圍與內容之反映，且影響深遠，該書的內容不但承襲了宋代趙希鵠《洞天清祿集》之類的賞鑑內容，並且一再地爲當代與後來的文人所襲用，屠隆的《考槃餘事》基本上是以此書作爲寫作的底本，而文震亨的《長物志》亦多參酌高、屠二書。請詳參第參篇〈晚明幾部閒賞美學著作之承襲關係比較〉一文。

❸　不僅高濂如此，鍾惺的《祕笈十五種》與衛泳的《枕中祕》，均收錄有〈閒賞〉一篇，該篇依四時、節令立條目，言各種值人雅賞之韻事，作者便逕以「閒賞」二字名篇。

一、「閒」「隱」與「遊」「賞」
──審美生活之價值追求

西晉潘岳〈閒居賦〉云：

> 太母在堂。覽止足之分，廣浮雲之志。築室種樹，逍遙自得。
> 池沼足以漁釣，春稅足以代耕。灌園鬻蔬，供朝夕之膳；牧羊
> 酤酪，俟伏臘之資。凜秋暑退，熙春寒往，微雨新晴，六合清
> 朗。太夫人乃御板輿升，輕軒遠覽。王畿近周家園，席長筵列
> 子孫。柳垂陰，車結軌。或宴於林，或禊於汜。昆弟斑白，兒
> 童稚齒，稱萬壽以獻觴，或一懼而一喜，壽觴舉慈顏，和浮杯
> 樂飲。絲竹駢羅，頓足起舞，抗音高歌，人生安樂，孰知其
> 他？

該賦前半段陳述王畿貴族自給自足的生活細節，後半段則描繪王畿近
郊貴戚家族聚會之和樂與富足的景象，彷彿一種太平世界之縮圖。中
國文人由於受到老莊高曠隱逸思想的啓迪，無不對功名大業以外的賦
閒生涯產生無限的嚮往，然而中古時期潘岳記錄的「閒居」，畢竟太
熱鬧、太貴族化了些，並不合於文人的品味，要到稍後竹林七賢、陶
淵明布衣式的閒適放達，才是文人歌詠效尤的典型❹。蔚爲詩歌黃金

---

❹ 晚明王思任爲友人寫〈閒居百詠序〉：「閒美筆耕自給，常不達年。蕭然環堵，
殘書數卷。一妾執爨，一子力勤，瓶無儲粟，而意若萬鍾。其神氣之所嘯傲，大
約在雲興霞蔚，圖嶂鏡波之內。盆蓄淵明之菊，無其圃；庭植觀復之梅，無其

時期的唐代，繼承東晉以來山水自然詩的傳統，描述悠閒自得的山林生活，建立了閒適詩類的體裁❺。於生活的平淡中創造出閒適逍遙的況味，在唐代有白居易、在宋代有蘇東坡，白蘇是晚明文人閒適嚮往的兩個重要典型❻。

晚明文人，基本上，繼承了陶、白、蘇等人的閒適嚮往，對於現實界的出仕，頗有無奈之歎❼，例如袁宏道對於居官無暇之苦，便深有體驗：

> 令一也，有仙令，有才令，有奔走之令。奔走者，處衝要之區，朝夕止供僕役，若弟輩是也，其人最苦最下。才令雖當繁劇，而才足以副之，用刀不折，遊刃有餘，力量氣魄，件件過人，然一任之後，而骨髓竭于內，鬚髮枯于外矣，雖可喜亦可憐也。若仙令，則以美才遇美地，門無過客，巷無爭民，山水文章之樂，不減於昔人，而循良聲譽，常出諸同事之上，雖未必出兔入烏，然而栽花鳴琴則已，寬然有餘閒矣。（《袁中郎全集》卷二十〈尺牘——管寧初〉）

阜……多以酒為適。」王思任筆下友人閒美的「閒居」與潘岳筆下的「閒居」品味迥異，在潦倒生活中的神氣閒定，擺明了就是陶淵明的傳統。

❺ 關於唐代閒適詩題材的探討，請參卓清芬撰〈韓偓閒適詩初探〉，《中國文學研究》第 9 期，1995 年。

❻ 關於晚明美學中的白蘇典型，請詳參本書第五篇〈晚明美學之主體體驗的美感型態〉一文第二節。

❼ 謝肇淛云：「今之仕者，涉世既深，宦術彌巧，桑榆已逼，貪得滋甚，干進苟祿，不死不休，生平未嘗享一日之樂，徒為僕妾圖輕肥，子孫作牛馬耳。白樂天所謂『官爵為他人』者，有味哉，其言之也。」（《五雜組》卷十三〈事部〉）

除了具仙才者，能同時爲無爲之治與享山水之樂外，奔走之令與才令均無法於生活中從容不迫，而仙才仙骨豈易得致？晚明文人普遍流露著「求仕」與「慕隱」的矛盾心態❽，袁小修舉出這樣的矛盾心態乃是出於性格上「骨剛」與「情膩」的衝突：

> 予謂世間自有一種名流，欲隱不能隱者，非獨謂有挾欲伸不肯高舉也，大都其骨剛而其情多膩，骨剛則恆欲逃世，而情膩則又不能無求於世，膩情爲剛骨所持，故恆與世相左，其宦必不達，而剛骨又爲膩情所牽，故復與世相逐，其隱必不成，於是口常言隱，而身常處宦，欲去不能，欲出不遂，以至徘徊不決，而嬰金木蹈網羅者有之矣。（《珂雪齋近集》卷三〈東遊日記〉）

剛骨使其厭離俗世，膩情則使其對塵世流連依依，二者相互牽制，只有隱不成而仕不達之歎了。樂山樂水的生活，必需有足夠的閒暇始能得致，昔王右軍終身不果，蘇子瞻亦引爲人生難必之事，既要服好公職又要從容不迫、優雅自在地過日子，對於居官的文人，的確是個兩難❾，居官文人對於隱居生活的嚮慕，則更顯得急切些❿，不止公職

---

❽ 袁宏道給吳本如的信函中寫道：「……古人進退多是水到渠成，願兄亦勿置此念胸中，居朝市而念山林，與居山林而念朝市者，兩等心腸，一般牽纏，一般俗氣也。」（《袁中郎全集》卷二十五〈答吳本如儀部〉）此中道出了隱者求仕，仕者慕隱的矛盾。

❾ 焦竑曾云：「昔王右軍欲遊汶嶺蛾眉，終身不果；子瞻謂山水遊放之樂，最人生難必之事，況以市朝眷戀之徒而發山林獨往之言，宜其難也。」（《焦氏澹園集》卷十五〈紀遊集序〉）

纏身之苦，日常庶務之淵擾亦逼使文人亟欲逃往山林❶。

　　然而未必所有的山水嚮往者，欲隱便能隱，還必需具有小修所謂之異於常人的生命特質：「骨剛而情不膩」，始能耐得住寂寞，如前文所述，文人面臨的兩難困境之一，便是對於紅塵俗世的耽溺，若能放掉膩情，則無論躬耕、力鋤、牧犢、傭春、爲監門卒、爲掏河夫，均能無往而不適❷。若能具剛骨而不膩世之情，自然便能體會山水隱居的真義：「以隱逸得志，以經籍自娛，不耀文彩，不揚聲名，不修求進，不營聞達」（董其昌《容臺別集》卷四〈雜記〉）。但是嚮往隱居生活，又無法拋開職務者，要如何才好呢？不妨選擇土風僻秀之處以「吏隱」❸；若是無法移步而遠走山林者，只好採取「匿跡於市

---

❿　袁宗道給陶望齡的信箋上，寫著久居樊籠欲展翅飛去的心情：「蹢躅一室之内，婆娑數樹之間，得意無處可說，雖居鬧市，似處絕崖斷壑，耳目所遇，翻助愁嘆，乃知世外朋儔，甚于衣食，斷斷不可一刻不會也。岑寂中，讀家弟諸刻，如籠鴝鵒，忽聞林間鳴喚之音，恨不即掣絛裂鎖，與之偕飛。」（袁宗道《白蘇齋類集》卷十五〈箋牘——陶編修石簣〉）

⓫　袁小修赴考未中第，居家一年「真可閉門讀書，優游卒歲，而其勢有不能久居者，家累逼迫，外緣侄憶，俗客淵擾，了無閒時，以此欲離家遠游……」（《珂雪齋近集》卷三〈東遊日記〉）另又云：「天下之可以自由者，莫如栖隱山林，退藏一路。」（同上卷九〈寄錢太史受之〉）

⓬　袁小修又云：「夫惟骨剛而情不膩者，乃能耐寂寞，而可以隱，耳能耐寂寞而不須絲竹，目能耐寂寞而不須粉黛，口能耐寂寞而不須肥甘，身能耐寂寞而不須安逸，門戶能耐寂寞而不須光榮，名姓能耐寂寞而不須稱揚，可以躬耕，可以力鋤，可以牧犢，可以傭春，可以爲監門卒，可以爲淘河夫……拼此苦而後能伸其志節，作世外人，龍戢其鱗，鳳潛其羽，九天九淵，安往不適？」（《珂雪齋近集》卷三〈東遊日記〉）

⓭　湯顯祖云：「溫州土風僻秀，吏隱正佳，貴人爲求，急不可得。」（《湯顯祖詩文集》卷四十五〈答徐檢吾光祿〉）

塵」的「市隱」❶，無論「山林之隱」、「吏隱」或「市隱」，其隱
者一也，隱於心也，既然隱於心，那麼處煙波或居市肆，便沒有很大
的差別，這是晚明文人的巧思變通，若禪栖爲寄的居士，則可謂
「隱」於宗教了。

　　居官文人的慕「隱」心態，本質上就是對於「閒」的嚮往。
「閒」爲何物？謝肇淛云：

　　『名利不如閒』，世人常語也，然所謂閒者，不徇利，不求
　　名，澹然無營，俯仰自足之謂也。（《五雜組》卷十三〈事部〉）

謝肇淛所謂的「閒」，指的是心境的作用，將心中徇利求名的空間挪
出，保持淡泊，因爲不費時汲汲營求名利，因此有足夠的時間，心緒
自可充分放鬆，俯仰間便能享自足之樂。是故，慕隱的晚明文人，莫
不嚮往山林閒適的生活，三袁兄弟可爲代表。袁中郎將人分成四等：
玩世、出世、諧世、適世，玩世者爲莊周阮籍之流、出世者爲禪宗各
代祖師、諧世者講道德仁義之人、中郎獨喜適世者，其爲閒適之極之
人❶。因此，中郎以爲「世間第一等便宜事，眞無過閒適者」（《袁

❶　袁小修云：「今汪君有隱德而匿跡於市塵，且自號曰鄰漁，其有漁父之思乎？夫
　　隱者心隱也，何分煙波？何分市肆？大隱居市，汪居近之矣。」（《珂雪齋近
　　集》卷八〈君鄰漁子冊〉）

❶　袁宏道云：「觀世間學道有四種人，有玩世、有出世、有諧世、有適世，玩世
　　者，子桑伯子、原壤、莊周、列禦寇、阮籍之徒是也，上下幾千載數人而已矣，
　　不可復得矣。出世者，達磨、馬祖、臨濟、德山之屬，皆是其人……諧世者，司
　　寇以後……講道德仁義者是也，學問亦切近人情，但粘滯處多不能迴脫蹊徑之
　　外，所以用世有餘，超乘不足。獨有適世一種，其人甚奇，然亦甚可恨，以爲禪

中郎全集》卷十六〈識伯修遺墨後〉），因此特別嚮往「寬然有餘閒」（同上卷二十〈尺牘——管寧初〉）的官暇生活；袁伯修無限忻慕地細數著吳越間的「名山勝水、禪侶詩朋、芳園精舍、新茗佳泉」（《白蘇齋類集》卷十五〈箋牘——陶編修石簣〉），要以古人作爲標的，希望在行住坐臥間，體行白樂天、蘇子瞻的閒適之意❻；小修亦許願要「捨喧入寂，而今而後，水邊林下，逍遙自適，永作村里間閒人」（《珂雪齋近集》卷三〈遊荷葉山居記〉）。

然而「閒」並非生活裡時間的剩餘價值，卻要細心去把捉，仔細去珍視的，宋代宗室趙希鵠說：

> 人生世間，如白駒之過隙，而風雨憂愁，輒三之二，其間得閒者，才十之一耳。況知之而能享者，又百之一二。（《洞天清祿集》）

趙希鵠對於「閒」這個主題所提出的討論，成爲晚明文人意見的先驅。晚明的華淑便提出相近的說法：

> 夫閒，清福也，上帝之所吝惜，而世俗之所避也。一吝焉，而

也戒行不足，以爲儒口不道堯舜周孔之學，身不行羞惡辭讓之事，於業不擅一能，於世不堪一務，最天下不緊要人，雖于世無所忤違，而賢人君子則斥之唯恐不遠矣。弟最喜此一種人，以爲自適之極。」（《袁中郎全集》卷二十〈尺牘——徐漢民〉）

❻ 「伯修酷愛白蘇二公，而嗜長公尤甚，每下直輒焚香，靜坐命小奴伸紙，書二公閒適詩，或小文或詩餘一二幅，倦則手一編而臥，皆山村會心語近懶近放者也。」（《袁中郎全集》卷十六〈識伯修遺墨後〉）

一避焉,所以能閒者絕少。(〈題閒情小品序〉)

由於閒是那麼地必要,卻又非常難得,故湯顯祖云:「人生忙處須閒」(《湯顯祖集》卷四十五〈與周叔夜〉),而袁小修甚至提出「偷閒以全軀」的說法:

> 然則生斯世也,何人肯容人閒?何人肯自閒?又何時可閒?自非一種慧人巧取密伺,如偷兒之竊物,閒恐未必得也,故予非偷以全軀也,偷閒也。抑又思之,予既不能處忙若閒,又不肯捨閒就忙,苟心本愛閒,而境常值忙,心境相違,必交戰而不自得,神情窘迫,而飲冰發狂之病隨之,則謂偷閒即所以全軀也。(《珂雪齋近集》卷三〈東遊日記〉)

俗務繁擾,小修道出了一般心本愛閒的人,在境上既不能處忙若閒,又不肯捨閒就忙,心與境交戰,必發狂病,故偷閒其實就是在保全身軀。對於「偷閒」,李漁亦為個中高手:

> 夏不謁客,亦無客至,匪止頭巾不設,併衫履而廢之,或裸處亂荷之中,妻孥覓之不得,或僵臥長松之下,猿鶴過而不知,洗硯石於飛泉,試茗奴以積雪,欲食瓜而瓜生戶外,思啖果而果落樹頭,可謂極人世之奇閒,擅有生之至樂者矣。(《閒情偶寄》卷十五〈頤養部〉「行樂」『夏季行樂之法』條)

李漁所描述的夏季之樂,不就是「偷閒」來的嗎?不也是一種「隱」

的方式嗎？無怪乎他說這種人世之「奇閒」，可「補富貴榮膴之不足」（同上）。

但是「閒」不僅是一種心緒狀態而已，謝肇淛又說：

> 而閒之中，可以進德，可以立言，可以了死生之故，可以通萬物之理，所謂『終日乾乾欲及時』也。今人以宮室之美，妻妾之奉，口厭梁肉，身薄紈綺，通宵歌舞之場，半晝床第之上，以爲閒也，而修身行己，好學齊家之事，一切付之醉夢中，此是天地間一蠹物，何名利不如之有？（《五雜俎》卷十三〈事部〉）

光是將徇利求名的心境作用放鬆，只是「閒」的基本條件，挪空出來的心境要作什麼事才是眞正需要探究的眞義，若是將時間與心緒，放在宮室、美色、梁肉、紈綺、歌舞、床第上求歡愉，則並非閒的眞樂❼，這些都是趙希鵠所謂的「聲色爲樂」（《洞天清祿集》）；眞正適宜在閒中在從事的，應是道德的（進德）、文學的（立言）、宗教

---

❼ 此處謝肇淛的見解，可以袁中道一段文字作爲旁證：「才人必有冶情，有所爲而束之則近正，否則近邪。丈夫心力強盛時，既無所短長於世，不得已逃之游冶，以消磊塊不平之氣，古之文人皆然……近有一文人，酷愛聲妓賞適，予規之，其人大笑曰：吾輩不得志於時，既不同縉紳先生，享安富尊榮之樂，止此一縷閒適之趣，復塞其路而欲與之同守官箴，豈不苦哉？其語卑卑，益可憐矣。飲酒者，有出於醉之外者也；微妓者，有出於慾之外者也。謝安石，李太白輩，豈即同酒食店中沈湎惡客，與鬻田宅迷花樓之浪子等哉？雲月是同，溪山各異，不可不辨也……殷生負美才，其落魄甚子，宜其情無所束，而大暢於簪裙之間。」（〈殷生當歌集小序〉）在袁中道眼中看來，殷生的飲酒與微妓，非但不能算是閒適之趣，反得沈湎浪子的惡名。

的（了死生之故）、哲學的（通萬物之理）種種活動。謝肇淛短短的幾句話，已將「閒」的內容廓清，名利除外，道德、文學、宗教、與哲學各種層面，均值付出「閒」心以從事。

僅管謝肇淛爲「閒」所擬定的內容有如上許多層面，然而晚明文人眞正領受「閒」之義與用者，卻是特別著重在與美學相關聯的層次上。晚明文人喜「遊」的性情，可以證明。理想上，文人對於隱居生活有著無比的崇慕，然而礙於現實環境，並非人人均可輕易一償逃隱之願，因此文人們首先會選擇的，便是得以親近自然的山水遊歷，王季重云：

> 興則一棹掛壺，無人徑往，辟疆濠濮靡不熟，風花雪月靡不
> 過……每於名勝會心處，輒爲之償數語，或鏤楮肖形，或食肋
> 留味，或擊節於腰膂之衝，或賞神於牡黃之外……毋亦息壤間
> 之大盜也……（《王季重雜著》〈名園詠序〉）

王季重比爲息壤間之大盜，襲取辟疆濠濮之風花雪月，掠奪了自然山水之美。王季重的「盜」字再次強調袁小修所說「偷」閒的意味。除了山遊外，尚有水遊，若能選擇一澄湛練帶、無風濤之險的水流[18]，舟居亦是文人常選擇避世的閒遊方式，袁小修便曾指出舟居的好處：

---

[18] 袁小修曾有一段不短的舟居生活，故甚有體驗，其云：「天下之樂，莫如舟中，然舟之在大江也，雖汪洋可觀，而其驚怖亦自不少，故樂少而苦多，惟若練若帶之溪，有澄湛之趣，而無風濤之險，乃舟居之最愜適者。」（《珂雪齋近集》卷六〈前汎鳧記〉）

> 凡居城市，則炎炎如炙，獨登舟則洒然，居家讀書，一字不入
> 眼，在舟中則沈酣研究，極其變化，或半年不作詩，一入舟則
> 詩思泉湧，又冗緣謝而參求不輟，境界遠而業習不偶，皆舟中
> 力也。（《珂雪齋近集》卷六〈後汎鳧記〉）

舟居生活的起勁，緣於改換了一個日常作息的場域，並具有小修所言
「滌浣俗腸」的作用。小修經年的山遊舟居生涯，目的就在冀求「神
閒意適」（《珂雪齋近集》卷六〈前汎鳧記〉）的境地。大部分晚明
文人的文集中，均收有生平遊歷的紀遊文章❶，充分表達閒適遊賞的
興味。更甚山水之遊者，便是短暫的山林之居，小修提出了山居五
宜：友麋鹿而侶梅鶴、青山在目緣與心會、深山閉門以成讀書之趣、
專心一意理會佛法因緣、修道以捐欲延年❷，此五宜將人生最寶貴難

---

❶ 舉例說明，《袁中郎全集》卷八「記述類」，專收遊勝之地與旅遊之事，卷十一
〈場屋後紀〉則為科考放榜後一段時日的遊歷雜感日記；《白蘇齋類集》卷十四
「記類」，亦皆遊歷之題或記；袁小修於《珂雪齋近集》、《珂雪齋前集》中，
均收有紀遊之文，另《遊居柿錄》則為記遊歷見聞之專書；王季重除《王季重雜
著》中所收遊記之文外，另有遊記集——《游喚》，皆可視為晚明文人嗜遊山水
的代表。

❷ 山居五宜，見小修寄給其子的信箋云：「寂居山中，友麋鹿而侶梅鶴，此其宜居
山者一也……今繁華之習漸消，清淨之樂方新，而青山在目，緣與心會，此其宜
居山者二也。兄弟俱闡無生大法，而為世緣迫逼，不得究竟，今居山中，一意理
會一大事因緣，必令微細流注蕩然不存，此其宜居山者三也……惟盡捐嗜慾，可
望延年，業緣在前，未能盡卻，必居山中乃能掃除，此其宜居山者四也。生平愛
讀書，但讀書之趣須成一片，俗客熟友數來鬧擾，則入之不深，得趣不固，深山
閉門，可遂此樂，此其宜居山者五也。」（《珂雪齋近集》卷九〈寄祈年〉）

臻的經驗納入，以自然相伴、與古人為友、理會生死究竟之義、精進向道以滌淨生命。在此，小修似乎將謝肇淛前述的幾個層面轉向審美與養生。

高濂為「閒」所下的定義是「心無馳獵之勞，身無牽臂之役，避俗逃名，順時安處」（〈燕閒清賞牋〉序），並說明「閒」的作用是「可以養性，可以悅心，可以怡生、安壽」（同上），高濂對「閒」的定義與作用均指向養生，其實在高濂的尊生架構中，尊生與美學相互融為一體，簡單地說，養性、悅心、怡生、安壽，均要透過審美的人生始能達成。所以《菜根譚》會說：「風花之瀟灑，雪月之空清，唯靜者為之主；水木之榮枯，竹石之消長，獨閒者操其權」、「草際煙光，水心雲影，閒中觀去，見乾坤最上文章」、「寵辱不驚，閒看庭中花開花落」，風花、雪月、水木、竹石、煙光、雲影、花開、花落等，這些乃是晚明文人於「閒」中「遊」「賞」領略的大塊天地之美。華淑亦云：

> 余今年栖友人山居，泉茗為朋，景況不惡，晨起推窗：紅雨亂飛，閒花笑也；綠樹有聲，閒鳥啼也；煙嵐滅沒，閒雲度也；藻荇可數，閒池靜也；風細簾清，林空月印，閒庭悄也；以至山扉晝扃，而剝啄每多閒侶；帖括困人，而几案每多閒編；繡佛長齋，禪心釋諦，而念多閒想，語多閒辭。閒中自計，嘗欲挣閒地數武，構閒屋一椽，顏曰：十閒堂，度此閒身。（〈題閒情小品序〉）

華淑山居小築的堂額：「十閒」，是由閒花、閒鳥、閒雲、閒池、閒

庭、閒侶、閒編、閒想、閒辭與閒屋合成，以便度此閒身，這些花鳥雲池、庭屋辭編本身如何能閒？是審美主體的情緒所感染出來的，就是一種「閒情」❷，一種「賞心」❷，有閒適之情與美賞之心，纔能得萬物審美之樂❷。晚明文人著閒書以逍遙適意，秉閒情以成賞心樂事，過閒隱生活，領略遊賞之美，「閒」、「隱」與「遊」、「賞」，乃文人對於審美生活之價值追求，這樣的審美嚮往與價值追求，構成了晚明美學特有的「閒賞」風格。

二、「閒賞」釋義

「閒賞」包含了兩個理解層次，「閒」是界定「賞」的先決條件，必需有燕閒之情始能爲賞，這代表文人處於閒適和樂的情緒與生活狀態；而「賞」是「閒」所應從事的活動，得閒便要觀覽遊賞，這是文人閒適和樂的生活內容。考察晚明文獻常用辭彙，屬於「閒」的

---

❷ 華淑又云：「長夏草廬，隨興抽檢，得古人佳言韻事，復隨意摘錄，適意而止，聊以伴我閒日，命曰閒情。非經非史，非子非集，自成一種閒書而已。」（〈題閒情小品序〉）

❷ 「賞心」一詞屢屢可見，「賞心樂事誰家院」是《西廂記》〈遊園驚夢〉一折中的名句，晚明的王季重〈遊敬亭山記〉一文中說：「天際識歸舟，雲中辨江樹，不道宣城，不知言者之賞心也」，吳從先則直接以《西廂記》之句名「賞心樂事」爲其筆記題名。

❷ 袁小修由於得閒寂，故能捲蓬窗觀賞雨景：「斜風細雨不止，泊舟德山對岸，西來衝雨歸，予乃捲蓬窗看雨清坐，自至鼎州一月矣，終日醺醉，神思甚倦，今日始得閒寂，又一樂也。」（《遊居柿錄》761條）

語彙範疇有「燕閒」、「燕居」❷、「清閒」、「閒懶」❷、「閒情」等,「閒情」用以題晚明書名者爲多,有《閒情女肆》、《閒情小品》、《閒情十二嬈》、《閒情偶寄》等書,顯示文人生活對於「閒情」的講究。

本文開端引文中之「賞鑑清玩」,是四庫館臣對「清賞」一語的拆解。「賞鑑清玩」可將「賞鑑」視爲動詞,「清玩」視爲名詞❷,「清玩」爲「賞鑑」的受詞;亦可將「賞鑑」與「清玩」視爲平行對等的一對動詞❷,高濂說:「(香几上)或放一二卷冊,或置清雅玩具妙甚⋯⋯以供清玩,甚快心目」(「論文房器具」『香几』條),在這段簡短的引文中,「清玩」同時包含了名詞與動詞兩種用法。無論是作名詞之清雅玩具、或是作動詞之清靜地玩賞二義,均是對「清賞」之「清」的描述。晚明文人似乎特別喜好以「清」字題稱書名,如《群芳清玩》、《太平清話》、《鼉元館清課》、《雪菴清史》、《清史》、《書齋清事》(以上二書收入『閒情小品』叢書中)、《清閒供》、《山居清賞》、《清賞錄》等。屬於「賞」的語彙範疇有「賞鑑」(或「鑑賞」)、「幽賞」、「清賞」等,「賞鑑」指稽古的技術,後二者指出「賞」的特質。「清」爲潔淨,與「濁」相反;「幽」爲安靜祥和,二者均象徵高雅脫俗,「清賞」、「幽賞」分別以清、幽二字強化「賞」爲一種優雅高尚脫俗的行動。

---

❷ 以「燕居」爲題名篇者有陸樹聲〈燕居六從事小引〉,有〈燕居功課〉等作。

❷ 陳仁錫曰:「⋯⋯山水之得風而鳴,得雨而潤,得雲而鮮,得遊人閒懶之意而活者也,遊人有一種閒懶之意。」(〈昭華琯序〉)

❷ 試解作清雅的古玩。

❷ 此處的清玩,與《群芳清玩》的清玩相同,試解爲清幽地玩賞。

至於「賞鑑」一詞，意爲賞識、鑑藻。賞識，是審美的識見，以具有審美的識見，與引發審美欣趣之態度觀看對象，這種審美意識乃是文人文化修養所造就出來的；鑑藻，是鑑別品藻，具有分品、判別的意涵，以審美觀爲審美對象分品、判別。所謂分品，指分品別類、因類製宜，爲不同審美對象的風格氣味作分類，所謂判別，指判別高下，評斷雅俗。

由上述諸層次的語意探究可知，「閒賞」是個合義複詞，包含了『閒』的語彙範疇如「燕閒」、「燕居」、「清閒」、「閒懶」、「閒情」等，以及『賞』的語彙範疇如「賞鑑」（或「鑑賞」）、「幽賞」、「清賞」等，吾人可爲「閒賞」一詞簡單列式表明如下：

【閒賞】──『閒』＋『賞』

三、「閒」－「賞」－「物」：閒賞的對象

人生之閒難得，得閒而能享者更難，閒的嚮求在隱逸遊賞之樂，基本爲閒情與賞心，這是「閒賞」的意義，「閒」不是尸居肉食、無所事事，由「閒」而「賞」，不求聲色歡娛，要能悅心養性、怡生安壽的審美。具體而言，究竟要如何「閒賞」呢？要「閒賞」什麼呢？趙希鵠曰：

吾輩自有樂地，悅目初不在色，盈耳初不在聲。明窗淨几，焚香其中。佳客玉立相映，取古人妙跡圖畫，以觀鳥篆蝸書，奇

峰遠水；摩挲鐘鼎，親見商周；端研湧宕泉，焦桐鳴珮玉，不
知身居塵世，所謂受用清福，孰有踰此者乎？（《洞天清祿集》）

宋代的趙希鵠將「閒賞」的焦點放在書畫器物等文化遺產上，以這些
文物所醞釀的氣氛滋養高情雅性。晚明的高濂繼承趙希鵠之說，也將
「閒賞」活動置於閑雅好古稽古之學上：「遍考鐘鼎卣彝、書畫法
帖、窰玉古玩、文房器具，纖悉究心，更校古今，鑑藻是非，辯正悉
爲取裁」（〈燕閒清賞牋〉序）。〈燕閒清賞牋〉在序文之後，緊接
著「敍古鑑賞」與「敍古諸品寶玩」兩章，前者以人爲主，大致擷錄
古代名人對於書畫寶物賞愛的各類記載；後者以物爲主，載錄古來各
種名器寶物的奇聞。次一章爲「清賞諸論」，乃高濂個人對古典器物
的賞鑑理論，這些古物包括：銅器、玉器、窰器、古琴、圖書、書
畫、雕刻、文房用物等❷，這類古典器物賞鑑的傳統，沿襲了宋代周
密《雲煙過眼錄》、趙希鵠《洞天清祿集》、明代沈津的《欣賞
編》、曹昭的《格古要論》等書的體例與架構而來。

　古典器物如鐘鼎卣彝、書畫法帖、窰玉古玩、文房器具等，明清

───────────────

❷　關於〈燕閒清賞牋〉討論古物的篇章分類如下：
　　銅器部分有—「論古銅色」、「新舊銅器辯正」、「新鑄僞造」、「論宣銅倭銅
　　爐瓶器皿」、「古銅器具取用」、「論漢唐銅章」等。玉器—「刻玉章法」、
　　「論古玉器」等。窰器—「論官哥窰器」、「論定窰」、「論諸品窰器」、「論
　　饒器新窰古窰」等。古琴—「論琴」、「古琴新琴之辯」、「琴譜取正」等。書
　　籍—「論藏書」等。書畫—「論帖眞僞紙墨辯正」、「論畫」、「畫家鑑賞眞僞
　　雜說」、「賞鑑收藏畫幅」等。雕刻—「論剔紅倭漆雕刻鑲嵌器皿」等。文房—
　　「論研」、「滌藏硯法」、「論墨」、「附硃墨法」、「論紙」（附各種造紙法
　　與紙品）、「論筆」、「論文房器具」等。

人稱之爲古（骨）董㉙，古董一詞代表著古代留傳下來價值非凡的寶物。要對古物進行賞鑑，就必需具備豐富見聞與考古學識，賞鑑的條件，正如清李調元所說：

> 以書生少見，而於游百寶之市，與富商大賈矜賞鑑之精，勢必不能然；而書冊所載，可考而知，則或有富商大賈所不能盡者，古人以博物歸儒者，洵非誣也。（〈骨董志序〉）

李調元認爲文人限於財力，不能如富賈腰纏萬貫入出古董市場，故其考古鑑識的主力仍然來自書冊，就是高濂自述：「余嗜閑雅好古稽古之學，唐虞之訓，好古敏求，宣尼之教也，好之稽之，敏以求之。」（〈燕閒清賞牋〉序）。

〈燕閒清賞牋〉除了上述有關各種古典器物的記錄與賞論之外，尚有幾章不同性質的文字，包括焚香的技術附載各類香方、彈琴的情境與時宜、書齋供花與插法的建議、蓄鶴的簡單方法、四時草卉的園藝栽植、以及牡丹、芍藥、菊、蘭、竹五種植物的栽培法等等㉚。以

㉙ 董其昌有古董十三說（收於藝文版《美術叢書》中）。明清人喜稱寶物爲骨董，何謂骨董？清李調元說：「每嘗聞人之稱寶器者，必曰骨董，恐其臆說無稽。一日，讀韓駒詩有云：莫言老衲籃衿底，勝取江南骨董歸。又昔人以魚肉諸物和羹而食之，謂之骨董羹，然後知二字之典而確也」（〈古董志序〉），李調元的《骨董志》一書，所收品目，即一般博物賞鑑書所載之古典器物。

㉚ 這些篇章有「書齋清供花草六種入格」是對書齋供花的建議。「焚香七要」有焚香技術、焚香器具，並附有各類香方。「琴窗雜記」言彈琴的情境、時宜，以及一些收貯古琴，對待古琴的要項。「養鶴要略」爲指導如何蓄養鶴鳥的簡單方法。「瓶花三說」專言插花、花瓶、供花等要事。「四時花紀」爲四季花草園藝。「花竹五譜」記錄牡丹、芍藥、菊、蘭、竹五種植物的細部栽植法。

上這些內容非屬古董，亦不是清雅玩具，但同樣列入「燕閒清賞」的範圍內，乃高濂特別的用意，他將閒雅稽古好古之學，進一步與「焚香、鼓琴、栽花、種竹」等雅事連成一起，整合爲一種清心樂志的審美生活觀❸：

> 坐陳鐘鼎，几列琴書，搨帖松窗之下，展圖蘭室之中，簾櫳香靄，欄檻花妍，雖咽水餐雲，亦足以忘飢永日，冰玉吾齋，一洗人間氛垢矣。清心樂志，孰過於此。（〈燕閒清賞牋〉序）

由以上的分析來看，高濂〈燕閒清賞牋〉的「閒賞」美學論述架構，是以古董的欣賞與懷想爲主體，進一步延伸構築成具有古典意蘊的優雅生活。高濂的「閒賞」美學觀，換個方式來說，就是文震亨的「長物」觀，《四庫提要》〈長物志提要〉云：「其曰長物，蓋取世說中王恭語。所論皆閒適游戲之事，纖悉畢具。」，文震亨的好友沈春澤更清晰地表達了這個架構──「長物」與「閒事」：

> 夫標榜林壑，品題酒茗，收藏位置，圖史杯鐺之屬，於世爲閒

---

❸ 高濂云：「余嗜閒雅好古稽古之學，唐虞之訓，好古敏求，宣尼之教也，好之稽之，敏以求之。若曲阜之舄，岐陽之鼓，藏劍淪鼎，兑戈和弓，制度法象，先王之精義存焉者也，豈值別異搜奇，爲耳目玩好寄哉？故余自閒日，遍考鐘鼎卣彝、書畫法帖、窯玉古玩、文房器具，纖悉究心，更校古今，鑑藻是非，辯正悉爲取裁，若耳目所及眞知確見，每事參訂補遺，似得慧眼觀法。他如焚香、鼓琴、栽花、種竹，靡不受正方家，考成老圃，備註條列，用助清歡。」（〈燕閒清賞牋〉序）

　　事，於身為長物。（〈長物志序〉）

沈春澤認為高濂以古董為中心延伸出來具古典意蘊的優雅生活如：山
水遊歷、品酒品茗、家居佈置與古董收藏等，在世人來看是「閒
事」，對身心而言是「長物」，然而這具備遊戲性質❸❷的「閒事」與
「長物」，卻是品人之才、情、韻的憑介❸❸。

　　「閒」－「賞」－「物」的關聯，筆者願再以余懷為李漁而寫的
一篇〈閒情偶寄序〉（按康熙辛亥年撰）試為說明。該篇文章環繞著
「以物寄其閒情」而論，首先以周禮「上總井田軍國之大，下至酒漿
扉屨之細，無不纖悉具備，位置得宜」之價值比評李漁之書。周禮本
言王道，而王道本乎人情。余懷引蘇明允之言：「凡事之不近人情
者，鮮不為大奸慝」，標舉人情之重要。余懷駁斥人謂李子「不為經
國之大業」，而為「破道之小言」，舉謝安、謝玄、白香山、蘇文
忠、韓昌黎等人為例，在其事功之外，別有閒情在懷，古今能建大勳
業、作真文章者，必有如謝安輩等具超絕俗之情，磊落嶔崎之韻，李
漁之《閒情偶寄》，應作如是觀。陶元亮、謝安、謝玄為東晉江左風
流，此風流延續至唐代的白香山、韓昌黎，北宋的蘇東坡，這個脈

---

❸❷　四庫館臣說《長物志》所論皆「閒適遊戲」之事，道出了閒賞美學的本質——
　　「遊戲觀」，關於晚明美學的遊戲觀，筆者將另文撰寫。
❸❸　沈春澤曰：「夫標榜林壑，品題酒茗，收藏位置，圖史杯鐺之屬，於世為閒事，
　　於身為長物。而品人者於此觀韻焉、才與情焉，何也？把古今清華美妙之氣於耳
　　目之前，供我呼吸；羅天地瑣雜碎細之物於几席之上，聽我指揮；挾日用寒不可
　　衣、饑不可食之器；尊踰拱璧、享輕千金以寄我慷慨不平。非有真韻真才與情以
　　勝之，其調弗同也。」（〈長物志序〉）

絡，正如前文所說，是晚明文人懷古的取徑模式。

余懷以周禮可大可小的框架來說明李漁的「閒書」，著重點自然不在井田軍國之大，而是酒漿屝屨之細，即所謂的人情，指切於男女飲食日用平常者。這些瑣細之男女飲食日用事務，看來稀鬆平常無奇，但是換陶淵明的方式來說，就不一樣了：「其間為領、為帶、為席、為履、為黛、為澤、為影、為燭、為扇、為桐，纏綿婉變，聊一寄其閒情」（《閒情賦》）。李漁「閒書」的價值即在此：「取情多而用物閎」。高濂以古董為中心具古典優雅意蘊的生活、沈春澤的「閒事」與「長物」說、李漁的「以物寄其閒情」，他們已將「閒賞」美學更確立在「閒」－「賞」－「物」的關係上。

四、「閒」－「賞」－「心」：識趣與善想

如上文所述，閒賞美學中，「物」佔著重要的地位，另外一項重要的條件是心的作用。唐代白居易曾經對於個人閒適生活的安排與描述如下：

> 堂中設木榻四，素屏二，琴一張，儒道佛書各數卷。樂天既來為主，仰觀山，俯聽泉，旁睨竹樹雲石，自辰及酉，應接不暇。俄而物誘氣隨，外適內和，一宿體寧，再宿心恬，三宿後頹然嗒然，不知其然而然。（《燕閒清賞箋》引《長慶集》）

在這段文字中，吾人可以明瞭白居易外適內和來自兩項重要條件，雅「物」以及「心」境：雅物的外適與心境的內和。以雅物為生活友

伴，使心境恬適平和，這一直是中國文人的喜好，李建勳以琴、磬、書、竹為友❸，歐陽修以金石一千卷、藏書一萬卷、琴一張、棋一局、酒一壺與老翁一人成其六一居士的雅號，這些無不是以雅物為媒介，以利恬適生活的體會與設計。

木榻、素屏、琴、磬、竹、棋、書……時日久了，就是古董，吾人回頭觀看唐宋文人的生活記錄，那些不可或缺的古董器物、環繞著古物而形成的樸雅氛圍、以及恬適的心境，都使晚明文人一再嚮往，能掌握這樣的關聯，吾人更能理解晚明高濂精心擘劃出來之「閒賞」美學的內涵。

張彥遠說：「不為無益之事，何以悅有生之涯？」（《歷代名畫記》），不為「無益之事」，「有生之涯」如何得悅？張彥遠所謂的「無益之事」，與筆者上引沈春澤的「閒事」異曲同工，是與功名大業相對而言，張彥遠「無益之事」指的是玩賞名畫，名畫是雅物；而「悅有生之涯」之「悅」則指心境，對張彥遠雅物與心境的分析，與上述白居易、歐陽修可謂一脈相承。

由雅物而興起怡悅的心境，即是所謂的「賞心」，「賞心」是審美主體所應具備的態度，以之閒賞觀物。「賞心」具體來說，就是識趣之心，筆者以袁中郎〈敘陳正甫會心集〉文中所言，試為分析：

> 今之人，慕趣之名，求趣之似，於是有辨說書畫、涉獵古董以為清，寄意玄虛、脫跡塵紛以為遠，又其下有如蘇州之燒香、

---

❸ 《澄懷集》云：江南李建勳……一竹軒榜曰四友，以琴為嶧陽友，磬為泗濱友，南華經為心友，湘竹為夢友。」（《燕閒清賞牋》引《澄懷集》）

煮茶者，此等皆趣之皮毛，何關神情？（《袁中郎全集》卷一〈敘陳正甫會心集〉）

計較所賞之物爲何畢竟只是皮毛，更重要的是賞的態度──識趣，不在趣之皮毛上打轉，不逞辨書畫古董、不寄意玄虛或焚香煮茗而自以爲清遠，必需深入物事之神髓，即趣之所在：

> 世人所難得者，唯趣，趣如山上之色，水中之味，花中之光，女中之態，雖善說者，不能下一語，唯會心者知之。（同上引）

由於趣非具象之物，無法具體言說，僅以山色、水味、花光、女態爲譬，會心者必識趣之人，觀山、觀水、觀花、觀女時，自然特關注其色、味、光、態等精神意蘊所在，亦即能審山水花女之美了。識趣之才得之於何？

> 夫趣得之自然者深，得之學問者淺，當其爲童子也，不知有趣，然無往而非趣也，面無端容，目無定睛，口喃喃而欲語，足跳躍而不定，人生之至樂，眞無踰于此時者。孟子所謂不失赤子，老子所謂能嬰兒，蓋皆此也，趣之正等正覺最上乘也。……山林之人，無拘無縛，得自在度日，故雖不求趣而趣近之。……迨夫年漸長，官漸高，品漸大，有身如梏，有心如棘，毛孔骨節，俱爲聞見知識所縛，入理愈深，然其去趣愈遠矣。（同上引）

識趣之才，顯然不由學問中來，以孩童作譬，不必架端容、不必睜定睛、口語足躍、渾然天成之樂，識趣者所具有的，即孟子的赤子心、老子的能嬰兒，也就是袁中郎曾一度崇敬的李贄所謂的童心❸，隨著年長與官品高大所帶來的身心桎梏，以及聞見知識的綁縛，將使活活潑潑自然識趣的童心才具受到困窒。習於所聞所見以作詩為文，高者為格套所縛，如殺翮之鳥，欲飛不得；卑者剽竊影響，如老嫗傅粉，愈發醜惡，「人情安于所習故，雖至美亦以至惡掩也」❸；若能如山林之人，隨處天機自然中，脫去一切身心毛孔骨節之拘縛，不必勉力求趣，而趣自在所觀所聞中。這種不經意中所得的勝趣，如同李日華所體驗的：

> 東偏書屋閒曠久，堆積落葉斷木，窗雨灑淅，簷日曝蒸，忽產丹芝百莖，的皪可愛。芍藥舊栽，奴懶失灌，今歲作花如錢，蒨艷有態，人反稱奇種。因有金陵之行，舟車盤礴，冠蓋晉接，手不執卷者彌月，胸中番覺空快。隨意作應酬文，不受古人徽索，灑灑我成其我，此數者，皆以不經意得勝趣，天下事，何貴力求？（《六研齋二筆》卷一）

---

❸ 三袁兄弟在各自文集中，均曾紀錄對李龍湖的崇敬，並曾有緣拜訪龍湖，向李請益，李的童心説，收於《焚書》。

❸ 袁中郎以飲茶為譬云：「昔余至吳，鄉人有偕來者，飲以天池、虎丘，怒發投於地曰：此何異水，適家人有攜安化茶者，出而飲之，其人大喜，立啜五盞，何也，人情安于所習，故雖至美亦以至惡掩也。」（《袁中郎全集》卷一〈敍梅子馬王程稿〉）

閒曠書屋傍、斷木落葉上，經雨灑日曝所產的丹芝，懶於灌水之芍藥舊栽，忽蒨艷作花，這是未經整飾而自然天成的景致，金陵一行，雖中斷了平日的閱讀習慣，然舟車盤礡，冠蓋密如稠雲，亦有人事風景可賞，作應酬文，脫開古人規矩索縛，我成其我，亦得自在之樂，以上所舉自然的、人事的、應酬文字的數事，皆因李日華的不經意而帶來意外之喜，若沒有一顆識趣之心，這些日常生活中人事物的美好，如何能被發覺？

　　何以能在平凡不經意中，發覺事物之美呢？識趣之人，於習見不但能去粘鬆綁，在一定的審美情境中，亦較常人能善想❸，使其心常保持著高度的靈動狀態：

> 士奇則心靈，心靈則能飛動，能飛動則下上天地、來去古今，可以屈伸長短，生滅如意；如意則可以無所不知……蛾，伏也，伏而飛焉，可以無所不至，當其蠕蠕時，不知其能至此極也。是故善畫者觀猛士劍舞；善書者觀擔夫爭道；善琴者，聽淋雨崩山……盡其意勢之所必極，以開發於一時。（《湯顯祖集》卷三十二〈序丘毛伯稿〉）

湯顯祖所謂的心靈飛動，與上述的赤子嬰兒童心是相似的狀態，皆可

---

❸　袁宗道云：「與王則之、陶周望、顧升伯共看月道院閣上，則之指月曰世間乃有此等可愛可玩之物，余曰，秦淮海有言，凡悅可人耳目者，皆善想所變，夫閻浮提中，善想所變，當無逾此，顧此時此景，披襟飽玩者幾人？」（《白蘇齋類集》卷 21「雜說類」〈與王則之〉條）此條所討論的重點似乎是佛學，關於耳目所見與心的關係，但用在審美活動中，豐富的想像，的確更能領略物象之美。

不受拘束地上下四方來去自如，可以如其所想之意，善書畫鼓琴的藝術家，由於有這樣豐富自由的想像，故能在毫不相干的物象中，如其所想之意，汲取藝術創造的能量，審美者在審美活動中，所應具備的識趣心靈，就是這樣的飛動狀態。

閒賞的客體對象——「物」固然重要，而閒賞的主體態度——識趣與善想——「心」的作用更是關鍵所在。所以在閒賞美學的範疇中，稀罕難得的鐘鼎卣彝、書畫法帖、窯玉古玩、文房器具是美；而俯拾即是的山色、水味、花光、女態亦是美，端看審美主體心靈的識趣與善想了。如果只是隨波逐流，人云亦云，又如何能真正領會到物象之美呢？關於這點，李漁抨擊了當時不惜重金搜求古董的歪風，他譏諷近世古董崇尚之風，富貴之家購買古董，乃是分散黃金的一種財產處理方式，原無可厚非，而貧賤之家的效顰，實在是矯異的作法❸。李漁的《閒情偶寄》自言寓有勸懲之意❸，標榜著崇尚儉朴、規

---

❸　李漁云：「崇尚古器之風，自漢魏晉唐以來，至今日而極矣。百金貿一卮，數百金購一鼎，猶有病其價廉工儉而不足用者，常有爲一渺小之物，而費盈千纍萬之金錢，或棄整陌連阡之美產，皆不惜也。……設使製用此物之古人，至今猶在，肯以盈千纍萬之金錢……易之而歸？……吾知其必不爲……古物原有可嗜，但宜崇尚於富貴之家，以其金銀太多，藏之無具，不得不爲長房縮地之法，斂丈爲尺，斂尺爲寸，如藏銀不如藏金，藏金不如藏珠之說，愈輕愈小，而愈便收藏故也……乃近世貧賤之家，往往效顰於富貴，見富貴者偶尚綺羅，則恥布帛爲賤，必覓綺羅以肖之，見富貴者單崇珠翠，則鄙金玉爲常，而假珠翠以代之……有八口晨炊不繼，猶舍旦夕而問商周，一身活計茫然，寧遣妻孥而不賣古董者，人心矯異，詎非世道之憂乎？」（《閒情偶寄》卷十〈器玩部〉「制度」『骨董』條）

❸　李漁言：「近日人情，喜讀閒書，畏聽莊論，有心勸世者，正告則不足，旁引曲

正奢靡風俗的主旨，用以點綴太平、警惕人心❹，因此不只是爲富貴者設論而已：

> 是集惟演習聲容二種，爲顯著陶情之事，欲儉不能，然亦節去靡費之半。其餘如居室、器玩、飲饌、種植、頤養諸部，皆寓節儉於制度之中，點奢靡於繩墨之外，富有天下者可行，貧無卓錐者亦可行。（《閒情偶寄》凡例）

除富貴之家有財力供養戲班，非貧家所能者之外，舉凡居室、器玩、飲饌、種植、頤養等項，則無論貧富，皆必需經營講究。這種講究，不在「物」的貴重難得，而在「心」的用意，這就是李漁無論貧富的「閒情」觀，所以他會說：

> 人無貴賤，家無貧富，飲食器皿，皆有必需……至于玩好之物，惟富貴者需之，貧賤之家，其制可以不問。然而粗用之物，制度果精，入于王侯之家，亦可同乎玩好。寶玉之器，磨

譬則有餘。是集也，純以勸懲爲心，而又不標勸懲之目，名曰閒情偶寄者，慮人目爲莊論而避之也……勸懲之意，絕不明言，或假草木昆蟲之微，或借活命養生之大以寓之者。」（《閒情偶寄》凡例）

❹ 李漁《閒情偶寄》的凡例有四期三戒，三項戒條全指行文，要戒剿竊陳言、戒網羅舊集、戒支離補湊；四項期待爲點綴太平、崇尚儉朴、規正風俗、警惕人心，故寓有勸懲之意：「風俗之靡，日甚一日，究其日甚之故，則以喜新而尚異也，新異不詭於法，但須新之有道，異之有方，有道有方，總期不失情理之正，以索隱行怪之俗，而責其全返中庸……是集所載，皆極新極異之談，然無一不軌於正道。」（《閒情偶寄》凡例）

> 攏不善，傳于子孫之手，貨之不值一錢，知精麤一理，即知富
> 貴貧賤同一致也。（《閒情偶寄》卷十〈器玩部〉『制度』）

因此，李漁有著不同的器玩觀念❹，日用器皿與玩好之物，其實可以
是二而一的，日用器皿制度若精，則同於玩好之器，而寶玉之器，磨
攏不善，則不值一錢，其中的關鍵之處，在智巧與心思：

> 甕可爲牖也，取甕之碎裂者聯之，使大小相錯，則同一甕也，
> 而有哥窯冰裂之紋矣。柴可爲扉也；取柴之入畫者爲之，使疏
> 密中窾，則同一扉也，而有農户儒門之別矣。（同上）

這種化平凡腐朽之物爲神奇的智巧與心思，呼應了本文上述的識趣與
善想，就是「賞心」。所以李漁之書對於「骨董」一項，缺而不備，
吾人探討晚明的閒賞美學，亦應明瞭古董賞鑑學並非全部，只是其中
之一而已。文人看重古物，「非重其物，重其年久不壞，見古人所製
與古人所用者，如對古人之足樂也。」（《閒情偶寄》卷十〈器玩
部〉『制度』「古董」條），閒賞的對象是否爲價值連城的古董並不
是那麼重要，借著摩娑古董的當兒，如與古人把晤；或是在佈置家
居、遊隱山林時，興起對古之樂，讓古典的韻致跨越時空汨汨融入生
活、滲入心靈，這才是晚明文人「閒賞美學」的主旨所在。

---

❹　例如他説砂壺，寶之過情，使與金銀比值，無乃仲尼不爲之已甚乎，一般家庭，
　　置物但取其適用，何必幽渺其説。參見《閒情偶寄》卷十一〈器玩部〉「制度」
　　『茶具』條。

五、「閒賞」美學風格的生活樣態

　　本文以上討論了晚明文人於日常生活中，對「閒」「隱」與「遊」「賞」之審美價值的嚮往與追求、闡釋了「閒」「賞」的義蘊、亦分別探討了閒賞的對象──「物」、以及閒賞的「心」──識趣與善想，吾人透過以上幾個角度的研析，已試圖勾勒出晚明「閒賞」美學風格的大致輪廓。以下，筆者將簡潔地描繪出「閒賞」美學風格在文人生活中的具體展現樣態，以為本文收尾。

　　晚明文人鍾情山水，對山水意態時時充滿遊賞品評的聲音，絕非毫無感知之徒[42]，因此他們選擇的山林，絕不是「聽鬼愁風、因虎逃月」（《王季重雜著》〈淇園序〉）的原始蠻荒之地，所居之處，必須經過整理與經營[43]，以袁宗道所寓居的抱甕亭為例：

---

[42]　例如王季重便曾對蜀、秦、楚、吳、閩、滇粵、越等不同地域的山水，以相人法給予仔細品賞，他說：「天下山水，有如人相。眉嶺目四，蜀得其險；骨大肉張，秦得其壯；首昂鬢戟，楚得其雄；意清態遠，吳得其媚；貌古格幻，閩得其奇；骨采衣妍，滇粵得其麗；然而韶秀沖停，和靜娟好，則越得其佳。」（《王季重雜著》〈淇園序〉）

[43]　如謝肇淛所言：「竹樓數間，負山臨水，疏松修竹，詰屈委蛇，怪石落落，不拘位置，藏書萬卷其中，長几軟榻，一香一茗。」（《五雜組》卷十三〈事部〉）環境栽植與齋室罷設，均經過佈置。另焦竑亦嘗言：「公（按指參岳王公）所居有陽湖別墅、玉介園，擅一方之勝，歸而益為修葺，山池花木，爐整幽靚，晨夕偕兄弟賓客置酒高令，酒酣自度曲為新聲，授童子按節奏之，歌聲烏影，相間錯於蠻容川色間，驪如也。」（《焦氏澹園集》卷二十四〈參岳王公傳〉）文人於經過整理修葺的園亭中驪愉地生活。

> 亭外多花木，正西有大柏六株，五六月時，涼蔭蒲階，暑氣不
> 得入，每夕陽佳月，透光如冰，風枝搖曳，有若浪紋，衣裳床
> 几之類皆動。梨花二株甚繁盛，開時香雪滿一庭。隟地皆種蔬
> 瓜棚藤，架菘路韭畦，宛似村庄。凡客之至斯亭者，睹夫枝葉
> 之翁鬱，乳雀之哺子，野蛾之變化，蜎蝶之遺粉，未嘗不以爲
> 真老圖也，伯修方在講筵，先雞而入……（《袁中郎全集》卷九
> 〈抱甕亭記〉）

經過修飾整理過的村庄園圃，提供文人閒遊觀賞自然生態的場景，植
梨花，以待香雪滿庭，植柏樹，除避暑取涼外，夕陽佳月的微光，由
搖曳的樹葉間隙透漏投影到居室衣物，均爲文人生活中極動人難得的
審美景致。只要用心整飾修葺居住環境，即使城郊村居，亦可創造出
山林隱居之意，袁宗道便欲於老家長安村中舊居「栖隱」：

> 我意欲將荷葉山、荷葉堰，俱作短牆圍之，從烏白樹中開門，
> 以小舟往來其中，純種白蓮，山內松栗十圍處，作一佛堂，萬
> 松嶺上作一大士閣，記往時每夕陽行此處，則平湖萬頃，晶晶
> 晃耀，如爛銀海，且可以東望黃山，極爲勝處……此處以林樹
> 爲命，寧乞吾頂上毛，莫伐吾樹也……又敕阿書種樹山中，可
> 多種松，塘上可多種桃柳，桃柳易成……其行位亦自有方略，
> 太整即俗……已自董思白、黃慎軒諸公乞堂額菴名矣。（《白蘇
> 齋類集》卷十六〈寄三弟〉）

將荷葉小丘與荷葉堰堤以短牆圈圍出一個可小舟往來的白蓮塘，塘上

多植桃柳，在黃昏可創造出平湖萬頃，晶耀燦爛的銀海景致，再於此處的松栗樹間造佛堂，於萬松嶺上作觀音閣，以便進行宗教活動，建築物之堂額，央請文友題名，所乞得的書額門榜有：荷葉山房、松風澗堂、淨綠堂、斜月廊、梅花奧（《珂雪齋近集》小修語）等。無論是山隱、吏隱或市隱，這樣經過文人精心設計後的園池居室，不僅創造了閒隱之居的氣氛，亦將文人「蔬園插菊，柳下彈棋」（《袁中郎全集》卷二十一〈尺牘——李健翁〉）的雅賞興致融入其中。富貴之家與文人雅士在修治家居園圃的心態，是有差別的：

> 富貴之家，修飾園沼，必竭其物力，招致四方之奇樹怪石，窮極志願而後已……余治小圃，不費難得之物，每每山行，遇道旁石有姿態者，即覓人舁歸，錯置卉竹間，久而離奇，亦覺有郊坰間趣。（謝肇淛《五雜俎》卷三〈地部〉）

文人用來佈置園沼家居的材料，不是拿來誇耀財富的，故不必貴重不必難得，以能夠興發山林氣氛、並能賞心之物即可[44]。

以上所述，特指齋室週遭環境的設計，至於齋室中的陳設，亦是文人生活中，閒賞美學風格的另一展現，例如王季重所詠友人的名園：「所居一丈之室，卷石興雲，老鼎泣魅，宿帖奇書，病琴瘦鶴，種種韻絕」（《王季重雜著》〈名園詠序〉）；又如焦竑所見的弗告

---

[44] 謝肇淛云：「山中石，掘置池畔草間，自與世間傳翫諸石氣色不同，蓋深山之中，受霧露、日月之精，不爲耳目之娛，每至樹木茂密，煙靄凝浮，一種賞心，非富貴俗子所可與也。」（《五雜俎》卷三〈地部〉）

堂中：「茗碗鑪熏，法書名畫，位置雅潔，入其室者，蕭然如睹雲林海岳之風」（《焦氏澹園集》卷十六〈弗告堂詩集序〉）；這些佈置雅潔的園室中收藏了藝術品如法帖、名畫；古董如老鼎、病琴；飼養著瘦鶴、擺置著卷石；又有使齋室清香的鑪熏、供賓主夜話的茗碗等，透過這些物品的陳設，以上追倪雲林、米海岳優雅之風，更有袁中道可供揮灑嘯詠的文房用物：「以芙蓉養紙，柳絮裁詩，琉璃硯匣，翡翠筆床」（《珂雪齋近集》卷三〈東遊日記〉），以芙蓉、柳絮、琉璃、翡翠製成的紙硯與筆床，已不僅僅作為書寫的用品，更是閒適賞玩的對象，袁伯修即曾以詩歌詠贊齋室中的陳設，並以竹、石、酒鑪、花瓶為其四友：

> 讀書覺眉重，臨池嫌腕拙，世間百事百不能，乍可衡茆甘踞瘠，雲心齋前一片地，斑駁苔錢紅間碧，珊瑚漆几博山鑪，拂竹捎花巧排列，左置鑪，右置瓶，大奴燒松根，小奴滌瓷罌，坐愁湯老手自淪，纔聞酒響涎不禁……日日契鑪與契瓶，況我此間蓬蒿宅，褊性畏人稀見客……鑪也老友瓶小友，竹也此君丈也石，日與四子相周旋，共我山房呼……（《白蘇齋類集》〈壽亭舅贈我宜興瓶茶具酒具一時精美，喜而作歌〉）

與文友相往聚會，亦是文人生活中之要事，其聚會型式，可以三袁的葡萄林結社集會為典型：

> 伯修居從官時，聚名士大夫論學於崇國寺之葡萄林下，公（按指潘去華）其一也，當入社日，輪一人具伊蒲之食，至則聚譚，或

遊水邊，或覽貝葉，或數人相聚問近日所見，或靜坐禪榻上，
或作詩至日暮始歸。（《珂雪齋近集》卷七〈潘去華尙寶傳〉）

覽貝葉、聚譚、論學、靜坐，這是較爲嚴肅的集會方式。晚明人慕道
的宗教傾向濃厚，尤其居士佛教最爲普遍❹，一般士人在家皈依佛禪
者，多稱爲居士，其三教融通的談理傾向爲文人友輩所喜近，在舉止
風度上，居士多屬高隱之流，多爲以禪栖爲寄的隱者形象，不必往赴
山林，其衣冠、行徑、詩語的冥契、乃至禪室的雅潔，均已形成一種
高古的意象❹，與之交接問道，是文人相當欣慕之對古的人生型態
❹。除此，亦有較輕鬆隨意笑談的型態：

同心良友，閒日過從，坐臨笑談，隨意所適，不營衣食，不問

---

❹ 清代彭際清編有《居士傳》，爲明代居士的傳記，其中只有 4 位是萬曆之前的
人，其餘 103 人皆爲萬曆到明亡之間的人物，居士間特有的佛教信仰形成了居士
佛教，居士大致是士大夫階級，其有融合儒釋道三教合一的傾向，有時不免執以
儒釋佛的說教觀點，詳參釋聖嚴〈明末的居士佛教〉一文，收於氏著《晚明佛
教研究》一書，東初，1987 年。

❹ 焦竑對一位晚明居士的描述如下：「居士冠維摩巾，緇衣，僧履，旦夕經行，余
時時見之，矍然松鶴姿也……聞居士家禪室雅潔，人跡罕至，奉梵像其中，日作
淨土功課，然所爲詩，言言冥契，其得之參悟者多矣……（按以下指其題畫詩）
大都冷然出世語，冀以發起聾俗，非爲畫設也，今讀之雖刊落一切，而豪宕不羈
之意，尚隱隱於楮墨間，居士殆古高隱者流，以禪栖爲寄者邪？」（《焦氏澹園
集》卷十六〈玉露堂稿序〉）

❹ 袁小修在其二兄中郎去世後，「世念已灰，願作一老居士，游行佳山水間足
矣。」（《珂雪齋近集》卷九〈答曾太史〉）

> 米鹽，不敘寒暄，不言朝市，丘壑涯分，於斯極矣。（《五雜
> 俎》卷十三〈事部〉）

晚明文人集藝術、賞鑑、娛玩、靜觀於日常的生活模式，可以朱
國禎所紀錄之蔡一槐爲典型：

> 愛法書名畫，善小楷行草，作墨蘭石竹，具有意態，琴奕寄
> 意，對客奕，至忘日夜，奉石片硯，古董小物，玩弄移時，不
> 知饑飽，一草一花，靜觀獨會。罷官後，遨遊江湖，間十餘
> 年，敝履布衣，莫識誰何也。（《湧幢小品》卷22〈逸致〉條）

在「極山水之致」與韻絕雅潔的居處環境中，蒔花、種竹、賦詩、聽
曲、焚香、啜茗、彈琴、取樂魚鳥、評古董眞贋、論山水佳惡❽，得
暇即出遊，「凡觀寺丘墅有泉石花竹者靡不遊，人家有美酒鳴琴者靡
不過，有圖書歌舞者靡不觀。」（何良俊《四友齋叢說》卷三十三
〈娛老〉），持著書癖觀書，秉著詩腸讀詩，遇酒則留連酒鄉❾，舟
中看月，江上閑步，花下清尊，燈下雅謔，無時不可，無處不在地過

---

❽ 袁中郎云：「一行雅客，蒔花、種竹、賦詩、聽曲、評古董眞贋、論山水佳惡，
　亦自快活度日」（《袁中郎全集》卷二十四〈尺牘——與黃平倩〉），另袁宗道
　亦嘗云：「兄歸山中，焚香、啜茗、寄意琴書、取樂魚鳥，眞不減飛天仙人。」
　（《白蘇齋類集》卷十六〈答蕭贊善玄圃〉）

❾ 袁中郎自剖：「不能書而有書癖，不能詩而有詩腸，不能酒而有酒態，故每遇書
　則觀，遇詩則讀，遇酒則留連，深夜亦復頹然。」（《袁中郎全集》卷二十〈尺
　牘——答人〉）

著「閒隱遊賞」、「覽聽流玩」❺⓪的優雅生活。

本文最後，引湯顯祖爲友人汪昌朝廷訥所作的一篇筆記爲結：

> 先生詩文之外，好爲樂府、傳奇種種，爲余賞鑑……有園一
> 區，堂曰環翠，樓曰百鶴，湖曰昌湖，其中芝房菌閣露榭風
> 亭，傳記大備，諸名賢之詩歌辭賦不可指數。先生灌花澆竹之
> 暇，參釋味玄，雅好靜坐，間爲局戲，黑白相對，每有仙著，
> 近成訂譜行于世。人號坐隱先生……其精神常與純陽通……
> （《湯顯祖集》卷五十「補遺」〈坐隱乩筆記〉）

汪廷訥在有名賢賦詠題額的園林齋室中，進行賦詩、作文、寫曲、灌
花、澆竹、參禪、靜坐、局奕等活動，其中有文學的、園藝的、遊戲
的、宗教的、養生的種種面向，合成爲文人審美生活之閒賞風格的總
貌。

---

❺⓪　「覽聽流玩」一詞出於湯顯祖文，湯云：「南安孫子樂，余同年友也，搆精館周
　　池之中，成臺之上，極山水之致焉，繁植芊綿，遊鳥朝夕，孫生體素懷沖，覽聽
　　流玩，不能離去，自號印池居士。」（《湯顯祖集》卷二十二〈池上四時圖
　　賦〉）

晚明「閒賞」美學在中國學術史上的範疇定位與源流發展──目錄學角度的探討

引　言

　　由前一章論文得知，晚明閒賞美學的內容，可以高濂《遵生八牋》之〈燕閒清賞牋〉的題名與四庫提要獲得提綱契領的認識──「賞鑑清玩」以供「閒適消遣」。「燕閒清賞」的語意延伸得知「閒賞」是個合義複詞，包含了『閒』與『賞』二字的語彙範疇，『閒』包括了「燕閒」、「燕居」、「清閒」、「閒懶」、「閒情」等詞義內涵，『賞』包括了「賞鑑」（或「鑑賞」）、「幽賞」、「清賞」等詞義內涵。由這樣語意的拆解詮釋，吾人對晚明的美學風格──「閒賞」作進一步的釐析──「閒賞」包含兩個理解層次，「閒」是界定「賞」的先決條件，必需有燕閒之情始能爲賞，這代表文人處於閒適和樂的情緒與生活狀態；「賞」是「閒」所應從事的活動，得閒便要觀覽遊賞，這是文人閒適和樂的生活內容。文人隨處注意生活中「閒情」的講究，然而「閒情」不只是主觀抽象的心理狀態而已，還

必需藉助足以興發「閒情」的遊賞活動，如何遊賞？遊賞何物？就成了晚明閒賞美學的重要客體所在。

宋代的趙希鵠將「閒賞」的客體焦點放在書畫器物等文化遺產上，以這些文物所醞造的氣氛滋養高情雅性。晚明的高濂與文震亨繼承趙希鵠之說，也將「閒賞」活動置於「閑雅好古稽古之學」與「長物」學上，他們將「閑雅稽古好古之學」與「長物」學，進一步與「焚香、鼓琴、栽花、種竹」等雅事連成一起，整合為一種清心樂志的審美生活觀，這種審美的生活觀是以古董的欣賞與懷想為主，進一步延伸構築成具有古典意蘊的優雅生活。「閑雅好古稽古之學」與「長物」學將文人閒賞活動的內容包羅豐富，古典器物如鐘鼎卣彝、書畫法帖、窯玉古玩、文房器具等，除了古典器物的記錄與賞論之外，還包括焚香的技術、香方的載錄、鼓琴的情境與時宜、書齋供花與插法的建議、蓄鶴的簡單方法、四時草卉的園藝栽植、以及牡丹、芍藥、菊、蘭、竹五種植物的栽培法等等。

吾人若細步探究高、文二人「閑雅好古稽古之學」與「長物」學關涉的學術範疇，將有助於吾人對晚明閒賞美學在中國學術源流中的定位。清初官修的《四庫全書》，距離晚明不遠，頗能忠實反映當時的學術狀況，此外，亦有相當明確的類例觀念。本論文以《四庫全書》〈子部〉的分類為依據，衡諸高濂的《燕閒清賞牋》與文震亨的《長物志》二編內容，二編橫跨了《四庫全書》〈子部〉多種類例領域：書畫法帖為『書畫之屬』；古琴為『琴譜之屬』；篆印刻章為『篆刻之屬』；游戲玩藝為『雜技之屬』，這些都在「子部·藝術類」中。鐘鼎卣彝、銅窯漆雕、文房香石等為『器物之屬』；茶、酒為『飲饌之屬』；蘭竹、荔枝、魚鶴、蟲蟹等為『草木鳥獸蟲魚之

屬』，這些都在「子部·譜錄類」中。花木樹藝、魚鶴飼養等事，早期則歸屬於〈農家〉。而包羅了以上紛陳品類的《燕閒清賞牋》與《長物志》二書，卻歸在「子部·雜家類」的『雜品之屬』中。

鄭樵曾云：「辨章學術、考鏡源流」，這是檢查一個時代學術現象的重要法門，本論文試圖由目錄學史的角度，進一步審視晚明閒賞美學的範疇及其學術歸隸源流❶。

一、「藝術」類例的探討

(一) 源流

南朝宋王儉，有感於當時新興的官修目錄，皆以晉荀勗《中經新簿》與李充《四部書目》發展出來的四部法編目，此法著重書的體裁分類，而漠視書的本質，不足以統轄群籍，反不如回溯到漢代劉歆《七略》部次的方便，於是依其法，私撰目錄為《七志》。其中新創一志為〈術藝志〉，在中國目錄學史上，王氏首次將「藝」與「術」兩字合為一類例名詞，意義非凡，然該志用以紀方技，收錄醫經、房中、神仙之類書籍，實為劉歆七略〈方技略〉之另名，反而模糊了「藝術」類例在目錄學上的學術範疇，一如梁朝阮孝緒所評：「王（儉）以……方技之言，事無典據，又改為術藝……術藝則濫六藝與術數，不逮方技之要顯，故還依劉氏，各守本名」，阮孝緒指出了王

---

❶ 本論文關於中國目錄學之源流、著作與相涉論題的探討，相關之目錄文獻材料大致取自昌彼得、魏美月合著《中國目錄學》，文史哲，民 75 年。

倆「術藝」一詞的內涵,是介於術數與六藝之間,仍離六藝稍遠而近於術數,與後世談書論畫的「藝術」尚有一段很長的距離。

阮孝緒《七錄》〈術伎錄〉下有「雜藝部」,內容與王儉紀方技之「術藝志」不同,其中有書畫、碁藝及象經之書,其獨出的「藝」字,仍繼承「六藝」而來,冠以雜字,則表示有於「六藝」之外者,南朝梁阮孝緒的「雜藝部」廣泛的內容,實乃後世目錄「藝術」類例之濫觴。考隋唐兩代的目錄著作,「藝術」的類例觀念似乎尚未形成,例如初唐魏徵所撰的《隋書·經籍志》反將阮氏創出的「雜藝部」刪除,將其中書畫之書附入小說,以碁藝及象經之書附入兵家,他如開元元行沖的《群書四部錄》亦未見有相關部伍之名。直到五代劉煦撰《舊唐書·經籍志》丙部子錄下始見〈雜藝術〉之目,雖並非首次將「藝」與「術」二字相連,但藝術二字已成一實質內容的名詞,這確是中國目錄學史之首例。

南北朝隋唐以來的目錄學著作,姑不論名詞的遞進如何,對於「藝術」類例的內涵,傾向於將繪畫與棋奕等雜藝兼治一爐,視爲同類。正如《四庫全書》所云:「游藝亦學問之餘事,一技入神器或寓道……小道之可觀者也」(《四庫全書總目·子部總敘》),這個觀念,一脈相承地傳遞到宋仁宗年間敕撰的《崇文總目》,其在四部的子部下確立「藝術」類,所收五十八部書,其中包括了:射術類、畫論類、棋奕類、投壺博戲類……等;南宋鄭樵的《通志·藝文略》亦然,其「藝術類」的分類則更清晰❷,標明了十六小類:「射、騎、

---

❷　南宋鄭樵《通志》的分類法突破了四部的藩籬,將向來部類二級的分級原則,增爲三級,類下再詳析各類子目,俾使閱目錄者,可以知曉各門學術的淵源流變,

畫錄、畫圖、投壺、奕碁、博塞、象經、摴蒲、彈碁、打馬、雙陸、打毬、彩選、葉子格、雜戲格」等等，皆將繪畫與雜技藝合在「藝術」類例下。《崇文總目》、《通志·藝文略》兩本書志在「藝術」類下，如此豐富的游藝圖書出版，無論是在南宋左圭編輯的《百川學海》，或是元末明初陶宗儀編輯的《說郛》這兩大叢書的後數集目錄中，可得明證❸。

若語言的成熟可旁證歷史的發展，那麼五代兩宋時期目錄學上「藝術」類例名詞的確立，不僅顯示藝道已獲重視，蜂湧而出的游藝類圖籍，更證明此時游藝生活的興盛。「藝術」類例之名自此成為宋元明清以來，官私著錄不可或缺之目。

(二) 「書」、「畫」、「藝術」的分合

儘管「藝術」類例的主流觀念，在於繪畫與雜技藝並收，然而畫與藝術在中國目錄學上，還是曾經呈現著分合紛歧的現象。北宋著名的藏書家李淑將家藏圖書分門別類編成《邯鄲圖書志》，其中列有〈藝術志〉一門，由於該書志將「畫志」與「藝術志」別為二門，由此可知，李淑有著不同於以往的「藝術」類例觀念，將畫排除在外的「藝術」，指為雜技藝之事。明嘉靖年間高儒編成的《百川書志》，

據目以求，「部－類－目」三級分類法為明清兩代的目錄書所沿襲。

❸ 左圭編輯的《百川學海》，共分甲乙丙丁等十集，收錄兩宋及前朝各類書籍，關於藝術賞鑑的著作，集中在庚辛壬癸四集裡，庚集收書畫理論，辛、壬兩集收文房香茶酒草木等譜錄之書，癸集收鳥獸園林風土之書。陶宗儀在左圭的規模上，更加擴展，由其收書之目錄中，可知兩宋在藝術游藝書籍編撰的盛況。細目請詳參《國立中央圖書館善本書目》，民75年。

在子志下將翰墨家與雜藝並列；萬曆年間徐𤊹的《紅雨樓家藏書目》，亦將「藝術」與書、畫分列，均清楚表達了李淑的想法。萬曆年間焦竑奉旨編修《國史經籍志》，取法鄭樵的三級分類原則，在四部四十八類下，再分細目，其「子部·藝術家」下有「藝術、射、騎、嘯、畫錄、投壺、奕棋、博塞、象經、樗蒲、彈棋、打馬、雙陸、打毬、彩選、葉子格、雜戲」等十七目，這幾乎可說完全抄襲鄭樵《通志·藝文略》「藝術類」而來，然而卻將鄭的「畫圖」一目改為「藝術」，焦竑亦與李、高、徐三人相同，似乎有意將純藝術與雜藝術二者區格開來，最大的不同點，是李淑、徐𤊹二人視雜藝術為「藝術」，而焦竑則視純藝術（畫圖）為「藝術」。

至於書與畫二者的關係，早期一直分屬不同類例，明代以前，任何遵循四部的官私撰目錄，未有不將「法書」列於〈經部·小學類〉者，「法書」自始未曾與藝術類之畫科同列。明代官修的《文淵閣書目》，雖無分部，但將法帖與畫譜同置一櫥，書法首先遠離了經部的小學；而明萬曆年間徐𤊹的《紅雨樓家藏書目》於子部下有器用、藝術、書（書法）、畫，其中有新的訊息，其正式將經部小學中的書法置入子部中，與畫並列，書畫同時並列，此為「藝術」類例觀念內涵之一大進展。

㈢　「藝術」類例內涵的確立

前文曾討論過，或是李淑、徐𤊹，或是焦竑，他們對於「藝術」各執一偏的觀念，畢竟未在後來形成主流。以鄭樵所代表的傳統，則是將游藝視為學問之餘事，舉凡寓道入神之技，均可視為「藝術」，可同時包含翰墨與游藝。明萬曆年間祁承爜的《淡生堂藏書目錄》，

則擴展得更爲完備，祁氏將其藏書樓家藏十萬卷書，精審校勘所編成的目錄，與昔人依據舊目整理而來者不同，每書必親眼目睹，並無濫入之弊，其中值得注意的，是在「藝術家類」下有：書、畫、琴、棋、射（附投壺）、數、雜技等目。這一份目錄，其實就是南北朝到明代這一段時間當中，「藝術」類例觀念演進的軌跡，由鄭樵、徐燉等人推展而來的「藝術」，至此，已正式將書、畫、琴、雜藝納入。書法由前代著錄於小學中劃出以附入，此較《紅雨樓家藏書目》有更進一步的發展；「琴」一向列爲樂類附入經部❹，至此亦獲得其在士大夫賞藝生活中的定位。

祁承爜《淡生堂藏書目錄》關於藝術類例的內容，爲後來《四庫全書》子部藝術類下「書畫」、「琴譜」、「篆刻」、「雜技」四目的分類所繼承。

如上所述，中國目錄學史上「藝術」類例觀念的發展忠實反映了文化界相關書籍的刊刻流行狀況，兩宋啓其端，入明以後則逐呈顛峰，「藝術」類書籍，分合於六藝內外的紛雜現象，到了清初的四庫全書，總算有了眉清目秀的歸納，首列書畫：

> 古言六書，後明八法，於是字書、書品爲二事；左圖右史，畫亦古義，丹青金碧漸別爲賞鑑一途。衣裳製而纂組巧，飲食造

---

❹ 南宋鄭樵《通志·藝文略》，將音樂相關的管絃、鼓吹、琴、鐘磬之流合成一「樂類」，列於禮類之後；鄭氏族孫鄭寅的《鄭氏書目》則將後來之樂書，列於經部之外，可惜這樣對於「音樂」獨出經部以外的觀念，在中國目錄學史上，未獲重視，唯獨對於琴類例外。

而陸海陳，踵事增華，勢有馴致，然均與子史相入，要爲藝事
之首要也。（《四庫全書總目·藝術類小序》）

書原爲文字，畫爲輔史籍，自文字書寫講究八法，描畫圖象注意彩
繪，書法與繪畫踵事增華的結果，乃脫離文字與歷史範疇，成爲中國
藝術之大宗，故在藝術類目錄中，列爲首要。次列琴譜：

琴本雅音，舊列樂部，後世俗工撥捄，率造新聲，非復清廟生
民之奏，是特一技耳。（同上引）

《四庫全書》在此遙遙地呼應了南宋鄭寅的《鄭氏書目》，將琴譜由
經部樂類別出，這是著眼於後世所製的新聲與政治教化的典馴雅樂，
根本主旨不同，琴譜之屬所收爲「山人墨客之技，識曲賞音之事」
（《四庫全書總目》「琴譜之屬」按語）。次列篆刻：

摹印本六體之一，自漢白元朱，務矜鐫刻，與小學遠矣。（《四
庫全書總目·藝術類小序》）
漢揚雄稱雕蟲篆刻，壯夫不爲，故鍾繇、李邕之屬，或自鐫
碑，而無一自製印者，亦無鑑別其工拙者。（同上，「篆刻之屬」
按語）

原爲雕蟲小技的篆刻，自王俅〈嘯堂集古錄〉始收古印，晁克一〈印
格〉始集古印爲譜，到了元代吾邱衍〈學古編〉始詳編印之體例，遂
成爲賞鑑家之一種，到晚明文彭、何震之後，篆法益密益巧，而成爲

一門重要藝術。篆刻後將各類博奕射壺等技藝品類，統歸爲雜技：

> 射義、投壺，載於戴記，諸家所述，亦事異禮經，均退列藝
> 術，於義差允，至於譜博奕、論歌舞、名品紛繁，事皆瑣屑，
> 亦併爲一類，統曰雜技焉。（《四庫全書總目‧藝術類小序》）

　　總結地說，《四庫全書》子部藝術類的歸隸，可謂遠紹自南朝梁
阮孝緒的「雜藝部」（收錄書畫、棋藝、象經之書）的類例內涵，類
例名詞則繼承北宋時期官修的《崇文總目》「藝術」類與李淑私撰的
《邯鄲圖書志》「藝術」志而來。至於內容，琴譜的收入，仿自宋鄭
寅《鄭氏書目》，書法由經部小學類別出以入子部，則承襲了明徐𤊹
的《紅雨樓家藏書目》，整個藝術類項的安頓，則全由晚明祁承爜
《淡生堂藏書目錄》的「藝術家類」挪移而來。

二、「譜錄」類例的探討

(一) 源流

　　南朝宋王儉《七志》始別立〈圖譜志〉爲一類，專紀地域與圖
書，早期漢代劉歆的《七略》，並無「圖譜」一類，雖〈數術略〉中
有曆譜，然所收可能係曆算之書，故阮孝緒認爲：「王氏圖譜一志，
劉略所無；劉術數中雖有曆譜，而與今譜有異」（阮氏《七錄》
序）。鄭樵《通志‧圖譜略》則認爲王氏「作七志，六志收書，一志
專收圖譜，不意末學而有此作也」，將書籍之有圖者，別成一類，實

乃適應學術發展之需要而設，開後世以「圖譜」爲目錄類例之先河。

　　然而王儉將圖譜別立一類的觀念，要到宋代以後始被繼承，其間公私修撰目錄，多從阮孝緒之說：「以圖畫之篇，宜從所圖爲部。故隨其名題，各附本錄。譜既注記之類，宜與史體相參，故載之於記傳之末」（阮氏《七錄》序）。阮孝緒將「圖」者，各依附於所圖書籍之部；而「譜」則入〈記傳錄〉（屬於史部）之「譜狀部」。由於王儉的圖譜在本質上具有目錄紀載性，因此阮孝緒的《七錄》〈紀傳錄〉下另有「簿錄部」。阮之《七錄》斟酌於劉歆的《七略》與魏晉發展出來的四部法精神，在七錄之下類目較爲細密，圖書分類的細目至此開始詳備而合理，對後代影響很大。例如《隋書·經籍志》史部有〈譜系類〉、〈簿錄類〉，《舊唐書·經籍志》史部有〈譜牒〉、〈目錄〉，宋代官修的《崇文總目》史部有〈氏族〉（據譜牒目而改）、〈目錄〉，《宋史·藝文志》史部有〈譜牒〉、〈目錄〉等等，均爲阮孝緒所立下的規模。

　　在史部中的「譜」，記錄重心爲氏族譜牒；而「錄」多爲書籍目錄，具有注記存查之歷史保存意義，故均列爲史部，這已成爲歷代官修私撰目錄學者的共識。《四庫全書》對於圖譜類例的形成與發展，有一段學術史的說明：

　　　　劉向七略，門目孔多，後併爲四部，大綱定矣。中間子目，遞有增減，亦不甚相遠。然古人學問，各守專門，其著述具有源流，易於配隸。六朝以後，作者漸出新裁，體例多由創造，古來舊目，遂不能該，附贅懸疣，往往牽強。〈隋志〉譜系本陳族姓，而未載竹譜、錢譜、錢圖；〈唐志〉農家本言種植，而

> 雜列錢譜、相鶴經、相馬經、鷙擊錄、相貝經;〈文獻通考〉
> 亦以香譜入農家,是皆明知其不安而限於無類可歸,又復窮而
> 不變,故支離顛舛,遂至於斯。惟尤袤〈遂初堂書目〉創立譜
> 錄一門,於是別類殊名,咸歸統攝,此亦變而能通矣。(《四庫
> 全書・譜錄類小序》)

就學術發展史而言,《隋書・經籍志》的〈譜系類〉乃陳氏族之姓,當時尚未有竹譜、錢譜等著作產生,《舊唐書・經籍志》以下到《文獻通考》則對於錢譜、香譜、相鶴經、相馬經之類的圖籍,歸入農家種植之後,皆是無類可歸的勉強作法。由王儉《七志》所創立之圖譜類例的觀念,到了南宋尤袤《遂初堂書目》始獲得正視,尤袤在其子部下新增〈譜錄〉類,所收之書,非前代列於史部的氏族家譜以及書籍目錄,而是收入了香譜、石譜、蟹錄等書,清晰地傳達了以圖為目錄的類例觀念,四庫對此舉甚為推崇:「其子部別立譜錄一門以收香譜、石譜、蟹錄之無可附者,為例最善」。

《四庫全書》認為尤氏「譜錄」類例的逐步形成,乃是學術新興著作蜂湧而出之後,水到渠成的結果。今考查南宋左圭編輯的《百川學海》,十集中之辛、壬、癸三集,收了大量譜錄之書,其中大部分均為宋人之作品,例如李之彥〈硯譜〉、洪芻〈香譜〉、蔡襄〈茶錄〉、竇苹〈酒譜〉、韓彥直〈橘錄〉、范成大〈梅譜〉、趙時庚〈金章蘭譜〉、張功甫〈梅品〉、歐陽修〈洛陽牡丹記〉、王觀〈揚州芍藥譜〉、史正志〈菊譜〉、傅肱〈蟹譜〉、王安石〈相鶴經〉……等等,這樣的寫作風氣背後,自然存在著複雜的因素,然而

筆者認為這股寫作風氣，與宋代各類畫科長足發展之繪畫史表現❺，不能沒有關係，基於品評與寫實的需要，畫家文人不得不對花鳥蟲魚的品種、生態、習性，給予精密翔實的注意。

　　明英宗時期楊士奇以千字文排次編成祕閣圖書目錄《文淵閣書目》，由於是祕閣藏書的帳簿，並無學術部伍之意，因此就分類而言，顯得雜亂無序，然子目中性理、法帖、畫譜（諸譜附）等目，則反映了當時性理之學與法帖畫譜圖籍的盛況。清康熙年間黃虞稷所撰《千頃堂書目》，以著錄明代著作為主，其四部法在史部「簿錄類」仿尤袤《遂初堂書目》之例，將錢譜、蟹譜書收入，四庫亦推其「最為允當」，這樣獨出圖譜目錄的作法，為後來的四庫全書所援引。

　　南宋鄭樵的《通志·藝文略》〈史類第五·食貨〉下，列有「貨寶、器用、豢養、種藝、茶、酒」六目；〈醫方類第十〉列有「食經、香薰」等目，這幾個原屬〈史類·食貨〉與〈醫方類〉的類項，在筆者以上《百川學海》的譜錄類型的收書中，可見概略端倪，紀錄了兩宋時期娛賞書籍的盛況。《四庫全書總目》云：「宋代一切賞心娛目之具，無不勒有成編，圖籍於是始眾」（「雜品之屬」按語），尤袤《遂初堂書目》立〈譜錄〉一類，便是宋代此一學術發展下的必然結果。

---

❺　北宋正是各類畫科長足發展的時期，劉道醇《聖朝名畫評》中列有人物、山水林木、畜獸、花卉翎毛、鬼神、屋木等六門，並因各科畫法之不同，而有不同的評騭標準：「觀釋氏者尚莊嚴慈覺，觀羅漢者尚四像皈依，觀道流者尚孤高清古，觀人物者尚精神體態，觀畜獸者尚馴擾獷屬，觀花卉者尚艷麗閑冶，觀禽鳥者尚毛羽翔舉，觀山水者尚平遠曠蕩，觀鬼神者尚筋力變異，觀屋木者尚壯麗深遠。」（〈聖朝名畫評〉序）。足見當時畫科分類情形之一班。

明萬曆年間徐𤊾《紅雨樓家藏書目》於子部下列〈器用〉一類，「器用」在前代的目錄中，甚為罕見，僅於鄭樵《通志・藝文略》〈史類第五〉「食貨」下有之。徐氏此目將論說器物之「器用」，由史部主民生日用的「食貨」類，挪入子部，與藝術、書畫並排，徐𤊾實際上作了相當關鍵性的挪移。這個動作，透露出明代繼兩宋以來，百姓日用器物逐步成為娛賞生活細節的消息。關於器物的隸屬狀況，《四庫全書》曾舉陶宏景《刀劍錄》為例說明：

> 陶宏景刀劍錄，文獻通考一入之類書，一入之雜技藝，虞荔鼎錄亦入雜技藝。夫宏景所錄刀劍，皆古來故實，非講擊刺之巧，明鑄造之法，入類書猶可，入雜技藝於理為謬，此由無所附麗，著之此而覺不安，移之彼而又覺不安，遷移不定……，故譜錄一門不可不立也。（《四庫全書總目》「器物之屬」按語）

由此可知，目錄學家對於安頓這類蜂湧而出的新興娛賞書籍，遭遇到空前未有的困難，對於古所未有之書，終不得不立古所未有之例以安之。《四庫全書》沿著徐𤊾的軌跡，將「譜錄」類列於子部「藝術」類之次，顯示了賞鑑器物具有愈來愈濃厚的藝術意味。

㈡　「農家」輾轉旁牽的結果

上文引述《四庫全書》云唐志與文獻通考，原將錢譜、香譜之流附入農家，而鄭樵《通志》「史部・食貨」下所列「種藝、食經、茶」等類的書籍，原本即隸屬農家的範疇，顯示〈譜錄〉實由目錄學上的「農家」分化而來，這樣的學術轉化，可以食譜為例作一說明。

後魏賈思勰所撰的《齊民要術》，備載飲食烹飪之法，因賈書旨言
「閭閻日用之常耳」，《四庫全書》將之列於農家，以為尋常百姓日
常生活之飲食指南。然而屬於飲食，卻成專門學的《飲饌正要》，為
元代天子御廚和斯輝撰，則非農家閭閻日用之常所能盡賅。既有飲食
專門之學興起，後來的《居常飲饌錄》，亦由農家別出，而轉入專名
一事一物的〈譜錄〉之列。原來「農家」輾轉旁牽以附入的狀況，相
當嚴重，如下所詳述：

> 農家條目至為蕪雜，諸家著錄大抵輾轉旁牽，因耕而及相牛
> 經，因相牛經及相馬經、相鶴經、鷹經、蟹錄、至於相貝經，
> 而香譜、錢譜相隨入矣。因五穀而及圃史，因圃史而及竹譜、
> 荔支譜、橘譜、至於梅譜、菊譜，而唐昌玉蕊辯證、揚州瓊花
> 譜相隨入矣。因蠶桑而及茶經，因茶經及酒史、糖霜譜、至於
> 疏食譜，而易牙遺意、飲膳正要相隨入矣，觸類蔓延……（《四
> 庫全書總目·農家類小序》）

〈譜錄〉何以會由農家轉化而來？由上可知，原來耕事、五穀、蠶桑
皆為農家本業，但著錄家為了安置後世繁衍而來的新學術範疇之作，
只有採取觸類旁牽的手法，將禽獸蟲魚牽附耕織；將花木園圃牽附五
穀；將茶酒飲饌牽附蠶桑……其觸類蔓延的情形不僅於此，尚「因四
民月令而及算術天文、因田家五行而及風鳥占、因救荒本草而及素問
靈樞」（同上引），使得「農家」成為一包含天文、算術、五行、占
候、藝賞等無邊範圍的大融爐。《四庫全書》為還得一精純的農家，
逐類汰除，惟存重農貴粟的本業，使其不失「豳風無逸之初旨」。而

將上述三類附入農家的〈譜錄〉類項，復釐爲「食譜之屬」、「鳥獸草木蟲魚之屬」兩項，加上原隸於史部食貨下的「器物之屬」，成爲《四庫全書》爲前代專明一事一物之書，所立子部〈譜錄〉類下的三個子目。

三、「雜品」類例的探討

(一) 「雜品」釋義

《四庫全書總目》云：

> 古人質朴，不涉雜事，其著爲書者，至射法、劍道、手搏、蹴鞠止矣。至隋志而歘器圖猶附小說，象經、碁勢猶附兵家，不能自爲門目也。宋以後，則一切賞心娛目之具，無不勒有成編，圖籍於是始眾焉。今於其專明一事一物者，皆別爲譜錄，其雜陳眾品者，自洞天清錄以下，並類聚於此門，蓋既爲古所未有之書，不得不立古所未有之例矣。（〈子部·雜家類·雜品之屬〉按語）

據以上所云，〈雜品〉與〈譜錄〉這兩個新興的類例，乃面對宋代以來逐漸興起的娛賞風氣，以及著錄賞心娛目的圖籍而設，其間的差別僅在於〈譜錄〉爲專明一事一物者，而〈雜品〉則雜陳眾品者，二者本質相同。

「雜品」一詞，應包含「雜」與「品」二字的義涵，「雜」字如

四庫所云,「雜之義廣,無所不包」(「雜家類小序」);「品」字
一般來說,作動詞解,有評論優劣、羅列高下之意,作名詞解,則爲
品類之意。《四庫全書》爲「雜品」所下的定義爲:「旁究物理,臚
陳纖瑣者」(「雜品之屬」按語),在這兩個並列的語句中,「雜」
義於「纖瑣」二字中見,而「品」作動詞解之「比較優劣」義未見,
惟「臚陳」有「品」字的「羅列」義。另「旁究物理」亦略涉「品」
字的「評論」義。由以上的分析可知,《四庫全書》〈雜品〉類的書
籍,仍以臚列眾品爲主旨。

(二) 「雜品」的内涵之一:賞鑑

其實不僅如上引按語所言「旁究物理,臚陳纖瑣」而已,細考
《四庫全書》所收〈雜品〉類書籍的提要說明,將發現「品」字包含
了品類、次第、鑑別、評騭、品賞等涵義,可總括爲「賞鑑」一詞。
結合以上的語意,筆者以爲,《四庫全書》的「雜品」類例義涵,簡
單來說,即是對眾多物類之賞鑑,這是「雜品」類書籍最重要的撰述
觀點。

《四庫全書》〈雜品之屬〉的著錄,始於北宋宗室子弟趙希鵠
《洞天清祿集》,趙書所論皆「鑑別古器」(《四庫全書總目》〈洞
天清祿集提要〉)之事,「古器」爲「鑑別」的對象,包括:古琴、
古硯、古鐘鼎彝器、怪石、硯屏、筆格、水滴、古翰墨眞跡、古今石
刻、古畫等歷史陳物;「鑑別」爲方法,乃指對「古器」進行「洞悉
源流、辨析精審、考證確鑿」(同上引)的工作,舉例來說:

字書曰刁斗,以行軍畫炊夕擊,今世所見古刁斗柄長尺四五

寸,其斗僅可容勺合,如此則恐非炊具,擊之則可,此物乃王
莽時鑄威斗,厭勝家所用耳……大抵刁斗如世所用有柄銚子,
宜可炊一人食,即古之刁訛,刁字爲銚字耳,字書以銚爲田
器,不言可知也。(《洞天清祿集》〈古鐘鼎彝器辨〉)

在此,趙希鵠辨析「刁斗」由古行軍炊具到厭勝之物的歷來源流,並
考證今世所用的有柄銚子乃古之刁訛(銚訛)。這即是趙書「鑑別古
器」之方,被視爲「賞鑑家之指南」(同上引),爲後來賞鑑書籍的
體例開啓先河。

　　南宋光寧間陳槱撰《負暄野錄》,上卷論石刻及諸家書格,下卷
論學書方法及紙墨筆研諸事,體例同於趙書,亦是「源委分明,足資
考證」(《四庫全書總目》〈負暄野錄提要〉)。周密《雲煙過眼
錄》則周氏記生平所見書畫古器,「略品甲乙,而不甚考證」,雜品
之「品」字,在此有「品第」亦即「評騭次第」之義,明代董其昌譽
此書爲「賞鑑之準」。

　　曹昭於明洪武二十年成書的《格古要論》,品類更爲纖細,較前
述諸書多了金鐵、古窯器、古漆器、錦綺、異木等項;「格古」之
「古」爲「格」的對象,「古」作名詞,指的是「古今名玩器具」
(《四庫全書總目》〈格古要論提要〉);「格」作動詞,即「剖析
纖微,誾悉典故,一切源流本末,無不瞭然」(同上引),仍沿宋代
趙陳二氏之餘緒,但有更具體的內容,爲「眞贋優劣之解」(同上
引)。此處同時兼具鑑別眞贋、評騭優劣次第之義,加上本書所臚陳
更爲繁多的品類,使得明初所成此書,不僅成爲宋元以來娛賞文化之
集成,更具備了賞鑑類書籍更成熟的撰述觀點與廣泛的層面,「故其

書頗爲賞鑑家所重」（同上引）。

晚明張應文所撰《清祕藏》（後由其子丑潤飾），著作動機乃應文屢試不第，一意以古器書畫自娛，所載「於一切器玩，皆辨別眞僞，品第甲乙，以及收藏裝褙之類」（《四庫全書總目》〈清祕藏提要〉），本書仍延續曹昭《格古要論》的撰述觀點與層面：鑑別眞贋、評騭次第與品類繁盛，總括而言爲「雜論玩好、賞鑑諸物」（王穉登序云），雜論爲「雜」，賞鑑爲「品」，呼應了四庫所立的類例名詞：「雜品」。

由趙希鵠所立下的賞鑑規模，到了清初姜紹書的《韻石齋筆談》與劉體仁的《七頌堂識小錄》等書，除沿宋明以來賞鑑書籍體例，載錄所見古器、書畫、諸奇玩，更詳記各物形模，與諸家授受得失之始末，已是相當完備之鑑賞與收藏的紀錄。

㈢　「雜品」的內涵之二：閒適

由宋代的趙希鵠、陳槱、周密，到明代的曹昭等人，其著書一致的觀點，均在對眾多品類的古今器物進行賞鑑，賞鑑的方式包括：洞悉源流、辨析精審、考證確鑿、剖析纖微、諳悉典故、辨別眞僞、品第甲乙、收藏裝褙等。這樣的賞鑑風格，其實僅開啓了晚明閒賞美學之一端：「好古稽古之學」與「長物」學，對晚明文人來說，要用什麼樣的心態來從事這類的學習？要將這樣的學習牽引到如何的生活中？這是他們亟需進一步思考的。吾人再回頭觀察上述宋明〈雜品之屬〉的著作時，晚明張應文的《清祕藏》提供了特殊的消息。《四庫全書》說張應文「屢試不第，乃一意以古器書畫自娛」（〈清祕藏提要〉），故撰成《清祕藏》，如何自娛呢？張應文自序說：

> 嘉靖萬曆間，吳中有隱君子焉……齋居宴坐，爇博山爐，烹石
> 鼎，陳圖史，列尊罍，著書談道，吟詩搨帖，甚適也。時於揮
> 灑之餘，或滋蘭種竹、或蒱摴博奕、或劇談古器，纏纏不休；
> 疲則釃酒自勞，氣酣耳熱，輒考古鐘、誦南華經、歌離騷，長
> 吟遐嘯，傍若無人。（〈清祕藏自序〉）

這裡道出了張應文好古之學賴以奠定的閒適生活基礎。

　　茲再以目錄學的角度來考察類例名詞，祁承㸁的《淡生堂藏書目
錄》在小說家類下立了「閒適」、「清玩」兩目；周履靖編輯的《夷
門廣牘》亦列有「閒適」一項；胡文煥編輯的《格致叢書》，其下列
有「清賞」類；周應治所編《霞外麈談》，專輯隱逸高尚之事，其分
類有「幽賞」、「清鑑」兩目；清初錢曾《述古堂書目》亦列有「清
賞」一類。這些目錄中「閒適」、「清賞」類例名詞的出現，透露了
當時文人審美生活的風格內涵，亦為上述張應文好古之學奠定的生活
基礎作了很好的旁證。明瞭了張應文著述《清祕藏》，是將古物賞鑑
建立在閒適優雅的生活基礎上，筆者接著考察晚明兩部「雜品」書
籍。

　　屠隆的《考槃餘事》以及文震亨的《長物志》，除了繼承趙希
鵠、周密等人對古董器物的賞鑑外，比較不同的是，屠、高二書所論
賞的品類範圍擴大了許多，《考槃餘事》雖內容幾乎襲自高濂所撰的
《遵生八牋》，然其重組之後的品類架構，必需視為一部新的賞鑑著
作，其品類包括文房、起居以至器用、服御之物，內容極為瑣細詳
備，似乎有窮究文人生活種種面向的企圖。《長物志》參酌屠書，分
室廬、花木、水石、禽魚、書畫、几榻、器具、位置、舟車、蔬果、

香茗等眾多類門，雖所言「收藏賞鑑諸法，亦具有條理」（《四庫全書總目》〈長物志提要〉），更要達到「凡閒適玩好之事，纖悉畢具」（同上引）的程度。

　　「雜品」類的書籍，自從宋代趙希鵠以器物考古賞鑑爲主的《洞天清祿集》以下，到了晚明文震亨的《長物志》，有了很大的擴展與轉變，要將文人閒適的生活層面帶入，這種擴展與轉變，也可以說就是在「賞鑑」之學上加入「閒適」的審美生活觀。在此呼應了本文開首所言：

> 整合爲一種清心樂志的審美生活觀，這種審美的生活觀是以古董的欣賞與懷想爲主，進一步延伸構築成具有古典意蘊的優雅生活。

經由上述《四庫全書》所收宋明兩代「雜品」書的演進探討，吾人對晚明閒賞美學在目錄學上的源流意義，有了進一步的認識。

(四)　「雜品」的內涵之三：器物與養生的關聯

　　由上述可知，晚明的「雜品」類書籍，較宋代多了審美生活層面的關注，閒適的審美生活，如何得致？「物」與「生」的關聯，在此是很大的關鍵。《四庫全書》〈雜品之屬〉收了明代兩部相關的書籍。明代宋詡、公望父子合撰《竹嶼山房雜部》，共有五大部分：養生部、燕閒部、樹畜部（以上爲詡撰）、種植部、尊生部（以上爲公望撰），該書記載「農圃之言，兼玩好之具」（《四庫全書總目》〈竹嶼山房雜部提要〉），與曹昭《格古要論》之類的書，在體例與

內容上不盡相同。樹畜、種植，提供閒適的生活環境；燕閒時候賞玩器物，「竹嶼山房」的題名，提供了一種尊養生命的生活嚮往型態。本書將農圃、燕閒、養生的關係架構起來，成為閒賞生活的重要環節，這是宋元以來新穎獨特的見解。這樣的架構，在高濂《遵生八牋》一書中，形成更大的格局。《遵生八牋》一書，可說是一部相當完備的養生大全：清修妙論牋、四時調攝牋、起居安樂牋、延年卻病牋、飲饌服食牋、燕閒清賞牋、靈祕丹藥牋、塵外遐舉牋等八牋，牋牋可各自獨立，由不同的角度一一闡述具體的養生方法。在這一個大的尊生架構下，藉食品、寶物、器用、花木等物以資頤養，「賞鑑清玩之事」與尊養生命之間連成了密切的關係，這個關係網絡，就是「物」與「生」之間的關聯。

《四庫全書》「雜品」類書籍，收有舊題宋人蘇軾撰《物類相感志》、舊題蘇軾所撰的《格物麤談》、元人撰的《居家必用事類全集》、明永樂年間楊溥撰《水雲錄》、明代中葉託名劉基所撰之《多能鄙事》等，對於「物」的注重，這類書有著清晰的脈絡。這些家庭日用的百科類書，詳細紀錄了生活環境周遭的種種物類、日常起居四時種種宜忌事項，甚至居家農圃種畜實用之法等。考晚明對於物類整理之書，尚有多種，例如陳良儒的《讀書考》，將書分成十七門：天象、時令、地輿、人物、仕籍、行誼、肖貌、人事、書籍、法教、方伎、宮室、飲食、服飾、器用、花木、品彙等；另有方以智的《物理小識》，分天類、曆類、風雷雨暘類、地類、占候類、人身類、鬼神方術類、異事類、醫藥類、飲食類、衣服類、金石類、器用類、草木類、鳥獸類等十五門。這些書大致本著晉代《博物志》的傳統而來，唯加入了百姓生活日用的類項，既可資博識而能利民用。

這樣一個對於人居處生活眾多事物條理整頓的學術風氣，企圖以物類佈置成安樂的居處環境，為明代相關的著述作成先導。《水雲錄》將養生與器用並列；《竹嶼山房雜部》，農圃之言兼載玩好之具，養生與燕閒並陳；《遵生八牋》則更確立「物」與「生」、「賞鑑」與「尊生」之間的關聯，晚明的閒賞美學自此步入一個新視野❻。

結　語

筆者經由《四庫全書》〈子部〉下「藝術」、「譜錄」與「雜品」三個類例名詞的內涵與源流探討，為晚明閒賞美學的範疇定位作了適度的框架，「藝術」、「譜錄」以及「雜品」雖看似三者分立，實際上，後者通常包含了前二者在內，分開來看，有書畫法帖的『書畫之屬』、有古琴的『琴譜之屬』、有篆印刻章的『篆刻之屬』、有游戲玩藝的『雜技之屬』，這些歸屬「子部·藝術類」。亦有鐘鼎卣彝、銅窯漆雕、文房香石的『器物之屬』、有茶、酒的『飲饌之屬』、有蘭竹、荔枝、魚鶴、蟲蟹的『草木鳥獸蟲魚之屬』，這些歸屬「子部·譜錄類」。合起來看，包羅著以上紛陳品類的，就是『雜品之屬』了。晚明閒賞美學的學術範疇，簡單地可以「子部·雜家類」的「雜品」類例為其定位，站在目錄學的角度而言，《四庫全

---

❻　關於燕閒與尊生關係的探討，以及《物類相感志》、《格物麤談》、《居家必用事類全集》、《水雲錄》、《多能鄙事》、《遵生八牋》諸書與此論題的關聯，詳參本書第肆篇〈尊生與審美──晚明美學之兩大課題〉。

書》在子部雜家類下，空前首創的這個類例名詞，無寧是爲了晚明閒賞美學的學術範疇而設。

第參篇
晚明閒賞美學
之文獻基礎與探討

晚明閒賞美學的文獻環境：博雜學風——以《四庫全書》的著錄爲考察中心

引 言

　　孔孟不避僮謠野語，古來心胸廣大的博雅儒者，對於雜家之流的學問，並不採取排斥的態度，博通學者通常在經史之餘兼顧雜家之學。經史載道載事，主旨爲人文宏綱要領，標準百世；而雜家之學則如人文之纖微膚末，涉廣而造微。讀稗官雜家之功用，不止是觀其文采、備錄遺忘而已，更可藉以辨風俗、徵善敗、補歷史之闕漏、明一代之典刑。古來各類雜家著述，各自具有不同的功用：博古物、覈古文奇字、索異事、知天窮數、搜神怪、識蟲魚草木、紀山川風土、訂古語、究諺談、資譴浪調笑……等。原來自古文人是將雜學放在補足經史之學的位置上，這大致遵循著孔孟多識草木鳥獸蟲魚與博學返約之旨。博覽稗官博雜諸家，已成爲培養博通儒者的必需經歷。

　　文獻，不可諱言地，受著特定時空環境的制約，某一時代特有文獻的誕生，肇因於當代的學風環境。明中葉以後，由於藏書風氣大

開，學界流行廣博龐雜之學風，稗官野史不必定只是爲了補闕正史而存在，尚可以充作文人於月夕花辰、山巓水湄閒適玩賞的對象；小說佳作亦不必爲了明一代之典刑而存在，其可以提供滅沒喜愕之事，使人讀之心開神釋，稗官小說之遊戲墨花，除了可以有堂皇正大的學問目的之外，更可用以涵養性情，這是晚明文人曠覽博學的新角度，亦爲吾人觀察晚明美學文化的新視點。本文所考察的文獻範圍，以《四庫全書》的著錄爲中心，分別由晚明時期藏書博古之風尚、「博」與「雜」的著述特質、博雜學者的重要典型──陳繼儒、以及博雜學風作爲閒賞美學的基礎等四節，逐次探討晚明閒賞美學的文獻環境──博雜學風。

一、藏書博古的風尚

　　文人莫不愛書，晚明文人亦普遍喜好藏書，有的極力蒐羅成癖，❶惟限於物力，珍蒐善本之大藏書家畢竟不多，即使藏書家生前寶愛珍視，子孫往往不能守之，而流轉他人之手，❷雖有雜俗板濫惡文集

---

❶　謝肇淛云：「昭武謝伯山，一意蒐羅，智力畢盡，吾郡徐獨耽奇僻，驪牝皆忘，合二家上之藏，富侔敵國矣。」參見謝肇淛著：《五雜俎》（臺北：偉文圖書公司，民66年），卷十三〈事部〉。

❷　謝肇淛云：「胡元瑞書，蓋得之金華虞參政家者，虞藏書數萬卷，貯之一樓，在池中央，小木爲杓，夜則去之，榜其門曰：『樓不延客，書不借人』。其後子孫不能守，元瑞嗷以重價，給令盡室載至，凡數巨艦，及至，則曰：吾貧不能償也。復令載歸，虞氏子既失所望，又急於得金，反托親識居間，減價售之，計所得不之一也，元瑞遂以書雄海內。」同註❶，卷十三〈事部〉。

與龜羹鴉炙於一室而不能辨者，❸然藏書實蔚爲一種風氣，由王孫帶
動士庶：

> 今天下藏書之家，寥寥可數矣，王孫則開封睦楔、南昌鬱儀兩
> 家而已，開封有萬卷堂書目……其書多在後殿，人不得見，亦
> 無守藏之吏，塵垢汗漫，漸且零落矣。南昌蓋讀書者，非徒藏
> 也，而卷帙不甚備。士庶之家，無逾徐茂吳、胡元瑞及吾閩謝
> 伯元者，徐胡相次不祿，篋中之藏，半作銀盃羽化矣，伯元嗜
> 書，至忘寢食，而苦貧不能致，至餬口之資盡捐以市墳素，家
> 中四壁，堆積克棟，然常奔走四方，不得肆志繙閱，亦闕陷事
> 也。❹

開封、南昌兩家王孫之藏書方式與目的，顯然有異；徐胡謝三人亦有
不同的藏書經歷，開封睦楔或僅矜誇財力而已，徐、胡二人亦有不得
不變篋藏爲銀盃的苦衷，南昌王孫爲讀書而藏，惜卷帙不完備，謝伯
元嗜書卻苦無閱藏之暇，這些都是謝肇淛筆下對於藏書的諸多遺憾。
儘管現實如此，然文人藏書的動機，一方面是尚友古人，另一方面則
爲了考古之需，蘇東坡每有著撰，即使是眼前事，亦令人檢視，而後
始出其精審，因爲「人情習於簡陋，古制蓋不可考矣。」（〈古今考

---

❸　謝肇淛又云：「常有人家細帙簇簇，自詫巨富者，余托志尹物色之，輒曰無有，
　　眾咸訝之，及再覈視，其尋常經史之外，不過坊間俗板濫惡文集耳，龜羹鴉炙，
　　一紙不可得也。」參見同註❶，卷十三〈事部〉。
❹　參見同註❶，卷十三〈事部〉。

序〉），是以自來學者莫不重視考古，考古的憑藉當然是包羅各類學門的文獻，學者爲了考古方便，往往將古今名物訓詁之書一再編理，以溯流窮源，引伸觸類，洞悉俗學之非，❺而有了各類型的博學融通的著作，亦爲後代藏書家豐富書篋的對象。

自來眼界廣大的博雅文人，對於雜家之流的學問，並不採取排斥的態度，元末文人楊維禎曾爲友輩陶宗儀編輯的《說郛》作序文，以孔孟的學問路徑爲譬云：

> 孔子述土羵萍實于僮謠，孟子證瞽瞍朝舜之語于齊東野人，則知瑣語虞初之流，博雅君子所不棄也。❻

孔孟不避僮謠野語，表示博通學者在經史之餘需兼顧雜家之學，因爲對讀書人各有不同的助益，經史載道載事，其旨在爲人文宏綱要領，標準百世；而博雜之學則如人文之纖微膚末，❼涉廣而造微，可以傲

---

❺ 焦竑爲〈常談考誤〉一書作序云：「乃若篇籍遺文，世所常引，或不考其原而迷沿舊襲，恬不知窩；亦或粗挾時名著述自見者，輕搖筆端，動多詭舛……不其甚乎？……明宇周公常談考誤一編，令學者溯流窮源，引伸觸類，因以洞俗學之非，爲考古之漸，眞藝林之一快也。坡老每有著撰，雖目前事，率令少章叔（脫一字）者人檢視，而後出其精審乃爾。」參見焦竑著：《焦氏澹園集》（臺北：偉文圖書公司，1977年），卷十六〈常談考誤序〉。

❻ 見楊維禎撰：〈說郛序〉，收於《筆記小說大觀》（臺北：新興書局）第25編第2冊。

❼ 晚明人陳仕賢說明經史與雜學各爲不同的學問區隔：「夫經載道，史載事，所以闡淺人文，宣昭訓典，斯明聖之述作，標準百世者也。然其旨極於宏綱要領，而纖微膚末未悉焉。故執翰操觚之士，或摭所見聞，攄其衷臆，自托於稗官野史以見志，要於君子之識，庸有助焉，亦畜德者所不廢也。」見陳仕賢：〈七修類稿

世人所不知，而辨人所不釋。既然涉廣造微，其內容自然包羅萬象，或是天地萬物之品族，或是古往先民之訓志；❽或典常、或俶詭；或前賢之修行、或名流之嘉話；或街談之巷議、或座人所不語，❾博覽稗官博雜諸家，已成爲讀書人之必需經歷：

> 夷堅齊諧，小說之祖也，雖莊生之寓言，不盡誣也；虞初九百，僅存其名；桓譚新論，世無全書，至於鴻烈論衡，其言具在，則兩漢之書，大略可睹已。晉之世說，唐之酉陽，卓然爲諸家之冠，其敘事文采，足見一代典刑，非徒備遺忘而已。自宋以後，日新月盛，至於近代，不勝充棟矣。……然多識畜德之助，君子不廢焉。宋錢思公坐則讀經史，臥則讀小說，上廁則閱小詞，古人之篤嗜若此。故讀書者，不博覽稗官諸家，如噉粱肉而棄海錯，坐堂皇而廢臺沼也，俗亦甚矣。❿

謝肇淛認爲食筵之粱肉、居處之堂皇，還需海錯與臺沼來補足，因此

序〉，收入郎瑛著：《七修類稿》，收於《筆記小說大觀》第 33 編第 1 冊（臺北：新興書局，民 72 年）。

❽ 湯顯祖云：「自公（按劉燕吉著《類山》）暇餘，盡舸家藏圖書雜記，目捷手敏，三月而書成。其於天地萬物之品族，先民之訓若志，皆有以涉廣而造微，熟復之，足傲世以所不知，而辨人之所不釋。」見湯顯祖著：《湯顯祖集》（臺北：洪氏出版社，民 64 年），卷二十九〈劉氏類山序〉。

❾ 閩中幻人云：「上閱典常，微及俶詭，包前修之往行，具名流之嘉話，下而街談巷議與座人所不語者，往往在焉。」參見閩中幻人：〈七修類稿序〉，收入同註❼。

❿ 同註❶，卷十三，〈事部〉。

經史之餘，閱讀小說、詞曲、寓言、雜家，是一位博學多識之君子所
必要的讀書修養。

明中葉以後，由於藏書風氣大開，帶動博學考證之風的盛行：

> 王元美先生藏書最富，二典之外，尚有三萬餘，其它即墓銘朝
> 報，積之，其考核該博，固有自來……然約需從博中來，未有
> 聞見寡陋，而藉曰獨創者……近時則焦弱侯、李本寧二太史皆
> 留心墳素，畢世討論，非徒為書麓者。⓫

王元美以豐富的藏書，成就為一代博學大師，焦、李二氏亦不甘作書
麓，致力於藏書之研閱。對於古代書籍藏之、閱之、考之，進而編述
之，成為文人博學好古之四部曲。《四庫全書》對此期的考證學者有
簡略的評論：

> 明之中葉以博洽著者稱楊慎，而陳耀文起而與爭，然慎好偽說
> 以售欺，耀文好蔓引以求勝。次則焦竑，亦喜考證，而習與李
> 贄游，動輒牽綴佛書，傷於蕪雜，惟以智起崇禎中，考據精
> 核，迥出其上。風氣既開，國初顧炎武、閻若璩、朱彝尊等沿
> 波而起，始一掃懸揣之空談……明代考證家中，可謂卓然獨立
> 矣。⓬

⓫　同註❶，卷十三，〈事部〉。
⓬　見文淵閣《四庫全書》（臺北：商務印書館）總目冊「子部‧雜家類」，〈通雅
　　提要〉。

活躍於嘉靖年間的楊愼，以考證學風見長，除所著《升菴新語》外，其考證諸書異同者，皆以丹鉛爲名，而有《丹鉛餘錄》、《丹鉛續錄》、《丹鉛摘錄》、《丹鉛總錄》等系列之書，陳耀文除《經典稽疑》之外，另有《正楊》一書，雖「釁起爭名，語多攻詰，醜詞惡謔，無所不加」（〈正楊提要〉），❸然專糾楊愼之訛，尚稱博贍可取。晚明對於楊愼考證之作似乎甚有興趣，除了陳耀文外，胡應麟《少室山房筆叢》中之〈藝林學山〉，同爲專駁楊愼而作；亦有坊人借李贄之名，編著《讀升菴集》，裒集楊愼諸書以分類編次。❹焦竑亦以博通著稱，撰有《焦氏筆乘》，乃考證舊聞，兼涉名理之書；另《焦氏類林》，屬於博學雜著；崇禎年間的方以智，著有《通雅》一書，範圍極廣，以精核的態度，考證名物、象數、訓詁、音聲等諸方面，該書甚受四庫館閣的推崇。由以上的引文可知，明代後期這股博學考古之流風，爲清初以降的考據之學，帶來了正向的引導。

---

❸　朱國禎亦持相近看法曰：「楊用修博學，有丹鉛錄諸書，便有正楊，又有正正楊，辯則辯矣，然古人古事古字，此書如彼，彼書如此，原散見雜出，各不相同，見其一未見其二，闕然相駁，不免被前人暗笑。」見朱國禎：《湧潼小品》，卷十八〈正楊〉條，收於《筆記小說大觀》第 22 編第 7 冊（臺北：新興書局，民 67 年）。

❹　《四庫全書總目》曰：「讀升菴集……裒集楊愼諸書分類編次，然去取毫無義例，……愼爲博洽之文士，贄爲狂縱之禪徒，道不相同，未必爲之編輯，應是萬曆間，坊人借贄之盛名假以射利之作」，可知當時人對楊愼之學的熱中，見同註 ❷，〈讀升庵集提要〉。

二、「博」與「雜」的著述特質

　　儘管明代後期的學術，為清初考據之學作了先導，然而在四庫館臣的筆下，晚明博學考古之書，無論在體例、內容或態度等各方面，距離考證篤實的學術著作，尚有一大段距離，❺大抵說來，四庫館臣對於這段時期學術史的評價，總是關連著晚明腐敗的政治以及接連而來帝國的天崩地解而論，國政壞，士風亦壞，士大夫惟尚狂禪、不復以稽古為事的流風，❻山人纖巧輕佻、掉弄聰明、決裂防檢的學術著作，❼必需為如此的時代局面負責。這樣帶著強烈政治意涵的學術觀點，無寧是由時代感受所主導而來的。❽

　　上述帶著濃厚政治意味的學術觀點，本文暫不擬討論。僅就蓬勃

---

❺　檢視《四庫全書總目》，館臣對於晚明時期的考證著作，大抵懷有負面的評價，這些評價出現在對著作態度、體例或內容的指責上，說體例者如：「其書或引古事而稍附以己說，或自作數語，近乎語錄，但引古事一條，無所論斷，似乎類書，全無著作之體者。」（〈趙氏連城提要〉）；說體例與內容者如：「採綴蕪雜，或註所出，或不註所出，亦無定例。」（〈趙爾昌·元壺雜俎提要〉）；說態度者如：「其劄記皆偶拈一二古事，綴以論說，不出明人掉弄筆墨之習」（〈陳禹謨·說儲提要〉）；又如：「山人墨客莫盛於明之末年，剽取清言以誇高致，亦一時風尚如是也」（〈增定玉壺冰提要〉）。

❻　「隆慶、萬曆以後士大夫惟尚狂禪，不復以稽古為事」，參見同註❿，〈藝彀提要〉。

❼　「明之末年，國政壞，而士風亦壞，掉弄聰明，決裂防檢，遂至於如此，屠隆、陳繼儒諸人，不得不任其咎也」參見同註❿，〈張氏藏書（按張應文撰）提要〉。

❽　關於清人以學風決定政治的觀點，勞思光《中國哲學史》（香港：友聯出版社，1980年）第三卷（下）有詳細的探討與同情的辯駁。

的編撰學風⑲而言，晚明的確是一段文獻編述風氣極爲熱鬧的時期，這些「稍成卷帙，即付棗梨，餖飣爲編」⑳之類的著作，大量收錄在《四庫全書》〈子部〉的「類書」與「雜家」之下，逐一檢視這兩個類例收書的性質，筆者發現《四庫全書》在「類書」與「雜家」兩類書籍的分立、以及在「雜家」類項下，有子目歸隸界限模糊混亂的現象，這些現象，充分表示了晚明時期文人著述編撰所具有的「博」與「雜」的傾向。以下先說明「類書」與「雜家」的源流。

(一) 類書與雜家之源

類書體製的起源甚早，六朝時期便有不少著作，例如梁劉峻《類苑》、徐勉《華林遍略》、陶宏景《學苑》、梁簡文帝《法寶聯璧》等，皆屬類書；然而目錄學史上確立「類書」類例之名者，則要遲至宋代的《新唐書·藝文志》，此類書籍是供各類不同目的檢索之用，㉑匯集典籍中相關的詞語或材料，依內容類別或韻部排列編輯而成。

---

⑲　《四庫全書總目》云：「雜采小說家言，湊集成編而不著所出，既病冗蕪，亦有詭牾，蓋明人好剽襲前人之書，而割裂之以掩其面目，萬曆以後往往皆然也」，指出了萬曆以後文人的著作，有濃厚的採編性質，參見同註⑫，〈珍珠船（按陳繼儒撰）提要〉。

⑳　「取名太急，稍成卷帙，即付棗梨，餖飣爲編，祇成雜學」，參見同註⑫，〈丹鉛餘錄提要〉。

㉑　匯集資料，分類排比，以供各種不同目的之檢索是類書的重要職能，作爲一般藝文歷史名物典章制度檢索用途者，有《藝文類聚》、《北堂書鈔》、《初學記》、《太平御覽》、《冊府元龜》、《玉海》、《永樂大典》、《古今圖書集成》等；亦有供作特殊檢索用途者，例如專收小說之《太平廣記》、專考事物起源與沿革之《事物紀原》、《格致鏡原》、專收姓氏之《元和姓纂》、《萬姓統

宋代曾子固指出類書的廣大範圍：「于六藝太史百家之書，旁及佛老伎藝蠻夷之荒忽詭變，而終以三才萬物是非興壞之理，顯隱巨細，皆有委曲」，㉒《四庫全書總目》〈類書〉小序則依目錄學的角度云：「類事之書，兼收四部，而非經、非史、非子、非集，四部之內，乃無何類可歸」。若依以類隸事的原則而言，中國的類書，尚可往上溯，《爾雅》十九篇，有屬文者，屬事者，屬器物者，可謂爲最古的分類之書；司馬遷作《史記》，將有關學術制度的史料編爲〈八書〉，均可視爲以類隸事的類書之體。後世的類書，所收的材料愈形廣泛，舉凡歷史事實、典章制度、詩賦文章、成語典故、駢詞儷語、傳說軼聞、自然知識等各類山包海匯的名物，均可納入類書的編撰中，類書在早期乃供帝王省覽之用，到後來科舉制度大興，替士子提供典故辭藻，以爲臨文之助，到了晚明，即袁宗道輩亦有感於類書的寫作，已成爲學者逞博炫奇、掉弄文墨、堆砌辭藻的文獻產品。㉓

譜》、專收植物之《全芳備祖》、專收古代生產技術資料之《天工開物》等等。詳參洪湛侯著：《中國文獻學新探》（臺北：學生書局，民 81 年），五〈類書溯源〉。

㉒ 參見同註❽，洪著，卷二十九〈劉氏類山序〉引。

㉓ 本段與類書相關的敘述材料，皆參引自同註㉑，《中國文獻學新探》五〈類書溯源〉與六〈類書的文獻價值〉。另袁宗道曾以《玉海》與其他類書作比較，條述各類優點，以證《玉海》爲最核最詳最弘鉅者，袁宗道云：「他輯者多尚奇僻以駴俗……而玉海所紀皆宇宙所有及世人所經見者，即譚天譚律曆譚祥瑞易涉幽渺，大都羲和氏之合流，而屈軼蓂荚之濫觴，無甚奇者，故玉海最核也；他輯多撮片語採隻句以資組織助吟詠，而此書繇天地及經籍制度探源溯流櫛比鱗次萬無漏一，故玉海最詳也；月露花鳥，何關朝政，他輯纍纍無非此者，所謂卉譜蟫史耳淺矣，此書上逮帝學，下逮貨食……故玉海最弘且鉅也。」接著又指出當今學

　　至於「雜家」類例的發展為何？中國目錄學的史家們，將無法歸類於經、史、子、集內的著作，冠以「雜」名隸之。❷在表達思想觀念為主的「子部」中，無法歸入儒、道、墨、法、陰陽等諸子者，一律收入雜家，這個原則在中國目錄學史開端──漢代劉歆《七略》〈諸子略〉──便已確立了，阮孝緒在《七錄》〈子兵錄〉立雜部；四部分法中，自《隋書經籍志》以下歷唐宋元明至清，無論編目歸隸的實質狀況如何，❷在〈子部〉下立「雜家類」已成為四部分類目錄學中不變的傳統。

　　明代在分類上是個解放的時代，因應時代晚近新題裁、新體製著作不斷的出現，明初楊士奇以千字文排次的《文淵閣書目》，將晉以

者著作類書的風格弊病：「而今世經生，學鮮本原，藉口孔氏多識鳥獸草木之語，齪齪焉，取前所謂載花鳥紀奇邪者而綴拾之以流連光景，謂足馳騁藝林矣。」參袁宗道：《白蘇齋類集》（臺北：偉文圖書公司，1976 年），卷八〈刻玉海序〉。

❷　例如王儉《七志》〈經典志〉立雜傳；阮孝緒《七錄》分別在〈紀錄傳〉立雜傳部、〈文集錄〉立雜文部、〈術伎錄〉立雜占部；四部分法中，《隋書經籍志》〈史部〉立雜史、雜傳；《舊唐書經籍志》〈史錄〉立雜史、雜傳，亦在〈子錄〉下立雜家、雜藝術……等。

❷　劉歆《七略》〈諸子略〉中，雜家與儒道墨法等家合為十家，《七錄》承之，自《隋書・經籍志》刪陰陽家而存九家始，《古今書錄》、《新唐書・藝文志》、《崇文總目》、《郡齋讀書志》、《直齋書錄解題》、《文獻通考・經籍考》均沿之，變動較大的，是南宋尤袤私人撰述的《遂初堂書目》，將傳統中〈子部〉下的法、名、墨、縱橫四家併入雜家，顯示了特有的「雜家」類例觀念，承此說者，有《明史・藝文志》；《四庫全書》則保留了法家，併名、墨、縱橫三家於雜家。詳參姚名達著：《中國目錄學史》（臺北：商務出版社，1981 年），附錄〈四部分類源流一覽表〉。

來秘閣沿四部分類成習的慣例打破，開明代私家藏書編纂書目任意新創部類之風。萬曆年間祁承㸁所著《淡生藏書目錄》，著錄對象為淡生堂十萬餘卷的藏書，此書依據舊目整理而來，經過親眼目睹，故無潛入之弊，新多新增類名乃祁氏新創，例如在小說家類下立開適、清玩；又特別將明正德嘉靖以後刻群書風氣大盛的叢刻書，別為「叢書類」，頗能反映出晚明學術博雜的面貌。㉖

(二) 《四庫全書》編目歸隸界限模糊的現象

1.「雜家」與「類書」之分立問題

《四庫全書》〈子部·雜家類〉如何而立？

> 黃虞稷千頃堂書目㉗於寥寥不能成類者，併入雜家。雜之義廣，無所不包，所謂合儒墨，兼名法也，變而得宜，於例為善，今從其說。㉘

吾人即由《四庫全書》所著錄之〈子部〉雜家類與類書類為材料，考查其編目歸隸上分類勉強，界限模糊的現象。

據考查《四庫全書總目提要》，關於類書與說部之間，界限模糊

㉖ 有關中國目錄學雜家類例編目的簡史，皆參自昌彼得·魏美月合著：《中國目錄學》（臺北：文史哲出版社，1986年）相關敘述。

㉗ 黃虞稷《千頃堂書目》以著錄明代著作為主，稍明各書作者年里仕履，分類依祁承㸁《淡生堂藏書目錄》併改隸而成，有明一代著作，以此目最可據，詳參同註㉖。

㉘ 同註⑫，卷一百十七〈雜家類〉敘錄。

者，例如明顧起元所撰《說略》，由於該書雜採說部，又與陶宗儀《說郛》相近，明史收入〈小說家類〉，四庫館臣因其採分門排比編次之法，故列於〈類書類〉；❷董斯張《廣博物志》，其取材內容均沿承晉代張華的《博物志》而來，張華之書列於〈小說家類〉，董改張之體例，變為分門隸事之書，故成為類書。〈子部·雜家類·雜說之屬〉下，有萬曆年間穆希文所撰《說原》，分原天、原人、原物、原道術五部，雜採事跡，間亦論斷，故其體例在類書、說部之間；另同樣列於「雜說之屬」的蔣以忠《藝圃琳瑯》，所論皆類集古人成語而以己意聯絡之，詞多排偶，大旨與類書相似，但稍變其體例耳。列於「雜纂之屬」的趙世顯《趙氏連城》，共有〈客窗隨筆〉、〈芸圃叢談〉、〈松亭晤語〉三部分，其書或引古事而稍附以己說，或自作數語，近乎語錄，但引古事一條，無所論斷，體例亦似乎類書。

其實如《說略》、《說原》、《藝圃琳瑯》、《趙氏連城》這些介於類書與說部之間的書，在晚明文人的筆記著作中，比比皆是，以《說略》而言，四庫館臣依其體例符合分門隸事之標準，故捨說部而歸入類書類，然而同樣具有分門隸事體例者，如郎瑛的《七修類稿》入〈雜家類·雜說之屬〉、方以智的《通雅》❸與陳良儒的《讀書考

---

❷ 四庫提要云：「其書雜採說部，件繫條列，頗與曾慥《類說》、陶宗儀《說郛》相近，故明史收入小說家類，然詳考體例，其分門排比編次之法，實同類書。」同註⓬，〈說略（按顧起元著）提要〉。

❸ 方以智的《通雅》內容豐富，依門分類編排，共四十四門：疑始、天文、地輿、身體、稱謂、姓名、官職、事制、禮儀、樂曲，器用（下又分書札、碑帖、金石、書法、裝潢、紙墨筆硯印章、古器、雜器、鹵簿、戎器等目）、衣服（下又分彩服、佩飾、布帛、彩色）、宮室、飲食、算術、植物、動物、金石、諺原等。

定》入〈雜家類·雜考之屬〉、❸與《通雅》相類的《物理小識》，
❸則入〈雜家類·雜說之屬〉，顯示了四庫館臣對這些書籍歸於類書
與雜家類之間界限的模糊。之所以會有如此的現象，主要是緣於晚明
文人編采古書資料的特殊方法，四庫全書對於明代類書的批評是：
「割裂餖飣，僅存字句，輾轉稗販，冗瑣舛訛」（《四庫全書總目》
「子部·類書類」〈古儷府提要〉），這個特性不止是類書如此，雜
家類的書籍莫不如此，四庫全書批評陳繼儒的《珍珠船》：「雜采小
說家言，湊集成編而不著所出，既病冗蕪亦有訛舛，蓋明人好剿襲前
人之書，而割裂之以掩其面目，萬曆以後往往皆然也」，❸這是晚明
時代的寫作風氣。❸

2.「雜家」子目歸隸的問題

子部下分屬不同類別的「類書」與「雜家」之間，有時界限已難
以拿捏，何況是同屬「雜家」類下的各個子目呢？〈雜家類〉之下，
尚有「雜學」、「雜說」、「雜考」、「雜品」、「雜纂」、「雜

---

❸ 崇禎陳良儒著《讀書考定》，該書分天象、時令、地輿、人物、仕籍、行誼、肖
   貌、人事、飲食、服飾、器用、花木……等十七門，每類徵引舊聞，訂其訛舛。

❸ 方以智的《物理小識》，乃本博物志、物類相感志諸書而衍之總論外，分天、
   曆、風雷雨暘、地、占候、人身、鬼神、方術、異事、醫藥、飲食、衣服、金
   石、器用、草木、鳥獸等十五門。又〈四庫提要〉云：「博物志，物類相感
   志……但言剋制生化之性，而此（按〈物理小識〉）則推闡其所以然，雖所錄不
   免冗雜，未必一一盡確，所論亦不免時有附會而細大兼收，固亦可資博識而利民
   用。……則識小之言，亦未可盡廢也。」同註❸，〈物理小識提要〉。

❸ 同註❸，〈珍珠船提要〉。

❸ 晚明語錄、說部的寫作風氣，混漾自恣：「隆萬之間，士大夫好為高論，故語錄
   說部，往往混漾自恣，不軌於正。」同註❸，〈雨航漫錄提要〉。

編」等六個子目，其編目歸隸的原則如下：

> 以立說者謂之雜學；辨證者謂之雜考；議論而兼敘述者謂之雜
> 說；旁究物理，臚陳纖瑣者謂之雜品；類輯舊文，塗兼眾軌者
> 謂之雜纂；合刻諸書，不名一體者謂之雜編。**㉟**

合刻諸書的「雜編」實即爲本文上述祁氏《淡生堂藏書目錄》所立的
「叢書類」，具有編目歸隸上明確的遵循依據，例如胡維新《兩京遺
編》刻有〈新語〉、〈賈子〉等十一種漢代著述，故以名書；沈節甫
《紀錄彙編》採嘉靖以前諸家雜記凡一百一十九種等等。除了「雜
編」有較明晰的歸隸原則外，其餘五類加上部分類書，則互有界限不
清，分類模糊的現象。**㊱**

儘管《四庫全書》在〈雜家類〉敘錄中已明陳編隸各子目的原
則，但遇到實際的文獻時，實在很難劃分清楚，作爲「立說者」的雜

㉟　見同註**⑫**，卷一百十七〈雜家類〉敘錄。

㊱　《四庫全書》並無「叢書」類例，而王重民《中國善本書提要》（上海：古籍出
　　版社，1986 年）一書，其體例關於叢書者甚詳，分列於子部下的「叢編類」、
　　「雜家類·雜編」、「叢書類」與「譜錄類·叢編」四者，子部下的「叢編類」
　　彙錄子書，例如余有丁、周子義輯《子彙》、黃之寀刻校《二十子》等，「叢書
　　類」則不限定於某一學門之書，又分一般叢書、自著叢書、族姓叢書與地方叢
　　書四子目；「譜錄類·叢編」顧名思義，即爲譜錄類型之叢書，如沈津輯《欣賞
　　編》、程百二輯《程氏叢刻》等，惟「雜家類·雜編」部分，收書體例較不明
　　確，如所收書《醉古堂劍掃》，乃雜採古書分類編纂而成，實非叢書，應爲《四
　　庫全書》之「雜家類，雜纂」，卻列「雜編」，亦呼應了《四庫全書》對晚明這
　　類書籍的類隸困難現象。

學與「議論而兼敘述者」的雜說，實不易分野，例如列於「雜學」之
于慎行撰《筆麈》，「乃其退居穀城山中時所著，分三十五類，所紀
多明代典故，亦頗及雜說」（〈四庫提要〉），此書與同列於「雜
說」之馮時可著《雨航漫錄》「上卷多論學論文，下卷多記物產而間
涉雜事」（〈四庫提要〉），以及張居正著《太岳雜著》「多論古之
語，於明代掌故尤詳，亦兼及醫方雜事」（〈四庫提要〉），三者之
間有何明顯的差別？若以書名來判斷其著書動機，「漫錄」、「雜
著」似乎距離立說尚有一段距離，然而與于慎行《筆麈》同名之王肯
堂《鬱岡齋筆麈》，❸亦不列雜學而列雜說，顯示彼此之間的二分是
有點勉強，因此王重民先生依四庫分類標準爲主而編之《中國善本書
提要》，在雜家類下，便合「雜學」與「雜說」爲同一目。

　　列於「雜說」、「雜考」、「雜纂」與「雜品」的書籍，彼此隸
屬的成份亦相互錯入。

　　　「雜說」中著錄的許多著作，例如郎瑛的《七修類稿》，錄有許
多《明會典》與《明史》諸志所未及的資料，足資學者考證；徐三重
的《採芹錄》，考稽典故，究悉物情；❸朱孟震所撰《河上楮談》，
「間或評論詩文考證典籍」（〈四庫提要〉）；朱國禎的《湧幢小
品》，亦間有考證。❸以上四者皆列於「雜說」；而列於「雜考之

---

❸　「是書雜論醫方天文算術五行家言及賞鑑書畫之類，所大抵以佛經詁儒理」，同
　　註⓬，〈鬱岡齋筆麈提要〉。

❸　「第一卷論養民雜民，第二卷三卷多論學校貢舉政事利弊，第四卷多論明代人物
　　臧否，皆考稽典故，究悉物情，持論率皆平允，無激烈偏僻之見與恩怨毀譽之
　　私」，同註⓬，〈採芹錄提要〉。

❸　朱國禎《湧幢小品》「雜記見聞，亦間有考證，在明季說部之中，猶爲質實，而
　　貪多務得」參見同註⓬，〈湧幢小品提要〉。

「屬」者，如萬曆張鼎思所撰《瑯琊曼衍》的考證之文，「皆抄撮前人之語而不辨論是非，原是錄以備檢之冊」（〈四庫提要〉）；崇禎呂毖著《事物初略》，「雜記事物俚俗語言之所自始，然多剝取《事物紀原》諸書」（〈四庫提要〉），似乎又不符合「辯證者謂之雜考」的原則，此外，還將方以智所著規模雖有小大，但性質極相近之二書：《通雅》入「雜考之屬」，《物理小識》入「雜說之屬」。❹

「雜纂」之書的重點在「類輯舊聞」，但是在明人習於雜采小說雜記而不註所出的前提下，有時其他類項的書籍亦具「雜纂」性質，如徐三重《家則》，為貽訓子孫之規條，每條之後間引古人嘉言嘉行以證明之；如戴冠《濯纓亭筆記》，雜記見聞，終以辨物字義，皆抄撮前人成說；何良俊著《四友齋叢說》，分門別類，皆摭拾傳聞，❹以上三書皆符合抄輯舊聞標準，但卻列於「雜說」。「雜纂之屬」者如楊宗吾《檢蠹隨筆》，分為二十四類，採綴瑣碎，分條編載，體近「類書」；徐應秋《玉芝堂談薈》，是書亦考證之學，❹近於「雜考」；陳其力《芸心識餘》，分禽鳥獸畜龍蛇蟲鼠魚黿五部，分門隸事，雜列故實而附以論斷，❹類於「雜品」。而衛泳編《枕中祕》，

---

❹ 試比較註❸與註❸方以智二書之簡要內容。

❹ 何良俊著《四友齋叢說》「書分經、史、雜記、詩、書、畫、求志、尊生、娛老……等十六類，往往摭拾傳聞，不能核實」參見同註❷，〈四友齋叢說提要〉。

❹ 徐應秋《玉芝堂談薈》，「是書亦考證之學而嗜博愛奇，不免兼及瑣屑之事，其例立一標題為綱而備引諸書以證之，大抵採自小說雜記者為多。」參見同註❷，〈玉芝堂談薈〉。

❹ 陳其力《芸心識餘》（成書於嘉靖辛酉四十年 1561），「凡禽鳥獸畜龍蛇蟲鼠魚黿五部，分門隸事，每事標題於前，雜列故實而附以論斷，龐雜割裂，殊無可觀，持論尤多猥鄙。」參見同註❷，〈芸心識餘〉。

采掇明人雜說如悅容編、瓶史、盆史等凡二十五種，❹則又類「雜編」。

　　至於列於「雜品之屬」諸書，雖符合了「旁究物理，臚陳纖瑣者」的原則，然與「雜考」、「雜說」甚至「類書」的性質，有重疊之處。例如張應文《清閟藏》「雜論玩好賞鑑諸物」、宋詡父子合撰之《竹嶼山房雜部》「雜事間附考證」具「雜說」性質；高濂《遵生八牋》「詳論古器，彙集單方」略有「雜考」成份；舊題蘇東坡撰《物類相感志》，則「隸事全似類書」。不著撰人《居家必用事類全集》載有歷代名賢格訓，與列於「雜說」之徐三重《家則》相類，❺都穆的《鐵網珊瑚》，分書品畫品二門，備錄題跋印記；而李日華《六研齋筆記》，十之八論書畫，體旨皆類題跋，每一真跡必備錄題詠跋語等，足資考證，❻然卻列於「雜說」。費元祿的《甿元館清課》「皆記其館中景物及遊賞閒適之事」，而樂純的《雪菴清史》，內容分清景、清供、清課、清醒、清福五門，具雅人深致，❼卻亦是

---

❹　衛泳編《枕中祕》，「是編仿馬總意林之體，采掇明人雜說凡二十五種：閒賞，二六時令，國士譜，書憲，讀書觀，護書，悅容編，勝境，園史，瓶史，盆史，茶寮記，酒緣，香禪，棋經，詩訣，書譜，繪抄，琴論，曲調，拇陣，俗砭，清供，食譜，儒禪等，皆隆萬以來纖巧輕佻之詞。」參見同註❶，〈枕中祕提要〉。

❺　徐三重《家則》，「乃貽訓子孫之語，家則為所立規條，每條之後間引古人嘉言嘉行以證明之」參見同註❶，〈家則提要〉。

❻　李日華撰《六研齋筆記》「是編所記論書畫者十之八，詞旨清雋，體旨皆類題跋，每一真跡必備錄題詠跋語年月姓名，足資考證，另亦記雜事」，參見同註❶，〈六研齋筆記提要〉。

❼　樂純《雪菴清史》「皆小品雜言，分清景、清供、清課、清醒、清福五門，每門各立子目，大抵明季山人潦倒恣之言，拾屠隆、陳繼儒之餘慧，自以為雅人深致者也。」參見同註❶，〈雪菴清史提要〉。

列於「雜說」。❹愼懋官《華夷花木鳥獸珍玩考》，由書名可知爲考證名物之書，四庫將之列於「雜品」而不列於「雜考」。❹陳繼儒撰《巖棲幽事》，所載皆山居瑣事；而不著撰人《山居代應》，臚列山居、園居……等十目，引前人閒適語以應之，其尙參引了《巖棲幽事》，❺此書不列於「雜品」而列於「雜說」。谷泰《博物要覽》，摭錄書畫銅窯硯金銀珠玉等各種物類的見聞；方以智的《通雅》，亦在器用部分紀書札、碑帖、金石、書法、裝潢、紙墨筆硯、印章、古器、雜器、鹵簿、戎器等目，方書則列於「雜考」。

　　既然同列於〈子部·雜家類〉下，本已具有極相近的性質，四庫館臣復將此類項再別爲六類，這在中國目錄學史四部分法上，除宋代陳振孫《直齋書錄解題》分雜家爲雜考、雜鈔、雜說以外，絕無僅有。館臣的努力，乃欲將汗漫無緒之雜家著述，作更精核的審辨，而在實際進行編隸工作時，只能大致以該書的體例或內容作爲側重考量，然而所採用者畢竟是後設的原則，未必合於當時著書人編撰的動機與旨趣，晚明文人或好拈古事以附己說，或箚記、議論考證兼而有之，或採掇蕪雜而不註所出，多半體例龐雜而不純，❺更有不以品

---

❹　王重民《中國善本書提要》（出版資料參註❸）列此書於〈子部·小說家類·雜事〉。

❹　王重民《中國善本書提要》（出版資料詳參註❸）則列此書於〈子部·藝術類·譜錄〉。

❺　不著撰人《山居代應》「臚列山居、園居、舟居、游居、瓢居、獨居、酣居、宵居、睡居、病居十目，下引前人閒適語以應之，意以示客，故名代應，其所引書有明末陳繼儒巖棲幽事」參見同註❷，〈山居代應提要〉。

❺　《四庫全書》對當時各類書籍的弊端指出缺失，舉例如下：
　　「其書或引古事而稍附以己說，或自作數語，近乎語錄，但引古事一條，無所論

列、不以類分、不次先後的漫書筆記，❷由於有這樣的寫作風氣，無怪乎出現《四庫全書》所列舉之種種類例間彼此矛盾重疊與勉強牽合之處，這實際上反映了晚明文人寫作著述上的博雜特質：博古、通今、語大、語細、明經、閱史、該覽、蒐羅、論俗、述怪、詼諧、神仙……茲以王穉登的一段話為這種著述動機與心理作一描述：

> 蓋不博古者，不曙千秋；不通今者，不鏡當代；不語大，隘而
> 不廣；不語細，疏而弗當；不明經，不窮列聖淵源；不閱史，
> 不識古今治亂；不譚詞賦，風雅道衰；不探明理，精微統絕；
> 不該覽，不淹通；不蒐羅，不閎肆；不論俗，不知萬姓之隱；
> 不述怪，不窺六合之外；不詼諧，不玩世；不神仙，不消搖；
> 不表忠貞，人倫不顯；不載兇俠，橋杌遁藏……斯非所謂可
> 喜、可愕、可憤、可悲，嬉笑怒罵，皆成文章者耶？（〈戒庵老
> 人漫筆序〉）

斷，似乎類書，全無著作之體者。」（〈趙氏連城提要〉）；「筆記之文，偶拈古書借以發議，亦有但錄古語一兩句，不置一詞」（〈謝肇淛·文海披抄提要〉）；「其劄記皆偶拈一二古事，綴以論說，不出明人掉弄筆墨之習」（〈陳禹謨·說儲提要〉）；「採綴蕪雜或註所出或不註所出，亦無定例，不過陳繼儒之流」（〈趙爾昌·元壺雜俎提要〉）；「有分類採綴瑣碎近類書者，有載遺事者，有駁人之非者，有專取詩文詞藻者，使得全書體例不相類，殊為蕪雜者。」（〈楊宗吾·檢蠹隨筆提要〉）

❷ 王穉登對當時晚明文人時興的筆記寫作提出觀察云：「漫筆者，不以品列，不以類分，不以次為先後，隨事輒紀，隨紀輒書，故云漫。其書浩汗縱橫，闔闢變幻，鴻纖幽顯，靡所不有，不獨成一家之言，且也該眾作之奧，此之為書沈沈者哉。」參王穉登〈戒庵老人漫筆序〉，〈戒庵老人漫筆〉一書收於《筆記小說大觀》（臺北：新興書局）。

三、博雜學者的重要典型──陳繼儒

晚明博雜學風的文人之輩，儼然要以陳繼儒爲標榜❸，其亦爲清代學者屢屢指訾晚明學風的代表對象。❹陳繼儒其人其書，在晚明確實具有舉足輕重的地位。就著述而言，陳書廁列雜家之林者甚夥，屬「雜說」者有：《書蕉》（雜抄古今名物訓詁及奇文雋字，可供詞藻之用者，爲隨筆箚記）、《枕譚》（取目前常用之語而考據之）、《偃曝談餘》（取其平日與客談者抄撮成書，無他考證，自云入冬喜負暄讀書，故以名之）等。屬「雜品」者有：《妮古錄》（是書多評論字畫古玩）、《巖棲幽事》（所載皆山居瑣事如接花藝木，以及於焚香點茶之類）等。屬「雜纂」者有：《筆記》（取雜事碎語，抄錄成帙）、《讀書十六觀》（採古人成語自呂獻可以下凡十六條聯綴成編，以爲讀書之法）、《群碎錄》（隨筆紀錄）、《珍珠船》（雜采小說家言，湊集成編）、《銷夏》（雜錄清勝之事，取其可以銷夏，如冰荷玉帳見於諸小說家者，纖仄瑣碎）、《辟寒》（此書義例與《銷夏》相類，取其可以辟寒，如狳座蹲鴟之類）、《古今韻史》

---

❸ 四庫評高濂《遵生八牋》云：「書中所載專以供閒適消遣之用，標目編類亦多涉纖仄，不出明季小品積習，遂爲陳繼儒、李漁等濫觴」（〈四庫提要〉），標榜陳、李爲晚明小品的重要人物，又評樂純《雪菴清史》曰：「皆小品雜言……每門各立子目，大抵明季山人潦倒恣肆之言，拾屠隆、陳繼儒之餘慧，自以雅人深致者也」（〈四庫提要〉），此又舉屠、陳爲雜言的代表，顯然視陳繼儒爲當時博雜學風的典型。

❹ 四庫譏評趙爾昌之作：「採掇蕪雜，或註所出或不註所出，亦無定例，不過陳繼儒之流」（〈元壺雜俎提要〉），則將指訾的矛頭指向陳繼儒。

（摭拾諸書雋語分類編次，凡韻人、韻事、韻語、韻詩、韻詞、韻物，皆以古事與明人事參錄，亦世說新語之支）、《福壽全書》（錄前賢格言遺事，自惜福以至好還，凡分二十類，多以因果爲說，意在懲惡勸善）等。❺❺

雜家類著述之多產已如上述，此外，陳繼儒一生亦爲書籍作過無數評點參閱之工夫，例如經部有註《左傳文苑》；史部有參校《晉書》、註釋《湯睡菴先生歷朝綱鑑全史》、輯《漢唐逸民史》、著《讀書鏡》、選《秋士史疑》、訂正《遊名山記》、校《四夷考》……等；子部之下，醫家類訂正《食物輯要》；藝術類校《皇明印史》；譜錄類補編《茶董》、《酒顛》、刪定《灌園史》；類書類校《詞林海錯》；小說家類訂正《小窗自紀》、校《春秋列國志傳》；集部則更繁多，總集部分補選《合選文章軌範》、校註《正續名世文宗》、鑒定《翰海》、校《唐詩選》、纂輯《國朝名公詩選》、評定《皇明經世文編》與《媚幽閣文娛》……等；別集部分校閱《楊鐵崖先生文集》、定《弇州山人讀書後》、校《甲秀園集》……等。❺❻這份橫跨經、史、子、集整個學術領域的簡略書單，更旁證了陳繼儒務博好古的讀書興趣。

陳繼儒在出版界頗負盛名，其所雜纂之《銷夏》、《辟寒》二書，有人後繼，周詩雅依二書之體例撰有《廣銷夏》、《廣辟寒》、《銷夏補》、《辟寒補》、《銷夏再》、《辟寒再》、《寒夏合再》

---

❺❺　陳繼儒雜家類著作述要，均考引自《四庫全書總目》中相關之提要。

❺❻　陳繼儒校閱書目一覽，請詳參王重民：《中國善本書提要》（出版資料詳參註❸❻）相關章節。

等一系列的著作。由其具名編校審定或著作之書，更不計其數，除了上述各種書籍的單行本之外，尚有合刻諸書的叢輯，最有名的是《寶顏堂祕笈》系列，「寶顏堂」爲陳繼儒書齋之名，該叢書是由繡水沈氏尙白齋陸續刊出，計有正集十八種、續集四十七種、廣集五十種、彙集三十七種、普集十八種、眉公雜著十六種等，所收錄唐宋元明書四百一十卷二百四十冊，以宋明兩代作者之書爲主，❺❼據序文判斷，正集與廣集出刊的時間相距九年，❺❽顯示此叢書必受到相當大的歡迎，才使得沈氏願意以「寶顏堂」之稱，繼續刊刻出書。除此之外，以陳繼儒自著之書合刻者亦有數種，例如《陳眉公十種藏書》爲崇禎間醉綠居刻本，收有〈白石樵眞稿〉、〈尺牘〉、〈晚香堂集〉、〈眉公見聞錄〉、〈太平清話〉、〈讀書鏡〉、〈安得長者言〉、〈狂夫之言〉、〈巖棲幽事〉、〈偃曝談餘〉、附〈眉公詩鈔〉等；另四庫雜編存目之《眉公十集》，與醉綠居刻本收書有若干出入：〈讀書鏡〉、〈狂夫之言〉、〈續狂夫之言〉、〈安得長者言〉、〈筆記〉、〈書蕉〉、〈香案牘〉、〈讀書十六觀〉、〈群碎錄〉、〈巖棲幽事〉、〈槐談〉等，附於《寶顏堂祕笈》中之《眉公雜著》十六種，其中有七種與醉綠居刻本相同，有八種與四庫存目所收相同，較二書多收者爲：〈珍珠船〉、〈妮古錄〉、〈枕譚〉、〈清明

---

❺❼ 眉公祕笈留於世者殘存不一，此處各集之數量參自《國立中央圖書館善本書目》而來，該書目與王重民先生所著錄者數目有出入，由於央圖者列舉各集書目，較王先生書目具體，今從之。

❺❽ 據王重民先生著錄提要云，正集有陳萬言序於萬曆三十年，廣集有李日華序於萬曆四十三年，前後相距九年，詳參王重民《中國善本書提要》（出版資料詳參註❸❻），頁421。

曲〉、〈書畫史〉五書。上述各種繁略不等以陳繼儒之書、人或齋爲稱名的書籍，無論其曾由陳繼儒授意與否，❺❾刻坊書賈如此熱絡地出版陳之單行本或叢輯之書，一方面證明陳繼儒雜學編撰之書，在晚明的確受到廣大讀者的喜愛，另一方面亦顯示陳繼儒所代表之文人博雜學風的流行狀況。

四、博雜學風為閒賞美學的基礎

經由以上的探討，晚明時期文人們有藏書好古的風尙，《四庫全書》的著錄充分說明著，文人們在文獻編撰上，具有博與雜的著述特質，陳繼儒就是一個典型的例子，這樣的學風背景，筆者以爲這與當時文人重視閒賞生活有極密切的關係。

古來學者，讀稗官雜家之功用，不止是觀其文采、備錄遺忘而已，更可藉以辨風俗、徵善敗、補歷史之闕漏、明一代之典刑。❻⓪元末的楊維禎列舉古來各類雜家著述，以明雜家各自具有不同的功用：

---

❺❾ 四庫檢視《眉公十書》曰：「簡端各綴以評，其評每卷分屬一人，而相其詞氣，實出一手，刊板亦粗惡無比，蓋繼儒名盛，時坊賈於祕笈中摘出翻刻又妄加評點也。」參見同註⓬，〈眉公十書提要〉，另王重民《中國善本書提要》曰：「考李日華《味水軒日記》云：『萬曆四十三年一月七日，書林張氏，梓眉公〈廣祕笈〉既成，來乞余序。九日招郁伯承夜坐，伯承好古，酷嗜奇，隱張氏，所梓〈眉公集〉，大半都其書也』。然則是書舊本，藏自郁而梓於張，眉公等名，特爲發售作招牌耳。」由以上兩段提要可知，坊間書賈實有以繼儒盛名附益刊刻叢書的情形。

❻⓪ 「讀之可以辨風俗，徵善敗，國史郡乘，或裨其闕，非徒小說之靡而已。」參見閩中幻人〈七修類稿序〉，詳參同註❾。

博古物、覈古文奇字、索異事、知天窮數、搜神怪、識蟲魚草木、紀山川風土、訂古語、究諺談、資譃浪調笑……等等。[61]自古文人是將雜學放在補足經史之學的位置上，大致遵循孔孟多識草木鳥獸蟲魚與博學返約之旨。然而晚明文人在此立場上更進一步，例如湯顯祖即持著閒賞美學的角度來看待雜家之流：

> 吾嘗浮沈八股道中，無一生趣，月之夕，花之辰，啁觴賦詩之餘，登山臨水之際，稗官野史，時一展玩，諸凡神仙妖怪、國士名姝、風流得意、慷慨情深、語千轉萬變，靡不錯陳於前，亦足以送居諸而破岑寂。[62]
>
> 〈虞初〉一書……以奇僻荒誕，若滅若沒，可喜可愕之事，讀之使人心開神釋，骨飛眉舞，雖雄高不如史漢，簡澹不如世說，而婉孌流麗，洵小說家之珍珠船也；其述飛僊盜賊，則曼倩之滑稽；志佳冶窈窕，則季長絳紗；一切花妖木魅，牛鬼蛇神，則曼卿之野飲。……使呫呫讀古，而不知此味，即日垂衣執笏，陳寶列俎，終是三館，一堂木偶耳，何所討真趣哉？[63]

---

[61] 楊維禎云：「其博古物，可爲張華路段；其覈古文奇字，可爲子雲許慎；其索異事，可爲贊皇公；其知天窮數，可爲淳風一行；其搜神怪，可爲鬼董狐；其識蟲魚草木，可爲爾雅；其紀山川風土，可爲九丘；其訂古語，可爲鈴契；其究諺談，可爲神官；其資譃浪調笑，可爲軒渠子……揚子謂天地萬物郭也，五經眾說郭也，是五經郭眾說也。」，參見同註[6]。

[62] 參見同註[8]，卷五十「補遺」〈艷異編序〉。

[63] 參見同註[8]，卷五十「補遺」〈點校虞初志序〉。

稗官野史不必定為了補闕正史而存在，其可以充作文人於月夕花辰、山顛水湄「展玩」的對象；小說佳作亦不必為了明一代之典刑而存在，其可以提供滅沒喜愕之事，使人讀之心開神釋，稗官小說之遊戲墨花，除了可以有堂皇正大的學問目的之外，更可用以涵養性情，這是晚明文人所持對曠覽博學的另一種角度，一種關聯於審美賞鑑文化的新角度。

　　有了這樣一種看待博雜之學融通的新角度，晚明文人不僅透過藏書嗜讀雜學文獻，亦起而筆記之，整理之，故雜家類著作蜂湧而出，大抵皆載錄或重編前代的名物訓詁軼聞掌故等。例如王世貞，便因豐富書籍的閱藏之便，著有《宛委餘編》一書，**❻④**書中展現曠覽博通的學者特質，其中有對於物類品族極細膩的紀錄，若記古代服飾習尚，便有對眉形、點脣、髻形、鞋履、幅巾、帽冠、衣裳之制、髮形髮飾、女子裝扮、官帽等許多細節的紀錄（《宛委餘編》二）。**❻⑤**若論古代命名，所紀錄的方式則極纖瑣：有獸而鳥名者、鳥而獸名者、官以鳥名者，鳥獸而官名者、藥物而人名者、茶有官名者（《宛委餘編》一）、風依十二時令而有不同之名（《宛委餘編》二）、婦人雙名者、別號雙字者、鳥獸魚雙名者、婦人以五色名者（《宛委餘編》

---

❻④　王世貞《宛委餘編》一書，附收於《弇州山人四部稿》（臺北：偉文圖書公司，1976 年）中，書名之由來，王自序云：「宛委，黃帝所藏書處也，嗚呼，孔子之教門人曰：小子何莫學夫詩，而又繼之曰：多識於鳥獸草木之名，夫學詩而旁取夫鳥獸草木之名為貴則，夫以鳥獸草木之名而傳詩者，寧無一二益哉？」（〈宛委餘編序〉）

❻⑤　王世貞以為：「吾所以備著晉及六朝服飾之異者，不惟見其時趣之異，亦欲使善畫者，不取識於有識，與鑒畫者之不為人所紿也。」（《宛委餘編》二）

七）等等。晚明文人的寫作動機，已不必一定要成就傳世不朽的名山偉業，可以僅爲了銷夏、清暑、避寒之風雅目的而作，**⑥**或是提供作爲閒賞審美生活的必備資糧。

晚明務博、尚奇、好古之學風披靡，面對浩瀚的古籍世界，文人們用自己的方法與見解採掇整理，**⑥**優遊而成爲上自天文、下至地理、無所不知的雜學家，大部分的文人均有強烈的動機，欲將與個人有關連之人際與物理網絡：天、人、物之種種，纖悉具陳畢載，無論是與天地有關之天象、時令、地輿、曆算、風雷雨暘、五行、占候、幽冥……等；與人有關之嘉言誼行、人物臧否、飲食肖貌、典故軼事、閒適招隱……等；與物有關之器用、居室、服飾、醫方、草木鳥獸、藝術遺產……等，莫不納爲文人筆記的對象。晚明蓬勃的博雜學

---

⑥　文人附庸風雅的筆記之作，其寫作動機幾乎具有遊戲性質，例如陳繼儒著有《銷夏》、《辟寒》二書，其云：「以造化之涼燠，附會人情之炎涼、胸中之冰炭」（〈銷夏序〉），陳氏此二書，乃專錄與暑寒有關之軼事典故。陸樹聲亦明陳筆談之作，不可以立言求備：「余衰老退休，端居謝客，屬長夏掩關獨坐，日與筆硯爲伍，因憶裏初見聞積習，老病慶忘，間存一二，偶與意會，捉筆成言，時一展閱，如對客譚喙，以代抵掌，命之曰：清暑筆談，顧語多苴雜，旨涉淸訛，聊資臆説，以備眊忘，觀者當不以立言求備。」（〈清暑筆談序〉序）

⑥　例如張應文的《張氏藏書》共十種，〈清閟藏〉爲賞鑑考訂之外，其中〈簞瓢樂〉中「粥經」一篇，摹仿論語託諸孔子之言，一條云：「小子何莫喫夫粥，粥可以補，可以宣，可以腥，可以素，暑之代茶，寒之代酒，通行於富貴貧賤之人」，一條云：「子謂伯魚曰：『汝喫朝粥夜粥矣乎，人而不喫朝粥夜粥，其猶抱空腹而立也與』」，雖四庫館臣言：「殆於侮聖言矣……掉弄聰明，決裂防檢，遂至於如此，屠隆、陳繼儒諸人，不得不任其咎也。」（〈張氏藏書提要〉），若不持預設立場而言，當時張、屠、陳等人，或以古人的方法來詮解事理，或以自己的方法重新整理古籍，未嘗不可視爲一代學風。

風，顯示了文人對於周匝身旁萬事萬物的高度興趣，這些萬事萬物組成了文人們的認知世界，而此世界中繁多的物事品類，亦成爲其閒適賞鑑的範疇。晚明閒賞美學方面的文獻，乃在這樣一種雜學、博識、好古的學術環境之下自然誕生。

晚明文人纖細感知的名物世界*

引 言

　　晚明文人平日閒適遊賞的對象，林林總總，品類繁多，對這些繁多物類產生各種不同的審美欣趣，他們究竟如何來看待生活周遭的物類呢？他們經由古典文獻的閱讀與重整，建立一個名物的世界，從而將這個名物世界的纖細感知，消融於閒適玩賞的審美生活中，這是探討晚明閒賞美學的重要基礎。

一、細究物名

　　關心宇宙紛然的物類，並非晚明文人的專利，早自《爾雅》、《博物志》、《山海經》等書開始，已有對物類名性洋洋灑灑的紀錄，在傳統的儒家學者博物傾向的鼓勵之下，學者的「博學多聞」，莫不表現在多識鳥獸草木蟲魚之名、並存錄名物以備查的文字工作上。這類的文獻著述，在晚明可謂蜂湧而出，例如楊慎的《丹鉛

＊　本論文已刊登於《大陸雜誌》第九十五卷第二期，頁 1-8，民國 86 年 8 月 15 日出版。

錄》、郎瑛的《七修類稿》、王世貞的《宛委餘編》、謝肇淛的《五
雜俎》、朱國禎的《湧幢小品》等書，均或多或少地闢有紀載物類名
性的專章專節。這些雜學筆記文獻，在在展現了編撰者「名物訓詁」
的博物興趣。首先是對於物名的留意，關於物類與天候的關係，有極
細的辨別，例如自然現象中的雲、風與雨，依月令節氣而有不同的形
狀與名稱：

> 冬至初陽，雲出箕如樹；立春少陽，雲出房如積水；春分正
> 陽，雲出軫如白鵠；穀雨太陽，雲出張如車蓋；立夏初陰，雲
> 出觜如赤珠；夏至少陰，雲出參如水波；寒霧正陰，雲出井如
> 冠纓……（王世貞《宛委餘編》二）

文中箕、房、軫、張、觜、參、井等是天上星宿的名稱，此文真正用
意，王世貞未嘗注明，但文字紀錄了不同節氣的雲，於不同星宿位置
出現時的特殊形狀：或如樹、如積水、如白鵠、如車蓋、如赤珠、如
水波、如冠纓等。另外又有對風名的紀載：

> 立春條風，春分明庶風，夏至景風，立秋涼風，秋分閶闔風，
> 立冬不周風，冬至廣莫風，見〈易緯〉。初春至夏五日曰花信
> 風、梅花風、先楝花風，後凡二十四番，見〈歲時記〉。六月
> 黃雀風，見〈風土記〉。九月鯉魚風，見〈提要錄〉。三月鳥
> 信風，五月麥信風，見〈國史補〉。又雄雌風見宋玉〈賦〉。
> 離合風見陸機〈要覽〉。上行曰扶搖風，曲上曰羊角風，見
> 〈莊子〉。梅雨後涼風一月曰舶棹風，海大風曰颶母風，發時

先緩後急曰鍊風，見〈嶺南錄〉。清明六月支，八月風曰葡萄風，見〈金樓子〉。（同上引）

這大段對風名的紀錄，是在不同月令、節氣、與天候之下，依風的性質而命名者，有與花、果、禽、農作物、航行等事物有關而命名者，亦有具文學典故的命名者。王世貞亦載錄了相同命名方式的雨：

杏花雨見〈提要錄〉，又桃花雨，河朔謂之潑火雨，三月榆莢雨見〈氾勝之書〉。三月三日留客雨見陸機〈要覽〉。五月分龍雨見〈續博物志〉。七月灑淚雨，七月六日洗車雨，見〈歲時雜記〉。九月黃雀雨見〈提要錄〉。（同上引）

王世貞整理了雲、風、雨的命名，謝肇淛所錄者，雖不是爲物命名，但經過觀察整理的二十四番花信風，亦同樣表達天候自然與花種間細微關係的注意：

二十四番花信風者，自小寒至穀雨，凡四月八氣二十四候，每候五日，以一花之風信應之。小寒，一候梅花，二候山茶，三候水仙；大寒，一候瑞香，二候蘭花，三候山礬；立春，一候迎春，二候櫻桃，三候望春；雨水，一候菜花，二候杏花，三候李花；驚蟄，一候桃花，二候堂棣，三候薔薇；春分，一候海棠，二候梨花，三候木蘭；清明，一候桐花，二候麥花，三候柳花；穀雨，一候牡丹，二候酴醾，三候楝花，過此則立夏耳。然亦舉其大意耳，其先後之序固亦不能盡定也。（《五雜

俎》卷二〈天部〉）

上文將小寒至穀雨四個月間，每五日定爲一候，以宜於該時節之花作
爲當候的風信，亦即以花斷氣候之意，由於五日一斷，於花的生態而
言，並非那麼準確，因此，文末亦明言此乃舉其大意耳，其先後次序
並非固定不變。

　　以上所言屬於自然範疇之物，至於人事用物之名，晚明文人亦顯
露了同樣的興趣，例如郎瑛就曾將古來爲人坐騎的名馬，依其不同外
形、擅長、典故，作了各種名稱的紀錄，如「絕地」言其足不踏土，
「翻羽」言其行越飛禽，「越影」言其逐日而行，「踰輝」言其毛色
並耀，這是就形貌與疾行特徵而命名者。伴漢武者爲「汗血」，伴唐
德宗者爲「如意騮」，伴唐明皇者爲「碧雲霞」、「照夜白」，伴宋
仁宗者爲「玉逍遙」，這是古代名君的座騎。洪武間名馬「飛越
峰」、「撞倒山」，亦極言其快速與衝勁（《七修類稿》卷四十四
〈馬名〉條）。用來醫治疾病的藥品，亦有依各種不同命名原則而來
的名稱：

　　　　迎春也、半夏也、忍冬也，以時名者也；劉寄奴也、徐長卿
　　　　也、使君子也、王孫也、杜仲也、丁公藤也、蒲公英也，以人
　　　　名者也；鹿跑草也、淫羊藿也、麋銜草也，以物名者也；高
　　　　良、常山、天竺、迦南，以地名者也；虎掌、狗脊、馬鞭、烏
　　　　喙、鵝尾、鴨蹠、鶴蝨、鼠耳，以形名者也；預知子、不留
　　　　行、骨碎補、益母、狼毒，以性名者也；無名異、沒石子、威
　　　　靈仙、沒藥景、天三七，則無名而強名之者也。（《五雜俎》卷十

一〈物部〉）

以時、以人、以物、以地、以性、以動物之形等各類方式爲藥命名，甚至無名而強名亦爲一種命名方式，顯示爲物命名的重要性。董其昌亦曾對命名原則作分類歸納，他整理了家鄉松江一帶的山名：

> 吾松之山，機、雲，以古賢名爲名；鍾賈羅佘，以居人姓爲名；惟南幹、北幹，以山之形勢爲名；鳳凰天馬，以鳥獸爲名；神山原名辰山，在諸山之東南，次於辰位，今作神者，訛也。大都江山自開闢以來，何有名字？皆世諦流布，相承踵耳。（《容台別集》卷四〈雜紀〉）

山遊水行的董其昌，在山水自然中，本應關心文學藝術家如何在山水中造境的問題，然董其昌亦同晚明文人一樣，對於山之名以及如何命名的問題，表達了清晰的思考。

郎瑛抄錄整理的獄具名稱，則完全是依功能而來，如「桎梏，木在手曰梏，手械也，所以告天，木在足曰桎，足械也，所以質地，黃帝所置」；「挊，音拱，刑統注，兩手同一械曰挊」、「鐐，即帶連鐮刀也，連鏈于足，以限役囚之步，遼制，有鎖無鐐，金章宗始定鐐，連鐶重有三斤」；「反接，漢樊噲受詔反接，謂反縛雙手於背，與古人之面縛同，面縛但縛手於頸後，止見其面耳」；「羅織，將囚倒懸石絏，以醋灌鼻，鐵圈束首，火甕鐵籠，逼迫服罪，此等之名，皆曰羅織，謂本罪之外，非理凌虐也」。其餘尚有「檻車」、「枷」、「鎖」、「箠楚」、「纍絏」、「毆刀」、「僭指腿夾」等

功能不盡相同的獄具名稱（《七修類稿》卷四十四〈獄具〉條）。

以上所引，王世貞、謝肇淛或郎瑛等人對物名紀錄的文字，皆爲古人所言，然卻是由許多不同的文獻中抄錄出來，經過自己的意思重新次第排列而成，雖未親自參與命名的第一手工作，但在浩翰的書海中，將這些與天候現象、物類生態或是人事用物之命名文字，抄錄出來以傳閱後世，表達了文人們對這些事項的熱誠。天地萬物之生，本未有名字，人爲物命名，乃是爲了認識、辨別與傳知，西方語言學家認爲吾人所處的世界，其實是由人類的概念與文字所構築起來的世界，因此命名就是認識世界的開始，命名像是初民開闢洪荒的辦法，任何一個新領域的開闢，亦得從命名的工作開始。晚明文人從古典文獻中，重新認識了爲物命名的重要性，並在大量雜學筆記中，不厭其煩地載錄著天地間各種物類各種奇特的名稱，這種「名物訓詁」的博物興趣，以及對所處世界物類的高度熱誠，實透露著不尋常的訊息。

二、瞭解物性

命名乃是認知世界的第一步，但眞正的認識，則需進一步瞭解與掌握物性，晚明文人喜好透過不具功利目的之玩心以觀賞萬物，故能感知物類本身的特性：草木的生態、魚的悠游自得、雲的閒行、山的靜謐、流水的不息等，均爲其特性所在。晚明許多說部著述中，不乏對物性瞭解與觀察的紀載，例如動物的物性：

> 倉庚知春分、伯勞知夏至……狒狒自知死生……橐駝知泉脈之所在、魚伯識水旱之氣、蜉蝣曉潛水之地、鵲知風之高下……

> 鶌鵒向日而飛……兔恆向月而息……蟹入海至春散子，即枯瘠
> 死矣……（《湧幢小品》卷三十一〈物理〉）

朱國禎認為所謂的物理，即是這些草木鳥獸蟲魚在自然環境中的作息
與習性，各種物類，各自秉有不同甚至是相反的物理：

> 有睡草，亦有卻睡之草；有醉草，亦有醒醉之草；有宵明之
> 草，亦有晝暗之草；有夜合之草，亦有夜舒之草，物性相反，
> 有如此者。（《五雜組》卷十〈物部〉）

謝肇淛整齊地排比了兩類相反物性的草種。物與物之間，由於不同的
習性，有時還會產生相生乃至相剋的狀況：

> 麻敗酒，蟹敗漆，金得百勞之血則昏，鐵得鷺鷀之膏則瑩，石
> 得鵲髓則化，銀得雉糞則枯……蜈蚣得蜘蛛溺則腐，鷗鶊得桑
> 椹則醉，貓得薄荷則醉……人食礬石則死，蠶食之則不飢；魚
> 食巴豆則死，鼠食之則肥……（《湧幢小品》卷三十一〈物理〉）

朱國禎衡之以礬石與巴豆，則可知人與蠶、魚與鼠各秉相反不同的物
理；麻與酒、蟹與漆、銀與雉糞、蜈蚣與蜘蛛溺等，物性互為相剋；
而鐵之性與鷺鷀膏之性則為相生。物性相敵相剋，由於損減，故帶點
殺戾之氣；總不及物性相生帶來了增益的美好：

> 山氣多男，澤氣多女，故山陵險阻，人多負氣，江河清潔，女

　　多佳麗。（《五雜俎》卷五〈人部〉）

山性與男性、澤性與女性各自相近，故山陵險阻可助男子負氣，江澤
清潔可助女子佳麗，謝肇淛進一步說明澤性與女性相生的觀念：

> 易州、湖州之鏡，阿井之膠，成都之錦，青州之白丸子，皆以
> 水勝耳。至於婦人女子，尤關於水，蓋天地之陰氣所凝結也，
> 燕趙、江漢之女，若耶、洛浦之姝，古稱絕色，必配之以水。
> 豈其性固亦有相宜？不聞山中之產佳麗也。吾閩建安一派溪
> 源，自武夷九曲來，一瀉千里，清可以鑒，而建陽士女莫不白
> 皙輕盈，即輿儓下賤，無有蠢濁肥黑者，得非山水之故耶？
> （《五雜俎》卷三〈地部〉）

謝以近水地域的物產爲例，說明由於佳麗與水之陰柔屬性相同，故自
古相傳燕趙、江漢、若耶、洛浦等地之有佳水處，必多絕色美姝，即
使出身卑微之輿儓使女，也因有溪水清鑒之滋，個個白皙輕盈，無一
蠢濁肥黑。

　　晚明文人對物性的瞭解深度，有過於前人，例如謝肇淛引陸羽
《茶經》品水之言，提出更進一步的解釋：

> 茶經云：『水品山水爲上，江水次之，井水爲下』，此自是定
> 論。然山水需乳泉緩流者，又需近人村落者，若深山窮谷之
> 中，恐有瘴霧毒蛇，不利於人，即無毒者，亦能令人發癭，蓋
> 其氣味與五臟不相習也。奔湍急瀨，久飲，能令人瘦。（《五雜

俎》卷三〈地部〉）

陸羽說了概括的原則，謝則根據實際的水性，提出條件說，山水並非一味地適宜煮茗，必需乳泉緩流與近人村落者，其氣味始能與人的五臟相習，這是站在人的觀點而言，若有瘴霧毒氣的深山窮谷之水，以及奔流急瀨，皆爲人體所不宜，由於對水性有較深密的瞭解，因此品第水質高下時，謝較陸能具體地提出甘與冽的水性比較❶，由於對物性更熟稔，故才有爲物品第高下的能力：

> 皇甫松湜之子也，作〈醉鄉日月〉三卷，有云：凡酒以色清味重爲聖，色如金而苦酷者爲賢，色黑酸醶者爲愚，以家醪糯釀醉人者爲中人，以巷醪粟釀醉人者爲小人。（《六研齋二筆》卷三）

李日華引皇甫松之言，將酒各依色澤、口感與釀材之特質優劣，分成了聖、賢、愚、中人、小人等五等。

由以上諸多引述可知，晚明文人有許多對物性瞭解的角度，是與人對照而來的，例如王世貞曾以人類之有情與無情作爲「婦人化石、山蚓化百合、腐草化螢、陳麥化蝶」等物化的判斷依據❷，再如對藥

---

❶ 謝肇淛進一步云：「茶經云：『水品山水爲上，江水次之，井水爲下』……大約江水以甘勝，井水以冽勝，山水則兼甘與冽而有之者也。」（《五雜俎》卷三〈地部〉）

❷ 王世貞云：「有情化無情，婦人化石、山蚓化百合；無情化有情，腐草化螢，陳麥化蝶。」（《宛委餘編》二）

方的解釋：

> 神仙粥方，專治感冒風寒暑濕之邪，并四時疫氣流行頭骨痛發
> 熱惡寒等症……用糯米約半合，生薑五大片，河水二碗，於砂
> 鍋內煮一二滾，次帶鬚大蔥白五七個，煮至米熟，再加米醋小
> 盞入內和勻，取起，乘熱喫粥，或只喫粥湯亦可。即於無風處
> 睡之，出汗爲度。此以糯米補養爲君，薑蔥發散爲臣，一補一
> 發，而又以酸醋斂之，甚有妙理。（《戒庵老人漫筆》卷三〈神仙粥
> 方〉）

並非上述的藥方較前代有何新穎特出之處，惟此〈神仙粥方〉乃出自
一名不以醫業爲專的文人漫錄的筆記中，顯示了文人對藥方裡物與人
相關之理的興趣。站在人的觀點而言，糯米具補養之性，薑蔥具發散
之性，醋具收斂之性，一發、一補、一收，便可將風邪之病袪除，恢
復人體的健康。同樣地，對物性仔細的觀察，也可結合人的性情，表
現在藝術創作上，李日華對元僧覺隱的畫風便提出如下的詮釋：

> 元僧覺隱曰：吾嘗以喜氣寫蘭，以怒氣寫竹。蓋謂葉勢飄舉，
> 花蕊吐舒，得喜之神；竹枝縱橫，如矛刀錯出有飾，怒之象
> 耳。（《六研齋二筆》卷三）

李日華層次分明地說，純就物性而言，蘭的葉勢飄舉，花蕊舒放；竹
的枝枒縱橫，錯出有致，再以人情衡之，觀前者得喜氣，觀後者得怒
象，畫家以這樣的觀察與情緒作畫，更能將蘭竹之物性表達得淋漓盡

致。晚明文人對物性的瞭解，常由與人的相關以及對照而來。

晚明文人在著述寫作的表現上，有很強的博學傾向，著述量大的文人，其作品內容，大致均包括「名物訓詁」的範疇，「名物訓詁」一方面顯示傳統學者考古博物的興趣；另一方面，這些蜂湧而出的文獻，在晚明閒賞美學中，未嘗不可視作文人基於賞鑑對象深刻認識的需要，應運而生。

三、辨明物用

晚明文人由於對物性充分認識的興趣，連帶地亦特別注意到物用所面臨的各種問題，故在披閱古代文獻時，自然不放過這類的紀錄。本節將對物性與物用合併思考，首先是用物的四季考量：

> 古禮男子生，具弧矢以射四方。青史子載其弧有四時之別，春以梧，夏以柳，夏季以桑，秋以棘，冬以棗。（《六研齋二筆》卷三）

弧有四時之別，李日華雖未進一步陳述理由，依常理判斷，弧之好壞決定於彈性韌度，而其彈性韌度又與製材有密切關係，梧、柳、桑、棘、棗依不同季節而被選用，必由於該樹在該季有最佳的材質，因此製弧需考慮季節。季節的顧慮亦出現在御用製筆上：

> 朝廷用筆，每月十四、三十日兩次進御，各二十管，冬用陵裹管，裹襯以綿，春用紫羅，至夏秋用象牙、水晶、玳瑁等，皆

內府臨時發出製造。（《戒庵老人漫筆》卷三〈御用筆〉條）

襯綿裹陵之管在隆冬使用，可使握筆之手感覺溫暖；以象牙、水晶、
玳瑁爲管，則可使握筆之手感覺清涼，皇家製筆之所以拿捏物性，乃
是著眼於人之用，因此要有這樣的季節考量。

　　因爲充分明瞭物性，進而創造適合物性發展的環境者，表現在園
圃栽植上，李日華特別留意宋代馬塍人藝花之術：

> 宋時馬塍人藝花如藝粟，凡花之早放者，名曰堂花，或作塘，
> 其法以紙糊密室，鑿地作坎，縲竹置花其上，以牛糞硫黃盡培
> 溉之法，然後置沸湯於坎中，少候湯氣薰蒸，則扇之以微風，
> 勝春時融淑之氣，經宿而花放矣，牡丹桃梅之類，無不然。獨
> 桂花則反是，桂必涼而後放，法當置之石洞嚴竇間，暑氣不到
> 處，鼓以涼風，養以清氣，乃開。此雖助長，然必適寒暖之
> 性，乃臻其妙。（《六研齋二筆》卷四）

藝花目的在觀賞，因此亦屬於物用的範圍，在自然環境未成熟又需充
作觀賞目的時，便需創造利於物性發展的環境，因此藝花需適寒暖之
性，對於喜春融之氣牡丹、桃、梅之類的花，需以湯氣薰蒸、以微風
徐扇；對於嗜涼之氣的桂花，則需置暑氣不到清涼之嚴洞處。晚明文
人多喜藝圃，故甚留意於各類花卉草木之性。

　　充分掌握物性特質而有特定用途者，李詡存錄陸文量〈菽園雜
記〉中一大段對於器物奇獸之特性與用途的描述，是爲最佳例證：

陸文量〈菽園雜記〉云:「古諸器物異名,屭贔其形似龜,性好負重,故用載石碑;螭吻其形似獸,性好望,故立屋角上;徒牢其形似龍而小,性好吼叫,有神力,故懸於鐘之上;憲章其形似獸有威,性好囚,故立於獄門上;饕餮性好水,故立橋所;蟋蝪形似獸,鬼頭,性好腥,故用於刀柄上;蟣蚟其形似龍,性好風雨,故用於殿脊上;螭虎其形似龍,性好文彩,故立於碑文上;金猊其形似獅,性好火煙,故立於香爐蓋上;椒圖其形似螺螄,性好閉口,故立於門上,今呼鼓了非也;蚼迯其形似龍而小,性好立險,故立於護杕上;鼇魚其形似龍,好吞火,故立於屋脊上;獸吻其形似獅子,性好食陰邪,故立門環上;金吾其形似美人首魚,尾有兩翼,其性通靈不睡,故用巡警。出山海經,博物志」。右嘗過倪村民家,見其雜錄中有此,因錄之以備參考。(《戒庵老人漫筆》卷三)

這些奇獸各自具有特殊的性情,因其性而立於建築體、廟堂或其他人間等不同用物的位置上,以強化這些用物的功能,例如徒牢,其性好吼叫,故懸於鐘上,可增益鐘聲之洪亮;又如金猊性好火煙,故立於香爐蓋上,以助長香煙裊繞不絕。上文的體例,先立某物之名,繼而述其形似何,繼而言其性好如何,繼而用其立於何處,是一段很清晰地物性——物用的例證舉隅。如上文所說,某物因具某性,故可立於同具相近物性之物類上,以發揮特殊用途,此說之所以能夠成立,乃是因為物性相近的物類,彼此帶著神祕召喚與感染的力量,故於效用上能互相加成。由於有這樣的認知,故晚明文人對於有陰靈所附的古

墓用物，大致均視其爲不祥的災物，敬避而遠之❸。

　　細究物名、瞭解物性進而辨明物用，乃是晚明文人優遊於傳統文獻中，營構出來的名物世界。

四、遊觀玩物

　　以上所論細究物名，瞭解物性，進而辨明物用，這些均是晚明文人重新整理傳統文獻的方法利器，他們建立了紙上的名物世界；然而紙上的名物，畢竟陌生而遙遠，於是他們將文字的世界消融在日常生活中，將對古典名物的細膩感知運用在審美生活中。文人一向喜愛將平日公務之餘閒暇生活中所見所思的點滴，以賦詩寫文的方式紀錄下來，晚明文人的生活風貌，紀錄在大量的詩作與小品文集中。本節限於篇幅，以上述的角度僅分析晚明文人的賦詩現象。

　　檢核幾位晚明重要文人的詩集，就詩題的拈弄上看，大量以物爲對象的詠物詩作中，「觀」、「看」、「望」爲詩人最主要詠物的感官媒介方式，如三袁兄弟所拈此類的詩題有：「霧中望山」（袁中

---

❸　對於古墓不祥的説法，朱國禎有幾條相關的記載：「吳黃武中，交州從事吳瑜訪佗（按越王趙佗）墓，莫能得，獨得玉璽六枚，珠襦、玉匣、玉璽、金印三十六、銅劍三，爛若龍文，悉蜎玉押金飾。後瑜攜劍經贛上，飛入江水。……宋張十五者，園中有古墓，張因貧，發取其物，夜聞語云：有少物，幾被劫去。張次日，又畢取銅鏡諸物，遂病腫毒，日號呼曰殺人，竟以死。萬曆乙未，烏鎮夏司寇建宅，傍有舊墓，發而棄之，子女殞者七人，余鎮人邊一墓，有蜂飛出，螫其臀，潰爲瘡，大僅如豆，中有人聲，若呼名而詈者，竟死。」（朱國禎《湧幢小品》卷六）

郎）、「夜深同伯修月下觀梨花」（同上）、「蕪湖舟中同范長白念公看月」（同上）、「花朝日白蘇齋看梅」（同上）、「雪中望諸山」（袁中道）、「山中看雲」（袁宗道）等，這些詩作中，均以詩人觀、望、看為主要動作。進一步考究，尚可尋繹這些觀看動作發生在如何的環境狀態中，包括時、地、人、事等因素，說明如下：

就時的因素而言，即謂什麼時候呢？有一年中春夏秋冬四季如：「早春得暖梅南枝有花香」（李日華）、「冬月簡拂盆盎一松忽枯」（李日華）、或任一時令節氣如：「花朝日白蘇齋看梅」（袁中郎）、或一日中的清晨、午間、黃昏、夜半如：「夜半聞雷」（李日華）等。另外就氣候而言，即謂如何的天氣呢？有風如：「賦得清風待落梅」（李日華）、露如：「賦得冷露無聲濕桂花」（李日華）、雨如：「洞庭雨中」（袁中道）、晴如：「晴晚編書」（袁宗道）、霽如：「雨霽」（李日華）、霧如：「霧中望山」（袁中郎）、雪如：「雪中望諸山」（袁中道）等。

就地的因素而言，即謂在什麼地點呢？山間如：「山中看雲」（袁宗道）、水畔如：「湖亭夜步」（王思任）、江上如：「攜尊江上」（袁宗道）、月下如：「夜深同伯修月下觀梨花」（袁中郎）、舟中如：「美人舟中理粧」（李日華）、齋室如：「齋中獨坐」（袁宗道）等。

就人的因素而言，除了詩人之外，還包括同伴，什麼樣的同伴呢？多是文友如同事知交門生，或親人兄弟父子叔姪，如：「立春惟長舅無學弟暨王吳兩生同游野寺看梅」（袁宗道）、「惠安伯園亭同顧升伯李長卿清嘉賓看牡丹」（袁中郎）等。

就事的因素而言，即謂發生於怎樣的狀態或事件下的呢？有閒步

如：「德山閒步」（袁中道）、泛舟如：「春槎晚泛」（湯顯祖）、
病中如：「病中見戴師遺畫泫然」（湯顯祖）、村居如：「村居」
（袁宗道）、獨坐如：「齋中獨坐」（袁宗道）、過訪如：「月下過
小修淨綠堂試吳客所餉松蘿茶」（袁中郎）、受饋如：「謝鶴」（王
思任）、社集如：「夏日黃平倩邀飲崇國寺葡萄林同江進之丘長孺方
子公及兩弟分韻得閣字」（袁中郎）、贈別如：「送劉康谷歸彭澤
歌」（李日華）、山隱、宴酣、節慶等種種生活的狀態或事件。

　　詩人在不同的人、時、地、事等環境狀態下，包羅萬象的萬物隨
時可拾、隨處可見，均可入詩成詠，以文字構成文人優雅生活中的觀
物環境。究竟何謂觀物？明初《草木子》解釋道：

> 觀物者，所以玩心於其物之意也，是故於草木觀生，於魚觀自
> 得，於雲觀閒，於山觀靜，於水觀無息。（《草木子》卷一）

所謂觀物，就是以一顆玩心對待物類，亦即以一顆不具功利目的之
心，來賞玩物類的本性或特色，因此觀草木之生、觀魚之自得、觀雲
之閒、觀山之靜、觀水之無息等。簡約地說，晚明文人「觀物」，乃
是以賞玩之心細察物性。

五、珍重萬物

　　詠物詩的傳統，起源甚早，是由古代賦物體如荀子的蠶賦、箴賦
之類變化而來，中唐杜甫已有詠黑、白二鷹，唐末亦有雍陶的鷺鷥，
鄭谷的鷓鴣等詩，宋元以下，作者多矣。據郎瑛所言，明人詠物詩

「親切有蘊者，亦足比方前人」（《七修類稿》卷三十七〈詩文類〉），郎瑛曾選錄幾首明人的詠物詩如：蘇平〈繡鞋〉、〈豆腐〉；胡斗南〈雙孔笛〉、〈萍〉；楊基新〈柳〉、〈春水〉；戴九齡〈插秧婦〉；夏元吉〈人影〉；沈彥博〈纖手〉；朱靜菴〈梅花燈籠〉；丁文煥〈釘靴〉（同上引）等，由這些詩人所拈的詩題來看，的確具「親切有蘊」之風，就是因為那些切近身旁的人、事、景，那些供生活起居衣食娛玩的用物，皆與詩人維持著很近的距離，故能寫來親切有蘊。不僅是親切有蘊，更是出於賞愛的心，意圖為物留下光輝的紀錄，如袁宗道有一篇〈玉壺冰賦〉（《白蘇齋類集》卷八），運用賦體鋪敘的特色，極言該玉壺所象徵的君子德性高潔與質地造形之美；另一篇〈毛穎陳玄石泓楮素傳〉，以擬人法陳述四物之來源、產地，並利用彼此有趣的調笑對話，道出各物的功能特性，又簡敘四物的發展，漢初到魏晉時期，文房尚未受到重用，直到王羲之，始以毛君為刀劍、以陳君為鍪甲、以石君為城池、以楮君為陣吾，此後文房四寶之名逾重，最後以四者同功一體，相互合作以助主人為不朽盛事作結（全文參見《白蘇齋類集》卷八）。這一篇〈毛穎陳玄石泓楮素傳〉，是文人為其最親密的朋友——文房四物作合傳，雖題裁略具文人筆墨遊戲的性質，但筆下無不流露對文房四寶的敬意❹。

---

❹ 晚明文人大量的詠物詩賦銘文，題裁廣泛，包含文人生活週遭所能遇到的一切事物，然仍以自然景物如花木雲月禽鶴等古來的題裁為大宗，另詠文人齋室中的用物者，此期則大量出現，袁中郎有二則硯銘──〈綠端硯銘〉：「仙人之瞳綠且方，化而為石秋水光」、〈破宋硯銘〉：「賴爾不完，吾得與爾周旋」（《袁中郎全集》卷十六），頗有韻致，這些詠物的文獻，處處顯露了文人的生活片段以及對於週遭物事的感知與賞愛。

　　文人用著與物化合爲一的心態，以想以聲以筆來顧惜寶愛萬物
❺，充分表現在晚明文人所作與物有關的詩賦上，這些詩賦，除了表
達了文人觀物的普遍習性之外，對待何物？如何待物？已形成文人優
雅生活的典型，以萬曆二十八年李日華公職之暇山居所賦一組詩爲
例：

> 歲庚子，余從嵩汝捧檄暫歸故山，得恣休暇憩于白苧，白苧余
> 故吟釣處也，花竹媚余以昔顏，琴書敦余以夙好，聊因執熱之
> 濯，偶爲噓風之吟，遂拈二十則以紀一時。（《恬致堂集》卷三）

這組詩題爲「養石」、「剪蒲」、「喚鶴」、「熨硯」、「漬筆」、
「倚樹」、「護筍」、「品泉」、「和香」、「洗藥」、「焙茶」、
「濾酒」、「聽魚」、「借書」、「漱澗」、「藏雲」、「製冠」、
「學釣」、「搥紙」、「曝畫」，這些物當中，大部分爲山中自然物
產如：石、蒲、鶴、樹、筍、泉、藥、茶、魚、澗、雲；小部分爲文
人書齋或日常的用物如：硯、筆、香、酒、書、冠、紙、畫，後者這
幾類用物，清晰地傳達著文人日常所從事的雅事：寫字、披閱、賞
畫、薰香、小酌、閒遊等，對於文房用物，李日華另有〈賦得文房四
絕〉（《恬致堂集》）以示對文具之敬重；至於山中物象，由於與山

---

❺　天地萬物不只像自家人一般，甚至與文人化爲一體，文人見天地萬事萬物所想、
　　所聲、所筆的，乃是天地萬物化爲文人的心、舌、手的自然表達，故王季重云：
　　「吾於天地、山水、鳥魚、草木、情欲變態、道理微茫之故，覺非我不能想之、
　　聲之、筆之，覺我所想之、聲之、筆之者，皆天地萬物等自有心、有舌、有手，
　　而適以我出之者也。」（《王季重雜著》〈朱宗遠定尋堂稿序〉）

林隱士常相為伴，原就有超脫塵俗羈絆的意味，而李日華對石以養、
對鶴以喚、對筍以護、對泉以品、對魚以聽、對澗以漱、對雲以藏，
莫不具有山隱之趣，以平常罕用於此的動詞賦各詩題，則亦表達了待
物的珍重方式❻。

　　李日華有一組四首的詠鶴詩：「栖鶴」、「舞鶴」、「鳴鶴」、
「飛鶴」（《恬致堂集》卷三），分別觀察了鶴在不同狀態下的特
性；〈花間霧〉（《恬致堂集》卷三）捕捉花在霧間的迷離幻象；有
〈水中石影〉與〈鏡中月影〉二詩（《恬致堂集》卷二），分別對水
中石影的虛實、鏡與月交疊互喻的景致，有細微地描述❼。待物珍
重，故能細膩多情地體察物性，李日華又有一詠蓮詩序云：

> 每歲蓮初透水，未及葉際，而為驟雨所淋則中天，今出新意，
> 剪荷葉作捲筒，線縫之，如兜鍪狀，將雨輒覆之，名曰蓮笠，
> 良有濟也。（《恬致堂集》）

---

❻　湯顯祖有〈玉蘭花開和張師相〉詩，因見故時書畫狼藉，惜之云：「牡丹賦作官
　　廚鎮，蕉雪圖支漆竹門，自是一時珍重意，落花依草更何論」，對書畫所起之珍
　　重心情，應是文人們物所具有的普遍心態。

❼　對人影有細微的觀察興趣、豐富想像與新穎觀點，始能詠出佳篇，例如楊樵雲
　　〈人影〉詞云：「只道空煙，又疑流水，依依卻是行雲，了然相對，又是夢紛
　　紛，半面春風圖畫，黃金在，難鑄昭君，溪橋斷，梅花晴雪，端的白三分。真真
　　難喚醒，三年抽藕，織得榴裙，甚徘徊窺鏡，交翼鴛文，一片飛花來去，并刀
　　快，剪取晴紋，無情處，分明著眼，強半帶春醺」，另有夏元吉的〈人影〉詩：
　　「不言不語過平生，步步相隨似有情，長向燈前同靜坐，每於月下共閒行，昨朝
　　離去天將暝，今日歸來雨又晴，最是行藏堪愛處，顯身需要待時明」。參見郎瑛
　　《七修類稿》卷三十五「詩文類」〈人影詩詞〉條。

文人細膩觀察蓮的生態，唯恐新蓮爲驟雨所折，作荷葉兜鍪爲蓮遮雨，表達了詩人多情又珍視萬物的特質。

　　物之所以能受到文人的青睞，物性本身是重要的考量，古人有因松柏的陽剛堅硬，故封其爲將軍者❽，晚明文人珍重愛敬的對象，多半具備著與人相關的物性，例如蟻類，不似蝎、蝗、蚊、蠅等蟲類可怖而令人生厭，因具備君子之德而異常可愛：

　　　物之小而可愛者，莫如蟻，其占候似智，其兼弱似勇，其呼類似仁，其次序似義，其不爽似信，有君臣之義焉，兄弟之愛焉，長幼之倫焉，人之不如蟻者多矣，故淳于棼縱酒遺世，而甘爲之壻，亦有激之言也。（《五雜俎》卷九〈物部〉）

鶴鳥則因具有特殊的生態習性，更成爲文人高士逃塵脫俗傾向的同調：

　　　吾當受選吏部，旅立軒墀之上，有白鶴焉，引吭而鳴，疏翎而舞，高趾遠聽，倏然百禽之外……放之嵩華江海之間乎？朱冠縞衣，絕塵滓之色，良宵清晝，發清迴之音，若斯者，固亦俗士之所不能有。（《湯顯祖集》卷三十〈趙仲一鶴唳草序〉）

---

❽　謝肇淛云：「嵩山嵩陽觀有古柏一株，五人聯手抱之，圍始合，下一石刻曰：漢武帝封大將軍。人但知秦皇之封松，而不知漢武之封柏也。又唐武后亦封柏五品大夫。」（《五雜俎》卷十〈物部〉）

植物界有靈有知的竹與牡丹：

> 大學東廡向南，君子亭兩偏皆竹，面闌干外小方池，池外砌植
> 紫牡丹、白芍藥數株……闌干之內，側生一竹，諸生疑此竹且
> 穿簷而出，當刮去，大宗師戴公不許，此竹竟從橫闌稍曲而
> 上，不礙也，公嘆曰：誰謂子無知矣。（《湯顯祖集》卷二十二〈庭
> 中有異竹賦有序〉）

> 予姪家有紫色一本，先兄謝世而花遂不開……友人王員外家，
> 二株甚盛，每歲花有百朵，王死之日，正當開際，蕊雖有而皆
> 笑散不花……因人之興衰而花則有神焉。（《七修類稿》卷四十六
> 〈事物類〉「牡丹興衰」條）

遇阻礙能曲繞上長，這是竹的生態，但在文人眼中，則視其為有感有
知，牡丹因主人之興衰而呈現繁茂與凋萎的現象，更是有神寄焉❾。

楊文貞公在臨終遺囑❿的結尾有段話：

> 啟行回去，凡書籍文字，並須逐一收拾，包裹愛護，舟中尤須
> 謹備雨水漏濕，片楮隻字，不可損壞遺落，圖畫皆然。（葉盛

---

❾ 不止是動、植物有神，連以字構成的文章亦有神，可以感動物類，楊恩壽曰：
「湯若士居廬甚隘，雞棲豚柵之旁，俱置筆硯，玉茗一樹，高出簷際，茂而不
華，譜牡丹亭初成，召伶人演之，是夕花大放，自是無歲不開，文章有神，聲音
動物，豈偶然哉？」（《湯顯祖集》『附錄』〈評論〉〈楊恩壽條〉）

❿ 楊文貞公所立遺囑數條內容，指示子孫在辦理其喪葬事宜時，需注意許多原則，
無非是節省物力，不驚擾賓友，遵循古禮等，此段引文在最末，可見一垂死老人
敬物重物之心態。

《水東日記》卷八〈楊文貞公遺囑〉）

楊文貞公在遺囑上，諄諄告誡子孫對其生前片楮隻字與收藏書畫，必需謹慎護惜。晚明文人平生閒適遊觀賞玩，以細緻珍重愛敬的心對待萬物，這種態度，至死不渝。

晚明閒賞文獻之盛況、分類與分析

引論：晚明叢輯書籍的概貌

由於文人務博尚奇好古之學風所致，晚明編纂書籍，有將諸書匯抄或合刻的傾向。匯抄眾籍者，四庫列入〈子部·雜家類·雜纂之屬〉❶，乃依編者之需要，摘錄選書中之部分菁華而重新綴合而成，晚明時期這一類的著作蜂湧而出。其中專門輯錄前代或明人說部者，例如陸楫編《古今說海》、徐應秋編《玉芝堂談薈》、葉向高編《說類》、陸貽孫編《煙霞小說》、陶珽編《續說郛》、馮可賓編《廣百

---

❶　《四庫全書總目》〈雜家類敘錄〉云：「類輯舊聞，塗兼眾軌者，謂之雜纂」，又在〈雜纂之屬按語〉云：「以上諸書皆採摭眾說以成編者，以其源不一，故悉列之雜家，呂覽、淮南子、韓詩外傳、說苑新序，亦皆綴合群言，然不得其所出矣，故不入此類。」顯示〈雜纂〉之書，是匯抄舊籍，有所刪節，而知其所出者。例如陶珽編《續說郛》、馮可賓編《廣百川學海》、沈廷松編《明百家小說》等，就收錄的型態上看，似是叢書，但經過編纂者刪略整理，雖仍保留諸書梗概，卻已非諸書原貌，與面貌完整的叢書刊刻有異，故四庫將之列於〈雜纂〉，乃有理可循。

川學海》、沈廷松編《明百家小說》❷等等；匯抄諸子者如陳深編
《諸子品節》等；類收道德勸善格言者如程達編《警語類抄》、薛夢
李編《教家類纂》、呂坤編《閨範》❸等；評論古事者如李贄編《初
潭集》、呂純如編《學古適用篇》❹等；搜集稗史遺聞者如王圻編
《稗史彙編》❺等；收錄隱逸高尚之事者如徐三重編《蘭芳錄》、閔

---

❷ 匯輯說部之雜纂，據《四庫全書總目》著錄提要如下：
陸楫編《古今說海》「輯錄前代至明小說，分四部七家，每種各自爲帙，而略有
刪節」；徐應秋《玉芝堂談薈》「是書亦考證之學而嗜博愛奇，不免兼及瑣屑之
事，其例立一標題爲綱而備引諸書以證之，大抵採自小說雜記者爲多。」；葉向
高編《說類》「摘唐宋說部之文，分類編次，每類之下各分子目，每條下悉注原
書，其上細書評語」；陸貽孫編《煙霞小說》「仿曾慥《類說》之例，錄逸事瑣
聞、神怪不經之事，乃刪取稗官雜記凡十二種而來」；陶珽編《續說郛》「是編
增輯陶宗儀說郛迄於元代，復雜抄明人說部五百二十七種以續之，其刪節一如宗
儀之例。」；舊本題天啓馮可賓編《廣百川學海》「是書於正續百川學海之外，
捃拾說部以廣之，分爲十集，以十干標目，然核其所載，皆正續說郛所有，板亦
相同，蓋姦巧書賈於說郛印板中抽取此一百三十種，別刊序文目錄，改題此名，
託言出於可賓也。」；另舊本題沈廷松編《明百家小說》「全書乃全與陶珽續說
郛同，蓋坊賈以不全說郛僞鐫序目售欺也」。
❸ 據《四庫全書總目》提要著錄，程達《警語類抄》「編取先哲格言善行，分類編
次」；薛夢李編《教家類纂》「摭取前人家訓及勸善諸書萃成編，分四門：首
圖說、敦倫、治家、省身」；呂坤編《閨範》「前一卷皆採六經及女誡女訓諸文
爲之訓釋，後三卷爲善行分女子、婦人、母道各一卷，敘其本事而繪圖上方，並
附以贊文」。
❹ 李贄《初潭集》「此乃所集說部分類，分夫婦、父子、兄弟、君臣、朋友，每類
之中，又各有子目，皆雜采古人事蹟加以評語」；呂純如《學古適用篇》「採前
代至明凡前事之可爲後法者，分類編次爲九十一門，亦間附以論斷。」（以上均
四庫提要）
❺ 王圻編《稗史彙編》「搜採說部分類編次，爲綱者二十八，爲目者三百二十。」
（四庫提要）

元衢編《增定玉壺冰》、周應治編《霞外塵談》❻等；賞鑑閒適者如陳其力編《芸心識餘》、樊玉衡編《智品》、衛泳編《枕中祕》❼等；類抄雋語韻事者如張翼、包衡同撰《清賞錄》、曹臣編《舌華錄》、陳繼儒編《古今韻史》❽等；整理語言類型者如陸紹珩編《醉古堂劍掃》❾等。這些包括了諸子、小說、稗史、隱逸、語言、古事

❻　徐三重《蘭芳錄》「皆錄古人輕世遺榮之事，分內外二篇，內篇近自得，外篇稍假物緣，亦不入世累」；閔元衢編《增定玉壺冰》「初都穆採古來高逸之事，題曰《玉壺冰》，寧波張孺願稍刪補之，題曰《廣玉壺冰》，元衢以爲未盡復增定，此編分紀事紀言二卷，山人墨客莫盛於明之末年，刺取清言以誇高致，亦一時風尚如是也」；萬曆周應治編《霞外塵談》「輯隱逸高尚之事，分霞想、鴻冥、恬尚、曠覽、幽賞、清鑑、達生、博雅、寓因、感適十類，大抵以世說新語爲藍本而稍以諸書附益之。」（以上均四庫提要）

❼　陳其力《芸心識餘》（約成書於嘉靖辛酉四十年 1561）：「凡禽鳥獸畜龍蛇蟲鼠魚鱉五部，分門隸事，每事標題於前，雜列故實而附以論斷，龐雜割裂，殊無可觀，持論尤多猥鄙。」；樊玉衡《智品》「蒐輯古初至明代用智之事，分爲七門：神品察兆於未萌者也、妙品知幾於將至者也、能品救敗於已然者也、雅品端士之善應變者也、具品小才之偶見長者也、譎品純任術者也、盜品陰賊害正者也，雜隸古事而皆不著其所出」；衛泳編《枕中祕》，「是編仿馬總意林之體，采撮明人雜說，凡二十五種：閒賞，二六時令，國士譜，書憲，讀書觀，護書，悅容編，勝境，圃史，瓶史，盆史，茶寮記，酒緣，香禪，棋經，詩訣，書譜，繪妙，琴論，曲調，拇陣，俗砭，清供，食譜，儒禪等，皆隆萬以來纖巧輕佻之詞。」（以上均四庫提要）

❽　張翼、包衡同撰《清賞錄》「二人皆久困場屋，棄去制義，因共購閱古書，采摭雋語雋事，積而成帙」；曹臣《舌華錄》「取前人問答雋語分類編輯，凡十八門，世說新語之餘波也，所錄皆取面談，凡筆札之詞不載，故曰舌華」；陳繼儒《古今韻史》「掇拾諸書雋語分類編次，凡韻人、韻事、韻語、韻詩、韻詞、韻物，皆以古事與明人事參錄，亦世說新語之支流也。」（以上均四庫提要）

❾　陸紹珩選輯天啓間刻本《醉古堂劍掃》，是編輯古今格言，分爲醒、情、峭、

評論、道德勸善、賞鑑閒適、雋語韻事等等涵蓋範疇甚廣的書籍，莫不採用匯抄眾籍、綴合群言的方法，加以分類編整，這是晚明文人逞博尚古學風的表現。

除了匯抄諸籍、刪節編整的方法之外，另一種同樣表現博雜學風的方法是保留原書面貌，編輯而成「叢書」❿。明代中葉以來，特別是正德、嘉靖以後，刊刻群書的風氣大盛，雖合刻諸書，許多叢書大

靈、素、景、韻、奇、綺、豪、法、倩十二部。王重民先生《中國善本書提要》云：「觀此命題，可知其概，其所取材，上自史記，漢書，下至〈閒情小品〉、〈小窗五紀〉凡五十種，卷端參閱姓氏，列陳繼儒、何偉然、吳從先等八十四人，可謂一部『明季無聊人譜』！士風至此，國社焉得不亡！卷背書估價二百元，今人寶愛此類無聊書至此，人生又那能走上正道？余簿錄至此，有深慨焉！」王重民先生所採取的，乃與《四庫全書》對晚明文風的訾評為同一觀點。

❿ 前代大致將彙輯的書附於類書，然而「叢書」與「類書」的編輯概念不同，類書是依主題將所收書籍內容打散重新分類，有如現今之百科全書，如宋代的《太平御覽》、明代的《永樂大典》、清代的《古今圖書集成》等，而叢書則不依主題將內容打散重新分類，而是將保留原貌的各書彙輯一起。叢書的編輯，始於南宋寧宗俞鼎孫所輯《儒學警悟》，稍後有左圭的《百川學海》，元代末年則有陶宗儀所輯《說郛》。明中葉開始，刻群書之興盛，如正德時沈津的《欣賞編》、嘉靖時袁褧《金聲玉振集》、顧元慶的《文房小說》、《明四十家小說》等，均為此期的代表作。一般來說，前代大致將這種彙輯眾刻的書，著錄於「類書」中，如明初楊士奇撰的《文淵閣書目》、清代康熙年間黃虞稷的《千頃堂書目》等均是，唯在晚明，祁承爜《淡生堂藏書目錄》，在叢刻群書剛盛行之初便在子部之林立「叢書」一類，極具識見，後來要到清乾隆間姚際恒的《好古堂書目》在經史子集四部之外，加立「總」部，而代清末張之洞《書目答問》，始正式創立足以與四部頡頏的「叢書」部，而清初《四庫全書》所收「叢書」性質之書，著錄於〈子部・雜家類・雜編之屬〉項中。本段關於宋元明以來的叢書目錄材料，參引自昌彼得、魏美月著《中國目錄學》（文史哲，民75年）頁196-197。

致仍有一個輯錄主旨。輯刻諸子註解之書者如張賓王輯《群言液》❶
等；輯刻斷代奇珍異書者，如胡維新《兩京遺編》、程榮的《漢魏叢
書》、趙標編《彙刻三代遺書》、鍾人傑的《唐宋叢書》等；輯刻一
地作家文集者如樊維城編《鹽邑志林》❷等；輯刻古來文藝理論著作
者如程胤兆編《天都閣藏書》❸等；輯刻稗史遺聞著作者如吳琯編
《古今逸史》、不著編輯者名氏之《稗乘》、李栻編《歷代小史》
等；輯刻文獻典故著作者如題朱當㴍編《國朝典故》等；輯刻道德勸
善之書者如沈節甫編《由醇錄》、陶珙編《穀詒彙》、宋纁撰《古今
藥石》❹等；輯刻個人歷官條約者如呂坤編《呂公實政錄》等；輯刻
西學諸書者如李之藻編《天學初函》❺等；輯刻女性之事者如李萬化
編註《閒情女肆》、秦淮寓客編《綠窗女史》❻；輯刻語言義涵類型

---

❶ 張賓王輯《群言液》，收書五種：〈戰國策纂〉、〈春秋公羊穀梁合纂〉、〈淮
南鴻烈解輯略〉、〈管子纂〉、〈韓非子纂〉等，引自王重民《中國善本書提
要》。

❷ 《鹽邑志林》乃樊維城編，「樊官海鹽縣知縣時，輯海鹽歷朝著作共爲一集，自
三國、晉、陳、唐、五代以來共四十種，明代最多，有二十九種。」（四庫提要）

❸ 程胤兆編《天都閣藏書》，自鍾嶸詩品以下，凡論詩畫者十四種。

❹ 陶珙（按珙與陶珽爲兄弟）輯《穀詒彙》，「凡十餘種，輯顏之推〈家訓〉至袁
了凡〈訓子言〉，〈訓子言〉、〈決科要語〉、〈功過格〉諸篇，當時刻者甚
夥，在明季已家傳互曉」；萬曆間宋纁撰《古今藥石》「皆從他人書中摘出，而
所摘復毫無義例，卷內所標書名有：〈大儒治行〉、〈自警編〉、〈理學名臣言
行錄〉、〈教家要略〉、〈鶴林玉露〉」。以上均引自王重民《中國善本書提
要》。

❺ 利馬竇將西學傳入中國，士大夫喜其博辯，翕然趨附，李之藻編《天學初函》，
收入〈泰西水利法〉、〈幾何原本〉、〈測量法義〉、〈簡平儀說〉等十九種。

❻ 明崇禎刻本李萬化輯註摹像之《閒情女肆》「此書以〈嫖經〉爲主，逐條註解，

之書者如郭子章編《六語》❼等；輯刻個人諸種著作者如胡應麟著
《少室山房筆叢》、陸樹聲著《陸學士雜著》❽、李贄著《李卓吾遺
書》、華淑著《閒情小品》等。

　　與匯抄諸書、綴合群言之〈雜纂〉類著作相同，叢書的編輯亦廣
及經史子集各領域，無論是採用雜抄或合刻的方法，晚明文人對於各
類學問所保持的開放心胸、希冀透過悠游古今書海、躍身成為博通學
者的氣魄，顯示了文人們對於人世與宇宙間眞理汲汲尋求的途徑。這
個務博好古的學風背景，適足成為吾人考查晚明閒賞美學文化的基
礎。本文將以《四庫全書》的著錄爲考察範圍，分析當時閒賞文獻之
盛況，並進一步試圖爲其分類。

舊註有可採者亦存之，又係以古今名妓詩詞。《嫖經》不知何人所撰，考《嫖賭
機關》（按沈宏宇述）上卷所附之「機關條目」所言大致相同。明季此類書，不
僅二，三種」；另秦淮寓客所輯刻《綠窗女史》「凡十部：閨閣、宮闈、緣偶、
冥感、妖艷、節俠、神仙、妾婢、青樓、著撰等，閨閣部載〈女論語〉、〈女
誡〉、〈中饋錄〉、〈打馬圖〉之類，著撰部載士女詩文，餘均爲唐宋人傳奇小
說。」以上均載於王重民《中國善本書提要》。

❼　郭子章輯《六語》，收有〈謠語〉、〈諺語〉、〈讔語〉、〈讖語〉、〈譏
語〉、〈諧語〉等六種。詳參王重民《中國善本書提要》〈謠語提要〉。

❽　萬曆胡應麟《少室山房筆叢》，乃其生平考據雜說也；陸樹聲《陸學士雜著》，
皆其所著雜說有：汲古叢語，適園雜著，陸學士題跋，耄餘雜識，禪林餘藻，陸
氏家訓，善俗裨議，病榻寱言，清暑筆談，長水日抄，其中亦有別本單行者，此
則其門人子弟所合刊成帙者。

一、晚明閒賞文獻的盛況

　　筆者曾於本書第貳篇文中，討論過晚明「閒賞美學」經過宋元以來的學術發展，有了相當明晰的範疇定位。這樣一個輪廓頗爲明晰的學術範疇，是筆者透過目錄學的角度加以審視出來的，這樣的考察，同時指陳出閒賞美學在文獻著述上的流行現象。承繼著上文晚明時期叢輯書籍的概貌，本節將進一步考察當時閒賞類書籍空前的盛況。明末清初若干私撰的家藏目錄中，對此盛況，稍可窺出一點端倪。

　　萬曆年間祁承爜的《淡生堂藏書目錄》，是祁氏將其藏書樓家藏十萬卷書，精審校勘之後所編成的目錄，與昔人依據舊目整理編寫而來者不同，每書必經眼目睹，無濫入之弊。目錄中有許多直接表達了閒賞文化的類例詞目，例如：圖志類下有園林；農家類下有樹藝（本目在嘉靖進士晁瑮《寶文堂書目》中爲「藝圃」）、牧養等目；小說家類下有閒適、清玩等目；藝術家類下有書、畫、琴、棋、射（附投壺）、數、雜技等目，這些細分的條目，具體表現了當時寫作與閱讀文化的狀況。錢曾康熙八年撰成的《述古堂書目》，不依四部成規將家藏圖書作纖細分類，有七十八類，與閒賞相關者有：金石、文房、器玩、博古、清賞、書畫、花木、鳥獸、藝術等類；後來王聞遠的《孝慈堂書目》，較錢曾分目更瑣細，相關者有：刻碑、國璽篆刻、寶貨器用、酒茗食品、樹藝蓘養、藝術家、畫錄等，其中許多子目名稱，爲前代所無。

　　清初錢、王二氏的書目以收錄明代著作爲主，其中必包含著大量去古未遠的晚明作品，某些類型圖籍的收錄，達到一定數量時，就有必要爲其新立一類例子目，因此許多新穎的類例子目，是當時寫作出

版現象的忠實反映，舉凡「閒適」、「清玩」、「清賞」、「博古」、「寶貨器用」、「酒茗食品」、「樹藝豢養」等等，這些書目類例名詞的創立，可視爲閒賞書籍在明代後期流行的結果。

二、晚明閒賞文獻的分類

　　清高宗時紀昀奉敕修撰的《四庫全書》，可作爲歷代學術演變脈絡與圖書分類發展至清初的一大結穴。圖書分類自此之後，遂定於一尊。筆者在本論文第貳篇第二章的文章中，已由宋明元清諸多目錄學著作中，把握了晚明閒賞書籍蓬勃盛況，並藉《四庫全書》的類例原則，圈圍出晚明閒賞文獻的適當框架⑲。本節將以《四庫全書》的類例名稱爲主要依據，爲晚明閒賞美學相關文獻試作分類：書畫之屬、篆刻之屬、器用之屬、圃藝蟲畜之屬、飲饌之屬、游藝之屬、雜品之屬、叢輯之屬等八大類，類下依實際情況又有細項。各類依次說明如后⑳：

㈠　書畫之屬

　　晚明繼承唐宋以來的傳統，【書畫之屬】仍爲藝術類項之大宗，今略依余紹宋《書畫書錄解題》體例區辨之，『史傳類』有韓昂撰

---

⑲　關於《四庫全書》「子部・藝術類」、「子部・譜錄類」與「子部・雜家類」下
　　各自的子目歷代以來的源流發展探討，請參閱本書第貳篇〈晚明「閒賞」美學在
　　中國學術史上的範疇定位與源流發展——目錄學角度的探討〉一文。
⑳　關於晚明閒賞文獻八大類下實際上的書籍狀況，請詳參本書附錄七：〈晚明閒賞
　　文獻分類目錄提要〉。

《圖繪寶鑑續編》、朱謀垔撰《畫史會要》，二者均為前代畫人傳；『論述類』包括書畫之概論、通論、專論、雜論、體製、圖譜、歌訣、法則等，有徐渭撰《筆玄要旨》、程大憲撰《雪齋竹譜》、周之士撰《游鶴堂墨藪》、項穆撰《書法雅言》、趙宧光撰《寒山帚談》、董其昌撰《畫旨》、茅一相撰《繪妙》等；『品藻類』指對書畫的品第、評騭，有王穉登《吳郡丹青志》；『題贊類』包括贊頌、題詠、名蹟跋、題自作等，有項聖謨編《墨君題語》、李日華撰《竹嬾畫賸》、陸樹聲撰《平泉題跋》、王世貞撰《弇州山人題跋》；『著錄類』甚夥，包括記事、前代內府所藏、一家所藏、鑒賞、集錄等，有張丑撰《清河書畫舫》、文嘉編《鈐山堂書畫記》、汪珂玉撰《珊瑚網》、朱之赤撰《朱臥菴藏書畫目》、郁逢慶撰《郁氏書畫題跋記》等；『雜識類』或是純言書畫，或不純言書畫者，如王肯堂撰《鬱岡齋筆麈》、董其昌撰《畫禪室隨筆》、李日華撰《紫桃軒雜綴》等；『叢輯類』在此專指匯抄或輯刻書畫相關之書籍，如王世貞編《王氏書畫苑》、黃鳳池編《唐詩畫譜》、胡正言輯《十竹齋畫譜》等[21]。

---

[21] 依據余紹宋著《書畫書錄解題》之體例，筆者刪併存其要，原余書之分類原則如下：「史傳」包括歷代史、專史、小傳、通史；「作法」包括體製、圖譜、歌訣、法則；「論述」包括概論、通論、專論、雜論、詩篇；「品藻」包括品第、評騭、比況、雜評；「題贊」包括贊頌、題詠、名蹟跋、題自作、雜題；「著錄」包括記事、前代內府所藏、一家所藏、鑒賞、集錄；「雜識」包括純言書畫者、不純言書畫者；「叢輯」包括叢書、類書、叢纂、類纂、摘抄等、以及「不詳」等。

㈡ 篆刻之屬

【篆刻之屬】包括了『集古印譜類』、『自刻印譜類』與『論述類』三項，『集古印譜類』有顧從德撰《印藪》、王常編《秦漢印統》、甘暘編《集古印譜》等；『自刻印譜類』有何通撰《印史》、邵潛編《皇明印史》、胡正言編《印存初集》等；『論述類』有徐官撰《古今印史》等。

㈢ 器用之屬

【器用之屬】在晚明閒賞美學中，是相當重要的一個類項，以下尚有『古琴類』、『鼎彝奇器類』、『文房日用類』三大項。

『古琴類』下還包括了「琴譜」與「琴論琴事」兩類，前者有楊表正撰《琴譜大全》、楊掄撰《伯牙心法》、嚴澂撰《松絃館琴譜》、張廷玉撰《理性元雅》等；後者有楊掄撰《太古遺音》、林有麟編《青蓮舫琴雅》、夏樹芳編《琴苑》等。

『鼎彝奇器類』如黃鶴撰《槎居譜》、嚴澂撰《蝶几譜》、陸深撰《古奇器錄》、郁濬撰《石品》、李承勛撰《名劍記》等。

『文房日用類』有沈仕撰《硯譜》、方于魯撰《方氏墨譜》、周嘉冑撰《香乘》、毛晉撰《香國》等。

㈣ 園藝蟲畜之屬

【園藝蟲畜之屬】包括了『園藝譜錄類』與『蟲畜譜錄類』兩類。

『園藝譜錄類』之「花總論」有江之源撰《新鐫江道宗百花藏

譜》、王世懋撰《花疏》、高濂撰《藝花譜》;「個別花譜」有汪懋孝撰《汪虞卿梅史》、陸廷燦撰《藝菊志》、李奎撰《種蘭訣》、薛鳳翔撰《亳州牡丹表》;「果論與果譜」有王世懋撰《果疏》、屠本畯撰《閩中荔枝通譜》、鄧慶寀撰《荔枝通譜》;「穀糧與蔬譜」有黃省曾撰《理生玉鏡稻品》、楊德周撰《澹園芋紀》、王世懋撰《瓜蔬疏》、高濂撰《野蔬品》;「農圃理論」有周文華撰《汝南圃史》、巢鳴盛撰《老圃良言》、王世懋撰《學圃雜疏》、種明臣撰《農圃四書》等。

『蟲畜譜錄類』之「蟲譜」有沈宏正撰《蟲天志》、袁宏道撰《促織經》、陳絳撰《辨物小志》、陳邦彥撰《春駒小譜》;「獸譜」有黃省曾撰《獸經》、陳繼儒撰《虎薈》;「魚譜」有胡安世撰《異魚圖贊補》;「海錯譜」有屠本畯撰《閩中海錯疏》。

(五) 飲饌之屬

【飲饌之屬】包括了『茶類』、『酒類』與『飲膳類』三類。『茶類』有陸樹聲撰《茶寮記》、夏樹芳撰《茶董》、萬邦寧撰《茗史》、屠本畯撰《茗笈》、田藝衡撰《煮泉小品》等;『酒類』有馮時化撰《酒史》、袁宏道撰《觴政》、沈沈撰《酒概》等;『飲膳類』有韓奕編《易牙遺意》、不著撰人《飲膳六要》等。

(六) 游藝之屬

【游藝之屬】大致包括了棋奕、射箭、投壺、博戲、猜拳、猜謎等各類雜技,棋奕類如王子文撰《石室祕傳》、徐希冉撰《萃奕搜玄》、不著撰人《秋仙遺譜》、王思任撰《奕律》;射箭類如程道生

撰《射義新書》、李呈芬撰《射經》等；投壺類如郭元鴻撰《壺
史》、汪禔編《投壺儀節》等；博戲如瞿佑撰《宣和牌譜》、栖筠子
撰《牌統孚玉》、龍子猶撰《牌經》；猜拳如袁福徵撰《拇陣譜》；
猜謎如陳繼儒輯《精輯時興雅謎》等。

(七) 雜品之屬

《四庫全書》所立『雜品之屬』，本爲藝術類、譜錄類之總成。
藝術與譜錄乃專明一事一物者，雜品則雜陳眾品，二者乃閒賞美學的
兩種重要文獻典型。『雜品之屬』所著錄者，以晚明時期的著作最
夥，筆者以爲《四庫全書》此一類例之設，乃針對這個現象而來❷。
筆者爲晚明閒賞美學文獻所作的分類第七──【雜品之屬】，乃援用
《四庫全書》的類例名詞而來，編撰者欲品賞論說的對象，不限於特
定之一事一物，而廣及書畫、器物、飲饌、服飾、日用、言語……
等，均歸屬之。除了列於《四庫全書》「子部·雜家類·雜品之屬」
之書外，筆者亦參酌「子部·雜家類」下的雜說、雜考等子目，凡關
涉名物賞鑑之內容者，一併收錄❸。其中，又簡單區爲三類，民生利

---

❷ 關於《四庫全書》「雜品之屬」類例名稱之設，乃是針對晚明當時流行的寫作風
　氣而設，詳見參閱本書第貳篇〈晚明「閒賞」美學在中國學術史上的範疇定位與
　源流發展──目錄學角度的探討〉一文。

❸ 《四庫全書》〈子部·雜家類〉下與賞鑑有關者，除了「雜品之屬」外，其他列
　於「雜考之屬」、「雜說之屬」者，亦有許多著作與閒賞美學文化有關。例如列
　於『雜考之屬』者有陳良儒撰《讀書考》、呂燧撰《事物初略》、方以智撰《通
　雅》等；列於『雜說之屬』者有樂純撰《雪菴清史》、李日華撰《六研齋筆
　記》、方以智撰《物理小識》、不著撰人《山居代廛》等。

用之類獨出列前，品賞眾類者居中，品評女子之類殿後。

　　屬於民生利用之類者如不著撰人名氏之《便民圖纂》、瞿佑撰《四時宜忌》、不著撰人之《莝錄》、不著編人之《居家必備》等。屬於品評女子之類者有曹大章所撰之系列作品：《燕都妓品》、《蓮臺仙會品》、《秦淮女士表》，又有衛泳的《悅容編》等。

　　除了上述兩類之外，以綜述書畫、器物、飲饌、服飾、日用、言語等眾多品類之雜品書，蜂湧而出，例如宋詡父子合撰之《竹嶼山房雜部》、費元祿撰《甲乙剩言》、高濂撰《遵生八牋》、張應文撰《清祕藏》、屠隆撰《考槃餘事》、陳繼儒撰《妮古錄》、沈德符撰《飛鳧語略》、文震亨撰《長物志》、谷泰撰《博物要覽》、慎懋官撰《華夷花木鳥獸珍玩考》、程羽文撰《清閒供》、李漁撰《閒情偶寄》等。

(八) 叢輯之屬

　　【叢輯之屬】的編撰動機實與【雜品之屬】相同，均欲雜陳眾物於一爐，前者的規模較後者龐大。筆者曾於本文開首處論及叢輯類的書籍，在體式上，或者是匯抄，或者是合刻。匯抄就書籍形貌而言，仍為一書，合刻則為叢書。然有些大部頭屬於匯抄體式之書，雖經過刪略整理，但輯刻眾書的原則與規模，與叢書並無二致，如《續說郛》、《廣百川學海》等，筆者仍將之歸於叢書類，藉此突顯晚明文人編刊前代書籍的興趣與特色。

　　晚明文人有編輯與著述合一的傾向。閒賞審美類的書籍，由於必需以前代文人相關的經驗為基礎，因此各類纂作取徑於古代文獻者甚多，取徑的方式不同，便有不同的面貌重現，此間原創與複述的界限

相當模糊，無論是體式較小的單行本，或規模龐大的叢刻之書，莫不在此二者之間游移。特別是叢輯之書，最能突顯晚明文人務博好古的特質，這些閒賞類書籍，匯抄或合刻的編輯方式，雖為四庫館臣譏為：「務博好奇，傷於蕪雜」，卻最能顯示該類書籍在當時出版界所受到的廣大歡迎。

筆者以為匯抄或叢書，無論是編輯者或是刊刻者的動機，莫不帶有相當濃厚之閒賞性質在內，透過叢輯的編刊，以提供他人與自我一個可供閒賞臥遊的文字世界。因此，將整個晚明的叢書出版，歸於閒賞文化的領域，實不為過。

1.叢輯的主題

叢輯之編，多半以主題來匯綴群書，或諸子、或小說、或稗史、或隱逸、或語言、或古事評論、或道德勸善、或雋語韻事等，有些小型的叢輯之書採單一主題，如歸有光編《諸子彙函》，專收諸子稀罕刊本；吳琯編《古今逸史》，彙輯古今歷史輿地諸書；周應治編《霞外麈談》，專輯隱逸高尚之事；郭子章輯《六語》，類編各種語言；馮夢龍編《情史類略》，彙集歷代人情之書；龔居中輯《五福全書》，專收養生相關的主題書；《風流十書》專收才子佳人，風花雪月之事；《飲膳六種》專收茶酒蔬食之書；《藝游備覽》專收游藝雜技譜錄之書；秦淮寓客輯刻《綠窗女史》，專門收錄女性作品並品賞古來女子事蹟。

規模龐大的叢書，大致循著經、史、子、集四部的主題來收錄，例如何鏜初輯的《漢魏叢書》，以及鍾人傑、張遂辰同編的《唐宋叢書》二書，彙輯古今著述，分為經翼、別史、子餘、載籍四類，唯收書的斷代有別。毛晉編《津逮祕書》，共收有一百四十四種書，亦有

橫跨經史子集四部的編輯雄心❷。胡文煥的《格致叢書》，有標目清晰的多重主題，包括了「經翼」十五種、「史外」二十一種、「居官」十二種、「法家」十二種、「訓誡」十四種、「子餘」八種、「尊生」十八種、「時令農事」八種、「藝術」十種、「清賞」十七種、「說類」十一種、「藝苑」三十五種等。由其收書的主題來看，乃是一套企圖完整搜羅經、史、子、集四部，與儒、道、農、法諸家的叢書。

以清晰的標目來表達多重主題者，尚有周履靖編《夷門廣牘》，該輯廣集歷代以來小種之書，及其所自著，共八十六種分爲十三個主題：「藝苑」爲詩文作法與理論類、「博雅」爲博學名物類、「尊生」爲養生煉氣類、「法書」爲書法與篆印類、「畫藪」爲畫評畫法類、「食品」爲茶酒蔬食之譜類、「娛志」爲雜藝游戲類、「雜占」爲命相占驗類、「禽獸」爲鳥獸蟲魚之譜類、「草木」爲農圃樹藝類、「招隱」爲神仙逸民傳記、「閒適」爲詩賦吟詠類、「觴詠」爲酒頌類等。

　2.「閒賞」是編輯的主題，亦是閱讀的目的

「閒賞」可以是單一主題，也可以是多重主題的化身；可以是編輯收書的題旨，也可以視爲叢書閱讀的目的。

以「閒賞」爲單一主題之叢輯，如沈津編、茅一相續補的《欣賞編》，收書有〈集古考圖〉、〈漢晉印章集譜〉、〈文房圖贊〉、〈續文房圖贊〉、〈茶具圖贊〉、〈硯譜圖〉、〈燕几圖〉、〈古局

---

❷　王重民《中國善本書提要》引學翼主人題記云：「《津逮》一書，乃薈萃四部中人間罕見者爲廿函。」

象棋圖〉、〈譜雙〉、〈打馬圖〉等，是一部以藝術欣賞爲編輯主題的叢書，是晚明閒適賞鑑叢書的濫觴。

李璵編《群芳清玩》，收書十二種：〈鼎錄〉、〈研史〉、〈畫鑒〉、〈石譜〉、〈瓶史〉、〈奕律〉、〈蘭譜〉、〈茗芨〉、〈香國〉、〈採菊雜詠〉、〈蝶几譜〉等，徐亮序云：「乃檢點群芳，彙次菊譜、鼎錄諸箋，以爲清玩快事」爲其題名由來，此書與毛晉輯刻的《山居小玩》收書大同小異，由叢書名稱「清玩」、「小玩」可知，「閒賞」實爲其輯刻的主題。

程榮編《山居清賞》，收〈南方草木狀〉、〈禽蟲述〉等農圃家言凡十五種。另汪士賢編《山居雜志》與此相類，所收書目，以宋人爲主之草木茶酒蔬食禽蟲譜錄之書，亦始自〈南方草木狀〉（晉嵇含撰），終於〈禽蟲述〉（明袁達德撰），專爲當時人喜愛山居農圃閒賞生活而編。華淑輯《閒情小品》，凡二十六種，除〈田園詩〉爲陳繼儒撰，其餘並淑所輯，收書爲：〈癖顛小史〉、〈草堂隨筆〉、〈說雋〉、〈談麈〉、〈文字禪〉、〈逃名傳〉、〈書紳要語〉、〈睡方書〉、〈雨窗隨喜〉、〈清史〉、〈迷仙志〉、〈田園詩〉、〈清涼帖〉、〈文章九命〉、〈千古一朋〉、〈揚州夢〉、〈樂府餘編〉、〈花寮〉、〈花間碎事〉、〈酒考〉、〈頌酒雜約〉、〈品茶八要〉、〈香韻〉、〈療言〉、〈貯書小譜〉、〈書齋清事〉等，其中前六種與華淑另編之《清睡閣快書》所收相同，由叢書題名「閒情」、「快書」可知，此書乃爲生活閒賞的主題而編。

以上諸書，「欣賞」、「清玩」、「小玩」、「清賞」、「閒情」、「快書」等，由這些叢書名稱的訂定來看，「閒賞」實可視爲一個單一的編輯主題。有時，「閒賞」可以作爲多重主題的化身，茲

以上引周履靖《夷門廣牘》為例，雖有十三個清晰的主題：「藝苑」、「博雅」、「尊生」、「法書」、「畫藪」、「食品」、「娛志」、「雜占」、「禽獸」、「草木」、「招隱」、「閒適」、「觴詠」，然而這些主題皆可一一納入到「閒賞」這個大的主題範疇中。又如屠本畯編《山林經濟籍》㉕，全書一百零四種，分為「棲逸」、「達生」、「治農」、「訓族」、「奉養」、「寄興」、「漫遊」、「玩物」八個主題，屠隆曾序云：

> 大抵林墅衙門為政，達生娛志，山經農種，一味安穩本色，即旁及品泉譜石，茶鐺酒鎗，亦何非林下風氣？率爾寓興，豈留此作累心溺志之事哉？命曰『山林經濟籍』，良足封侯醉鄉，而樹勳南柯矣。

可見此書的編輯，是為了林下風氣嚮往之士而編。若以這個角度而言，這部叢書何異於《山居小玩》、《山居清賞》呢？這八個主題，也就未嘗不可化約為「閒賞」的主題了。

筆者以上針對編輯的主旨與收書的內容來探討，有的由叢輯名稱便可知其為「閒賞」的主旨而編；有的雖有不同的主題，亦可納入「閒賞」的主題範疇之內。如果由晚明文人務博尚古的讀書風尚來看，不管是詩詞曲評、書畫理論、文房器物、草木禽魚、茶酒飲膳、

㉕ 本叢書據王重民先生考定：「是書乃明末杭州印本，大抵用《五朝小說》、《名山勝概記》舊版變化排纂，另立新名目，冀圖多售，而屠隆之序，屠本畯之名，則並出偽託也。」（《中國善本書提要》，頁350）

農圃樹藝、養生娛志等等這些直接關於閒賞範疇的書籍，或者是稗官野史、歷史輿圖、諸子祕冊、道德勸善、治家格言等經史部類未必直接關涉閒賞範疇者，亦可以因爲閱讀者所持的閒賞心態，而使這類叢書成爲很好的「閒賞」對象。

如陶珽編《續說郛》㉖、馮可賓編《廣百川學海》㉗、陳繼儒編《寶顏堂祕笈》㉘、馮夢龍編《五朝小說》㉙等書，雖僅錄有部分閒

㉖ 陶珽編《續說郛》，仿明初陶宗儀《說郛》之例，繼續宗儀所未及收錄之書，以明人著作爲最大宗，共有四十六集。自第三十五集開始，所收即與閒賞文化有關之書，大略別之，第三十五集爲書畫之類；第三十六集爲射劍文房用物之類；第三十七集爲茶香之類；第三十八、三十九兩集爲酒奕雜藝之類；第四十、四十一兩集爲花果野菜類之譜錄；第四十二集爲獸蟲魚類之譜錄；第四十四集爲美人品賞之類等等。

㉗ 馮可賓編《廣百川學海》是仿宋代左圭《百川學海》的體例而來，左書共有十二集，其中收錄兩宋及前朝賞鑑類著作者，集中在庚、辛、壬、癸四集裡。庚集收書畫類；辛、壬兩集收文房香茶酒草木等譜錄之書；癸集收鳥獸園林譜錄之書。左圭《百川學海》所收的賞鑑書，爲後來陶宗儀《說郛》及明代以來許多叢書輯錄相關書籍的重要參考。晚明吳永曾編《續百川學海》，補輯了明代以前左圭未所之書，賞鑑類的書亦集中在後數集；馮可賓所編的《廣百川學海》，體例亦相同，惟專收明人著述，庚、辛兩集收錄生活閒適與山居之類的書；壬集爲書畫詞曲古器篆印之書；癸集則爲草木鳥獸蟲魚之譜錄書。

㉘ 陳繼儒輯《寶顏堂祕笈》，共有正、續、彙、廣、普與眉公雜著等六集，各集所收宋明兩代爲主的書十六種至五十種不等，每集均或多或少地收有包括書畫、鼎彝花木鳥獸蟲魚之譜錄、生活閒賞等賞鑑類的書籍。

㉙ 馮夢龍編《五朝小說》，在「魏晉小說品藻家」項下，收錄東晉南朝時期書畫品鑑之書；在「魏晉小說藝術家」項下，收錄鳥獸奕鼎之類譜錄之書；在「唐人百家小說偏錄家」項下，大部分爲異聞小說，並收錄了書畫理論與茶酒花木之類的譜錄書。

賞譜錄之書，然而就其提供作為閒適閱讀的對象、以及使人讀之而後適意稱快的立場而言，那麼晚明文人讀各類書籍，皆「如兀坐高齋，游心羲皇，時披閱之，不惟清風生兩腋，端可洗盡塵土腸胃矣」（程百二〈品茶要錄後記〉），如此一來，所有的叢輯之書，無論初始的編輯主題為何？亦無不具有「閒賞」閱讀的目的了。

3.內容分析

「閒賞」既可以是叢書編輯的主題，也可以是閱讀群書的目的，無論如何，文人閱讀叢輯之書，是要達致閒適清賞的生活與品味。它可以展現為許多方面：藝術的創作與欣賞、樹藝農圃之事的關注、隱居清玩生活的佈設、生命尊養的講求、歷史人事的品評、古今祕書的閱賞等。以下分別說明之。

藝術的創作與欣賞，包括了法書、繪畫、詩賦、詞曲、篆印的創作、理論探討與鑑賞，這在叢書方面，多半列在書畫、或藝術、或藝苑類項之下。關於樹藝農圃之事的關注，表現在各種草木鳥獸蟲魚茶酒等相關譜錄書籍的收集上。以上兩個類項，大部分的叢書均加以收錄，如《格致叢書》、《續說郛》、《寶顏堂祕笈》、《續百川學海》、《廣百川學海》、《唐宋叢書》、《五朝小說》等。

關於隱居清玩生活的佈設，大致是提供山林隱居生活的模式，例如《夷門廣牘》、《山居清賞》、《山居雜志》、《山林經濟籍》、《山居小玩》、《群芳清玩》等。這類叢書，以隱居或山居之義涵作為標題，《山居清賞》與《山居雜志》是以草木鳥獸等譜錄之收集為叢書內容，表示「山居」與樹藝農圃之事的關係；《山林經濟籍》如同屠隆所序云：「達生、娛志、山經、農種，旁及品泉、譜石、茶鐺、酒鎗，亦何非林下風氣？」，「林下風氣」就是山林居處的況

味。《群芳清玩》則除農圃之外，還彙錄了鼎、研、茗、香、蝶几等
用物，作爲山居書齋的佈設；〈畫鑑〉與〈奕律〉具體提供了清玩生
活的內容。至於清玩的生活，有娛樂類之《藝游備覽》、閒情稱快類
之《閒情小品》、《快書》、《清睡閣快書》、《枕中祕》等。「夷
門」寓含隱居之意，《夷門廣牘》的十三個主題，爲如何經營隱居清
玩的生活，作了全盤的考慮。

　　關於生命尊養的講求方面，許多叢書收錄與此主旨相關的書籍，
例如《格致叢書》收有「尊生」類書十八種、《夷門廣牘》有「尊
生」一門、《山林經濟籍》有「達生」一類、《張氏藏書》收有〈簞
瓢樂〉，蓋係心靈養護的觀念。《飲膳六要》由飲饌而言養生；《霞
外麈談》輯錄之隱逸高事，是自古以來擅於尊養生命者之典型；《五
福全書》則全爲養生而設之叢書，成爲當時家庭常識用書之必備。

　　關於歷史人事的品評，則是此期文人閱讀書籍的特殊方式。評人
者例如《綠窗女史》，將古來文獻中的女子分品析類爲：閨閣、宮
闈、緣偶、冥感、妖艷、節俠、神仙、妾婢、青樓、著撰等。評事者
例如《智品》，乃品鑑自古以來人們用智之事，析隸爲七門：神品、
妙品、能品、雅品、具品、譎品、盜品等。品評高士隱事者有《霞外
麈談》，分霞想、鴻冥、恬尙、曠覽、幽賞、清鑑、達生、博雅、寓
因、感適等十類。品賞語言辭藻者有《醉古堂劍掃》，將古今書籍中
之格言，分類編輯，共有醒、情、峭、靈、素、景、韻、奇、綺、
豪、法、倩等十二部。《古今韻史》，則分別將古代之人、事、物、
語中，具有韻致者析出，品評爲韻人、韻事、韻語、韻詩、韻詞、韻
物等。

　　關於古今祕書的閱賞，吾人可由《寶顏堂祕笈》、《津逮祕

書》、《諸子奇賞》、《祕書九種》、《祕冊叢說》等叢書題稱上，獲知這些叢書編輯所欲提供的閱賞目的。

以上由叢輯收書類型綜合分析而得的數個範疇，彼此相涉，互為關連，大致可描繪出晚明文人閒賞文化的全貌。

結　語

晚明之閒賞美學文化，在書畫、篆刻、器用、園藝蟲畜、飲饌、游藝、雜品、叢輯等八大類文獻上，作了充分的展現。前七類與第八類的分類原則顯得有些歧異，前者是就內容而言，後者則為編輯的體式。實際上就內容而言，前六類是分說，第七類「雜品」則是前六類的總成。又第七類「雜品」與第八類「叢輯」，雖體式相異，然就「雜陳眾品」的著述精神而言，二者相同。因此，八大類項的區別，只是一個兼顧內容與體式之較簡便的分判而已。

經由對叢輯之書細密的分類分析後，吾人大致掌握了晚明文人透過文字的編撰與輯刻，所描繪出來之閒賞美學的輪廓，是經營閒適清賞的生活及品味。它可以是藝術的創作與欣賞、生命尊養的講求、隱居清玩生活的佈設、樹藝農圃之事的關注、歷史人事的品評、古今祕書的閱讀等。其實無論是精簡的單行本，或是博雜龐大的叢書，皆圍繞著「閒賞」這個大主題而展開。

晚明幾部閒賞美學著作之承襲關係比較

引　言

屠隆嗣孫屠繼序曾對其著述的《考槃餘事》評語如下：

> 唐宋以來，文人學士，耳聞目見，俱以說部相尚，其間詳藝苑
> 之閒情，誌山家之清供，惟趙氏洞天清錄、曹氏格古要論，爲
> 別成一格。余先祖儀部緯眞公，向傳有考槃餘事四卷，依類分
> 箋，辨析精審，筆墨所至，獨具瀟洒出塵之想，俾覽者於明窗
> 淨几，好香苦茗時，得以賞心而悅目，洵足與趙曹二書並垂不
> 朽已。（〈考槃餘事跋〉）

據屠繼序所言，唐宋文士的閒賞文字與觀念，仍雜廁於異聞瑣談的說
部體例中，至北宋趙希鵠的《洞天清錄集》，始有意識地將文士對於
文藝生活之好尚，由繁雜的說部中獨出，成爲後世閒賞文獻的先聲，
明初曹昭所著的《格古要論》即爲趙氏以後的另一要著。
　　筆者在閱讀晚明閒賞文獻的過程中，發現屠繼序對其祖父的評語

稍嫌溢美；實際上，高濂的《遵生八牋》才是一部影響很大的重要著作，不僅與他同時張應文的《清祕藏》，與其寫作風格有相類之處，後來屠隆的《考槃餘事》、文震亨的《長物志》、袁宏道的《瓶史》，均有著高書深淺不一的影子。本論文將由《洞天清祿集》開端，以《遵生八牋》爲比較中心，試圖勾勒幾部晚明重要閒賞文獻承襲自高書的關係，逐一考察如下。

一、《遵生八牋》與《洞天清祿集》的比較❶

如上所述，晚明閒賞文獻的先聲是《洞天清祿集》，該書爲北宋宗室趙希鵠所作，共有古琴、古硯、古鐘鼎彝器……等十辨，其立下的賞鑑對象與寫作規模，爲後世特別是晚明的文人所繼承。考高濂《遵生八牋》中，與趙書關係較近者爲〈燕閒清賞牋〉，趙書十辨中，「怪石」、「水滴」、「研屏」三類，爲高書所無，趙書獨列的「筆格」類，在高書中附入「文房器具」中。趙書各辨的相關條目內容，在高牋中出現情形，大致呈分化的狀況，如趙書的「古琴辨」分見於高書「古琴新琴之辨」與「琴窗雜記」兩處；趙書的「古鐘鼎彝器辨」分見於高書「論古銅色」、「新舊銅器辨正」、「論古銅器具取用」等章；趙書的「古畫辨」分見於高書「論畫」、「畫家鑑賞眞偽雜說」、「賞鑑收藏畫幅」等章。至於高牋中的「論研」一章，除了趙書所及之外，所述之硯品超出趙書「古硯辨」甚多；高牋的「論

---

❶ 細節的比對，請參見本書附錄一〈趙希鵠《洞天清祿集》爲高濂《遵生八牋》之『燕閒清賞牋』所引據考異對照表〉。

帖眞僞紙墨辯正」的碑帖名目，亦較趙書「古翰墨眞蹟辨」豐富許多。

　　總體而言，高濂在撰寫〈燕閒清賞牋〉時，必定參見過前輩作家趙希鵠的《洞天清祿集》一書，這由高書對趙書大部分的體例沿續可以得知，但高書文字未嘗有襲用趙書之跡，語語皆出自得，相關內容分章更爲細密，所撰入的內容材料亦超出趙書甚多，相對而言，趙書中文人的賞鑑品類雖大致齊全，其賞鑑內容卻不如晚明文人細膩，這個脈絡，顯示北宋以降的賞鑑觀念與文獻撰寫，在高濂手中，有了很大的進展。

二、《遵生八牋》與《清祕藏》的比較❷：附《筠軒清閟錄》

　　《清祕藏》一書爲張應文撰，經由其子張丑（1577-1643）加以潤色後抄寫流傳，據自序一文紀年乙未來判斷，此書應於萬曆二十三年之前已完成，其成書年代應較序於萬曆十九年之高濂《遵生八牋》略晚❸。該書與高濂《遵生八牋》之〈燕閒清賞牋〉相近，賞鑑品類較

---

❷　請參見本書附錄二〈張應文《清祕藏》參引他書內容對照表〉。

❸　高濂《遵生八牋》一書確知有萬曆十九年（1591）自序，該書應於此年之前已寫就，張應文生卒不詳，唯據王穉登（1535-1612）序文所云：「余與先生齒相埒」，可知應文的生年應與王的生年1535年相差不遠，其子張丑的生卒年爲西元1577-1643年。據自序紀年爲萬曆乙未二十三年，此年王穉登六十歲，丑爲十九歲。又另據王序所云，張應文此書完成時，已臥病不起，命其子謙德即手是編，並請王爲序，應文以近六十之齡完成此書，不無可能；又今見之《清祕藏》已經

爲繁複，內容所參引之書，有兩個來源，少部分源自趙希鵠的《洞天清祿集》，較大部分襲取高濂的〈燕閒清賞牋〉。「論古銅器」、「論硯」兩章，襲用趙書之處甚多，其餘「論名畫」、「論異石」、「論石刻」三章，抄引趙書部分文字。其餘「論窯器」、「論晉漢印章」、「論琴劍」、「論宋刻書冊」、「論宋繡宋絲」、「論雕刻」、「論古紙絹素」、「論裝裱收藏」諸章，則或多或少地襲取了〈燕閒清賞牋〉中的相關文字。

　　由於《清祕藏》的體例，在各章之下以條目爲單位，每條目所敘述的主題單純，故每條目單位的篇幅均不長，而〈燕閒清賞牋〉以一個大主題爲章名，其下不細分條目，故每一章所敘述的文字與內容較爲繁雜，因此，張書大致是以條的單位襲引高書各相關章節中的某個段落，或是由高書相關章節的數個段落裁併而成。雖然張書抄襲大量的〈燕閒清賞牋〉，然自行建立的賞鑑項目，較〈燕閒清賞牋〉的分

張丑之手潤飾，故潤後之文必在《遵生八牋》完成（萬曆十九）之後。今該書之面貌實無從考定何爲原文？何爲潤文？因此二書若有用字相同部分，原有三種可能：一、張書襲自高書，二、高書襲自張書，三、二書有共同來源。依撰文習慣判斷，高書若參引他文者，大抵會冠上所引作者之名姓或所引之書名，如「王心魯云刻玉之法」、「洞天清祿云人生世間如白駒之過隙」、「曹明仲格古論云銅器入土千年者色純青如翠」、「如前人所云溫閣藏畫之法甚佳」等等，不作直接之抄襲，如前文所考與《洞天清祿集》二書比較，亦不見文字襲用之迹，另外，《清祕藏》『論古銅器』一節，作者曾對曹昭與高深甫著作中的意見提出駁議，顯示張書寫作時，曹、高二書已爲手邊參考。由以上撰文習慣、參引證據以及潤文年代等因素判斷，第二種可能性（高書襲張書）甚低。若是第三種可能，則高書自己交待所引的材料出處，因此筆者認爲二書若有文字描述雷同之處，以第一種——張書襲自高書的可能性最大。

類更細，每一條目，亦脫離長篇的論式，往輕巧簡潔的晚明小品標準之敘述模式邁進。

題爲董其昌撰的《筠軒清閟錄》，實際上即爲張應文《清祕藏》一書之另名，其中略有出入者，僅有下列幾處：

1.董書三卷，張書兩卷，實則董書將張書之「上卷」二十目再分爲二，與「下卷」合成上中下三卷。篇目名稱與次第完全相同，惟董書刪去張書下卷最末一章『敘所蓄所見』，故張書有三十目，董書存二十九目。

2.『論名畫』一章，出入最多，張書此章僅有兩條，而董書在此增列「畫有三品」、「論畫若謝赫之六法三品」、「王元美云人物」、「詩文書畫雖屬小技」、「我朝書法」等五條。

3.『論石刻』章「凡帖以北紙北墨爲佳」條末，董書增補四十二個注釋小字《筠軒清閟錄》除了上述三點與《清祕藏》有出入外，其餘全書一字不漏地照章全抄。後有董次男祖常之跋云：

> 此係先公中年手輯之編，名位既崇，見聞益廣，每欲增訂，而衹事公家，愍有暇日，書僮竊錄，遂以流傳。

依照董祖常之說，董其昌中年時，匯輯見聞，本欲增訂而無暇，爲書僮竊錄而得以流傳，若是如此，則董所匯輯見聞的對象怎可能僅止於張應文《清祕藏》一書而已？且亦未見其用心整理匯輯的工夫，只是一味地抄襲，如此低劣的手法，絕不應該出自晚明舉足輕重的文人——董其昌之手。本書前有董好友陳繼儒之序云：

> 先生（按指董）在翰苑多年，凡祕府法書名畫，及一切古玩無不
> 手披目睹，而又愛與好事家論辯，累日不厭，遇有愜心之物，
> 輒傾橐購之，以故度藏甚富。是編乃自敘其見聞，所得具有根
> 據，而非憑空影響之談。

陳序前段所言收藏賞鑑古董藝品，確爲董其昌之雅好，然後文指此書
「乃自敘其見聞，所得具有根據，而非憑空影響之談」，以陳繼儒之
淵博宏通，焉能不知董之前已有《清祕藏》一書？以一重要聞人身份
而爲欺世之說，實不合常情常理，因此四庫館臣認爲較早寫就的張應
文《清祕藏》一書，抄本流傳不甚顯著，書賈以其昌名重，故僞造繼
儒之序以炫俗射利❹。

　　儘管《筠軒清閟錄》一書作者確定不是董其昌，但此書爲書賈倚
靠知名度高的文人之名，應運而生，刻印行世，實代表了兩層涵義：
其一、因與董其昌搭上關係，可知《筠軒清閟錄》（即《清祕藏》）
一書傳達著當時文人審美閒適生活的訊息；其二、此書之受書賈青
睞，可知文人的閒賞生活風貌成爲社會大眾普遍追求的時髦典型。

---

❹　館臣之說，請參見筠軒清閟錄之四庫提要。另筠書『論名畫』〈我朝書法〉條末
　　有一長注，乃以董祖常口吻，紀錄子畏所畫「野望憫言」一卷與其先公之關係及
　　其流傳顛末，本書體例時見條下有注者，然以祖常口吻稱注者，僅有此條，故於
　　全書體例上顯得極爲特殊，筆者以爲，蓋書賈爲加強董其昌著述之眞實性，故錄
　　董祖常之說於此，手法拙劣，反使全書在此顯得扞挌不入，實欲蓋彌張。

三、《遵生八牋》與《考槃餘事》比較❺

屠隆（1542-1605）所撰的《考槃餘事》，是晚明閒賞文獻中相當醒目的一部著作，一方面由於作者屠隆在晚明具有很高的文名：「以詩文雄隆萬間，在弇州四十子之列，雖宦途不達而名重海內」（錢大昕〈考槃餘事序〉）；另一方面則由於此書所立之賞鑑品類豐富完備，共有〈書牋〉、〈帖牋〉、〈畫牋〉、〈紙牋〉、〈墨牋〉、〈筆牋〉、〈研牋〉、〈琴牋〉、〈香牋〉、〈茶牋〉、〈盆玩牋〉、〈魚鶴牋〉、〈山齋牋〉、〈起居器服牋〉、〈文房器具牋〉、〈遊具牋〉等十六項。然而此書實非創作，而是一部編著，翁同文先生在《四庫提要補辨》中指出：

> 按提要斥此書列目瑣碎，議論亦欠平允，猶尚未知此書之文，乃屠氏抄撮雜揉而成，非盡出己手也。……按此書各條亦偶有注明出處者，然其未注之條，亦大率剿襲前人，甚至同時人之書。

據翁先生所指，這些「前人」與「同時人」包括了胡應麟、王世貞、張應文等人，屠隆引此些人者，僅爲少部分的文字，最主要的是出自高濂之文：

---

❺　請參見本書附錄三〈屠隆《考槃餘事》引據高濂《遵生八牋》及他書對照考異表〉。

　　刻地以下至儷對條❻，悉抄自胡應麟少室山房筆叢卷四經籍會
　　通之文……國朝畫家條❼出王世貞藝苑巵言，宋繡畫條出張應
　　文清祕藏❽……然確知其絕大部分出於高濂燕閒清賞牋。（翁同
　　文《四庫提要補辨》〈考槃餘事〉條）

翁先生在補辨中，詳揭屠文何條出自高牋何處，歷歷指證，然自陳瀏
覽未及細核遍讀相類之書，「度其所剿襲者，當尚不止此也」（同上
引），暗指此書應由許多書雜湊而成。

---

❻　指〈畫箋〉中「刻地」、「印書」、「書直」、「儷對」四條。

❼　指〈畫箋〉中「國朝畫家」條。

❽　翁同文先生所考「宋繡畫條出張應文清祕藏」，據筆者所考，實有誤。為比對出
　　入，茲錄屠隆與張應文二人之文如后。屠隆之文：「宋之閨繡畫，山水人物樓臺
　　花鳥，針線細密，不露邊縫，其用絨止一二絲，用針如髮細者為之，故眉目畢
　　具，絨彩奪目而丰神宛然，設色開染較畫更佳，女紅之巧，十指春風，迥不可
　　及。」（〈畫箋〉「宋繡畫」）；張應文之文：「宋人之繡，針線細密，用絨止
　　一二絲，用針如髮細者為之，設色精妙，光彩射目，山水分遠近之趣，樓閣得深
　　邃之體，人物具瞻眺生動之情，花鳥極綽約嚶唼之態，佳者較畫更勝，望之生趣
　　悉備，十指春風，蓋至此乎？余家蓄一幅……（以下文字與屠文無干，故略去不
　　錄）」（《清祕藏》〈論宋繡刻絲〉）。二者文意與典故的確近似，然用語除
　　「針線細密」、「用絨止一二絲」、「用針如髮細者為之」三處雷同外，就整體
　　而言，二者行文措辭並無相互抄襲之跡，可知翁先生所言有誤。而屠文此段，實
　　另有出處，乃出自高濂《遵生八牋》〈燕閒清賞牋〉「賞鑑收藏畫幅」章中之一
　　段文字：「宋人繡畫，山水人物樓臺花鳥，針線細密，不露邊縫，其用絨止一二
　　絲，由針如髮細者為之，故多精妙，設色開染，較畫更佳，以其絨色光彩奪目，
　　丰神生意，望之宛然，三趣悉備，女紅之巧，十指春風，迥不可及。」，屠文除
　　了在「如髮細者為之」後之行文次第與高文略有參差外，二文可說完全一致。

　　翁先生所言，大抵不差❾，據筆者所考，卷帙頗浩的《考槃餘事》，確非由屠隆一人所創作，乃是一部編撰之作，進一步細究其編撰方式，是以高濂的《遵生八牋》為抄錄主體，特別將該書中直接關聯文人閒賞美學的部分：〈起居安樂牋〉、〈飲饌服食牋〉與〈燕閒清賞牋〉等三牋的文字內容打散，以屠隆自己的架構重組，成為一嶄新的篇章面貌。

　　屠文〈書箋〉、〈帖箋〉、〈畫箋〉、〈紙箋〉、〈墨箋〉、〈筆箋〉、〈研箋〉、〈琴箋〉、〈香箋〉、〈魚鶴箋〉等十箋，大致是以高濂〈燕閒清賞牋〉全牋的內容剪裁穿插，重新定篇編目而成；〈茶箋〉的條文，大半抄錄自高濂〈飲饌服食牋〉的「茶泉類」；〈盆玩箋〉則分別摘自高濂〈起居安樂牋〉之「高子盆景說」、「擬花榮辱」與〈燕閒清賞牋〉之「瓶花三說」等條增益而成；〈山齋箋〉全箋錄自高濂〈起居安樂牋〉之「居處建置」與「怡養動用事具」兩部分；〈起居器服箋〉全箋抄錄高濂〈起居安樂牋〉之「怡養動用事具」與「溪山逸遊」兩部分；〈遊具箋〉亦摘錄自高濂〈起居安樂牋〉之「溪山逸遊」中相關條目；〈文房器具箋〉所抄襲者，有〈燕閒清賞牋〉之「論文房器具」、「論古銅器具取用」及〈起居安樂牋〉之「怡養動用事具」三部分。

　　《考槃餘事》全書十六箋，約有九成的文字來自高書三牋，僅有

---

❾　《考槃餘事》中，屠隆明指出處之人名或書名者有：子昂書跋、宋人姜堯章、楊升菴外集、文房寶飾、蘇東坡、黃山谷、方洲雜錄等，未指明出處而實有襲用者，據筆者所考有：王世貞《藝苑卮言》、胡應麟《經籍會通》、趙希鵠《洞天清祿集》，高濂《遵生八牋》等。

極小部分因高書無而屠文欲補益的情況下，引錄了前人或同時人的文獻。由於在文學領域中，創作的價值遠超過編述，因此這部「割裂原文、顛倒辭句」（翁同文言）、深染晚明剽竊成書之習的作品，果未能登上清修《四庫全書》的榮位❿。屠隆《考槃餘事》，雖爲編撰而非創作，然其架構是新穎的，其嗣孫所言之「依類分箋，辨析精審」（屠繼序〈考槃餘事跋〉），正道中了篇目架構的價值所在，筆者以爲這份文獻的產生，必有其存在的意義，屠隆何以選擇《遵生八牋》？如何根據此書來編撰？如何組構？這些疑問代表了一個深遠的文化意義：高濂「尊生－審美」的體系，在晚明文人的意識中，札下了深根，由於剽竊的時代風氣許可，明目張膽的抄襲者屠隆，的確以新瓶舊釀的手法，賦予高濂的學說更強化的美學意義──文人生活中無處不在的審美經驗，高濂的美學理念，透過屠隆的重整與架構，影響直入清代⓫。

---

❿　《考槃餘事》在《四庫全書》中僅列於存目，且提要只短短不足一百字而已，並給予負面評價：「列目頗爲瑣碎，其論明一代書家……軒輊亦未盡平允」，雖館臣未明指其抄襲之弊，惟認定此書之無文學價值則屬事實。

⓫　托名項元汴所作的《蕉窗九錄》一書，實即屠隆《考槃餘事》之節縮本，乃將屠書中的十六箋，簡化爲紙墨筆硯帖書畫琴香等九箋，據翁同文先生所考，此書應爲清初文人托項氏之名編印而成，請詳參〈項元汴名下「蕉窗九錄」辨僞探源〉，翁同文撰，『故宮季刊』第 17 卷第 4 期。

四、《長物志》與《考槃餘事》的比較[12]

　　《四庫全書》指出文震亨《長物志》淵源參佐於趙希鵠《洞天清祿集》與屠隆《考槃餘事》二書[13]，由於震亨為文徵明的曾孫，耳濡目染，具有書畫家世的奕奕風氣，加上震亨明亡捐生殉國，節概炳然，故四庫館臣以人重而將其書《長物志》收錄存之[14]。《長物志》分室廬、花木、水石、禽魚、書畫、几榻、器具、位置、衣飾、舟車、蔬果、香茗共十二類閒適玩好之事具，清人伍紹棠推崇這部書為晚明雅人貴介閒賞文化的代表性文獻：

> 有明中葉，天下承平，士大夫以儒雅相尚，若評書、品畫、淪茗、焚香、彈琴、選石等事，無一不精，當時騷人墨客，亦皆工鑒別、善品題，玉敦珠槃，輝映壇坫，若啟美此書，亦庶幾卓卓可傳者，蓋貴介風流，雅人深致，均於此見之。（伍紹棠〈長物志跋〉）

　　細核此書，除了四庫提要所說的趙、屠二書之外，尚包括了張應文的《清祕藏》。《長物志》中引據《洞天清祿集》者，僅有『水石』篇的〈靈璧〉、〈英石〉、〈永石〉條，『書畫』篇的〈御府書

---

[12] 請詳參本書附錄四〈文震亨《長物志》引據屠隆《考槃餘事》及他書對照考異表〉。

[13] 四庫提要云：「凡閒適玩好之事，纖悉畢具，大致遠以趙希鵠洞天清祿集為淵源，近以屠隆考槃餘事為參佐。」

[14] 同上註四庫提要引文。

畫〉條首兩行文字等幾處而已；引據《清祕藏》者，集中在『書畫』篇，共有〈論畫〉、〈書畫價〉、〈古今優劣〉、〈宋繡宋刻絲〉、〈法帖〉（前半部分）、〈宋板〉等六條；另『器具』〈劍〉條一小部分文字亦引於此書；此外在『水石』篇的〈品石〉與〈崑山石〉兩條，則是分別以《清祕藏》『論異石』〈近時硯山〉與〈崑山石〉兩條的內容爲議論所發對象。

上述爲《長物志》小部分引據趙、張二書，本書除了『蔬果』一篇之外，其餘十一篇大部分均以屠書爲參佐主體，以下略分述之：

『室廬』篇分別修潤自《考槃餘事》『山齋箋』〈書齋〉、〈茶寮〉與『琴箋』〈琴室〉而來；『花木』篇中〈瓶花〉、〈盆花〉二條參自《考槃餘事》『盆玩箋』而來；『水石』篇大抵來自屠書『茶箋』；『禽魚』篇〈鶴〉、〈魚類〉參引屠書『魚鶴箋』〈鶴品〉、〈金魚品〉；『書畫』篇除了上述參自《清祕藏》的六條外，其餘十三條均據屠書『畫箋』與『帖箋』相關文字修潤而成；『几榻』篇有五條引自屠書『起居器服箋』相關內容；《長物志》中條目最繁多的『器具』篇，則分別參引了屠書的『香箋』、『文房器具箋』、『遊具箋』、『起居器服箋』、『琴箋』、『研箋』、『筆箋』、『墨箋』、『紙箋』等九箋中相關的器用條目裁合而成；『衣飾』篇則據屠書『起居器服箋』、『遊具箋』相關內容而來；『舟車』篇〈舟〉條據屠書『遊具箋』〈舟〉條作了大幅修改；『位置』篇則將屠書中『畫箋』、『盆玩箋』、『山齋箋』等有關布置的內容引出；『香茗』篇大部分內容，則合屠書『香箋』與『茶箋』二箋而成。

由以上考辨文字得知，文震亨《長物志》主要參佐文獻爲屠隆的《考槃餘事》，而如前文所述，屠書約有八、九成文字襲自高濂的

《遵生八牋》，顯然文、屠二書均非原創著作，實有相當大程度的編輯性質。然進一步細究二書的參引方式，則略有不同，屠書對於《遵生八牋》的引用，採取「割裂原文，顛倒辭句」（翁同文言）的方式，對於高書的原文，雖割裂裁併不同的段落、顛倒文句的次序，但仍是高濂的理念與文字，只在《考槃餘事》篇目的編排上，見到屠隆的意見，因此，《考槃餘事》仍有參考價值。

文震亨的《長物志》大部分內容來自《考槃餘事》，其中有一字不漏完全照抄者，例如『室廬』篇〈茶寮〉條完全抄襲自屠書『山齋牋』〈茶寮〉條；但這樣的抄襲畢竟是少數，文震亨顯然對於《考槃餘事》中經過割裂剪裁後的文字不滿，大部分的條目均曾經過文震亨所修潤增益，這些增潤的文字，有兩種功能，或是補足或修正屠書割截自高書的內容，或是表現作者自己的審美評騭與雅俗判斷。具有這兩類增潤功能的文字，時時出現於同一條目上。以下將高、屠、文三位作者同一條目的敘述文字抄列如下，以便比較：

> 缽盂持以飲食，道家方物，舊有癭木為瓢，內則灰漆，近製取深山巨竹，車旋為缽，光潔炤人，上刻銘字，填以大青，真物外高品。（《遵生八牋》『起居安樂牋』〈竹缽〉條）
>
> 取深山巨竹，車旋為缽，光潔照人，上刻銘字，填以大青，誠道家方物，似不可缺。（《考槃餘事》『文房器具牋』〈缽〉條）
>
> 取深山巨竹根，車旋為缽，上刻銘字、或梵書、或五嶽圖，填以石青，光潔可愛。（《長物志》『器具』〈缽〉條）

由上所引三條文字，可知屠書對高書割裂顛倒的模式，而文書對屠

書，則補足了文銘、梵書、五嶽圖的銘刻方式，並刪掉道家方物一
辭，以作爲文人收藏佈置的擺設物之一。如：

> 古人用以指畫向往，或防不測，煉鐵爲之，長二尺有奇，上有
> 銀錯，或隱或現，眞宣和舊物也。近有天生樹枝，竹鞭磨弄如
> 玉，不事斧鑿者亦佳。（《考槃餘事》『文房器具箋』〈如意〉條）
> 古人用以指揮向往，或防不測，故煉鐵爲之，非直美觀而已。
> 得舊鐵如意，尚有金銀錯，或隱或見，古色濛然者最佳，至如
> 天生樹枝、竹鞭等制，皆廢物也。（《長物志》『器具』〈如意〉
> 條）

文震亨對如意的審美評價：古色濛然者最佳，而屠隆視爲佳品的天生
樹枝與竹鞭，文則斷其爲「廢物」，這不只是補充不足的內容而已，
更扭轉了屠隆的雅俗標準。

五、《瓶史》的來源[15]

晚明公安文學的倡導者袁宏道，撰有一部題爲《瓶史》的小書，
共有兩卷，上卷爲導論，分三目：瓶花之宜、瓶花之忌、瓶花之法；
下卷爲具體的器用方法，分花目、品第、器具、擇水、宜稱、屛俗、
花祟、洗沐、使令、好事、清賞、監戒等十二目。幽人韻士日常生活

---

[15] 請詳參本書附錄五〈袁宏道《瓶史》「卷上」引據高濂《遵生八牋》『燕閒清賞
牋』文字對照考異表〉。

中，僅有栽花蒔竹一事不依賴他人，可以自得其樂，然「邸居湫隘，遷徙無常，不得已乃以膽瓶置花，隨時插換」（袁宏道〈瓶史序〉）。《考槃餘事》、《長物志》等書，欲將文人生活的全貌架構起來，屬於文人審美生活的宏觀著作；袁宏道《瓶史》，僅針對文人審美生活之一端──「瓶花」，提出細步的理論，這寫作範圍一宏一細兩種類型，正是晚明賞鑑美學文獻的兩類代表性著作。

據筆者所考，《瓶史》上卷導論部分的三目名稱，悉承襲自高濂《遵生八牋》『燕閒清賞牋』之〈瓶花三說〉，而內容部分，除〈瓶花之法〉經袁宏道增益較多文字外，其餘〈瓶花之宜〉與〈瓶花之忌〉二目，僅有些許文字出入，悉數抄襲自高書。

結　語

據以上各節文字所考，晚明幾部重要的閒賞文獻，宏觀者如：張應文的《清祕藏》、屠隆的《考槃餘事》、文震亨的《長物志》；細觀者如袁宏道的《瓶史》，均以不同的程度與方式，由高濂的《遵生八牋》脫胎換骨而來。雖然高書的寫成，觀念不是憑空得來，參引了無數唐宋以來的文獻資料，最明顯地，至少有趙希鵠《洞天清祿集》為其前導，但高用字未有襲用趙書之跡，語出自得，且高書整理傳統之後的體系龐大，內容廣泛，更非趙書所能涵括，相關的內容，條理敘述更為細密深入。屬於高書延續系列著作之《清祕藏》、《考槃餘事》、《長物志》、《瓶史》等書，或以細列之條目重新組構、或加上個人特殊的審美評價等方式，將高書的美學精神細緻地發揮。吾人必需由這部頻頻為晚明文人所參佐的關鍵性著作，並連結以高濂《遵

生八牋》為中心的相關系列文獻，作為探究晚明閒賞美學的路徑，這
也是本論文下一篇最重要的文獻基礎。

第肆篇
晚明閒賞美學論

尊生與審美
——晚明美學之兩大課題

引論：尊生❶課題的重視

　　晚明文人普遍關心己身在俗世中的生命狀況，因此，對於尊養生命的課題，顯得相當重視，❷在筆記文獻中，不乏此類記載。以何良俊爲例，其所著說部駁雜性質的《四友齋叢說》一書中，第三十二卷〈尊生〉篇，專門擷錄古來與養生有關的理論。該篇首段引述道教太乙眞人的理論：「少言語養內氣、戒色慾養精氣、薄滋味養血氣、嚥精液養臟氣、莫嗔怒養肝氣、美飲食養胃氣、少思慮養心氣」，認爲人乃由以上七種氣所構成，所謂的尊生，便是要不用之過耗，不使外

---

❶　晚明文人如何良俊、高濂輩喜用「尊生」，由於本論文有很大部分是以高濂《遵生八牋》爲主要討論的對象，「遵生」即「尊生」，因此本文以「尊生」一詞總括尊養生命的意涵，文中或用養生，或用尊生，意義實同，另外，「尊生」似乎比「養生」對生命多了一層敬重之意，拈出該詞爲題，願藉此突顯晚明文人對此課題的注重。

❷　中國早期已有關於養生的說法，晉朝即有嵇康以「養生」爲名的論文，限於篇幅，筆者不擬在此爲中國的養生理論作源流探討。

邪氣干之，需配合四時陰陽來陶和養護。這類順時制宜、節宣養氣的理論，大抵沿襲傳統而來，並無別出的新意。倒是何良俊在篇首置放了一句頗有意義的話，他說：「古人論保養云：安樂之道，惟善保養者得之」，這句話揭示了晚明文人尊養生命首重保養，善保養者在得安樂之道的邏輯意旨。

既重視保養，煉丹成仙的話題，自然不顯得孤寂。李日華曾詳細抄錄一帖養生仙家的良方：「靈飛散」，據說服之十日身輕，二十日耳目聰明，七十日頭髮白反黑，故齒皆去，將此散以白蜜和之作成藥丸，乃仙人隨身常服之藥，❸他還記載了古代神仙以金石藥二十四品所搗煉而成的神丹。李日華的筆記，顯示文人對於延年益壽的熱衷程度。然而當代文人對於修丹煉汞等道家方術，都是抱持著一致的態度嗎？戒庵老人說：「修丹煉汞，世有奇書，然無補元真」；❹謝肇淛則質疑丹鉛靈藥與道教修煉的效用：「煉紅鉛，服金石，毒發而莫救，求長生而速斃乎？」❺、「夫人豈必盡有仙骨，但能服食靈藥，便可長生矣，彼山麋野鶴，壽皆千歲，豈必修道煉形哉？」；❻焦竑言養生，更直斥道教黃白男女之說。❼

由此可知，晚明文人對於道教修丹煉汞之說，並非一味地接收，有的人是抱著存疑或排斥的態度。在前述引文中，李日華彷彿對「靈飛散」顯出盎然的興趣，其實李日華自己還說了以下這段話：

❸　李日華著《六研齋三筆》卷一〈靈飛散〉條。
❹　見李詡著《戒庵老人漫筆》卷八。
❺　參見謝肇淛著《五雜組》卷十一〈物部〉。
❻　參見同註❺。
❼　參見焦竑著《焦氏澹園集》卷十六〈盤山語錄序〉。

善讀異教書（蓋指道經煉丹之類的書籍）者，亦不必存疑信二端，姑時一閱之，以宕我神可也。❽

原來李日華興致勃勃地存錄仙藥丹鉛，並不在提供實驗成仙的範本，而是藉著閱讀神奇變異之說，感受出神入化之美妙感覺。無論對道教煉丹說抱持接收、存疑、或排斥，或姑且一閱以宕心神的態度，無疑地，尊養生命已成為當時文人們熱切關注的課題。

李日華將道教軀體養護之書的閱讀，作為精神悅樂的資糧，在此，將軀體與精神二者聯結了起來，恰好是完整之尊生架構所必備。李日華讀道教煉丹書而得怡宕心神的過程，符合了前文何良俊所說的「安樂之道」。何良俊關心著如何創造安樂的尊生環境，所謂安樂的尊生環境，就是安樂的身心處境，包括軀體的養護，以及精神的悅樂兩個層面；而晚明文人的身（軀體）與心（精神）是要在審美的環境下，始得以養護與悅樂。尊生的環境，同時也必需是審美的環境，尊生與審美兩大課題的交相融匯，是晚明美學文化最具特色之處，本文以下將以此為探討主題，展開論述。

一、軀體的養護

晚明文人所提出的尊生理論，有一部分是導引與飲食等軀體養護方面的技術。戒庵老人曾記錄一套十則的呼吸按摩法，❾其中有教呼

---

❽　參見李日華著《六研齋二筆》卷三。

❾　參見同註❹，卷八〈導引保真法〉條。

吸的：「用嘻噓呼吸各九次，以調元氣」，有教按摩的：「將兩手大指摩熱，各拭眼二十四，以啓元明」、「將兩手擦腳底湧泉穴，左右交互，各二十四，以壯元力」等等；李日華亦提出長生的幾種技巧，例如：尿療法、禁泄氣（按泄氣即放屁，不泄氣乃保眞氣）、十日半月一解圓潔如彈丸落地之屎❿等。這些均是獨臥一床，近取諸身的簡易練身法，他們相信只要行之日用，強勝過神方異術。⓫

養生與食的關係向來密切，宋代鄭樵《食鑑》一書中，早有〈調養以救飲食三失〉、〈食養六要〉等說，均爲養生、食之講究、食之禁忌等內容。⓬何良俊進一步細說理論，認爲人的內精血臟肝胃心七氣中，應首重胃氣，因爲脾爲臟，胃爲腑，脾胃消化爲血氣以滋養一身，灌漑軀體五臟，因此必需極重視食，因爲「主身者神，養氣者精，益精者氣，資氣者食，食者，生民之天，活人之本也」，是故「修生之士，不可以不美其飲食」。⓭這裡所謂的「美」，並非水陸畢備異品珍饈之謂，而是飲食的原則：

> 生冷勿食，堅硬勿食，勿強食，勿強飲，先飢而食，食不過飽，先渴而飲，飲不過多，以至孔氏所謂食饐而餲，魚餒而肉

---

❿　其意爲眞火久煉，參見同註❸，卷三。

⓫　戒庵曰：「修丹煉汞，世有奇書，然無補元眞，苟有禪天本，只求獨臥一床……近取諸身，法約而功倍，行之日用，力逸而可久，又何必伯山甫之神方、衛叔卿之異術耶？」參見同註❾。

⓬　參見同註❹，卷二〈鄭樵食鑑〉條。

⓭　參見何良俊著《四友齋叢說》卷三十二〈尊生〉篇。

敗不食。⓮

故何良俊特標舉了「食治方」，言身與食相關之種種理論；講「食後將息法」，言食後如何以熱手摩腹、徐步、飽餓的對治、秋冬的暖腹等細節，均爲與食相關的調養理論。

食什麼呢？李日華提出食山薺，除了自然美味外，尚可得和肝、通血、暢潤津液等尊生的具體好處：

> 薺和肝，夜明目，夜則血歸於肝，肝氣和則血脈流通，津液暢潤，東坡與徐十三薺羹書以爲天然之珍，雖不甘於五味，而於味外有自然之美，天生此物，以爲幽人山居之碌。⓯

謝肇淛則列舉古往今來食草木而得長壽養生之例，⓰主張人應多食草木以養護身軀：

> 人於草木之實，餌之不輟，皆足補助血氣，培養壽命，但世人輕而不信耳……與其服草木之實，縱無益而無害也，不猶愈於

⓮　參見同註⓭。

⓯　參見同註❽，《六研齋二筆》卷二。

⓰　謝肇淛云：「偓佺食松實，形體生毛，兩目更方；山中毛女食柏葉，不饑不寒，不知年歲；彭鏗常食桂芝，八百餘歲；赤將子輿啖百草花，能隨風雨上下，定公母服五加皮，以致不死……任子季服茯苓，輕身隱形；……楚子服地黃，夜視有光……青城上官道人食松葉，九十如童；趙睢餌松脂，百歲，髮不白，齒不落。」參見同註❺，卷十一〈物部〉。

煉紅鉛，服金石，毒發而莫救，求長生而速斃乎？❼

二、精神的悅樂

關於食的方面，有積極地食草木之實，亦有消極地不食人間煙火，❽不食人間煙火則涉及到精神層次的尊生。焦竑雖擯斥道教黃白男女之說，但亦批評世儒之言性命而駁養生，他認為：

> 故學者天機與器數，日相觸而不知其調劑者，在身心性情，而其適用者在天下國家。❾

由於身心性情之調劑影響重大，因此焦竑推尊明代七真之道派：「獨治心養性之為務」。❿陶心性、養精神才是晚明尊生理論的大宗。謝肇淛認為高壽之人多能養精神，澹泊營求；⓴袁宏道亦推崇不追逐時

---

❼ 參見同註❺，卷十一〈物部〉。

❽ 謝肇淛云：「夫人豈必盡有仙骨，但能服食靈藥，便可長生矣，彼山麋野鶴，壽皆千歲，豈必修道煉形哉？惟不食煙火耳。」參見同註❺，卷十一〈物部〉。

❾ 參見同註❼，卷二十〈內黃縣重修儒學記〉。

❿ 參見同註❼，卷十六〈盤山語錄序〉。

⓴ 「五十後不當置妾，六十後不當作官，七十後即一切名根繫念，盡與勒斷，以保天年可也。……思慮之害人，甚於酒色，富貴之家，多以酒色傷生，賢智之士，多以思慮損壽，思慮多則心火上炎，火炎則腎水下涸，心腎不交，人理絕矣，故文人多無子，亦多不壽，職是故也，然而不能自克，何也，彼其所重有甚於子與壽者也……余見高壽之人多能養精神，不妄用之，其心澹然，無所營求，故能培壽命之源。」參見同註❺，卷五〈人部〉。

好,不爲過情之行「端凝簡靜,屹然如山」的尊生典型,❷這種屹然
如山的狀態,並非枯槁之死木,袁中郎在對好友曾退如之父曾太史封
公所爲七十壽祝文中,辯駁一般人以爲曾太史性嗜動的說法:

> 公性嗜動,花下楸枰(即棋局),夜以繼日,午勝則喜溢眉端,
> 遶床而叫,小失意則抑,抑不自得,耗神思以戰喜怒,恐非靜
> 者之事也。余曰:道以不滯爲靜,非沈默也,不見坐馳者乎?
> 秋毫不接于前,而丘山忽起于胸,是名躁阱。夫奕者,專精一
> 意以幸其捷,太山摧而不瞬,盛夏流金而不炎,忘之至也,適
> 然而喜,其喜無蔕,適然而嗔,其嗔不戚,局奮罷局,相顧一
> 笑,和之至也。❷

袁中郎藉曾太史封公之長壽發表其尊生之道,是以精神不滯爲靜,對
奕時專精一意,喜則無蔕,嗔則不戚,棋畢則相顧一笑,一切喜怒復
歸於靜,精神屹立不搖如山。袁中郎在該文中,又以澤水盡於決,甕
水敗於滯,井泉之水彌月不取不加盈爲喻說,對於食色欲求,需善於
節宣,並非一味地防堵。
　　李日華《六研齋隨筆》中所談及的尊生理論,除了前述關於軀體
修煉,可宕人心神的丹藥靈方之外,大抵在精神層次的探討,如:

---

❷　「端凝簡靜,屹然如山,居官不爲苛,清課農桑謹教條而已,居鄉不事干謁,不
　　追逐時好,不爲過情之行以飾耳目,蒔花種竹而已。」參見袁宏道著《袁中郎全
　　集》卷二〈壽劉起凡先生五十序〉。
❷　參見同註❷,卷二〈壽曾太史封公七十序〉。

> 道人居塵涉世，需心坎中自作一活計，事到隨宜應之，既罷，
> 得片席便據以爲安，大都與出入息爲緣，是安樂法……俗事有
> 宜急了者，有宜姑置者，了之所以安心也，置之亦所以安心
> 也，不了又不置，終日縈懷擾擾，苦矣，究竟於事亦無益。**㉔**

安頓一個心能安樂的環境就是尊生，就是對於心神方面的修習。**㉕**晚
明文人亦喜好編撰養生勸善的格言之書以利日用，例如《戒庵老人漫
筆》載錄了許多治生格言，如引錄〈野客叢書〉所采綴經史詩文中諺
語凡四則，擇錄其足以勸戒者：「從善如登，從惡如崩」、「一日不
書，百事荒蕪」、「白頭如新，傾蓋如故」、「逢人不說人間事，便
是人間無事人」（卷八）；又引錄三位古人之語作爲養生格言：

> 亢倉子曰：「導筋骨則形全，翦情欲則神全，靖言語則福
> 全」。東坡嘗語人曰：「自今日已往，早晚飲食不過一爵一
> 肉，有尊客盛饌則三之，可損而不可益，有召我者，預以此先
> 之，主人不從而過是者乃止。一曰安分以養福，二曰寬胃以養
> 神，三曰省費以養財」。山谷送張叔和詩云：「我捉養生之四

㉔ 參見同註**❸**，卷四。

㉕ 例如李日華的《六研齋隨筆》，有一段澄慮心神的描述：「古人澄神之極，恥爲
　血氣所醉，今人擾神之極，求一醉血氣而不可得，或曰血氣如何能醉人？曰葆養
　之厚，盎盎欲溢而無所屑越，氤氳盤旋還以自受，是其醉也，一念卓豎坦然明白
　而不爲酣適之味所迷，是其醉而常醒也。」參見同註**❸**，卷四，如何保持心神常
　醒而不醉，必需葆養之厚。

印」，乃謂忍、默、平、直是也。❷

　　陳繼儒編纂的《福壽全書》，錄前賢格言遺事；崇禎趙獻民編《萃古名言》，舉先儒嘉言懿行分類編輯；鄭瑄《昨非齋日纂》，亦記人格言懿行；《菜根譚》、敖英纂《愼言》等書，皆屬此類。這些短句警策的日用格言，時時掛在嘴上心中，亦能發揮懲惡勸善的效果，爲人建造一個心神安樂無虞的尊生環境。

　　何良俊〈尊生〉篇中，列一「養情篇」條，顧名思義，「養情」即對情性陶養之意，該條提供一個簡易的家居養生法：

> 雞鳴時起，就臥床中，導引訖，櫛漱正坐，量時候寒溫，喫粥
> （若服藥需先飯食）畢，入靜室燒香誦經，洗雪心源，息其煩
> 慮，良久事了，即出徐徐步庭院散氣，地溼即勿行，但屋下東
> 西步，令氣散，不宜關心家事（付與兒輩）。平居不宜嗔叫用
> 力，出門行三二里及三百二百步爲佳，但令氣之喘而已，訪友
> 量力談笑，纔得歡通，不可過度，畜數百卷書易老莊等，勤洗
> 浣，以香霭之，左右供使之人，得清淨子弟小心少過謹愼者，
> 自然事閒，無物相惱，令人心平氣和。❷

這段居家養生法，透過清簡寡擾的生活坐息安排，創造一個自然事

---

❷　參見同註❷，卷二〈三全三養四印〉條。

❷　參見同註❸。

閒，心平氣和的身心安樂環境。㉘

三、尊生與日常物用

尊生要憑藉的是身心居處安樂的環境，對於日常居處環境的種種設計，文獻中是如何記載呢？宋代已有這類型的書籍，考舊本題宋人蘇軾撰有《物類相感志》一書（按晁公武《郡齋讀書志》與鄭樵《通志‧藝文略》均著錄為宋初僧贊寧撰），「物類相感」其意為何？四庫指其自應載琥珀、拾芥、磁石、引針之屬（按指有磁性，可相互引吸之物），然該書並非此意，其分隸有身體、衣服、飲食、器用、藥品、疾病、文房、果子、蔬菜、花竹、禽魚等十二項，其中衣服、器用、藥品、疾病、文房數項，是日常生活用物，書中記錄者，亦人日常生活中必將遭逢的療治與禁忌之事宜，這本宋代初期的雜品類書籍，注意「物」、身體療治與生活禁忌之間的關係，略呈顯出以「物」構築出「尊生」環境的觀念。另一題為蘇軾所撰的《格物麤談》的主旨，亦與此書相類。

《物類相感志》的編撰，如同一部家庭日用百科類書，說明身體周圍的衣服、生活周遭的飲食、器用、文房、蔬果、花竹、禽魚等物，與四時起居日常生活事宜之間擁有密切的關係，這樣的著述觀，到了元人所撰的《居家必用事類全集》，則有了更清晰的面貌。

㉘　何良俊引太醫孫君昉的四休詩：「粗茶淡飯飽即休，補破遮寒暖即休，三平二滿過即休，不貪不妒老即休」四休所指乃食衣精神各方面的節制，山谷認為此即安樂法也，參見同註⓭。

　　《居家必用事類全集》除紀錄歷代名賢格訓外，多載居家日用事宜，據王重民先生所考，《居家必用事類全集》將宋元間家庭社會實用之書，全部採入，幸賴以保者不少，丙集有趙師俠〈拜命曆〉、戊集有王旻〈山居錄〉（王按《宋史藝文志》農家載王旻〈山居要術〉三卷、又〈山居雜要〉三卷、〈山居種蒔要術〉一卷）、辛集有徐元瑞〈習吏幼學指南〉、趙素〈爲政九要自箴〉等，皆爲日常實用之書。❷⑨陸梳山《居家制用》一書，亦爲百姓日用之書，作者原爲元代至元年間人，後由陸德原重鑴於農圃堂，作者「考古經國之制，爲居家之法，隨貲產之多寡，制用度之豐儉……取中可久之計也」，該書有三個重點：田疇之治理生計、其他日常生計等收支雜項之營理、以及居家七病的注意防治等。

　　與《居家必用事類全集》、《居家制用》相同性質的書，到了明代中葉，有託名劉基所撰之《多能鄙事》一書，該書於飲食、器用、方藥、農圃、牧養、陰陽、占卜之法，無不備載，便於居家實用，體例一如類書，頗適於查核。按王重民先生所考，《多能鄙事》一書，乃明人據《居家必用事類全集》一書摘出部分內容，取孔子之言爲題，託名劉基而編成。明永樂年間楊溥撰《水雲錄》，主旨亦頗爲近似，上卷載十二月種植、花果、飲饌、文房雜用四門；下卷載衛生、養生、器用、牧養四門，多居家農圃種畜實用之法，本書除了衛生、

---

❷⑨　除甲乙丙三集之外，丁集的〈周書祕奧營造宅經〉、丙集有〈百怪斷經〉，雖無關實用，然有考於民風，各類亦間載外族物品，如金、元、回回食品、化粧品等，請參見王重民著《中國善本書提要》（上海古籍出版社，1986 年）〈居家必用事類全集提要〉。

養生之外，種植、牧養、花果、飲饌、文房等，皆爲組構生活環境周遭之物，顯示「尊生」與「物」世界之間有著密切的關連。明人對於「物」的重視，可以李濂《李氏居室記》一書爲例，該書爲李濂退老居鄉，築別墅於郊外，有堂有亭，各爲撰記之作，最特殊之處，是李氏爲室中器物，悉製箴銘，雖取上古帝王借物之箴銘以示警戒之意，然此書並非嚴正廟堂之作，而是林居隨興放志，聊供消遣之作而已，本書呈現了人對待堂室中一器一物的尊重態度。

晚明有一部不著撰人名氏的《便民圖纂》，便是以此範疇作爲編撰的對象，該書包羅了十六項：農務圖、女紅圖、耕獲、桑蠶、樹藝、雜占、月占、祈禳、涓吉、起居、調攝、牧養、製造，乃是一部文人爲利民生用而編撰之全備書。然而不僅利民生用而已，文人們對百姓日用事宜，亦視爲養生課題之一環，故相當重視，晚明許多筆記小說，對這類事宜均不遺漏，例如謝肇淛的《五雜俎》，共有天地人物事五大綱領，天部記載了如何觀察自然徵兆以明氣候之要訣，例如「田家四時占候諺語，有不可不知者」條下云：

> 日生雙耳，斷風絕雨；日落雲裡走，雨落半夜後……一個星，保夜晴；明星照溼土，來日依舊雨；東風急，備蓑笠……稻秀雨澆，麥秀風搖……雲掩中秋月，雨打上元燈……。❸

在人部紀錄有疾病、卜筮、堪輿、禁忌等，在物部紀錄有動物、植物、飲饌、文房、器用等。郎瑛《七修類稿》有〈食·用製法〉條，

---

❸　參見同註❺，卷二〈天部〉。

提供其平日所讀所聞所親自經驗者，例如：

> 衣帛爲漆所污，以麻油先漬洗透，令漆去盡，橘橙藏綠豆中，不損……珠子不宜近鐵器柏木尸氣……。**❸❶**

晚明文人亦甚喜愛抄錄醫方之說，例如《戒庵老人漫筆》卷五有〈論醫〉條，爲文人淺談醫理用藥之法，大抵皆與順暢導氣有關，並非深入專門的醫家之說，實爲文人普遍知曉的泛養生說。**❸❷**葉盛的《水東日記》亦提供一道「薏苡仁治疝疾」（卷二十三）的良方。王肯堂《鬱岡齋筆麈》，有論醫諸條，「皆深切微妙，得古人法外之意與所作證治準繩」。**❸❸**袁宏道的《瓶花齋雜錄》，亦記所聞之經驗醫方等等。無論是自然氣候、或是堪輿論相、**❸❹**或是樹藝牧養、或是飲饌器

---

❸❶ 參見郎瑛著，《七修類稿》卷四十七〈事物類〉「食·用製法」條。

❸❷ 戒庵老人說：「大抵醫者不盡人之性，不能知病；不盡物之性，不能知藥；不盡己之性，則亦莫知人物之性之所由來也。……人身只有一氣……誠使氣和而順，精神自增，何病之有？……用藥之法，補則俱補，瀉則俱瀉，無並行之理，天下之物，與我同體，故五色五聲五味五香七性，莫非一氣之所爲，故皆可以爲藥，眼耳鼻舌身意，皆可以受藥也，使萬物非吾一體，何能益於吾身？且如革聲健脾，金聲通肺，黑色養目，紅白傷明，論梅生津，思穢作嘔，哀而淚，愧而汗，怒而熱，畏而寒，病與醫之故皆可識也……孟子養氣之旨，可以聖，可以仙，可以醫，故論醫必以順氣爲藥，順情爲機，順時爲劑……。」（《戒庵老人漫筆》卷五〈論醫〉條）

❸❸ 參見《四庫全書總目》〈鬱岡齋筆麈提要〉。

❸❹ 論相著重在人這個小宇宙，堪輿則重視居處之大環境，二者皆可視爲對人身心與居處的安頓，關於堪輿論相之說，請詳參《戒庵老人漫筆》頁242-244。

用、或是疾病醫方，這些瑣瑣碎碎的事宜，莫不關聯著百姓日用的範疇。

四、尊生與審美

㈠ 二者的關聯

晚明尊生家曾將一個人內由身心外至世界，作了親疏層次的分化：

> 與我最親曰精神，形骸次之，服食又次之，舍廬又次之，境地所寄、耳目所周又次之，眷屬朋儔同作息者次之，不同作息者又次之，餘則曠然與之疏外矣。然有二物與精神相貫，呼吸出入，通一無二者，人卻不知其親也，曰何物？曰天地生生之氣而已。㉟

人秉著天地之氣而生，天地之氣貫通人最內在的精神，故尊生最重要在養精神，其次的形骸與服食為軀體養護的層次，其次由舍廬、耳目所周的境地、同作息的眷屬朋儔與不同作息者，均可視為尊生周匝由近漸遠的環境，是尊生家需努力經營的養生世界。尊生本在求得一己身心之安樂，而一己身心之安樂，又必需取決於居處周匝的環境，包括了居住的室廬、耳目所經的境地、同作息的眷朋、不同作息的繁多

㉟　參見同註❸，卷四。

物類等等。

　　山水通常是文人尊生居處環境的第一選擇，向來鍾情山水的袁氏兄弟便如此，袁伯修認為其父親在孫女夭亡時，出遊諸山，乃是「矯情養生」；袁中郎提出「湖水可以當藥，青山可以健脾」；袁小修則認為看山聽泉，「非好山水也，醫病也」，袁氏兄弟異口同聲地在文章尺牘中，一再地鼓吹著山水遊歷、庭園栽植以醫病養生的觀念。**❸⑥**創造一個醫病養生的安樂環境，實際上與營築一個審美環境的確有密切的關係，審美是為了尊生，尊生則要創造一個既安樂而又可審美的環境：

> 潔一室，橫榻陳几其中，爐香茗甌蕭然，不雜他物，但獨坐凝
> 想，自然有清靈之氣來集我身，清靈之氣集，則世界惡濁之氣

---

❸⑥　袁伯修曰：「孫女亡時，情極難堪，三日後，即同諸兄，遊城外諸山，胸中鬱齊，得山色朋談漸消煞去，此亦矯情養生之法也。」參見袁宗道《白蘇齋類集》卷十六〈大人書〉。袁中郎病瘵，終可以病得休，掛帆歸西湖養病，給兩友尺牘中，表達了山水養生的想法：「湖水可以當藥，青山可以健脾，逍遙林莽，欹枕巖壑，便不知省卻多少蓉苓丸子矣。」參見同註**❷②**，卷二十一〈尺牘——湯鄖陸〉。又「借山水之奇觀，發耳目之昏瞶，假河海之渺論，驅腸胃之塵土，咄咄袁生，不復事人間事，亦不復人世間人矣。」參見同註**❷②**，卷二十一〈尺牘——陶石簣〉）。袁小修則多次提及山水醫病的說法，例如：「已步至中郎荷葉山房中，前一曲清泓可愛，松櫟俱茂盛，古槐參天，梅花初吐萼，此地乃伯修少時修業處，二十舉於鄉，抱病復養病於此，栽花種竹，習養生家，言甚覺閒靜。」參見袁中道著《珂雪齋近集》卷三〈遊荷葉山居記〉；又如：「予少年心浮志躁，內多煩火，家居目若枳而神若錮，獨看山聽泉，則沈病頓清，神氣竦健，可以度日，故予非好山水也，醫病也。」參見袁中道著《珂雪齋近集》卷六〈前汎凫記〉。

亦從此中漸消去。**㊲**

這樣的室廬，這樣的陳設，既符合尊生的目的，亦為審美生活的基礎。袁伯修一首〈對酒〉詩，簡單地道出了尊生兼審美的經驗：

> 美酒入犀杯，微作松柏氣，佐之芹與蒿，頗有山林意。不用烹
> 豬羊，酒清忌肥膩，頗有三日紅，囊無百錢費，不費復不饞，
> 養財兼養胃……。**㊳**

前四句有山林佐酒的美感，後數句以喜清忌肥膩的飲酒態度表達養生的理念，**㊴**一首短短的小詩中，已將尊生與審美的經驗融合為一。

筆者接著由文獻架構來觀察，晚明宋詡、公望父子合撰之《竹嶼山房雜部》，共有五大部分：養生部、燕閒部、樹畜部（以上為詡撰）、種植部、尊生部（以上為公望撰），此書記載「農圃之言，兼玩好之具」，**㊵**詳悉田居雜事，應為文人對於田居生活的指導。本書除了樹畜、種植為農圃之言外，燕閒與尊生、養生的觀念在此首度關連起來，成為閒賞生活的重要環節，實為宋元以來新穎獨出的觀點。此書的架構，到了高濂手中，形成更大的格局。萬曆十九年（西元

㊲ 參見同註**❸**，卷四。

㊳ 參見袁宗道《白蘇齋類集》〈對酒〉。

㊴ 關於飲酒，袁小修「飲酒說」，亦對酣酒持負面評價，曾言自己雖飲但並不喜
愛：「故人知我之為逍遙遊，不知其為養生主」參見袁中道著《珂雪齋近集》卷
八，另小修亦在《遊居柿錄》第 120 條表達飲酒不利養生的說法。

㊵ 參見同註**㉝**〈竹嶼山房雜部提要〉。

1591 年）出版由高濂所撰寫的《遵生八牋》，❹可視爲《竹嶼山房雜部》格局的擴展，此書較《便民圖纂》爲更適於文人的一部完備的養生大全，承繼著宋元時代以來的文化觀念而有更細膩的發明，各章所述均可視爲具體的養生方法，大致而言，其書所謂的養生諸法，雖不離道教服氣導引、修煉丹藥之窠臼，然而特別值得注意的是，在這一個大的尊生觀念架構下，「賞鑑清玩之事」與養生之間連成了密切的關係，食品、寶物、器用、花木等物皆可資頤養，器物可資養生，此在宋元賞鑑文化中，尚屬未成熟的觀念。該書是晚明閒賞美學文化中，極具關鍵性的一部著作，實爲晚明閒賞美學的重要資糧。以下筆者將透過該書篇章架構與立意的解析，進一步說明尊生與審美的關聯。

㈡　晚明美學文化的重要文獻：《遵生八牋》

　　《遵生八牋》一書共分八目，八目各自獨立，而隱有脈絡可相環扣，八目及其要旨一覽如下：

〈清修妙論牋〉：皆養身格言

〈四時調攝牋〉：皆按時修養之訣

〈起居安樂牋〉：皆室宇器用可資頤養者

〈延年卻病牋〉：皆服氣導引諸術

〈飲饌服食牋〉：皆食品名目附以服餌諸物

〈燕閒清賞牋〉：皆論賞鑑清玩之事附以種花卉法

---

❹　《遵生八牋》的版本與出版考據，請參考同註❷王重民先生著《中國善本書提要》。

〈靈祕丹藥牋〉：皆經驗方藥

〈塵外遐舉牋〉：則歷代隱逸一百人事蹟❷

高濂此書有小序體例，乃在各目之首，冠「高子曰」以陳述該篇意旨。下文則就各牋小序的內容分析，闡明本書的理論義涵。

「遵生」即「尊生」，較「養生」多了一層對生命的看重與敬意，「生身以養壽為先，養生以袪病為急」（卷九），「尊生」消極地要使「疾病可遠」（卷三），積極地要使「壽命可延」（卷三），這兩者又互有因果必然的關聯，袪疾病則自然可延壽命，壽命長者必遠離疾病之糾纏，高濂謂「富貴者昧養生之理，不問衛生有方；貧窮者急養身之策，何知保身有道」（卷一），「尊生」實包括「養身」、「保身」、「養生」、「衛生」等內涵，在此有窮人以「身」與富人以「生」的用字差別，顯然地，「身」指的是窮人飽暖憂虞的物質性身體，人所賴以存活的軀體，而富人所要衛養的「生」，則越過此層，指的是心志與性靈。不但使「疾病可遠、壽命可延」，並「悅其心志」、「和其性靈」（卷三）以護衛滋養終生，這便是高濂「尊生」的完整意義。

由於「尊生」的先決是袪病與養壽，涉及到生命體的護養，在〈延年卻病牋〉中，述及生命體是由神、形、氣結合而成，「人之所生，神依於形，形依於氣，氣存則榮，氣敗則滅，形氣相依」（卷九），高濂在此對於人生命體的解釋，乃化約了宋儒複雜之氣質說，高於此並無意作進一步析論，筆者以為其神形說為方便將人生命分作精神與形體兩大範疇，這在上文論貧富之處已略有觸及，而氣說則方

---

❷　以上所述各牋之要旨，引自同註❸〈遵生八牋提要〉。

便將人關連上宇宙，人體爲一小宇宙，〈飲饌服食牋〉云：「是以一身之中，陰陽運行，五行相生」（卷十一），養生家深明小宇宙與大宇宙同步生息之理，因此〈四時調攝牋〉特重「時」之義，需將宇宙「四時陰陽運用之機，配以五臟寒溫順逆之義」（卷三），故生命體養護首重飲食：

> 故飲食進則穀氣充……則血氣盛……則筋力強，由飲食以資氣，生氣以益精，生精以養氣，氣足以生神，神足以全身相須以爲用者也。（卷十一）

高濂此書中，「食」除了包括「茶水、粥糜、蔬荽……糕餅、果實」（卷十一）的日常飲饌外，「神仙服食方藥」亦屬於廣泛的食物，故〈飲饌服食牋〉後半段錄「服食方類」；而〈靈祕丹藥牋〉雖不條分疾病及專科藥方，卻珍錄了寶護生命、延年益壽、「以助遵生一力」（卷十七）的奇方祕藥。飲饌、服食乃在養護人生命體這個小宇宙，然人之無法祛病延壽，實未與大宇宙協調有關，故「天眞散失，幻體空虛，不思補髓塡精，斡旋造化，長年將無日矣」（卷十七），若要與宇宙大化取得協調，需明白「胎息爲大道根源，導引乃宜暢要術」（卷九），「順時調攝，神藥頻餐，勤以導引之功」（卷三），養氣保神，以契合大道玄旨，此即尊生的基礎工作。

　　以上乃高濂所提出祛病與養壽的「尊生」對策，是針對物質軀體的養護而言，此爲「生」之一端，至於精神層次的心志與性靈呢？軀體與精神並未判然二分，在〈清修妙論牋〉中揭示「養德養生兼得」（卷一）的可貴，而〈飲饌服食牋〉亦具言：

務令氣性和平，嗜慾簡默，則服食之力，種種奏功；若六慾方
熾，五官失調，雖餌仙方，終落鬼籍，服之果何益哉？（卷十
一）

因此，若欲延年益壽，精神養護的環節，甚爲重要，必需能把握安樂
之機：「不以得失役吾心，不以榮辱勞吾形，浮沈自如，樂天知命」
（卷七），如此「安所遇而遵所生」，自然能無日而不自得。高濂爲
此提出六安樂訣：

知恬逸自足者爲得安樂本，審居室安處者爲得安樂窩，保晨昏
怡養者爲得安樂法，閒溪山逸遊者爲得安樂歡，識三才避忌者
爲得安樂戒，嚴賓朋交接者爲得安樂助。（卷七）

其中第一訣爲總綱，恬逸自足爲精神安樂之根本，其餘五訣則是達此
目標的重要條件，換句話說，就是要創造出種種足能達致精神恬逸安
樂的環境。

這些環境包括了能安處的居室齋閣園亭、助晨昏怡養的各種動用
事具與氣氛、足供逸遊的山水佳景、得以共氣同歡的賓友，這些都是
積極的勝境創造，另外還要消極的避忌，要避去天時、地道、人事三
才種種禁忌，在這樣的環境中，「靜觀物我，認取性靈，放情宇宙之
外，自足懷抱之中，狎玩魚鳥，左右琴書，外此何有於我哉？」（卷
七〈高子漫談〉），高濂此書中的〈起居安樂牋〉，極詳贍地以文字
構設了一個恬逸安樂的起居環境，層層推展，由居室建築到山水，以
至天地四時的避忌順應，揭示一個宏偉眼光下的居處環境，至於更細

緻微觀者,則要創造一種「閒」的心靈氛圍。何謂「閒」呢?心無馳獵之勞,身無牽臂之役,避俗逃名,順時安處,世稱曰閒」(卷十四)。「閒」在此所指的是一種生活狀態,而「閒可以養性,可以悅心,可以怡生、安壽,斯得其閑矣」(卷十四),就需要途徑了,博奕樗蒲,非君子所貴,高濂崇尚的是「閑雅好古」:閑時喜好從事與古代事物有關的雅事,其具體內容為:

> 遍考鐘鼎卣彝書畫法帖窯玉古玩文房器具,纖悉究心,更校古今,鑑藻是非,辯正悉為取裁,若耳目所及真知確見,每事參訂補遺。(卷十四)

這是屬於稽古之學;此外,「焚香、鼓琴、栽花、種竹」諸事,所接雖非古物,卻要與古物同時備列:

> 坐陳鐘鼎,几列琴書,搨帖松窗之下,展圖蘭室之中,簾櫳香靄,欄檻花妍,雖咽水餐雲,亦足以忘飢永日,冰玉吾齋,一洗人間氛垢。(卷十四)

如此所營造的,是一種崇慕古代道隱之士的情境,〈塵外遐舉牋〉所標舉的這種意旨,更為具體:

> 人外高隱……或隱居以求其志,或去危以圖其安,或曲避以守其道,或庇物以全其清,或遺俗避喧,或審時歛跡,大或輕天下而細萬物,小或安苦節而甘貧賤,扇箕山之風,鼓洪崖之

　　志。（卷十九）

以上所言爲古代高隱之士的類型，其處世模式爲：

> 同俗杖履山水，歌詠琴書，放浪形骸，狎玩魚鳥，出雖局於一
> 時，而處則蹈彼千仞，如是則心無所營，而神清氣朗，物無容
> 擾，而志逸身閑，養壽怡生，道豈外是。（卷十九）

此即爲〈燕閒清賞牋〉中的理想生活寫照。至此，由「閒」而「賞」
的審美生活，充足了「養性、悅心、怡生、安壽」的尊生環節。

　　高濂所揭舉的八個篇目，雖各自獨立，而相互環扣，實爲一套理
論完整的尊生體系，〈起居安樂牋〉與〈燕閒清賞牋〉應被視爲高濂
《遵生八牋》這個整體完備的尊生架構中，極爲重要的一環，它代表
著高濂在尊養生命的理論體系中，正式將審美生活納入，在晚明美學
文化意義上，深具代表性。

結語：物與生

　　物分佈於人的四時起居生活周遭，人存在於物所組織而成的世
界，物與人必須和諧組構以利養生，因此物對人的生命養息有著極大
的影響。由文獻提供的訊息而言，宋人透過「物類相感」觀來調和物
與人的關係，元人將物採取功能分類，依人的需求編輯排列以便隨時
應用；明人則進一步升高對「物」的重視，如前述的《水雲錄》，有
養生與器用並列，《竹嶼山房雜部》，則農圃之言與玩好之具同載，

養生、尊生與燕閒並陳，《遵生八牋》則更明確地表達了「物」與「生」、「賞鑑」與「遵生」、「美學」與「養生」的關係，使得晚明的美學文化步入一個新的視野。

晚明文人尊養生命，同時極重視審美生活，二者的關係其實是二合一的，袁小修曾對山居之好提出「寡欲養生，賞心怡神」（《珂雪齋近集》卷五〈玉泉拾遺記〉）的說法❸，已將尊生與審美的關係聯結起來。一個極具審美意趣的起居生活，皆是文人們爲了養護生命而細心營造出來的，站在尊生與審美的立場上，二者同樣要創造一個身心居處的安樂環境。身心，既是養生亦是審美的主體，居處安樂的環境，既爲養生亦爲審美而設，吾人探討晚明人的美學觀念，勢必通過尊養生命的環節加以考查，始能完備。

---

❸ 小修還列出宜居山者五，以爲心盟，所列居山之五種好處，皆屬審美養生之類：1.效古人舍喧入寂，假澄波以貯慧月，不可逐紛囂妄；2.外境如水火，涉塵俗事難守，避居離境則易防；3.蘭香石堅，羽飛鱗沈，種種山景有助解脫形神之困；4.可以酬葺編東國靈文西方祕典之志；5.採藥煮石亦足以老矣。請參見同註❸，卷五〈柴紫菴記〉。

晚明閒賞美學之語彙策略

引　言

　　晚明閒賞文獻由於所賞對象包羅豐富，作者彼此的行文習慣殊異，特別是文獻體裁多採取形式鬆散的筆記、隨筆或漫錄式記載，因此並無一固定的賞鑑語言模式，所用的賞鑑語彙亦不盡相同，吾人可由以下的幾段引文略見端倪：

　　＊有鮑天成、朱小松……方古林輩，皆能雕琢犀象、香料、紫檀、圖匣、香盒、扇墜、簪鈕之類，種種奇巧，迥邁前人……如方所製癭瓢、竹拂、如意几杖，其就物製作，妙用入神……閩中牙刻，人特工緻纖巧，奈無置放處，不入清賞。（高濂〈燕閒清賞牋〉「論畫」條）

　　＊論窯器必曰柴汝官哥定，柴不可得矣，聞其製云：青如天、明如鏡、薄如紙、聲如磬，此必親見，故論之如是其眞。余向見殘器一片，製爲條環者，色光則同，但差厚耳。……定窯……以白色爲正，白骨而加以泑水有如淚痕者佳，閒有紫色者、黑色者不甚珍也。（張應文《清祕藏》卷上「論窯器」條）

　　＊凡插貯花，先須擇瓶……貴磁銅、賤金銀，尚清雅也；忌有

環、忌成對，像神祠也。（張丑〈缾花譜〉）

＊折花須折大枝……鋪蓋瓶口，令俯仰高下，疏密斜正，各具
意態，得畫家寫生折枝之妙，方有天趣；若直枝擎頭花朵，
不入清供……插花折枝宜瘦巧，不宜繁雜，宜一種，多則二
種，須分高下合插，儼若一枝天生，二色方美，或先湊簇像
生，即以麻絲根下縛定插之，若彼此各向則不佳。（袁宏道
〈瓶史〉卷上）

＊（冠）有鐵者、玉者、竹擇者、犀者、琥珀者、沈香者、瓢
者、白螺者，製惟偃月、高士二式爲佳，癭木者，終少風
神。（屠隆《考槃餘事》〈起居器服箋〉「冠」條）

＊以河南鄭州所造古郭公磚，上有方勝及象眼花者以作琴臺，
取其中空發響，然此實宜置盆景及古石。當更制一小几，長
過琴一尺，高二尺八寸，闊容三琴者爲雅，坐用胡床，兩手
更運動，須比他坐稍高，則手不費力。更有紫檀爲邊，以錫
爲池、水晶爲面者，于臺中置水蓄魚藻，實俗製也。（文震亨
《長物志》卷七「琴臺」條）

以上由高濂、張應文、張丑、袁宏道、屠隆、文震亨分別所寫的六段
引文，所賞對象有雕刻、窯器、花瓶、插花法、冠、琴臺等，所述及
的內容，有比較匠人的形製與雕工者，有據古式以證今物、以形色爲
次者，有比較瓶花之插法者，有比較材質與造形者，有綜言形製、材
質與用途者等等。所賞鑑的材料內容，各文繁簡不一，甚有差異，但
吾人若能越過敘述對象與作者這兩層幛幕，而直趨潛藏其下的集體著
作意識，實不難歸納出一個實際操作文獻鑑賞意義的簡化敘述模式。

　　本文將以文震亨《長物志》的語彙材料為中心，並援引西方學者傅柯「話語形構」的觀點，進一步詮釋閒賞語彙策略運用的情形。

一、賞鑑語句之簡式

　　筆者歸納《長物志》一書的敘述慣性，簡化為由兩個判斷子句合成的敘述模式如下：

【『某物』『如何』為『雅』，『某物』『如何』則為『俗』。】

『某物』：可以是書畫、詩文、器物、建築、動物、植物、人物、山
　　　　　水、情境……等，一切可供品賞的對象。

『如何』：這一部分是對於『某物』的條件規定。這些條件包括形
　　　　　製、材質、用途、樣式、年代、裝飾、顏色……等，有時或舉古
　　　　　人評此物的標準以旁證，或舉近人的品評理論以辯駁，或逕舉出
　　　　　此物美的典型以比較。

『雅』：是一個涵攝性的語彙，包括了一切指涉此義涵的用語，常用
　　　　　者有「雅」、「韻」、「神」、「趣」、「清」、「佳」、
　　　　　「妙」、「古」、「淡」、「拙」、「精」、「奇」等單詞，或
　　　　　是由這些單詞相互組構出來的複詞如「雅韻」、「雅趣」、「雅
　　　　　拙」、「古雅」、「淡雅」、「精雅」、「清雅」、「勝韻」、
　　　　　「高韻」、「氣韻」、「風神」、「神妙」、「天趣」、「幽
　　　　　趣」、「清賞」、「佳妙」、「古意」、「古風」、「古淡」、
　　　　　「天古」、「古樸」、「古拙」、「精妙」、「奇品」等語彙。

『俗』：「俗」所在的子句用以與前一子句互相對辯，常用的語彙模

型，爲前句所用價值語詞的否定，如「不韻」、「無趣」、「不佳」、「不妙」、「俗」、「板俗」、「惡俗」、「凡俗」、「俗品」、「凡格」、「悅俗眼」、「可厭」、「不入品」、「失古意」、「不入清賞」等語彙。

二、語彙策略的運用

(一)　「聲明」特性之一：「雅」「俗」對舉

　　由上文針對《長物志》賞鑑語句模式的分析中，可知決定賞鑑標準的眞正關鍵，是在價值語彙的使用上。如上所說，晚明閒賞文獻中，涵攝性最廣的價值語彙是『雅』，環繞著『雅』的語彙內涵，又有許多同質性甚高的語詞如「雅」、「韻」、「神」、「趣」❶、「清」、「佳」、「妙」、「古」、「淡」、「拙」、「精」、「奇」等單詞，或是由其所組構出來的複詞如「雅韻」、「雅趣」、「雅拙」、「古雅」、「淡雅」、「精雅」、「清雅」；或是「勝

---

❶　今暫以「趣」字爲例，對不同的對象，可組構成相異的形容語彙如：「雅有幽致」（高濂〈論宣銅倭銅爐瓶器皿〉）、「眞趣」、「雅趣」（高濂〈論歷代碑帖〉）、「天趣」（高濂〈瓶花三說〉）、「幽趣」、「幽賞之趣」（普遍用於遊記）、「自適其趣」（徐渭言蘇文忠和陶詩〈酈績溪和詩序〉）、「名士領袖其中若秦、黃、陳、晁輩皆有才、有骨、有趣」（袁中道《珂雪齋近集》卷六〈南北遊詩序〉）、「吾輩業琴不在記博，惟在琴趣，更得其眞」（高濂〈燕閒清賞牋·論文房器具·琴劍〉）……等，所評賞的對象有器物、法帖、瓶花、詩風、名士等。其他如「韻」、「神」、「清」、「佳」、「妙」、「古」、「淡」、「拙」、「精」等字，大致都有如此隨機自由的語彙組構現象。

韻」、「高韻」、「氣韻」、「風神」、「神妙」、「天趣」、「幽趣」、「清賞」、「佳妙」、「古意」、「古風」、「古淡」、「天古」、「古樸」、「古拙」、「精妙」、「奇品」等。由晚明閒賞文獻中常出現的「欲雅反俗」、「高雅絕俗」、「雅俗莫辨」等語句可知，『俗』是用來與『雅』對辯的價值語彙，如「俗」、「不韻」、「無趣」、「不佳」、「不妙」、「板俗」、「惡俗」、「凡俗」、「俗品」、「凡格」、「悅俗眼」、「可厭」、「不入品」、「失古意」、「不入清賞」等語詞，皆是對『俗』義涵的補充性描述。這種雅俗價值對辯的用法，爲文震亨在《長物志》中所喜用：

> 豈令凡俗之品，闌入其中，故必疏其雅潔，可供清玩者數種，令童子愛養餌飼。（《長物志》卷四〈禽魚〉篇）
>
> 古人製几榻，雖長短廣狹不齊，置之齋室，必古雅可愛……今人製作，徒取雕繪文飾以悅俗眼。（《長物志》卷六〈几榻〉篇）
>
> 有寫山水墨梅於上者，此欲雅反俗。（《長物志》卷八〈衣飾〉篇「帳」條）

在晚明歷史中，成爲流行風潮的閒賞文化，吾人可以西方學者米歇·傅柯（Michel Foucault, 1926-1984）所揭示之「話語形構」的運作模式來思考。傅柯爲當代歐洲文化思想史最受矚目的學者之一，他曾提出「考掘學」的理論❷，該理論簡單地說，乃在顯示一「聲明模式」：

---

❷ 傅柯爲當代極有名的思想家，他認爲歷史過程並非一統連貫，必需轉而紀錄策定各事物間分立自處的狀態，表面擾擾，而自另一層次可理出一橫互其間的法則，

決定「話語形構」的背景法則、「聲明主體」所處地位與表達方式
❸。何謂「話語」，傅柯說：

> 我們的歷史文化是由各種各樣的「話語」（discourse）所組
> 成。所謂「話語」指的是一個社會團體根據某些成規以將其意
> 義傳播確立於社會中，並爲其他團體所認識、交會的過程。因
> 此，我們所接觸的各種政教文化、醫農理工的制度，以及思維
> 行動的準則，都可說是形形色色的「話語運作」之表徵❹。
>
> 話語一詞指談話時，說話者將其理念或訊息，以一可以辨認而
> 又組織完整的方式，傳送給一聽者的過程。但傅柯擴大其定
> 義，泛指人類社會中，所有知識訊息之有形或無形的傳遞現

他所提出來的研究策略有二：「考掘學」與「宗譜學」，相對於傳統史學，傅柯
的「考掘學」是一種反歷史性的史學，他將歷史流程空間化，專事挖掘「一統」
體系中的縫隙，暴露「連貫」事件間的漏洞，質疑一道統的個中矛盾，推翻一思
想存在之必然性，傅柯呈現給我們的史觀是一片擾攘紛亂的境界，其間各種事
件、制度、體系相互排擠、重疊、衝突，或並列。「宗譜學」則追溯某一人文社
會現象衍生過程、發展侷限以及制度化的條件，使吾人了解現前的狀態非出於歷
史的必然，而是歷史的偶然。筆者對於傅柯思想理論的初淺認識，得自王德威先
生兩篇導讀性文章：〈淺論傅柯〉、〈「考掘學」與「宗譜學」〉，皆收於《知
識的考掘》（米歇・傅柯著，王德威譯，麥田，民 82 年），另參毛榮富〈勾勒權
力／知識之系譜的雕手——傅柯〉，收入《當代社會思想巨擘》（葉啓政主編，
正中，民 83 年）。

❸ 王德威先生簡單勾勒傅柯「考掘學」的「聲明模式」：決定「話語形構」的背景
法則、「聲明主體」所處地位、表達方式等。引自王德威〈「考掘學」與「宗譜
學」〉一文（出處詳註❷）頁 45。

❹ 本段文字引自同註❷王文頁 45。

象，皆爲話語。……話語互相推衍連結，形成一個可以辨認的
「話語形構」（discursive formation）❺。

社教制度、經濟體系、社會模式及至文化風尙等，思維與行動的方
式，均有「話語形構」從中運作，由此產生特殊的文化認知體系。
「話語運作」理論的機制是「話語形構」，此形構又是由形式五花八
門的「聲明」（statement）所組成，關於「聲明」的特質說明如下：

> 「聲明」不是一個句子，也不是一項命題，它甚而不是一個話
> 語中的固定單位或元素。我們不妨說聲明是一種功能
> （function），此一功能需藉一個句子、一項命題予以具體
> 化……數種不同的句子表達方式可能只重複同一聲明（像飛機
> 上不同國籍的空中小姐以各自的語言述說同一安全措施的「聲
> 明」）。……聲明不能孤立的運作，它永遠是在其它種聲明、
> 句子或命題等形成的關係網絡中才得以顯現其意義，必須仰賴
> 一個相關資訊所構成的空間來加以限定❻。

以上乃是對於傅柯考掘學的利器——「話語運作」的簡要理論呈示。
吾人若以傅柯的觀點而言，「閒賞文化」可視爲晚明歷史社會中眾多
「話語」之一環，若將「閒賞文化」本身視爲一「話語形構」，此一
形構中五花八門的「聲明」，既可以是那些構成閒賞文化生活的基礎

---

❺　本段文字參引自王德威先生〈淺論傅柯〉（出處詳註❷）頁 29。

❻　本段文字摘引自同註❷王文頁 45-47。

主張──養生、審美、娛玩、遊賞等，亦可縮小焦點至閒賞語彙上，如前文所述及之價值語詞：「雅」或「俗」。傅柯的觀點給予筆者的啓示，在於晚明閒賞美學的各種主張互相連結，形成一個可以辨認的「話語形構」，此形構又是由「雅－俗」對舉這樣一個具有價值意識的「聲明」具體表達出來。

儘管「雅－俗」對舉爲晚明閒賞美學此「話語形構」中，具價值功能的「聲明」特性，但就實際意指而言，「雅」、「俗」這樣的用語，經過代代積累，並不具有固定不變的義涵，一個字或詞，一旦脫離了原始字源，成爲文化用語後，因描述對象與使用領域的不同，會有不同的衍生義，必需配合行文脈絡來解讀，始能得眞義，例如對古琴演奏的鑑賞語詞「雅」，可能指的是具有音準精確的技術性義涵，亦可能是對所演奏的琴曲樂調引發的美感之讚賞；而在佛教文獻中所使用的「俗」，其涵義大半是爲了與神職作對照。除此之外，這些歷時久遠的語詞，有時甚至還會有歧義的狀況發生❼。這種情況，在晚明的鑑賞語彙中，亦所在多有，必需在特定的意義脈絡與資訊空間下，才得以顯現其具體內涵。這就如同上述傅柯所言的「聲明不能孤

---

❼　解構主義大師德希達（Jacques Derrida），與傅柯思想有相近處，對西方文化思維的傳統，及其定於一尊的史觀，作大膽的挑戰，致力於揭露傳統中曖昧、斷裂、矛盾的層面，進而顯示意義衍生的龐雜武斷過程。德希達有一重要的觀念「歧異」即是利用法文的多義性來說明此項問題，當語言用於指證一項特定事物時，一方面它似乎將其與別的事物之義作別，但另一方面它所標明的意義卻是語言本身層層牽延的結果，所以我們永遠是在語言的重重衍生意義中打轉，而我們通常以爲眞的一些事物定義，實際上都是經過語言扭曲後的幻象。參引自同註❷王文頁 64 與頁 15。

立的運作……必需仰賴一個相關資訊所構成的空間來加以限定」。

　　以下茲以文震亨的《長物志》為例，說明「雅」「俗」所具有「聲明不能孤立運作」的特性。

　　文震亨以雅俗論室廬建造之種種：素壁雅，畫壁俗；建物樣式外形若四角六角則俗❽；圖案裝飾用菱花形，或羅紋方勝亦為俗；堂簾以溫州湘竹為雅，簾上若繡花、或有字如壽山福海之類則俗；承溜用竹則雅，用木與錫則俗；欄干用木雅，廣池巨浸亦用石為雅；樓板用磚鋪為俗，地屏則以細磚為雅；臨水亭榭以藍絹為幔，紫絹為帳為雅，用布以類酒船及市藥設帳則俗；廊、徑與入門處宜迴曲為雅，平直則為俗等（〈室廬〉篇「總論」條）。在此文中，由於有行文脈絡的輔助，雅與俗的具體內涵顯得清晰得多。雅與俗在此段文字中，所指涉的具體涵義並不一致，有時是宅室的壁面處理、有時是建物的外觀形式、有時是裝飾用的圖案形式、有時是廊徑的走向、有時則成了園宅中不同建物或設施的材質選擇標準。這些雅俗的考量，並非一成不變的，均因物而變易，有時，還會出現相左的情形，例如「石在水中者為貴，歲久為波濤衝擊，皆成空石，面面玲瓏……為雅觀矣」（〈水石〉篇），這段文字是讚賞太湖石自然形成的外觀為雅，但是在築橋時，「太湖石為之亦俗」（〈室廬〉篇）。

　　以上是文震亨在〈室廬〉篇對相關建造物的雅俗看法。同樣呼雅稱俗，用在不同對象上，就有不同的考量原則。同樣與畫相關者，亦

---

❽　文震亨在園居建築方面提出築臺、建亭忌用四角、六角或葫蘆為頂（〈室廬〉篇），鑿小池忌方圓八角諸式（〈水石〉篇），此處的俗，應是指這些建築外觀樣式過分齊整對稱，造成呆板生硬的效果。

有不一的論雅道俗義涵：

> 宋元古畫，斷無此式（按單條），蓋今時俗制而人絕好之，齋
> 中懸掛，俗氣逼人眉睫，果真蹟，亦當減價。（〈書畫〉篇）
> 高齋中僅可置一軸於上，若懸兩壁及左右對列最俗……堂中宜
> 掛大幅橫披，齋中宜小景花鳥，若單條扇面斗方掛屏之類，俱
> 不雅觀。（〈位置〉篇）

〈書畫〉篇所引文，是就裝裱型式而言，宋元古式為雅，今時單條為
俗；〈位置〉篇引文則較複雜，主要是討論懸畫原則：畫幅的形製、
懸掛的處所以及掛法必需互相配合，得宜則雅，否則為俗，以上均未
針對畫面的內容而論，文震亨稱鄭顛仙、張復陽、鍾欽禮、蔣三松、
張平山、汪海雲等人為「畫中邪學」（〈書畫〉篇），才是指陳其畫
面內容。至於琴室之「雅」，又有不同的涵義：

> 古人有於平屋中埋一缸，缸懸鐘以發琴聲者，然不如層樓之
> 下，蓋上有板則聲不散，下空曠則聲透徹。或於喬松、修竹、
> 嚴洞、石室之下，地清境絕，更為雅稱耳。（〈室廬〉篇）

文震亨這段襲自趙希鵠的文字❾，前半段以古琴發聲「上不發散、下

---

❾ 趙希鵠云：「前輩或埋甕於地上鳴琴，此說恐妄傳。蓋彈琴之室，宜實不宜虛，
最宜重樓之下。蓋上有樓板則聲不散，其下空曠清幽則聲透徹。若高堂大廈則聲
散，小閣密室則聲不達，圍圍亭榭尤非所宜。若幽人逸士，於高林大木或嚴洞石

可透徹」的共鳴原理，探討琴室座落屋宅的恰當位置，後半段則將彈琴的地方移至大自然中，藉著松竹泉石之幽境景致，將古琴特有的音質襯托出來，文震亨以為這樣的環境設計，比只考量琴聲的共鳴發散而置於層樓中，更勝一籌。文中認為如此的琴室環境設計是雅，「雅」在此處的涵義，已不只是琴聲能否充分表達出來而已，而是經營彈琴時以聽覺為主的整體美感氣氛，文震亨對於琴室的自然環境設計，同樣地若將禽鳥置入茂林高樹間，使禽鳥將原始自然的天性表露出來❿，這也是對於賞鳥的美感整體塑造。但是這與上述室廬建築中圖案、樣式、材質各層面中所謂的雅的涵義，有著明顯的不同⓫。

(二) 「聲明」特性之二：「古」「雅」相互涵攝

上文由傅柯「話語形構」的觀點闡釋「雅－俗」對舉為晚明閒賞美學具有價值意識的「聲明」，本節將再進一步，在這個「聲明」特性中，納進「古」意的討論。首先，在《長物志》中有一段關於「雅」與「古」的關係，值得注意：

室之下，地幽境寂，更有泉石之勝，則琴聲愈清，與廣寒月殿何異也。」（《洞天清祿集》〈古琴辨〉）

❿ 「余謂有禽癖者，當覓茂林高樹，聽其自然弄聲，尤覺可愛。」（〈禽魚〉篇）

⓫ 吾人簡單整理歸納在《長物志》中價值語彙出現的場合，大致有：顏色（淡素與艷麗）、功能（適用與不可用或不堪用）、材質與裝飾（各依器物而有所不同，大致漆金、鍍銀為俗）、圖案樣式（以自然具畫意者為雅，而單調板硬者為俗）、造形（大致上以四角、六角、八角、菱形之對稱形為俗）、氣味（以如出現在涉及生計之書肆或酒肆上者、所用之器如酒帘、藥罐等具市販屠沽氣者為俗）、時宜（合即雅與不合即俗）。

> 宋元古畫，斷無此式（按單條），蓋今時俗制而人絕好之，齋中
> 懸掛，俗氣逼人眉睫，果眞蹟，亦當減價。（〈書畫〉篇）
> 古人製几榻，雖長短廣狹不齊，置之齋室，必古雅可愛……今
> 人製作，徒取雕繪文飾，以悅俗眼，而古制蕩然。（〈几榻〉
> 篇）

〈書畫〉篇指出當時流行的單條是畫幅裝裱的型式，宋元時無此式，
故即使是眞蹟，若裱成單條就不雅。〈几榻〉篇中，有兩層涵義：第
一、要用古人的法式⑫；第二、不要只注重雕繪文飾。因此他說：
「（榻）照舊式製成俱可用，一改長大諸式，雖曰美觀，俱落俗套」
（〈几榻〉篇），由此可知，美觀與否並非雅之必要條件，能否照舊
式製作，才是雅的關鍵，可見得「古」是「雅」相當重要的一個成
分，又例如同樣用漆，「（書桌）漆者尤俗」，「（方桌）舊漆者最
佳」（〈几榻〉篇），並非漆本身是俗物，用在書桌，因爲古制無，
故俗，用在方桌，因舊制有，故佳。這就是「古雅」的意義。

「古」，有時指的是具體的古制所有⑬，有時則不一定舉得出具

---

⑫　「屏風之制最古，以大理石鑲下座精細者爲貴，次則祁陽石，又次則花蕊石，不
　　得舊者，亦須倣舊式爲之，若紙糊及圍屛木屏俱不入品」（〈几榻〉篇），此處
　　則完全依古式爲賞鑑的標準。

⑬　如：「以文木如梨花、鐵梨、香楠等木爲之，第以闊大爲貴，長不可過八尺，厚
　　不可過五寸，飛角處不可太尖須平圓，乃古式」（〈几榻〉篇「天然几」條），
　　又如「倭箱黑漆嵌金銀片大者盈尺，其鉸釘鎖鑰俱奇巧絕倫，以置古玉重器或晉
　　唐小卷最宜……古雅」（同上「箱」條）。

體的古制型式❹，後者僅就或用色，或樣式，或飾紋，或材質等局部，其能喚起意識中的古味即可，換言之，這類的某個局部，曾經在作者觀賞古物的經驗中出現，或是對於經眼古物的點滴記憶，積累形成的籠統印象。不論是具體的古制型式或是古物籠統印象的經驗再現，就有「古雅」、「淡雅」、「神妙」、「天趣」、「幽趣」、「古意」、「古風」、「古淡」、「天古」、「古樸」、「古拙」等賞鑑語彙的表陳。一般認為，「古」物均「古拙」，應是簡素、純樸、天工自然、拙於工巧的，因此與雕琢精巧是相矛盾的，事實不然，例如：文震亨稱讚宋代的瓷器雕刻「精妙」，所刻山水樓閣人物鳥獸，皆儼若圖畫，極為佳絕，而明代園廠所製刀法，雖視宋尚隔一籌，然亦稱精細，然而「若一涉竹木，便非所貴，至於雕刻果核，雖極人工之巧，終是惡道」（〈器具〉篇），具有同樣精巧的雕工，用在瓷器上，則是古雅，用在竹木果雕上，則淪入惡道，不能忽略賞鑑對象的特質，只就雕匠的工夫遽以評定雅俗。

因此，「古」亦可視為閒賞文化「話語形構」中的一個「聲明」，必需掌握住特定的意義脈絡與資訊空間，「不能孤立地運作」。同樣地「龍泉窯甚厚，不易茅蔑，第工匠稍拙，不甚古雅」（〈器具〉篇），乍見此文，似乎會混淆「古拙」一詞的理解，其實此處的「拙」，並非「古拙」之「拙」，是指技巧的拙劣；而「古拙」之「拙」，則是指不流露出人工意味的樸素。必需如此理解，才

---

❹ 如：「倭人所製，種類大小不一，極古雅精麗，有鍍金鑲四角者，有嵌金銀片者，有暗花者。」（〈几榻〉篇「臺几」條），所言僅局部，又如：「有日本製俱自然古雅」（〈几榻〉篇「佛櫥佛桌」條），則只言一概括印象。

能與「古雅」連上關係。

　　由上文的分析可知，「古」是決定「雅」「俗」的必要條件，在意義指涉上，「古」「雅」幾乎可說是同義字，在此「古」與「雅」二語詞則相互涵攝，既指古式所有，亦指古式所帶來的優雅美感。有時又像是兩個平行的獨立用語：

　　　　凳亦用狹邊廂者爲雅，以川柏爲心，以烏木鑲之最古。（〈几榻〉篇）

　　　　藏書櫥須可容萬卷，愈闊愈古，惟深僅可容一冊，即闊至丈餘，門必用二扇，不可用四及六。小櫥以有座者爲雅，四足差俗。（〈几榻〉篇）

也許在這兩段行文中，「古」「雅」二字在深層意義上是可相互涵攝的，既指古式所有，亦指古式所帶來的優雅美感。但作者有意分開對舉，似乎別有用意，當用「古」字時，特別強調古制的意義指涉，而用「雅」字時，則將指涉重點放在樣式的優美上。這裡提醒讀者，雖然絕大部分的時候，「古」「雅」是互相涵攝、互相指涉的，但並不絕對，不「古」之物，不必定不「雅」，亦即「雅」意不一定只有「古」味之物始能提供，而有些「古」物則根本不「雅」。

　　在文震亨眼中看來，有些古物並不適於今用❶，若再加上不美觀，就很難地稱其爲雅物了，這些不雅的古式之物，以文房用具最

---

❶　「更見元製榻有長一丈五尺闊二尺餘，上無屏者，蓋古人連床夜臥以足抵足，其製亦古，然今卻不適用。」（〈几榻〉篇）

多，例如：

> （筆筒）有鼓樣，中有孔插筆及墨者，雖舊物亦不雅觀。（〈器具〉篇）
>
> （筆屏）鑲以插筆，亦不雅觀，廢此式可也。（同上）
>
> 筆床之製，世不多見，有古鎏金者長六七寸，高寸二分，闊二寸餘，上可臥筆四矢，然形如一架，最不美觀，即舊式可廢也。（同上）

前文甫述及美觀與否並非「雅」之必要條件，能否照舊（「古」）式製作，才是雅的關鍵；此處則相反，「雅」又越過「古」，成爲賞鑑的最終考量。除了不適用、不美觀之外，古物尚有一類不但不可用，亦不可賞愛者，乃墓中之物：

> 有舊窯枕，長二尺五寸闊六寸者可用，長一尺者謂之尺枕，乃古墓中物，不可用也。（〈器具〉篇）

墓中物不可用，牽涉到明人避忌信仰的問題，活者的世界不但不可與死者的世界混淆，也必需與與神祇的世界劃清界限⓰。

古意能興起人對於自然天趣的嚮往，但有時古意的選擇高過自

⓰ 「（欄干）石欄最古，第近於琳宮梵宇，及人家冢墓傍，或可用，然不如石蓮柱木欄最雅」（〈室廬〉篇），文震亨認爲因石欄爲廟宇與冢墓習用之故，故減損其古意之美，反不如木欄爲雅。

然：

> （如意）古人用以指揮向往或防不測，故煉鐵爲之，非直美觀
> 而已，得舊鐵如意，尚有金銀錯或隱或見，古色濛然者最佳。
> 至如天生樹枝竹鞭等制，皆廢物也。（〈器具〉篇）

天然的樹枝竹鞭如意，不如古人曾以煉鐵錯金錯銀所製成者，可見得
所謂的平淡天眞與樸素自然，必需包含人文意義在內，並非原始的自
然。「古」「雅」相互涵攝，必需由這個意義來理解。

(三) 文人之「主體操控」

由上文分析看來，「古」與「雅」人文意義的語彙結合與涵義指
涉，實與發言者的身分關係密切，茲引下文以說明：

> （欄干）卍字者宜閨閣中，不甚古雅。（〈室廬〉篇）
> 此鳥（鸚鵡能言）及錦雞、孔雀、倒掛、吐綬諸種，皆斷爲閨
> 閣中物，非幽人所需也。（〈禽魚〉篇）
> （香筒）雕花鳥竹石略以古簡爲貴，若太涉脂粉或雕鏤故事人
> 物，便稱俗品。（〈器具〉篇）

前兩則提出或是器物圖案，或是禽鳥種類，若有閨閣味與脂粉氣沾染
者，便俗而不雅，文士所使用的香筒，其上雕繪的花鳥竹石必需簡
樸，亦不可在用色與形態上有閨秀脂粉的氣味，體裁亦不宜故事與人
物。韻士與俗隸本就有很清楚的生活界限：

> 圖書鼎彝之屬，亦須安設得所，方如圖畫，雲林清閟高梧古石
> 中，僅一几一榻……故韻士所居，入門便有一種高雅絕俗之
> 趣，若使之前堂養雞牧豕，而後庭侈言澆花洗石，政不如凝塵
> 滿案，環堵四壁，猶有一種蕭寂氣味耳。（〈位置〉篇）

文中所言乃對韻俗之士家宅佈置的簡述，「雅」與「俗」在此作了生
活內容的對比，文士所從事的是文化雅事，而養雞牧豕，澆花洗石，
則是皂隸所爲的俗事。若要韻士牧雞養豕澆花洗石等俗事，不如任居
室凝塵環堵，尚有蕭寂氣味。在《長物志》中，文震亨對於茶與蔬茶
之味道，僅以「佳」、「美」與「惡」判言，無涉「雅」「俗」，但
茶罏、湯瓶、茶壺、茶盞等茶具，因材質與形製之合古式與否作爲雅
俗的評斷❼，而盛蔬茶酒食的器皿：「酒鎗皿盒皆須古雅精潔，不可
毫涉市販之屠沽氣」（〈蔬茶〉篇），「古雅精潔」必需由文人所
認知的傳統素養而來，「市販之屠沽氣」則屬於卑陋的俗世營生層
面。

歸結來說，「古」與「雅」兩個語詞的意義彼此涵攝增強，並包
含與「古」「雅」意義關聯之「韻」、「神」、「趣」、「清」、
「佳」、「妙」、「淡」、「拙」、「精」等語彙在內的義涵，因
此，由閒賞文獻所顯示的語彙型式看來，不論是否由具體的古代法式
所來，雅物所喚起的總體美感，不能不說與文人心中所積澱出來的
「古味」有密切關連。

晚明閒賞美學以（鄉紳）文人階層爲主導核心，就話語形構運作

---

❼　參見《長物志》卷十二〈香茗〉篇「茶罏湯瓶」、「茶壺」、「茶盞」等條。

的觀點而言，亦符合傅柯所謂權力的過程，意指話語運作時的「主體操控」。晚明的閒賞文獻中最具代表性的「聲明」——古雅，的確經由實際掌握發言權的文人階層所操縱、轉換、重複、融合❸，這種權力運作的過程，習於採取一種對立競爭的語彙措施，即謂「所含括或排斥的事物狀態永遠處在相對立競爭的局面中」❹，這是閒賞文獻中最常見的語彙策略，即如吾文以上所提出的敘述模式：

【『某物』『如何』爲『雅』，『某物』『如何』則爲『俗』。】

說雅，必有俗作對照；道拙，必舉巧作對照；言古，必有今作對照；論眞，必舉僞作對照；趣與無趣，韻與不韻……等，皆是以含括與排斥的語彙對舉方式來呈顯閒賞文化的義涵。

結語：「稀釋」作用

晚明文人爲閒賞文獻所擬定的語彙模式、以及賞鑑語彙中最重要之二合一的「聲明」單位：「古雅」，均具有傅柯所謂話語的「稀釋」❹作用，原來隱藏在賞鑑語彙下的意義結構，是千頭萬緒、指涉

---

❸　傅柯所謂的「聲明」：「不是抽象沈默的東西，它總是藉著實體媒介（符號、聲音、行動……）來提醒我們它的存在……可以爲經手使用者來操縱、轉換、改變、融合、重複，或甚而銷毀」。參見同註❷頁47。

❹　傅柯說：「話語的本質永遠是動態的、意有所圖的。被話語所含括或排斥的事物狀態永遠是處在相對立競爭的局面中（如瘋狂與理性之爭），它並隱含了權力的過程。」引自同註❷王文頁30。

❹　傅柯所謂話語的「稀釋」作用，是指「在表面上似乎是有頭（說話者）有尾（聽

龐雜的，吾人可由前文一再表述之意義脈絡與資訊空間的解釋途徑可見一斑，但經過文人們「稀釋」作用，即將此豐富的義涵簡化成具有完整中心意指的幻象，以供讀者迅速接納。因此「古」、「雅」、「韻」、「趣」等賞鑑語彙，普遍適用於各種不同的賞鑑對象之上，像宣言一般，爲一般大眾所迅速接納。

另一方面，話語的「稀釋」過程，傅柯提出的兩點特性值得注意：第一、評論性質，亦即話語的產生都是對前已存在之話語的一個回響、一項詮釋；第二、話語乃一個廣大的作者群稀釋的結果❷。這兩個特性，給予晚明閒賞美學的語彙策略運用一個更深切的思考，適足道出晚明閒賞文獻的由來與著述特質。當時閒賞著作的內容泰半得自於對傳統文獻的回響、詮釋與補足❷，而抄錄與整編的著述特質，

者），而其所傳送的訊息亦清晰可辨，但實際隱藏在每一話語下的意義結構，卻是千頭萬緒、指涉龐雜的。因此，話語的一大特色，就是賦予訊息或知識一個開端和結束，進而製造一「完整」、有中心思想的幻象，以供聽者的迅速接納，……此一現象稱爲「稀釋」（rarefaction），參見同註❷王文頁30-33。

❷ 傅柯認爲：「『稀釋』使話語看起來卓有創見、言之成理……有三大方向。第一……是評論，所謂評論是指話語的產生都是對前已存在之話語的一個回響、一項詮釋。第二項……是作者觀的建立，事實上，作者只是一個話語的功能而非源頭，一篇作品（或一項話語）的產生並不能看作是作者一人的成就，而是超乎作者之，上一個廣大的作者群之話語稀釋的結果。」參引自同註❷王文頁30-33。

❷ 吾人查考前代之賞鑑文獻，發現晚明文人的許多賞鑑品類得自前人甚多，例如山居生活清賞類之著如唐李德裕之《平泉山居記》、皇甫松之《醉鄉日月》、宋林洪之《山家清供》、《山家清事》等書；譜錄類至宋代極盛如作者不詳之《相鶴經》、傳師曠著之《禽經》、宋杜季陽之《雲林石譜》、宋周敘之《洛陽花木記》、宋朱肱之《酒經》、宋徽宗之《大觀茶錄》、宋黃儒之《品茶要錄》、宋王貴學之《王氏蘭譜》、宋陳達叟之《疏食譜》、宋范纂之《端溪硯譜》等，其

亦表示這類文獻乃由幕後的廣大作者群——前代與當代無數文人所共同組成❷。由此，吾人在面對晚明閒賞文獻的作者時，應同時意識到所面對的是這些作者們背後所串聯形成的群體結構與文化性❷。

　　記載的品鑑內容，均可在晚明以高濂《遵生八牋》爲代表的賞鑑著作中，得到進一步地引述補充與評論。

❷　筆者曾比對晚明幾部賞鑑美學代表性著作如高濂的《遵生八牋》、張應文的《清祕藏》、屠隆的《考槃餘事》、文震亨的《長物志》、袁宏道的《瓶史》等，發現後四本對高濂書有很大程度的襲錄痕跡，而《遵生八牋》的文字亦來自前人如趙希鵠《洞天清祿集》甚多，顯示當時的賞鑑文獻所具有的廣大作者群特質。詳參本書第附錄之相關附表。

❷　當代思想理論家羅蘭·巴特（Roland Barthes, 1915-1980）是本世紀文學界極具創新見解的理論學者，他將傳統以來知人論世的作者意義加以解構，他認爲，作者所有意義與價值，皆是外在附加上的，而非其本身擁有，他以「文本」的繁雜特性，否定了作者在作品中的單一聲音及自主創造性，主張讀者爲中心的前提，否定以作者爲主的詮釋，由此則導論出文本意義開放的思考，這些觀念，在他最具爆炸性的一篇文章〈作者之死〉（The Death of Author）中表露無遺。關於巴特的理論介紹，詳參孫小玉〈解鈴？繫鈴？——羅蘭巴特〉一文，收於《文學的後設思考》（呂正惠主編，正中，民 82 年）。準此，吾人以爲傅柯對於作者觀的看法，與羅蘭·巴特的作者觀有不謀而合之處，他認爲作者確實是意識形態的工具，因爲「作者」的名稱，在不同的時代，不同的學科領域中，都有不同的意義和功用，作者的角色是功能性的，而非自主性的。因此極被推崇之作家的「創造」本質，便被更大的群體結構或文化性所泯滅。關於「作者」之説明文字，亦參引自孫文頁 88。

晚明閒賞美學之品味鑑識系統*

引 言

　　晚明文人普遍嚮往追求著閒適遊隱、清雅玩賞之「燕閒清賞」的生活模式，當時的美學，具有「閒賞」之特有風格❶，文人們喜以能喚引美感欣趣❷的事物與心態，來裝點閒適無擾的日常起居生活，或遊山玩水、尋花品泉、採石試茗；或焚香對月、洗硯弄墨、鼓琴蓄鶴；或摩挲古玩、擺設書齋、佈置園林；無論品賞書畫鼎彝、山水茆亭；或是欣慕美人的情態，乃至對懶、狂、癖、癡、拙、傲各類偏至

---

*　本論文已刊登於《國立編譯館館刊》第二十六卷第二期，頁 239-264，民國 86 年
　　12 月出刊。

❶　筆者由高濂〈燕閒清賞牋〉之書名，以及《四庫提要》獲得啓發，《四庫提要》
　　云：「卷十四至十六曰燕閒清賞牋，皆論賞鑑清玩之事……書中所載，專以供閒
　　適消遣之用」，四庫館臣爲該書拈出「賞鑑清玩之事」與「閒適消遣之用」二
　　語，適足爲當時的美學標出風格意涵。筆者以爲「閒賞」爲晚明美學特有的風格
　　意涵，詳參毛文芳著《晚明閒賞美學研究》，師大國研所博士論文，民 86 年。

❷　牟宗三先生提出「美學的判斷」、「欣趣判斷」來魏晉劉劭的《人物志》，先生
　　以爲《人物志》對才性的品鑑，是美感的品鑑，其中所用的品鑑詞語，皆爲欣趣
　　判斷的詞語，先生將美感欣趣濃縮爲「美趣」一詞，詳見牟先生著《才性與玄
　　理》（學生，民 78 年）第二章〈「人物志」之系統的解析〉。

人格的激賞，均被晚明文人納入美感欣趣的物類範疇中，以充實生活中的審美經驗。

　　審美經驗，由理解審美對象出發，經由共通感的作用而進入鑑賞，鑑賞必涉及判斷，然而此判斷並不是錙銖必較的科學衡量，而是以「品味」的方式來完成。何謂「品味」呢？據西人 H.伽達瑪（Hans-Georg Gadamer）的說法，「品味」就是一種認識方式，是「顧及到某個整體地對單個事物的判斷」，在對其應進行判斷概括的單個事物中領會到了普遍的東西❸。晚明文人的審美品味，所謂「顧及到某個整體地對單個事物的判斷」，是指文人在進行賞鑑判斷時，面對單個審美對象時，有一潛藏於審美主體內在的普遍原理提供判斷依據，這個潛藏的普遍原理來自傳統──「古」，文人是以傳統文化積澱出來的整體美感，來進行對每一單個審美對象的品味，然此準則用在不同的對象身上時，必需作適度的修正與補足。

---

❸　根據 H.伽達瑪（Hans-Georg Gadamer）之說，由於人處於不斷的「教化」過程裡，因而人的藝術經驗中就有「理解」現象發生；「理解」活動又是在具體情形中達到共同性的感覺，此乃「共通感」；而「共通感」的出發，又是由「判斷力」所決定，「判斷力」是要在個別中見出一般；「判斷力」的活動，它並不依據某個普遍準則（抽象概念）進行，而是以「品味」的方式進行。而「品味」的認知方式中，並無某個普遍準則存在，即使有，人們亦不是一下子就看到它，品味只是「顧及到某個整體地對單個事物的判斷」，因而，關鍵的、起決定作用的並非普遍準則，而是具體情形，具體判斷的同時，對普遍的準則具有一獨特的創造性功能，即修正與充實這普遍準則。因此，藝術的理解活動能夠修正和充實對象。關於伽達瑪的藝術理解與詮釋，詳參 H.伽達瑪著，吳文勇譯《真理與方法》（南方，民 77 年）〈譯序〉一文，頁 6-8。

美的鑑識向無定評，不但對女子形貌容止的品評會因時而異❹，即使對山水景致的美賞，亦眾口紛紜，袁中郎曾經舉出古人與好友對山水美刺的差異：

> 百粵山水清佳，然韓退之以爲青羅碧玉，而柳柳州擬之劍芒，美刺殊遠。往曾問之漢陽蕭仲子云：如太湖巧石，堆疊而成，而瞿洞觀云：瀟湘以上，山削水狹，不如吳越之清遠，兩公賞鑑亦別。（《袁中郎全集》卷二十四〈尺牘〉「與張日觀少參」條）

儘管對於「古」之共通感，可視爲晚明文人共具之審美品味，但用在具體審美判斷時，會因種種考量條件而有歧異❺。在上面引文

---

❹ 環肥燕瘦，是歷史上極有名的例子，「女子長者，明德馬皇后和熙鄧皇后，俱七尺三寸，劉曜劉皇后七尺八寸，俱以美著稱，若今則不以爲雅矣。劉曜長九尺四寸，庶幾相稱」（《弇州山人四部稿》卷一六六〈宛委餘編〉），這是王世貞舉出古今對女子身長美否的認定差異。

❺ 以《長物志》爲例，該書爲文震亨美學品味的紀錄，該書就是文震亨對審美對象的認識方式，因爲不同的審美對象，會有不同的品味考慮，綜觀全書，吾人將其品味方式與步驟作一提綱式的整理如下：

鑑定真僞，判定年代
品藻優劣高下（雅俗）
描述形制，種類，用途，刻工，材質，技術
考證由來
價錢
賞析語言（意象批評，情境種類）
評價得失

以上，可視爲文震亨品味鑑識的一套過程。

中，同樣以山水作為品賞對象，古人韓、柳與今人蕭、瞿亦無法給予定評，其中所牽涉到的，就是審美主體內在的品味。晚明美學文獻所呈現出來的品味模式為何？一般而言，文人對於賞鑑對象的審美方式，並不採取嚴謹的論物判斷，本論文提出「比較」、「宜稱」與「換位」等三種模式，為晚明閒賞美學之品味鑑識系統，試作解析。

「比較」的品味系統之下，筆者依文獻所呈現的敘述習性，釐析為『分品』與『別類』兩種鑑藻模式。「宜稱」的品味系統，在表訴當時最重要之「相宜相稱」的觀念，所謂「相宜相稱」，不僅是對單一賞鑑對象的注意，而是對於並列的兩組（或更多）事物配合的考慮，講求為賞鑑對象提出相配相稱以供對照之審美條件，本節分別由時宜、瓶花之宜、合於古制與物理、位置得宜、相互配稱之美感強化等諸層面闡述「宜稱」的品味模式。「越位」的品味系統，討論了不同審美對象之間美感橫越的情形，例如文人在山水遊歷時，經常以美景來印證古畫或鼎彝、雕玉等，有時喜以人的各種風度氣質，或是美人的美貌容態作為美感「換位」之憑介，美人與花二者因具有共通的特質，因此換位可帶來相互滲透的美感。審美主體在審美對象之「越位」中，獲致了相加相乘的美感體驗。

一、品味鑑識系統之一：「比較」

㈠　『分品』與『別類』兩種敘述模式的探討

晚明文人對於生活周遭紛陳的豐富物類，並不輕易放過，總要對其好好品賞一番，這些物類不勝繁舉，文人對於審美鑑識對象的比

較，具體表現在『分品』與『別類』兩種不同的方式上，前者在分別對象物的優劣高下或標出次第，後者則依據某些特性而作類型歸納。在晚明閒賞文獻的敘述模式中，以後者的比例居多。

首先討論『分品』的敘述模式，可概略分為以下兩種句式：

1.「某甲極古雅，某乙不甚佳」（簡式：「某甲比某乙好」；或式：「某乙不及某甲」）

2.「某甲為上品，某乙為中品，某丙為下品」（簡式：「某甲為第一品或最上品」，但未言其他次品，僅標出第一級而已）

第一式常表現在辨古偽（真贗）、別雅俗的比較上，第二式則有清楚的品級序列，此二式性質相同，均對不同的賞鑑物作出優劣高下的比較，物類之間的關係是垂直的，有賞鑑者之價值評判在內。

關於『別類』的敘述模式，簡化為以下二式：

1.「某甲如何也；某乙如何也；某丙如何也；某丁如何也……」

2.「某甲某乙某丙 x 也；某丁某戊某己 y 也；某庚某辛某壬 y 也……」

在這兩個語式中，某甲、某乙、某丙、某丁、某戊、某己等，均為賞鑑的對象物，第一式之「如何如何」也，是該些物類各自的美感特質描述，第二式的 x、y、z，大半是美感氣味與風格的類型歸納，這種敘述方式能充分表現出賞鑑者對物類美感的敏銳辨察，由於各類型彼此之間的關係是平列的，並不隱含價值評判在內。

以下分別考察文獻中，『分品』與『別類』兩種比較方式的具體情況。

㈡ 分品

分品，簡單來說就是價值的分判與品級的擬定，例如品花：

> 牡丹豐艷有餘，而風韻微乏，幽不及蘭，骨不及梅，清不及海
> 棠，媚不及荼蘼，而世輒以花之王者，富貴氣色易以動人故
> 也，芍藥雖草本，而一種妖媚丰神，殊出牡丹之右，譬之名姬
> 嬌婢，侍君夫人之側。（《五雜俎》卷十〈物部〉）

謝肇淛以牡丹爲核心，分別與蘭、梅、海棠、荼蘼、芍藥等花作比
較，發現牡丹之所以被世人稱爲花中之王，僅是因爲其富貴氣色較能
引發世俗大眾的喜愛罷了，於幽、骨、清、媚、丰神等各方面的氣質
仍有不及他花之處，總體的風韻仍嫌不足。袁宏道的《瓶史》卷下
〈品第〉條，則對各種花類，標出最上品者，如「梅以重葉綠萼玉蝶
百葉緗梅爲上，海棠以西府紫錦爲上」。這種比較，牽涉到價值評
斷，通常舉古式作典型，由形制、圖案鑲紋、用途功能等層面進行總
體比較，而以雅俗分判的語彙型式作結，這種雅俗分判的賞鑑型式，
有時會集中在對眞品與贋品的對舉之上，如張應文的《清祕藏》便是
一個典型，例如「金鐵不入」爲眞玉（〈論玉〉條），「古銅聲微而
清，新銅聲濁而鬨，古銅並無腥氣，出土尙帶土氣，久則否，僞作者
試熱磨手心以擦之，銅腥觸鼻可畏」，「有古器款識，稍或模糊，必
是僞作」（〈論古銅器〉條）；另又針對色澤、受糊處紙性、裂紋形
式等數個特點，辨識眞僞古紙古絹（〈論古紙絹素〉條）等。眞品爲
古爲雅，贋品爲俗，因此眞贋的對舉，仍可列入雅俗分判的語彙架構

中。

價值評斷的型式，有時以品級序列❻表出：

> 屏風之制最古，以大理鑲下座精細者爲貴，次則祁陽石，又次
> 則花蕊石，不得舊者，亦須倣舊式爲之，若紙糊及圍屏、木
> 屏，俱不入品。（《長物志》〈几榻〉篇「屏」條）

文震亨在此爲六種材質標出屏風雅俗的品級序列，這種價值比較的賞
鑑型式十分常見，或品不同的石種❼、或品古今之扇❽、或品硯材❾、
墨質❿、或品茶種⓫、酒味⓬、或甚至品鑑丹砂⓭等，不一而足，亦有

---

❻ 張丑《瓶花譜》中有〈品瓶〉、〈品花〉兩條，〈品瓶〉部分，雖無具體的品級
　序列，惟談論花瓶之材質，用法，實有優劣判斷在內，而〈品花〉部分，則列九
　品，張云：「今譜瓶花，例當別品，錄其入供者得數十種，亦以九品九命次第
　之」，云各品列花之清單數種不一，每種稱一命，共有一至九九個次第。

❼ 文震亨云：「石以靈璧爲上，英石次之，二種品甚貴，購之頗艱，大者尤不易，
　得高踰數尺者，便屬奇品，小者可置几案間，色如漆，聲如玉者最佳，橫石以蠟
　地而峰巒峭拔者爲上，俗言靈璧無峰，英石無坡，以余所見，亦不盡然……近更
　有以大塊辰砂石青石綠爲研山盆石最俗。」（《長物志》〈水石〉篇「品石」
　條）

❽ 謝肇淛曾經爲古今品扇，古代貴族用羽毛扇：漢時乘輿用雉尾扇，周昭王聚鵲翅
　爲扇，諸葛武侯執白羽扇；今世輒以毛扇爲賤品。當時宮庭與文化界惟吳、蜀扇
　最盛行，吳扇泥金，最宜書畫，以竹爲骨，蜀扇可能爲錦製，故爲婦女手中耳。
　謝表示了古今對毛扇的重視與輕賤，以及當時宮庭貴蜀扇，文壇重吳扇的情形，
　參見《五雜俎》（臺北：偉文，民國66年）卷十二〈物部〉4，頁306。

❾ 謝肇淛品古今硯材：「楊雄……用鐵硯，東魏孝靜帝用銅硯，景龍文館用銀硯，
　今天下官署皆用錫硯，俗陋甚矣。」（《五雜俎》卷十二〈物部〉4，頁300）

❿ 謝肇淛比較晚明兩大製墨名家：「方于魯有墨譜，其紋式精巧，細入毫髮……程

以美感經驗作爲品評的對象，如袁中郎云：「茗賞者上也，譚賞者次也，酒賞者下也」（〈瓶史〉卷下「清賞」篇）。

㈢　別類

1.細膩區別賞鑑品類

晚明閒賞美學所用的品味鑑識模式，除了「分品」所代表的價值分判與品級排序之外，尚有對於賞鑑對象特性的鑑藻，這可以植物譜錄類型的敍述模式作爲代表，以下舉高濂〈燕閒清賞牋〉「四時花紀」中數段文字加以說明：

> （笑靨花）花細如豆，一條千花，望之若堆雪，然無子可種，
> 　根窠叢生，茂者數十條，以原根劈作數墩，分種易活。
> （紫藤花）花深紫色，柔條可愛，夏開一簇，葩艷輕盈，作架
> 　植之，蔓延若錦。
> （枳殼花）花細而香，聞之破鬱結，籬傍種之，實可入藥。
> （梨花）有香臭二種，其梨之妙者，花不作氣，醉月欹風，含

君房作墨苑以勝之……然論墨品……恐程終不勝方耳」（《五雜俎》卷十二〈物
部〉4，頁 303），此條文字中，謝同時論斷方程二人之人品，雖然當時傳聞方于
魯早年學製墨於程，後來程因坐獄，疑方所爲，故恨其負義，然謝肇淛仍以爲墨
品與人品，程均不及方。

⓫　「品之最優者，以沈香岕茶爲首」。（《長物志》〈香茗〉篇）

⓬　「酒以淡爲上，苦冽次之，甘者最下」。（《五雜俎》卷十一〈物部〉3，頁
272）

⓭　李日華《六研齋三筆》卷三舉出若能服上品丹砂，自然魄煉尸滅，神怡體輕，永
爲上眞之飛仙也。

煙帶雨，瀟洒丰神，莫可與並。

（李花）有青霄李、御黃李，李之上品也，若紫粉小青皆下品
也。

（茶蘼花）大朵色白千瓣而香，枝梗多刺，詩云：開到荼蘼花
事盡，爲當春盡時開耳。

在高濂〈四時花紀〉的大篇幅中，筆者藉用以上六段文字以簡馭繁，
尋繹出作者鑑藻的手法，大致包含了「名稱－形貌－美感－生態－典
故－栽法－用途」的敘述結構，詳見下圖：

名稱	梨花、紫藤花……
形貌	細如豆、深紫色、枝梗多刺、大朵白色千瓣……
美感	若堆雪、蔓延若錦、醉月歓風、含煙帶雨……
生態（亦包括時令、品種、品級）	根窠叢生、夏開一簇、有香臭二種、李之上品、下品……
典故	如開到荼蘼花事盡……
栽法	劈根分種、作架植之、剪枝、除蟲、澆法……
用途	入藥、止渴、蒸茶……

高濂這種品賞花卉的敘述結構，繼承了宋代以降植物譜錄的體式，雖
然仍被爲後來文震亨的《長物志》所承襲，但《長物志》卷二〈花
木〉篇各條，則有著不同於以往、較濃厚的價值區判在內，試舉例說
明如下：

> 玫瑰一名徘徊花，以結為香囊，芬氳不絕，然實非幽人所宜
> 佩，嫩條叢刺，不甚雅觀，花色亦俗，宜充食品，不宜簪帶。

類似玫瑰的描述，又如「（鳳仙）花紅能染指甲，然亦非美人所
宜」、「西湖柳亦佳，頗涉脂粉氣」；也有對栽植法的評價：「（芙
蓉）池岸臨水為佳，若他處植之，絕無丰致」、「（山茶）人家多以
配玉蘭，以其花同時，而紅白爛然差俗」、「（桃）池邊宜多植，若
桃柳相間便俗」……等，文震亨在此對於花木帶有價值區判的品賞
法，實際上應歸屬於「分品」的鑑藻模式。

　　以上所舉高濂〈四時花紀〉植物譜錄類型的品賞法，與晚明文人
普遍留意物性與博古傾向有著密切的關係。對於物賦予細膩的關注與
觀察，表現在品賞方面，自然就是對身旁周遭物象細密的分類，首先
由文人切身的文房用物說起。謝肇淛曾言宋代諸帝留心翰墨，故文房
製紙皆精工，列出一長串不同地區製紙的品名，除了澄心堂紙外，蜀
有玉版、貢餘、經屑、表光；歙有墨光、冰翼、白滑、凝光；越有竹
紙、江南有楮皮紙、溫州有蠲紙、廣都有竹絲紙、循州有藤紙、常州
有雲母紙，此外又有香皮紙、苔紙、桑皮紙、芨皮紙等……（《五雜
俎》卷十二〈物部〉）；亦曾細數古人用筆材質之種類：鼠鬚、狸毛
心、胎髮、鹿毛、人鬚、羊鬚等，又有豐狐、龍筋、虎僕、猩猩毛、
狼毫、鴨毛、雀雉毛等（參見《五雜俎》卷十二〈物部〉）。除了為
文房用物列清單之外，對於物的特性，有細緻的描述，例如不同紙品
質地的比較：

> 綿料白紙頗耐，然澀而滯筆；古人箋多研光，取其不留也；華

亭粉箋，歲久模糊愈不可堪，蜀薛濤箋亦澀，然著墨即乾……
高麗繭紙，膩粉可喜……然歲久則蛀。（《五雜俎》卷十二〈物
部〉）

評硯，則極盡分類歸納之能事：

馬肝，龍卵，色之正也；月暈，星涵，姿之奇也；魚躍，雲
興，石之怪也；結鄰，璧友，名之佳也；稠桑，栗岡，地之僻
也；金月，雲峰，製之巧也；芝生，虹飲，器之瑞也；青鐵，
浮楂，質之詭也……（《五雜俎》卷十二〈物部〉）

古人根據採石、製硯過程中對硯性的了解，爲硯立下許多奇異的名
稱，謝肇淛又將這些名稱還原到立名之初硯石的特性，加以重新歸納
分類，文中包括硯石的色澤、紋路、造形、名稱、產地、匠工、用
途、質地……等。對於自然界中的動物、植物、天象等，亦有賞鑑。
天泉（即雨水）可分春水、夏水、秋水、冬水、梅水等❶，各言其

---

❶ 　這是出於文震亨《長物志》〈水石〉篇中〈天泉〉條，另尚有〈瀑布〉、〈鑿
井〉、〈地泉〉、〈流水〉，文書大部分襲自屠隆書，屠隆《考槃餘事》〈茶
箋〉「擇水」章，又大致取材自高濂《遵生八牋》〈飲饌服食牋〉「煎茶四要」
『擇水』條與「論泉水」、「石流」、「清寒」、「甘香」、「靈水」、「井
水」等數條，高書對各類水有詳細品賞。另謝肇淛的《五雜俎》卷三〈地部〉有
品評江、井、山等處之水質。周暉吉《金陵瑣事》有文人書泉品的記錄：「萬曆
甲戌季冬朔日，盛時泰仲交踏雪過余尚白齋中，偶有佳茗，遂取雪煎飲，又汲鳳
凰、瓦官二泉飲之，仲交喜甚，因歷舉城內外泉之可食者，余愀愚之曰，何不紀
而傳之，遂取雞鳴山泉、國學泉……共二十四處，皆序而讚之，名曰金陵泉品」。

性；動物方面，則有〈相牛〉⓯、〈鶴品〉⓰以供參考；植物方面，有品花、品菜⓱；焚香，要注意各有不同的作用⓲；品酒⓳、品茶⓴，則各有品類以供饗賞。詩文、書畫、琴音㉑、戲曲㉒之品藻，則原來就是文藝範疇的本色。

⓯ 李詡有〈相牛法〉的記載：「牛有獨肝者，食之殺人，相牛法……毫筋欲橫，常有聲，有黃也，角冷有病……睫亂觸人，銜烏角偏妨主，毛少骨多有力，溺射前，良牛也……」（《戒庵老人漫筆》卷八〈相牛法〉），朱國禎《湧幢小品》亦載有此法。

⓰ 高濂《遵生八牋》〈燕閒清賞牋〉「養鶴要略」、《考槃餘事》〈山齋清供箋〉「鶴品」條與《長物志》〈禽魚〉篇，均有相鶴法。

⓱ 品菜者，如李漁曰：「論蔬食之美者，曰清，曰潔，曰芳馥，曰鬆脆……忝在一字之鮮」，參見《閒情偶寄》卷十二『飲饌部』「蔬菜·筍」條。

⓲ 謝肇淛舉出特迦香、唵八香可驅邪；雞和香以防口過，安息香能聚鼠，麒麟香能止佘瘡血，詳見《五雜俎》卷十〈物部〉2，頁 266。

⓳ 參見李日華《六研齋三筆》卷四，列十品酒，各品係以贊語。

⓴ 《長物志》〈香茗〉篇有「品茶」條，該條前半則言各朝製茶法之不同，如唐宋時用熟碾爲丸爲挺，故稱爲龍鳳團之名，至宣和間，始以茶色白者爲貴，漕臣鄭可？（按該字上米下耳）創爲銀絲冰芽，以茶剔葉取心清泉漬之……明朝所尚又不同，其烹煎之法亦與前人異，然簡便異常，天趣悉備，可謂盡茶之眞味矣。

㉑ 精於音律的湯顯祖曾言：「妄論琴理，緩急在絲，深捋在指，悲愉在心」（《湯顯祖集》卷 44〈再答劉子威〉），古琴爲中國人從樂器群中所抽出最能代表高雅樂音者，古琴譜的整理與琴論之講究，亦爲晚明時期的要事。「對於琴音之深微高妙，遂代有開拓，由是而次第形成之琴論，亦屢出佳構，至明季而達於鼎盛」，詳見潘柏世撰〈孫毓芹的古琴世界〉一文頁 372，收入《文學與美學》第四集（文史哲，民 84 年）。

㉒ 陳繼儒，王思任，呂天成，沈際飛等文人，曾分別評賞觀賞湯顯祖〈牡丹亭〉，並紀錄觀戲的審美經驗，參見《湯顯祖集》卷五十附錄——補遺的部分，另亦可參見〈紅梅記總評〉，〈焚香記總評〉等諸條。

　　這樣窮究古今的考索方式，爲文人豐富的接物品類，作極爲細密地比較分類與歸納，不但是謝肇淛《五雜俎》〈物部〉篇的一大特色❷，其實就是晚明閒賞美學中，文人習用的品鑑模式。以文人的觀點記錄與文房相關用物之賞鑑品類的文獻，在宋代趙希鵠《洞天清祿集》一書中，分類的架構猶嫌粗略；到明初曹昭的《格古要論》時，除增加了漆器、金、鐵等新興的幾類物品之外，其架構仍未脫趙希鵠的籠罩，要到了晚明高濂的《遵生八牋》、屠隆的《考槃餘事》與文震亨的《長物志》諸書，才爲文人的生活周遭，築起一個龐大細緻的用物架構來。

2.人：獨特的品鑑對象

　　在晚明閒賞美學文獻的敘述模式中，另有一相當獨特的賞鑑對象：人。自漢末魏晉時期月旦人物的風氣大開以來，晚明承此未歇的相人傳統❷，亦呈現熱鬧的局面。有的人談論不同的地理風土，會有不同類型的人情表現❷；有的人則對心儀者捕捉印象，如湯顯祖在給

---

❷　謝肇淛《五雜俎》〈物部〉篇中所記載的品類，包括了自然界的草木鳥獸蟲魚、文人書齋用物類的筆墨紙硯鼎彝器物琴扇鏡茶香、以及生活用物類如梳箅冠帽履幔杖……等。其他如郎瑛《七修類稿》、李日華《六研齋筆記》系列、李栩《戒庵老人漫筆》系列等文人的筆記，亦對此課題有程度不一的關注。

❷　戒庵老人載錄三種相人法：第一種、觀人之交也；第二種、觀其所由，察其所安；第三種、以三十六心相核對，全者位極人臣，福祿會終，不全，禍福相半，二十以上者刺史之位，十以上者，令佐之官，五者大富。這些應是對傳統相人術的歸納。參見《戒庵老人漫筆》卷六「論相」條。

❷　謝肇淛言新安與各地之風土民情：「新安人近雅而稍輕薄，江右人近俗而多意氣，齊人鈍而不機，楚人機而不浮……蜀人巧而尚禮，秦人鷙而不貪，晉陋而實，洛淺而愿，粵輕而獷，滇夷而犟。」（《五雜俎》卷四〈地部〉2）

友人的一封信中云：「屠長卿輕華覆代，虞淡然弱采映人，徐茂吾疏秀表物，並是飛來玉泉（按指杭州西湖）懷抱之英也」（《湯顯祖全集》卷四十四〈答馮具區〉），各以四個字爲屠、虞、徐三人作意象式的速寫。葉盛亦曾以詩句之意評「李杜器識不同」**❷⑥**，以上湯、葉品人僅作簡括而局部地鑑賞，其他舉凡文人的生活型態、容貌服色、言語行爲、才學性格、生命風姿⋯⋯等，均爲可資賞鑑的對象。

品賞生活型態者，最受歡迎的課題是「隱」，王世貞曾經整理隱之類型：

> 東方曼倩、陸沈金馬爲大隱朝市之説，其流弊至於無所底止。有所謂通隱者，何點也，見本傳；充隱者，皇甫希之也，見桓玄傳；黃扉隱士者，許寂也，仕蜀好修錬，見蜀檮杌；隨駕隱士者，盧藏用也，舉進士不調，始隱終南有意，當世見本傳；游俠隱士者，前何點與弟胤也，遨遊人間，見本傳。（王世貞《弇州山人四部稿》卷五十八説部〈宛委餘編〉）

王世貞將古來隱士分成大隱、通隱、充隱、黃扉隱士、隨駕隱士、游俠隱士等六類，各舉一例以明之，袁伯修亦作〈論隱者異趣〉一文，將隱者分爲清、濁、靜、動、窮、富，以及隱於會、賈、屠、隸⋯⋯

---

❷⑥ 葉盛云：「李杜詩雖齊名，而器識夐不同，子美之言曰：『廟堂知至理，風俗盡還淳』『舜舉十六相，身尊道何高』『秦時任商鞅，法令如牛毛』『用爲義和天道平，用爲水土地爲厚』其志意可知。若太白所謂『爲君談笑靜胡沙』又如『調笑可以安儲皇』，此皆何等語也。」（《水東日記》卷二十七「李杜器識不同」條）

等（《白蘇齋類集》卷二十一）；袁中郎著有《瓶史》一書，文情並茂地作爲瓶花的代言者；李紹文因而記載說袁石公之花寄瓶中，如古之「瓶隱」者（李紹文《皇明世說新語》「棲逸」篇）；衛泳則舉了謝安隱於屐、嵇康隱於琴、陶潛隱於菊之外，甚至提出了隱於色之論（《悅容編》〈招隱〉篇）。袁中道則在諸多隱者類型之中，判出眞隱，小修所謂的眞隱者，必需不假於物，故陶潛之隱差適矣，眞隱乃是邵雍、白沙二人，皆洞明心地，是深于隱之人（《珂雪齋近集》卷六〈贈東奧李封公序代〉）。

　　古今人們言語的類型，亦是當時相當流行的品賞對象，如章晦叔書其所自得與古人遺言會心者爲一編，名曰《憨話》（見李維楨〈憨話題詞〉），專蒐鄙俚村語之具憨態者。曹藎之的《舌華錄》，則全面的蒐羅，取前人問答雋語分類編輯，分慧語、名語、豪語、狂語、傲語、冷語、諧語、謔語、清語、韻語、俊語、諷語、譏語、憤語、辯語、穎語、澆語、凄語共十八品。天啓間陸紹珩選輯的《醉古堂劍掃》，亦編輯古今格言，分爲醒、情、峭、靈、素、景、韻、奇、綺、豪、法、倩十二部。有的文人則從雋語擴大到韻事，如張翼、包衡同合撰的《清賞錄》，便是採雋語僻事，積而成帙，陳繼儒的《古今韻史》，爲諸書所錄得的韻語韻事分類編次，分韻人、韻事、韻語、韻詩、韻詞、韻物等。

　　晚明這樣對於人本身行爲舉止的賞鑑興趣[27]，可說是遠遠追溯東

---

[27]　明人徐三重撰有《採芹錄》，第四卷多論明代人物臧否，「大抵皆考稽典故，究悉物情，而持論率皆平允，無激烈偏僻之見，亦無恩怨毀譽之私」，參見《四庫全書總目》〈雜說之屬〉提要。該書顯然與世說新語體式有異，較接近史評，世說新語體的著眼點，乃在對人的審美評價。

晉時期劉義慶的《世說新語》體式而來，當時焦竑與李紹文以此體式而有著作傳世，焦竑的《玉堂叢話》共記五十四類，其中許多類項如：行誼、文學、言語、識鑑、器量、出處、品藻、容止、賞譽、恬適、豪爽、任達、夙惠、巧藝、志異、簡傲、諧謔、忿狷……等，莫不帶著劉義慶《世說新語》的濃厚色彩❷；而李紹文所著者，則逕引劉的書名，稱為《皇明世說新語》，其中更直接援引《世說新語》的篇章體例：識鑒、賞譽、品藻、容止、豪爽、棲逸……等，對人之表裡各個層面，細數分類，仔細品賞。這些篇章的歸類標準並不嚴謹❷，然而大致可視為對人學識、道德、容態、語言、性情、才藝等的綜合整理。

　　以上李紹文與焦竑所著的兩部世說新語體式的著作，對於人由知性與感性兩大能力所散發出的美感，作了相當平衡地紀錄❸，然而知

---

❷　舉例來說，焦竑的《玉堂叢話》卷六〈品藻〉篇，共九條，乃對人之文才、學問、器識、品性的品評。又卷六〈容止〉篇有七條，乃品評人之容貌、儀態、舉止等，卷五〈識鑒〉篇，乃識鑒人主之才；卷七〈恬適〉篇，被品人之恬適態度成為審美重要的對象；卷七〈任達〉篇，為曠達一類；〈巧藝〉篇為書法、射事、器物、書畫等；〈術解〉篇則為具測字術、觀星術、遁身術者等，均有《世說新語》的影子與色彩。

❷　李紹文的《皇明世說新語》「識鑒」：君臣相遇，臣之才識；「賞譽」：稱賞讚譽人物之才能、品行、志節、道德、言語等；「品藻」：相人之語，對人物之才識德行給予高下比較，如劉基言四人之才，解縉論十人之治才，陳白沙論胡居仁之氣質，劉伯川善觀人，由楊士奇，陳孟潔雪齋賦詩而觀其人之未來仕途，皆應驗。就以上而言，「品藻」的內容實與「識鑒」、「賞譽」等篇有重疊之處；而「容止」在品賞舉止、容色、進退、體貌等，「豪爽」與「棲逸」則舉出該類風姿之人，「容止」與後兩篇難免有重複，顯然分類並不嚴謹。

❸　此處所謂的知性與感性兩大能力，乃筆者為了解說方便所擬說的，知性概指人所

性處理人事的能力,總不如感性的生命風姿更能喚起美感效果,因此後者更受晚明文人閒賞之歡迎,例如陳繼儒曾藉著品物的方式,連帶地品賞了人的情緒與風姿:

> 香令人幽;酒令人遠;石令人雋;琴令人寂;茶令人爽;竹令人冷;月令人孤;棋令人閒;杖令人輕;水令人空;雲令人曠;劍令人悲;蒲團令人枯;美人令人憐;僧令人淡;花令人韻;金石彝鼎令人古。(《皇明世說新語》〈棲逸〉篇)

至於蘇士琨所撰的《閒情十二憮》**❸❶**,則是一部相當奇特的閒賞書籍,對人生命展現或遭逢之十二種抽象意態,作全面且極細緻地分類,有「仙」、「達」、「奇」、「俊」、「才」、「色」、「飲韻」、「憐賞」、「快境」、「惜別」、「風流」、「佐侍」等十二章。「仙」言世外奇緣、「達」言至情無情者的瀟灑曠達、「奇」列舉男女奇特的生命情狀、「俊」例舉引度凌雲,紅拂一枝,臨風舞怪等神俊之態……等,這些大致是生命風姿的分類。「風流」之下更作細品,擬造各種情境以說明風流姿態中有魁、最、聖、神、快等的類型;「才」與「色」,前者指文章慧業、落筆生波之文才,後者則指洛妃乘霧、江浦佩明之容色;「飲韻」下又細分:

具有待人處事的能力,如才識、器量、學問、道德……等,而感性則概指人所外現的生命情態與風度。

❸❶ 蘇士琨之書被楊復吉跋稱「是亦悅容編之類」,關於衛泳的《悅容編》,請詳見後文。

　　　張京兆之飲，飲於眉者也；楊毫之飲，飲于聲者也；虯髯客之
　　　飲，飲于髮者也；張君瑞之飲，飲於琴者也；留仙臺之飲，飲
　　　於裙者也；司馬長卿之飲，飲于詩文臉際者也。

「憐賞」乃將名人對物的典故，以憐愛的觀點析出：

　　　竹皇之憐舞，楚伯之憐悲，元機之憐夜，李郎之憐駿，謝公之
　　　憐絮，中郎之憐絃。

「快境」則為美人擬置佳境，以快人心意，例如「德曜宜姜，宜置之
泉石，助其幽也；虞英源女，應置之洞天，飄其爽也……謝韞高談，
遲之錦帳」；「惜別」言男女別情別境；「佐侍」言女子與佐侍之品
格相宜。

3.品鑑女子

　　如上所述，晚明文人品賞之「人」，是指作為文化發言權的「文
人」，實即男性本身，當時尚有一為前代所忽略的賞鑑品類——「女
人」，受到文人相當的重視，吾人由上引《閒情十二憮》之「快境」
中，已略窺端倪。東晉《世說新語》雖不乏對容貌的品賞，但是晉人
所重的是美男子的容貌。晚明的王世貞則在其筆記中，對古代各類型
的美女一一點名❸。沈德符、謝肇淛皆有論及女子容色的文字❸。然

---

❸　參見〈宛委餘編〉頁 7565 以下，收於王世貞著《弇州山人四部稿》（臺北：偉
　　文，民65年）。

❸　沈德符《萬曆野獲編》卷二十三『婦女』「廣陵姬」條，說明揚州姬容色儀態何
　　以較出色的緣故。謝肇淛則記錄了各地女色殊異，又述古今妒婦之況，又以賦體

而如王、沈、謝諸人對女子的品賞，仍停留在零星雜記的階段，晚明時期純綷以女子作爲賞鑑對象，設定審美條件，爲品賞女子提出整套架構者，衛泳的《悅容編》❸❹爲首屈一指之作，衛泳自敘其著書精神：

> 情之一字……滿腔眞情，欲付之名節事功所用，不得不鍾情於尤物，以寄其牢騷憤懣之懷……而以公之好事，爲閨中清玩之書，以見人生樂事，不必諱言帷房，庶女子有情，不致埋沒云爾。

衛泳如此正式地提出了品賞女子爲閨中清玩的人生樂事。吾人可由以下引據篇章之梗概內容，探知衛泳賞鑑女子之架構：

> 〈隨緣〉：爲女子之面、眉、口、腰、足、歌、鬟、點額、肥瘦、怨恨、雲雨、高才、妒心等與形貌、情態相關者，舉古代女子作爲解說典型。
>
> 〈葺居〉：說明爲女子修葺合宜的宅室以供居處。
>
> 〈緣飾〉：言女子應如何裝扮，首飾以具有畫意者佳、服色宜

言古來美女典故，另言既有士之列傳，何以不能有新觀點的列女傳，除了節烈外，應爲或才智，或文章之女立傳……之類的話題。參見《五雜組》卷八〈人部〉。

❸❹ 衛泳字永叔，吳中韻士，順治甲午曾刊古文《冰雪攜》，《悅容編》收載於叢書《快書》時，易名爲《鴛鴦譜》，亦曾收於衛泳之《枕中祕》二冊之中。見楊復吉〈悅容編跋〉。

合時令、剪裁要有儒者氣象等。

〈選侍〉：言美人與侍婢的關係，如花之有葉，另婢侍的工作
乃令烹茶澆花，焚香披圖，展卷捧硯磨墨等，而婢侍之命
名，「亦猶齋頭品具，可無佳稱乎？」，故摘古代青衣之美
名以備擇用，如墨娥、綠翹等。

〈雅供〉：言女子屋室之陳設，與男子顯有不同。

〈博古〉：言女子識字，只為具有一種儒風，彷彿是另一種粧
飾品，閱玩書畫則是閨中必備之學識，以佛仙俠等女形繪像
為尚，使女娘持戒珠執尾，作禮其下，作為閨閣宜懸之模
範。又需使女子參與參禪喝說仙談俠之活動；居室中備各類
女子書籍與詞章，以供談述歌詠。女子識字的要求與男子不
同，女校書最堪供役等等。

〈尋真〉：舉美人各種態、神、趣、情，以分析女子的「真
境」，於態神趣情之下，又再仔細分品，如態：有喜怒泣睡
懶病等，情：有芳閒幽柔癡等，趣：有空逸別奇等，神：有
麗爽清困頓飄蕩等，分類極為纖細。

〈及時〉：言女子少時、壯時、半老、老之各個階段的韻致丰
采。

〈晤對〉：言與女子相對，「焚香啜茗清談心賞者為上，諧謔
角技攜手閒玩為次，酣酒餔肴沈酣潦倒為下」。

〈鍾情〉：言如何鍾愛女子之方法，必需在女子喜悅、忿怒、
愁怨、疾病……等種種狀態之下，或在寒暑起居之時，殷勤
調護之。

〈借資〉：藉美人之文韻、詩意、禪機以助文人起致。

〈招隱〉：舉謝安隱於屐、嵇康隱於琴、陶潛隱於菊之例，提
　出隱於色的論調，言冶容可以令人看淡名利，乃「有托而成
　癖者」。

〈達觀〉：順著〈招隱〉篇之文意而來，結論是「緣色以爲
　好，可以保身，可以樂天，可以忘憂，可以盡年」。

　　衛泳提出對女子審美的架構，前半部包括：女子外觀的形貌容
飾、內蘊的情態風度、居室與婢侍的周身環境；後半部則是男子鍾愛
女子的態度與方法。以女子作爲描寫對象的文學作品，早在東晉南朝
時期，已有艷體詩的盛行，入隋唐後，雖曾一度沈寂，但艷體詠物的
傳統，經唐末五代小令詞的播弄而再度流行。然而女子成爲一內、
外、動、靜層面廣泛的賞鑑對象，則要到明末衛泳的《悅容編》一
書，才爲女子體貼地設想出一個優遊安處的美學世界。將《悅容編》
中對於女子外觀以及內蘊外現的內容更加細部化的著作，以李漁所著
《閒情偶寄》卷六與卷七之〈聲容部〉爲代表。該部包括了『選姿』
的「肌膚」、「眉眼」、「手足」、「態度」；『修容』的「盥
櫛」、「薰陶」、「點染」；『治服』的「首飾」、「衣衫」、「鞋
襪」；『習技』之「文藝」、「絲竹」、「歌舞」等㉟。

㉟　自明末《悅容編》對於女子的細部種種加以品賞，當代亦有許多關注女子的類似
　　著作，例如萬曆梅鼎祚撰《青泥蓮花記》，專擷錄古來女子事蹟，分類編輯：
　　禪、玄、忠、義、孝、節、從、藻、用、豪、遇、戒等數類，由其序文中可知，
　　除了教化宏旨外，有相當大程度出於對古來有才華女子之欣賞，「觀者毋重
　　（僅）以錄煙花於南部，誌狎遊於北里而已」。另又有清吳江閨秀葉小鸞瓊章著
　　有《艷體連珠》，乃對女子身體各部位包括髮、眉、目、唇、手、腰、足、全身

　　不只是男人或女子的抽象情態可被品藻，即使是審美情境的本
身，亦可成爲被鑑藻的對象，袁宏道爲賞花的情境分品曰：「茗賞者
上也，譚賞者次也，酒賞者下也。」（《瓶史》卷下〈清賞〉）。總
之，晚明文人生活周遭不勝繁舉的物類，大抵是以文人日常所見、所
聞、所嗅、所嚐、所觸、所思的範圍爲主，從文人自身爲中心，向外
擴延成一個融合具體與抽象的美感幅員。在這幅員內，有文人自己尊
養的身體；有所居宅室的建築景觀；宅室內有文房古董文物的陳設、
有書籍冊卷可供神遊古人、有賓朋交接以論道品茗、有美女側侍以悅
心娛情；步出宅室則有四圍的花、木、山、水、林、石、鶴、魚，以
舒憂暢懷……。無論是具體可視聽聞嗅觸的物類，或是抽象的人情風
姿，晚明文人對於這些物類印象的關注，一再地表現在「分品」與
「別類」的品味鑑識系統內。

二、品味鑑識系統之二：「宜稱」

(一)　合於時宜

　　晚明閒賞文化的鑑識系統中，除了對於賞鑑對象的分品比較、類
型區分的品味模式之外，另有一種「宜稱」的列舉對照法。「宜」的
觀念經常爲文人所使用，所謂「宜稱」的觀念，就是「相宜相稱」，
不僅是對單一賞鑑對象的注意，而是對於並列的兩組（或更多）事物

等，各作成歌賦。至於將《悅容編》對於女子主體的內容更加細膩化的著作，以
李漁所著《閒情偶寄》卷六與卷七之〈聲容部〉爲代表。

配合的考慮，講求爲賞鑑對象提出相配相稱以供對照之環境條件。最易明白的例子是「時宜」，例如在鑑賞茶品的文獻中，提到摘茶的時宜，高濂云：「凡早取爲茶，晚取爲荈，穀雨前後收者爲佳，粗細皆可用，惟在採摘之時，天色晴明炒焙適中」（《遵生八牋》卷十一〈飲饌服食牋〉），通常是基於植物生態的考量。文震亨曰：「夏月彈琴但宜早晚，午則汗易汙，且太燥脆絃」（《長物志》〈器具〉篇「琴」條），此處乃就人的舒適程度與琴的物理性質而言「時宜」。李長蘅說：「虎丘宜月，宜雪，宜雨，宜煙，宜春曉，宜夏，宜秋爽，宜落木，宜夕陽，無所不宜，而獨不宜於遊人雜沓之時。」（〈江南臥遊冊題詞〉），講虎丘適合各種角度欣賞的「時宜」。文震亨對於衣飾時宜的看法，第一層次爲考古裁製，必需合於漢隋唐宋金元等歷代之制㊱，正確的裁製是講究歷史美感的基礎，第二層次，是日用之宜：

> 衣冠製度，必與時宜，吾儕既不能披鶉帶索，又不當綴玉垂珠，要須夏葛冬裘，被服嫻雅，居城市有儒者之風，入山林有隱逸之象。（《長物志》〈衣飾〉篇）

談到女子扮飾合於時宜，衛泳亦云：

㊱ 文震亨考定歷代之制：「蟬冠、朱衣、方心、田領、玉珮、朱履之爲漢服也；襆頭、大袍之爲隋服也；紗帽、圓領之爲唐服也；簷帽、襴衫、深衣、幅巾之爲宋服也；巾環、襈（按左有衣部）領、帽子、繫腰之爲金元服也；方巾、圓領之爲國朝服也。」（《長物志》〈衣飾〉篇）。

> 飾不可過，亦不可缺，淡粧與濃抹，惟取相宜耳，首飾不過一
> 珠一翠一金一玉，疏疏散散，便有畫意……服色亦有時宜，春
> 服宜倩，夏服宜爽，秋服宜雅，冬服宜艷，見客宜莊服，遠行
> 宜淡服，花下宜素服，對雪宜麗服。（《悅容編》〈緣飾〉條）

化妝的濃淡與首飾的多寡與戴法均應日用得宜，而春、夏、秋、冬、
見客、遠行、花下、對雪等，指的是在不同的季節與場合，就要有對
布料、樣式、色彩、剪裁等綜合得宜的服裝，這便是對女子衣飾的美
感作整體考量。衛泳又提出賞玩女子，可按女子一生之少時，壯時，
半老時；以及一歲之四季，一日之曉午昏夜等不同時機，以品賞之
（見《悅容編》〈及時〉條）。

　　對於一年十二月中各項節令宜忌的次第，給予系統的注意，這是
沿襲民間日用農書的傳統而來，例如文震亨曾按十二時令一一列舉懸
畫體裁，文震亨說：「隨時懸挂，以見歲時節序」（《長物志》卷五
〈書畫〉「懸畫月令」條）。所謂「隨時」，便是合時宜，因應時序
節令之變化，而有不同畫幅的懸掛以呈現吉祥避忌，典故趣味與自然
時景。李漁亦提出「隨時」行樂的說法，認為人在不同的時間場合，
均有相應的作樂方式，如睡、坐、行、立、飲食、盥櫛、袒裼裸裎、
如廁便溺等種種情況，若處理得宜，均各有其樂。家庭起居，若欲求
處處安樂，就要因便制宜（參見《閒情偶寄》〈頤養部〉『行樂』篇
「隨時即景就事行樂之法」條）。

㈡　瓶花之宜

　　除了時間之宜外，幾乎隨處均講究「宜稱」的觀念。高濂《遵生

八牋》〈燕閒清賞牋〉「瓶花三說」，討論瓶花的技巧，其中「瓶花之宜」條（按另有一條「瓶花之忌」條與之相對照），說到地點，則堂中與書齋各有所宜之花瓶：堂中宜方形之官哥大瓶如弓耳壺，直口敞瓶；書齋宜短小之官哥膽瓶鵝頸瓶花觚等；言置法，則堂中宜高架兩傍或置几上；論插法，因堂瓶較大，故可較書齋小瓶稍繁雜，但皆需注意錯落有致；插法通則，需花與瓶稱，包括花高於瓶、花與瓶之高低比例、插入角度、花枝覆瓶之比重等。高濂言：

> 余所論者，收藏鑑家積集既廣，需用合宜使器，得雅稱云爾……切忌手執一枝，或採滿把，插之水缽壁縫中……何俟論瓶之美惡，又何分於堂室二用乎哉？

高濂又曾為書齋找出最合適之六種花草：春以蘭，夏以夜合或黃萱，秋取黃蜜二色菊，冬以水仙或美人蕉，各有適宜材質（如哥窯，均窯等）與形製（鼓盆，白花圓盆，長方盆等）之花器以及配件（如盆中置白石，靈芝或花器以朱几架之），此六種花草，清標雅質，玉立亭亭，儼若隱人君子，置之几案，素艷逼人（詳見〈燕閒清賞牋〉「書齋清供花草六種入格」）。

　　總之，高濂為瓶花所提出「合宜使器得雅稱」、或是袁中郎所言「花與瓶稱」[37]的觀念，皆是著眼於瓶花審美的整體架構，包括了花

---

[37]　袁中郎言：「花與瓶稱，花高於瓶四五寸則可，假如瓶高二尺，肚大下實者，花出瓶口二尺六七寸，須折斜冗花枝，鋪撒左右，覆瓶兩旁之半則雅，若瓶高瘦，卻宜一高一低，雙枝或曲屈斜裊，較瓶身少短數寸乃佳」（《瓶史》卷上「瓶花之宜」條）。

瓶的大小形製須與堂室的功能、空間與位置相稱,瓶形與折枝錯落需講究適當比例、技枝斜插角度的插法,不同的季節有不同瓶供之水等,均作一併考量❸。文震亨一段簡化的文字,亦與高濂之說法相同:

> 春夏用銅,秋冬用磁,堂屋宜大,書室宜小,花宜瘦巧,不宜繁雜,若插一枝,須擇枝柯奇古二枝,須高下合插,亦止可一二種,過多便如酒肆。(《長物志》〈位置〉篇「置瓶」條)

大與小是就空間視覺感受而言,瘦巧與繁雜則言插花的美感效果,至於銅與磁的季節考量,可能就是物理因素的考慮❹。張丑《缾花譜》〈事宜〉條,多言折枝成形與養護的技術,而袁宏道《瓶史》卷下的

---

❸ 高濂這段文字,一再為後來的文人所引用增益,如屠隆《考槃餘事》〈盆玩箋〉「瓶花」條、袁宏道〈瓶史〉卷上、張丑《瓶花譜》「品瓶」、「插貯」、「花忌」、「護瓶」等條、文震亨《長物志》〈花木〉篇「花木」條、〈位置〉篇「置瓶」條等,均對這段文字有輾轉抄襲增益之痕。

❹ 然據高濂云:「冬間插花,須用錫管,不惟不壞磁瓶,即銅瓶亦畏冰凍,執質厚者尚可,否則破裂」(《遵生八牋》〈燕閒清賞牋〉「瓶花之法」條),除非有內裝錫管,否則磁銅在冬天一樣因冰凍而碎裂,文震亨:「夏月宜用磁爐,冬月用銅爐」文中並未說明是何原因,據考這段文字來自張丑〈瓶花譜〉〈品瓶〉章第一條,但張文爲「春冬用銅,秋夏用磁,因乎時也」,可能是綜合視覺效果與物理因素而言,磁爐看起來較冰涼,而銅爐則較中性,若真的是時間因素考慮(亦即花瓶的物理性質),則文震亨應爲誤抄,因春冬二季與夏秋二季,氣候銜接,彼此氣候較近也。按其文前後均一字不漏抄自張丑之文的情形看來,以文誤抄的成分居多。

〈宜稱〉條，則以青蓮詩子瞻文爲譬，爲插花營造出總體的天然意態
❹；如謝肇淛言，賞花能成，需具備許多條件：勝花，勝地，勝時，
勝情，勝友，缺一則憾（見《五雜俎》卷十〈物部〉），袁中郎對花
所宜稱之氣候、天時與地點，有更細膩的關注：

> 夫賞花有地有時，不得其時而漫然命客，皆爲唐突。寒花宜初
> 雪，宜雪霽，宜新月，宜暖房；温花宜晴日，宜輕寒，宜華
> 堂；暑花宜雨後，宜快風，宜佳木蔭，宜竹下，宜水閣；涼花
> 宜爽月，宜夕陽，宜空階，宜苔徑，宜古藤嶬石邊。若不論風
> 日，不擇佳地，神氣散緩，了不相屬，比與妓舍酒館中花，何
> 異哉？（《瓶史》卷下「清賞」）

花有寒溫暑涼，氣候有雪晴雨風，天時有月夕，地點有暖房、華堂、
佳木蔭、竹下、水閣、空階、苔徑、古藤嶬石邊。袁中郎的《瓶
史》，對瓶花提出了全面宜稱的見解。

(三) 合於古制與物理

在「宜稱」之列舉對照的美學品味系統中，除了時宜的講究外，
還必須考慮適宜的用途，與瓶花一般，高濂的古器今用，亦要符合
「相宜相稱」的原則。如鼎本爲古之食器，今可用爲焚香，大者陳放

---

❹ 文震亨曰：「高低疏密如畫苑布置方妙，置瓶忌兩對，忌一律，忌成行列，忌以
繩束縛……正以參差不倫，意態天然如子瞻之文，隨意斷續，青蓮之詩，不拘對
偶。」（《瓶史》「宜稱」條）

於廳堂，小者擺置於齋室，方而小的鼎，宜書室薰燎。彝爐可充堂上焚具、鬲敦之類可充堂上几筵之供、圓鼎堪入清供、觚尊觶用以插花、瓠壺可注水澆花、編鐘宜書齋清響、小杯小盤可作筆洗等（詳見《燕閒清賞牋》〈論古銅器具取用〉條）。何種古器形製適宜何種居室使用，必需作用途上的考量，當然還要能符合審美因素的考量，所以高濂言：「凡此數者，豈皆吾人所不當急而爲玩物例哉？書齋清賞，藉此悅心，當與同調鑒家品藻」（同上引）。

如何符合審美因素？晚明文人喜以「古制」作衡量標準，綜觀文震亨《長物志》全書十二篇中，室廬、花木、水石、禽魚、書畫、几榻、器具、衣飾、舟車、蔬茱、香茗等十一篇均爲賞鑑的物類，大抵皆以「古制」作爲賞鑑的最高標準。至於卷十的位置篇乃是總領各篇的綱法，位置之義爲何？文震亨曰：「位置之法，煩簡不同，寒暑各異，高堂廣榭，曲房奧室，各有所宜。」（《長物志》〈位置〉篇），所指還是一個「宜」的觀念，這個「宜」包括了宜於古制與物理，文中一一爲坐几、坐具、椅榻屏架、懸畫、置爐、置缾、小室、臥室、亭榭、敞室、佛室等書齋中物，提出得宜的設計，試舉數例以明之：

> 天然几一設于室中左偏東向，不可迫近窗檻，以逼風日，几上置舊研一……（等文房用具），古人置研俱在左，以墨光不閃眼，且于燈下更宜。（《長物志》〈位置〉篇「坐几」條）
> 宜高齋中，僅可置一軸于上，若懸兩壁及左右對列最俗……堂中宜掛大幅橫披，齋中宜小景花鳥，若單條扇面斗方掛屏之類，俱不雅觀。（同上「懸畫」條）

露坐宜湖石平矮者，散置四傍，其石墩瓦墩之屬，俱置不用。
（「亭榭」條）

長夏宜敞室，盡去窗檻，前梧後竹，不見日色，列木几極長大
者，于正中兩傍，置長楊無屏者各一，不必挂畫，蓋佳畫夏日
易燥，且後壁洞開，亦無處宜懸挂也。北窗設湘竹簾，置簟于
上，可以高臥，几上……奇峰古樹清泉白石不妨多列，湘簾四
垂，望之如入清涼界中。（「敞室」條）

據以上引文來說，天然几與研的位置宜否，是基於物理的因素，要避
風日與避閃眼；懸畫位置與形製的宜否，是依據古代型式而言雅觀；
而築亭榭必於園林自然中，故以自然蝕損之湖石充作坐椅，較人工打
造的石墩瓦墩來得相稱；敞室之設，是爲了炎炎夏日，其中的各種擺
設與裝置，均希望能營造出視覺、聽覺、觸覺合一的總體清涼美感，
這是融合了古制與物理的品味鑑識法。

㈣ 位置得宜

小至器物擺設，大至園林構築，如何在簡少的器物單元、或繁多
的建材中，取得虛、實、聚、散、險、夷的合度配置❹？這也是「宜
稱」觀念之運用。李漁《閒情偶寄》中，亦提出了與文震亨「位置」

---

❹ 祁彪佳曰：「大抵虛者實之，實者虛之，聚者散之，散者聚之，險者夷之，夷者
險之，如良醫之治病，攻補互投，如良將之治兵，奇正並用，如名手作畫，不使
一筆不靈，如名流作文，不使一語不韻，此開園之營構也。」（祈彪佳〈寓山注
序〉）

篇相近的見解，如卷八〈居室部〉「房舍」章小序言：「夫房與人，欲其相稱」，卷九「牆壁」章：「濃淡得宜，錯綜有致」，卷九「山石」章小序云：「一花一石，位置得宜，主人神情，已見乎此矣」，卷十〈器玩部〉「制度」章『爐瓶』條：「爐瓶之制，其法備於古人……如香爐既設，則鍬箸隨之……箸之長短，視爐之高卑，欲其相稱」。李漁清晰地表達了「相稱相宜」的觀念：

> 位置器玩，與位置人才，同一理也，設官授職者，期於人地相宜，安器置物者，務在縱橫得當……方圓曲直，齊整參差，皆有就地立局之方，因時制宜之法。（〈器玩部〉「位置」序）

「位置」所說的是指人與人的抽象位階佈列，人與物、物與物在具體的空間布置與功能用途上，均需取得和諧之意。

李漁《閒情偶寄》仿照文震亨所提出的「位置」篇，作爲『器玩部』的總則，亦可視爲「宜」觀念的擴充。位置要如何得宜呢？李漁指出了兩個品賞「位置」的原則：忌排偶、貴活變。所謂「忌排偶」，就字面而言，是指屏棄一切偶數對稱的死板排列，而李漁還更細微地分析所謂「排偶」的內容，一種爲有排偶之名而無排偶之實者，是假排偶，例如天生一對，地生一雙者，如雌雄二劍、鴛鴦二壺，本來相連一起，若必要分之以避排偶之跡，則「矯揉執滯，大失物理人情之正」，不但不可拆開，還要爲之比肩連形或連環其勢，將二物合成一物，使有「排偶」之名而無其實。另一種無排偶之名卻有排偶之實者，是李漁最要警醒的，在臚列古玩以佈置居家空間時，左置一物，便想到右必一物配之，必求一色相俱同者與之相並，這種取

意最須避免。那些擺列犯了排偶之病呢？漁曰：

> 忌作八字形，二物並列，不分前後，不爽分寸者是也。忌作四
> 方形，每角一物，勢如小菜碟者是也。忌作梅花體，中置一大
> 物，周遭以小物是也……若三物相俱，宜作品字格，或一前二
> 後，或一後二前，或左一右二，或右一左二，皆謂錯綜，若以
> 三者並列，則犯排矣。四物相共，宜作心字及火字格，擇一或
> 高或長者爲主，餘前後左右列之，但宜疏密斷連，不得均勻配
> 合，是謂參差。若左右各二，不使單行，則犯偶矣。（《閒情偶
> 寄》〈器玩部〉『位置』篇「忌排偶」條）

絕對要避免兩兩相並所造成的板硬感，且必需與時變化，就地權宜，
視形體以縱橫曲直，也就是要「活變」。「活變」的目的，在除舊佈
新，雖房舍無法動移，卻可因人之心境與眼界的變化，透過小幅度的
木工整修，以及居室裝置擺設的變動，達成不同居處境界的轉換。窗
櫺門扇在製作之初，同其寬窄而異其體裁，使同一房中，彼此門窗可
交相更替，使舊屋煥然一新。器物的擺設亦應適度地作調整，卑者使
高，遠者使近，或一物別之既久，使一旦相親，或數物混處多時，使
之忽然隔絕，如此則器物予人日異月新的感受❷。

(五) 相互配稱之美感強化

前文曾述及衛泳爲女子提出審美架構，李漁亦對女子的審美，有

---

❷　詳參《閒情偶寄》〈器玩部〉『位置』篇「貴活變」條。

宜稱的觀念，〈聲容部〉「治服」章『衣衫』條中云：「人有生成之面，面有相配之衣，衣有相稱之色」，面白者，衣色可深可淺，近黑者，則不宜淺而獨宜深，淺則愈其黑，膚質膩者，衣服可精可粗，膚質近糙者，不宜精而獨宜粗，另雲肩之製，需與衣同色，使近觀有而遠觀似無。總之，衣衫之各種層面，必需就婦人所宜而論，要宜於貌（指膚色）、宜於歲（指年齡）、宜於分（指貴賤）、宜於體適於用（指能受茶酒油膩之污染而不舊損之深濃色）等等。關於「修容」部分，用以點染之脂與粉、用以薰陶之香、治服部分，用以增嬌益媚的髻形、首飾與服裝……等，均相調搭配得宜，以收整體美感的效果。

　　「宜稱」之品味鑑識法，是要為賞鑑對象擬設出相互配稱的情境，最終的目的，是要使品賞者把握審美對象的整體美感，不僅如此，還要進一步地使整體美感躍升成為審美的對象，這在晚明閒賞文獻中，亦是一個主流的敘述模式。例如吳從先曾提出各種讀書宜稱的情境，他說：「讀史宜映雪」、「讀子宜伴月」、「讀詩詞宜歌童按拍」、「讀賦宜縱水狂呼」、「讀騷宜空山悲號」、「讀忠烈傳，宜吹笙鼓瑟」、「讀姦佞論，宜擊劍捉酒」、「讀神鬼雜錄，宜燒燭破幽」、「讀佛書宜對美人」、「讀山海經、水經、叢書、小史宜倚疏花瘦竹、冷石寒苔」（〈賞心樂事〉），吳從先所謂的「遇境既殊，標韻不一」，就是「宜稱」的觀念意義。袁中郎的《瓶史》採用擬人法，不同類型的花，宜以不同類型的人來款待洗浴：

> 浴梅宜隱士，浴海棠宜韻致客，浴牡丹、芍藥宜靚粧妙女，浴榴宜艷色婢，浴木樨宜清慧兒，浴蓮宜嬌媚妾，浴菊宜好古而奇者，浴臘梅宜清瘦僧。（卷下〈洗沐〉條）

由花的植物生態與象徵意義，搭配起相關連的人物類型，以收彼此襯
托的美感，而以這些人物類型洗浴不同的花品，亦是一組組別緻的美
感畫面。袁還以擬人法，以美女與佐侍作爲花的配對法：

> 梅花以迎春、瑞香、山茶爲婢；海棠以蘋婆、林禽、丁香爲
> 婢；牡丹以玫瑰、薔薇、木香爲婢；芍藥以鶯粟、蜀葵爲婢；
> 石榴以紫薇、大紅千葉木槿爲婢；蓮花以山礬、玉簪爲婢；木
> 樨以芙蓉爲婢；菊以秋海棠爲婢；臘梅以水仙爲婢。諸婢姿態
> 各盛一時，濃淡雅俗亦有品評。（《瓶史》卷下〈使令〉篇）

袁中郎舉出一反例以證明「不宜」對美感造成的傷害：「花下不宜焚
香……花有眞香，非煙燎也，味奪香損，俗子之過，且香氣燥烈，一
被其毒，旋即枯萎，故香爲花之劍刃」（《瓶史》卷下〈花祟〉
篇），這是就花的物理需求而言之不能相稱。與袁中郎爲花與人配
對的方法相同，晚明的程羽文亦曾將人物典故巧妙串連，以兩兩配對
的方法，爲古今才子佳人點鴛鴦譜：

> 王昭君，淒情悁調，青塚難埋，宜配蘇子卿，旋落甄殘之餘，
> 咏琵琶一曲，併可了塞外生子之案……謝道韞，柳絮逸思，潘
> 安仁花封冶意，一則風高林下，一則美擅車巾，移花就柳……
> 朱淑貞，圓音曲轉，困此駑庸，宜任配蘇子瞻，秦少游，晁無
> 咎……輩，綺舌交酬，錦腸不斷……李清照，曠爽超越，播邊
> 以還，貽羞牙儈，宜續配……謝希孟，米元章，陸務觀等，以
> 金石剩錄，樂此桑榆。（《鴛鴦牒》）

將王昭君的惋調配蘇子卿的旄氈安置於漠北的朔風中，自有一股淒清悲冷的美感；謝道韞的敏才配潘安仁的美儀，自是晉人風流；朱淑貞與蘇秦以圓音配文思織成詞中錦繡；李清照配米陸等人，優游於考古金石的世界中。這是程羽文遊戲筆墨之作，騁馳於文學想像的國度裡，以人物典型的相互映照，提供一組組新穎的美感體驗。以兩種審美類型互相配襯，彼此呼應以強化美感的敘述模式，一直流行在明末清初的閒賞美學文化中❹。

三、品味鑑識系統之三：「換位」
——不同審美對象之間的美感橫越

㈠ 以景印古畫、鼎彝、雕玉

　　文人由於具有特殊的涵養，多半帶有一種「靈心」與「善想」的成分，故其眼所見、耳所聞、心所會的自然景物，不再是那麼地原始與粗糙，常與其藝術賞鑑的審美經驗合一。這種經驗最常表現在以景印證古人畫：

---

❹　到了清初的蘇士琨，亦曾仿照袁中郎《瓶史》「使令」條之例，提出人品與佐侍的配對：「品清者宜倩婢，晚霞之擁新月也；品幽者宜鬆婢，輕風之吹奇韻也；品麗者宜淡婢，海棠之玉簪也；品遠者宜逸婢，蓮花之荷葉也；品嚴者宜快婢，松柏之春風也；品濃者宜疏婢，艷夏之蓊澤也；品俏者宜通秀婢，秋霜之菊韻也。」（《閒情十二憮》〈憮佐侍〉）

> 天霽，晨起登舟，入沙市，午間，黑雲滿江，斜風細雨大作，
> 予推蓬四顧，天然一幅煙江幛子。（《遊居柿錄》第 35 條）
> 出行數十步，溪流回合，水益縹綠可喜，一壁上白石鱗起，如
> 珂雪苔花繡之，皆作層巒疊嶂，余大呼曰：此黃大癡峨眉春雪
> 圖也。（《袁中郎全集》卷十一〈墨畦〉）
> 山中……作屋，晨起閱藏經數卷，即坐亭一看西山一帶堆藍，
> 設色天然，一幅米家墨氣。（《珂雪齋近集》卷九〈寄四五弟〉）

或是煙江幛子、或是黃大癡山雪圖、或是米家墨氣，袁宏道、袁小修、董其昌等人，均有著豐富的觀畫經驗，不知不覺地便帶著這樣的胸中錦囊遊歷山水，一遇美景，胸中對古人畫幅的印象立即浮現，與眼前景致相互印證，這個當下，同時是風景的、亦是古畫的二合一的審美經驗。

　　不同的審美對象合而為一的美感類型，吾人可以一美學觀念「換位」加以說明。「換位」在藝術理論裡，原指某一藝術門類的作品，跳出自己的範疇界限而越位到其他的藝術門類之中，借彼之長以補己所不足，掠取另一方的美，以建立自己的美，例如畫家運用詩意以入畫，詞人吸收畫的原理與技法以評詞，詩（或詞）與畫彼此出己之位，越至對方之位中，利用「換位」，相互充實。中國的文人們，經常將詩詞和書畫互相「換位」，彼此融會吸收，運用在實際生活上，不但沒有扞格之處，往往越俎代庖，為自己以及讀者增加情感聯想上的共鳴。然而「換位」不能改變詩詞或畫原來形式的歧異，它們實際上並沒有真正「換位」，只是「越位觀摩」，離位之後，仍然回到本

位❹。

晚明文人的審美經驗,充滿了象徵譬喻的作用,筆者嘗試以「換位」的觀念作較深入的說明,袁宏道、袁小修、董其昌等人遊山望水,眼所見者,或是篷外斜雨江景、或是雪中石壁溪澗、或是西山藍天堆雲,均「換位」成為黃大癡與米芾水墨淋漓的山水畫,登時,賞畫的美感進入了觀景的眼中心下,而產生觀景與賞畫的美感共鳴。不僅古畫而已,尚有其他足以喚起美興之器物:

> 宿漁家,早起,青衣披衣大叫曰:雪深三寸矣。予急起觀之,遠近諸山皆在雪中,急登舟,繞水心巖一匝而歸,石膚不受雪處,如三代鼎彝,古色照人……時日色漸霽,照耀諸山如爛銀,海中飛波騰浪,又如羊脂玉以巧手雕刻……溪山之勝……

---

❹ 藝術「換位」的觀念,饒宗頤先生曾有專文討論,筆者簡述其論如下:饒先生以為有時畫家要借重詩詞以充實畫的內容,來增加讀者在聯想上產生情感的共鳴,如文徵明前後兩次用同一首詩來作為他所繪朱竹的題句。詩與畫本質上二者截然不同,但彼此有時亦會跳出自己的圈子,掠取另一方的美,來建立自己的美,詩和畫、詞和畫,均如此互相利用,每每有越俎代庖的現象。西方藝術理論像法國的 Gautier 論畫便有所謂「藝術換位」之語,例如:畫人如何運用詞意以入畫;畫的原理與技法又如何被詞人加以吸收作為批評的南針等,它們在出位的手段下,彼此如何互相利用?吾人接觸到古代文人的生活情形,可以恍然知他們如何把詩詞和書畫在實際生活上加以享用,和彼此間互相換位,採取另一方的優點,加以融會吸收,不但沒有扞格之處,往往越俎代庖,方虛谷說文與可「所學是詩不是竹」,無異說他把竹詩化了,然而到底畫還是畫,詩詞還是詩詞,形式上完全歧異,它們實在沒有換位,只是越位觀摩,離位之後,仍然回到本位。詳參饒宗頤著〈詞與畫——論藝術的換位問題〉,收於饒先生著《畫頹——國畫史論集》(臺北:時報,1993 年)。

窮極其趣，無一峰不似名人古畫……予謂近此者，不必更置園亭，但于漁網溪上作屋三間，以一舟往來穿石水心崖間，即爲天下第一名園矣。（《遊居柿錄》第70條）

除古人名畫之外，三代鼎彝、羊脂雕玉、天下名園，不但本身即是文人賞鑑愛玩的對象，亦成爲文人賞景時的「換位」對象，擔任了引發審美欣趣的介質。未受雪而具古色之石膚，「越位」爲三代鼎彝；受晨光照耀燦爛的海波，「越位」爲巧雕的羊脂玉，小修清晨急起觀雪，即獲得這樣多種審美對象彼此換位、交相疊合的審美體驗。

(二) 以人爲美感「換位」之憑介

晚明文人善以人作爲「越位觀摩」的美感憑介。例如思虎丘茶「如想高人韻士」[45]，是將虎丘茶所帶來清雅的味覺與嗅覺氣味「越位」到對高人韻士的風度臆想；王季重則將各地區山水的整體外貌與氣勢，以人相的幾種特質來「越位觀摩」，如眉巇目凹的險、骨大肉張的壯、首昂鬣戟的雄、意清態遠的媚、貌古格幻的奇、骨采衣妍的麗、韶秀沖停、和靜娟好的佳[46]，這些是對人相貌與氣質的感知，被

---

[45] 伯修認爲賞畫可以使塵土胃腸爲之一浣，夢虎丘茶如想高人韻士，其云：「微仲眞蹟難得，其倣山谷老人者，尤難得，朗窗棐几，沐手展玩，神采奕奕，射映一室，塵土胃腸爲之一浣。十年夢想虎丘茶，如想高人韻士，千里寄至，發瓶喜躍，恰如故人萬里歸來。」（《白蘇齋類集》卷十六〈答江長洲綠蘿〉）

[46] 王季重曰：「天下山水，有如人相，眉巇目凹，蜀得其險；骨大肉張，秦得其壯；首昂鬣戟，楚得其雄；意清態遠，吳得其媚；貌古格幻，閩得其奇；骨采衣妍，滇粵得其麗；然而韶秀沖停，和靜娟好，則越得其佳。故吾吳越謂之佳山水……似百萬名姝。」參見《王季重雜著》〈淇園序〉。

王季重「換位」為相山水的憑介，當面對這些山水時，彷彿對視壯夫、英雄、奇俠、佳麗，以觀人的美感增加觀景時情致的共鳴。高濂則將香的嗅覺美感「換位」成對人氣質的品味，如檀香為香之幽閒者，沈香為香之恬雅者，黑龍掛香為香之溫潤者，龍涎餅為香之佳麗者，玉華香為香之蘊藉者，伽楠香為香之高尚者（參見〈燕閒清賞牋〉「論香」），這些出於鼻嗅的氣味，經過「換位」的品味轉化，已超越了嗅覺本位，成為焚香所引發情境聯想的整體美感氣氛。

(三) 以美人為美感「換位」之憑介

以美人作為美感「換位」對象者，在晚明最為流行，以美女喻景者，如袁中郎云：「登琴臺見太湖諸山，如百千螺髻，出沒銀濤中……（松）聲若飛濤……此美人環珮釵釧聲」（《袁中郎全集》卷8〈記述〉「靈山巖」），「虎丘如冶女艷粧，掩映簾箔；上方如披褐道士，丰神特秀」（同上「上方山」），袁中郎將太湖群山的山勢與松聲，「換位」為美女的髮髻與環珮釵釧聲，虎丘山與上方山各自「換位」為艷粧冶女與披褐道士，各具不同的美感。「花態、柳情、山容、水意，別是一種趣味」（同上「西湖」條），將花柳山水「越位觀摩」成美人的容、意、情、態，能得到多於尋常的美感體會。

自然景致何以能「換位」為美女呢？或是嬌柔的氣質，或是艷紅的粧色，二者顯然有相通之處，審美主體以彼此具有的共通特質為基礎，產生不同審美對象之間的橫跨。對晚明文人來說，將某一審美對象「換位」成另一審美對象，所欲得到的，不止是順向的美感攫取而已，尚有逆向的作用效果，其實在這些美感經驗中，美景「換位」為美女，不止是眼前的自然景致顯現了女子的美感特質，而女子的美感

特質同時也在觀景的經驗中獲得再經驗，彷彿隱含有以景喻美女的成分，因此「換位」的品味方式，使越位的兩端審美對象，互相滲透補足，彼此交叉表達出各自具有的美感特質。

酒亦可「換位」為美人，謝肇淛云：

> 『雪酒金盤露』，虛得其名也……醇儼有餘，而風韻不足故也，譬之美人，豐肉而寡態者耳。（《五雜組》卷十一〈物部〉）

品賞雪酒金盤露，醇厚有餘而風味不足，這種對酒的味覺「越位」為對美女的視覺，飲此酒如見豐腴而寡態的美人，同樣地，見豐腴寡態的美女，亦如飲醇厚而風味不足之酒，二者的感覺相加相乘。水果亦可與美人互相「越位觀摩」，荔支之視覺與味覺，均能興發審美主體冰肌玉骨的美感，故可與廣寒仙子「換位」❼。醉西施、醉胭脂、病西施、觀音面、素鸞嬌、醉楊妃、試梅粧、淺粧勻是什麼？不是對美女容顏或情態的描述嗎？是的，但它們同時還是牡丹、芍藥與菊花的花名❽；秋海棠的柔軟嬌冶，正可與倦粧的美人「換位」（〈燕閒清

---

❼ 「上苑之蘋婆，西涼之蒲萄，吳下之楊梅，美矣，然校之閩中荔支，猶隔數塵在也，蘋婆如佳婦，蒲萄如美女，楊梅如名妓，荔支則廣寒中仙子，冰肌玉骨，可愛而不可狎也。」（《五雜組》卷十一〈物部〉3）

❽ 以美人幾種容態命取花名：如「牡丹花譜」中，大紅色者有醉胭脂、粉紅色者有醉西施、粉西施、觀音面、素鸞嬌、肉西施、醉楊妃。「芍藥花譜」中，有曉粧新、醉西施、試梅粧、淺粧勻等。「菊花譜」則有病西施、醉西施、白西施、賽楊妃、觀音面、試梅粧等。參見高濂《遵生八牋》〈燕閒清賞牋〉「蘭竹五譜」。

賞牋〉「四時花紀」篇）。

㈣　美人與花

　　美人與花是晚明文人閒賞的兩個重要審美品類，如李漁所言：
「名花美女，氣味相同，有國色者必有天香」（《閒情偶寄》〈聲容
部〉「薰陶」篇），由於二者在氣味、容態、表情上，具有共通基
礎，彼此可以互相「換位」，因此文人常以相同態度來對待二者，如
衛泳爲女子細心精營居住地：

> 爲美人營一靚粧地，或高樓，或曲房，或別館村庄，清楚一
> 室，屏去一切俗物，中置精雅器具，及與閨房相宜書畫，室外
> 須有曲欄紆徑，名花掩映，如無隙地，盆盎景玩，斷不可少。
> 蓋美人是花眞身，花是美人小影。（《悅容編》〈葺居〉篇）

美人不可與花須臾離，是因爲二者常能「換位」，相互越位觀摩，而
興發出更豐富的美感來。美女與侍婢的關係，如花之有葉[49]，而花品
高低亦如美女有婢侍，美女與花二者經常相互換位。爲了表達花品中
的尊卑關係，袁中郎便將之「換位」爲美人與佐侍的關係（按如前一
節文中所引《瓶史》卷下〈使令〉篇之文），花品的尊卑關係要如何
進一步說明呢？袁再將其「換位」爲歷史名人之與婢侍的關係，並具
體舉出不同名人的婢侍所各自具有的不同美感：

---

[49]　衛泳言：「美人不可無婢，猶花不可無葉，禿枝孤蕊，雖姚黃魏紫，吾何以觀之
　　哉？」（《悅容編》〈選侍〉篇）

水仙神骨清絕，織女之梁玉清也；山茶鮮妍、瑞香芬烈、玫瑰
旖旎、芙蓉明艷，石氏之翔風、羊家之淨琬也；林禽、蘋婆姿
媚可人，潘生之解愁也；鶯粟、蜀葵妍於籬落，司空圖之鶯臺
也；山礬潔而逸，有林下氣，魚元機之綠翹也；丁香瘦、玉簪
寒、秋海棠嬌，然有酸態，鄭康成、崔秀才之侍兒也。（《瓶
史》卷下〈使令〉篇）

因為同具神骨清絕的特質，因此水仙可換位為織女的婢侍梁玉清，梁
玉清亦可換位為水仙，同樣地，鮮妍、芬烈、旖旎、姿媚可人、潔逸
有林下氣，其至寒瘦有酸態種種不同風味的美感，都可成為「換位」
兩端之花與女子，引發審美主體共感的介質。使花與女子二者經過越
位觀摩，而產生互相滲透、互相補足的美感。再引以下兩段文字：

茗賞者上也，譚賞者次也，酒賞者下也，若夫內酒越茶及一切
庸穢凡俗之語，此花神之深惡痛斥者。（袁中郎《瓶史》〈清賞〉）
焚香啜茗清談心賞者為上，諧謔角技攜手閒玩為次，酌酒餔肴
沈酣潦倒為下。（衛泳《悅容編》〈晤對〉）

以上這兩段文字內容與敘述手法相當接近，袁中郎之文，是為賞花的
三種情境分品，衛泳則是為與女子晤對的情境分品，一是對花，一是
對美女，皆可用類似的分品法與品第內容，充分顯示了晚明文人善於
運用「換位」的品味模式以豐富美感經驗。

晚明美學之主體體驗
的美感型態*

引論：主體美感體驗之基礎模式
——「境由心生」

　　晚明時期的閒賞美學，並未逸出傳統，一仍前代的美學軌跡，極重視主體的美感經驗，對審美主體有更顯明的關懷。

　　談到主體體驗的美感活動時，首先必需明瞭主體體驗的基礎所在是心，一切美境莫不由心的作用而產生，因此，中國所謂的「境由心生」，是爲主體體驗美感的基礎模式。據高友工先生所論，所謂的感覺泛指一切由「刺激」而通過神經系統，在感官形成的感受，但此感覺在美感經驗上，無太大意義；經過心理因素（意識層）而形成的印象——感象，將「物象」推向「心象」，始能成爲美感經驗的對象。此內化了的印象——「心象」，是存在精神系統的意識層中，簡而言之，乃是記憶，記憶乃是「物象」到「心象」的中介因素。記憶要重現爲現時經驗，必需透過想像力的操作，亦可視爲個人記憶所容的經

＊　　本論文巳刊登於《國文學誌》第二期，頁 335-382，1998 年 6 月出刊。

驗材料之重組，所以「心境」乃是記憶與想像的運用❶。高先生的觀
點，適足說明了「境由心生」的心理原理。

　　古人植白楊，微風擊之，輒淅瀝如雨聲❷，聽覺的誤差透過心理
想像作用而滋生文學上淒清的美感。晚明時期的文人，有更細膩之
「境由心生」的美感體會，袁伯修面對月照李花，如見好友陶石簣面
孔，其中有巧心想像的作用，將月色李花的清瘦冷淡，轉換爲對陶石
簣面容風度的臆想❸。陸樹聲舉出一個適意的例子可爲明證：

> 歐陽公論琴帖，自敍夷陵令時得一琴，常琴也。及作舍人學士
> 再得琴。後一琴，雷琴也，官愈昌琴愈佳。然在夷陵得佳山
> 水，耳目清曠，意甚適，自爲舍人學士，日奔走塵紛聒聲利，
> 無復清思。乃知在人不在器，苟意所自適，無絃可也。（陸樹聲
> 《清暑筆談》）

意之自適，在人不在器，雷琴不得主體之適意，故無清思；常琴得主
體意之所適，故耳目清曠，此處的適意論，說明心的作用決定美境之

---

❶　高先生的論點，請參高友工撰〈文學研究的美學問題〉頁 168-171，收入李正治主
　　編《政府遷臺以來文學研究理論及方法之探索》，學生書局，民 77 年。

❷　謝肇淛曰：「白楊……其樹皮白如梧桐……微風擊之，輒淅瀝有聲，故古詩云：
　　白楊多悲風……余一日宿鄒縣驛館中，甫就枕，即聞雨聲，竟夕不絕，侍兒曰：
　　雨矣，余訝之，曰：豈有竟夜雨而無簷溜者？質明視歟，乃青楊樹也。」參見
　　《五雜俎》卷十〈物部〉「古人墓樹」條。

❸　袁伯修云：「……此時月照李花，清瘦冷淡，恰似對石簣面孔也」，參見《白蘇
　　齋類集》卷十六〈尺牘——陶石簣〉。

與否。李紹文記載一段「何虞醋交」的典故如下：

> 何喬新守溫夜乘小艇訪虞徵君原璩，坐久索飲，村居無所覓，
> 公嘆雖酸醋亦可，乃出新醯一餅共酌，劇談竟夕而別，時稱何
> 虞醋交。（《皇明世說新語》〈豪爽〉篇）

夜乘小艇訪友，竟夕坐談，酒之有無或酒味之好壞，即便是飲醋，亦
無損友朋交誼隨興適意的美感。

明末的李漁，在《閒情偶寄》一書，揭示了富、貴、貧、賤者，
作為審美主體同一的觀念❹，李漁自許其書所言居室、飲饌、種植、
頤養諸事，不論富有天下者，或貧無立錐者，皆宜參酌，亦表達對貧
富階級者努力經營審美生活的一致期許❺。但在物質能力天淵之別的
貧富階級間，如何尋出賞鑑生活的共同性？重點即在主體體驗的美感
心作用上，在〈頤養部〉中，李漁為貧富貴賤者找出基本一致的行樂
法，此法乃「不必別尋樂境」，「即此得為之地，便是行樂之場」，
舉例來說：

> （貴人行樂之法）樂不在外而在心，心以為樂則是境皆樂，心
> 以為苦，則無境不苦。身為帝王，則當以帝王之境為樂境；

---

❹　李云：「粗用之物，制度果精，入于王侯之家，亦可同乎玩好、寶玉之器；磨礱
　　不善，傳于子孫之手，貨之不值一錢，知精麤一理，即知富貴貧賤同一致也。」
　　參見《閒情偶寄》卷十〈器玩部〉「制度」篇。
❺　參見李漁《閒情偶寄》凡例第二則「期崇尚儉朴」條。

身爲公卿，則當以公卿之境爲樂境。

（貧賤行樂之法）無他祕巧，亦止有退一步法，我以爲貧，更
有貧於我者；我以爲賤，更有賤於我者；我以妻子爲累，尚
有鰥寡孤獨之民，求爲妻子之累而不能者；我以胼胝爲勞，
尚有身繫獄廷，荒蕪田地，求安耕鑿之生而不可得者。以此
居心，則苦海盡成樂地。（《閒情偶寄》卷十五〈頤養部〉「行樂」
條）

貴人行樂要「樂在其中」，恰如其分地扮演好各種角色，並隨時將苦
境轉化爲樂境；貧賤者的「退一步法」，是隨時找出比自己的境遇更
次等者，以維持心境的平穩安樂，「無地不有，無人不有，想至退
步，樂境自生」。李漁巧妙地以「境由心生」的作用，提出貧人的行
樂之法：

譬如夏日苦炎，明知爲室廬卑小所致，偏向驕陽之下，來往片
時，然後步入室中，則覺暑氣漸消，不似從前酷烈，若畏其湫
隘而投寬處納涼，及至歸來，炎熱又加十倍矣。（同上）

李漁所舉之例，大致皆帶有主體體驗的特質，明確地表達了「居心爲
然」（按李漁言），由心造境的意義。

中國文人爲家居構築自然的縮影，以造園爲重心，造園的目的雖
在納宇宙於身旁，然而造園所得的自然，卻十足是心使意匠的產物。
謝肇淛舉疊假山的例子曰：

> 吾閩窮民有以淘沙爲業者，每得小石，有峰巒巖穴者，悉置庭
> 中，久之，甃土爲池，砌蠣房爲山，置石其上，作武夷九曲之
> 勢，三十六峰，森列相向，而書晦翁櫂歌於上，字如蠅頭，池
> 如杯碗，山如筆架，水環其中，蜆螄爲之舟，琢瓦爲之橋，殊
> 肖也，余謂仙人在雲中，下視武夷，不過如此，此一賤傭，乃
> 能匠心經營，以娛耳目若此，其胸中丘壑，不當勝紈袴子十倍
> 耶？（《五雜俎》卷三〈地部〉）

淘沙傭民之能匠心如此，乃胸有丘壑使然。造園乃胸中丘壑的實現，
劉士龍所寫的一篇文章〈烏有園記〉，眞是作了極致的詮釋。劉士龍
該文主旨云：

> 吾嘗觀於古今之際，而明乎有無之數矣。金谷繁華，平泉佳
> 麗，以及洛陽諸名園，皆勝甲一時，迄於今，求頹垣斷瓦之彷
> 彿而不可得，歸於烏有矣。所據以傳者，紙上園耳。即令余有
> 園如彼，千百世而後，亦歸於烏有矣。……文字以久其傳，則
> 無可爲有，何必紙上者非吾園也，景生情中，象懸筆底……況
> 實創則張設有限，虛構則結構無窮。❻

這篇紙上造園記，具體描述了造園之基地環境、園中栽植之樹木、有
匾額之堂軒閣院、四院各室之陳設、園景設計所帶來之美感：曲、
暢、鮮、蒼、韻、野、奇、險等；該園「不以形而以意」，可「几席

---

❻　引自施存蟄編《晚明二十家小品》，新文豐，1977年。

而賞玩已周」，且「併與人共有」，該文的「景生情中，象懸筆底」
為主體體驗美感的「境由心生」論，提出了最佳的註解。

　　「境由心生」是以審美主體的美感體驗為重心，西方哲學大師康
德（Kant, I.）亦對審美主體多所注意，他提出審美意識的自主性說
法，揭示了美學中的主體精神。德國學者伽達瑪（Hans-Georg
Gadamer, 1900-）繼承康德美學的意旨而大加發揮，認為在藝術經驗
中，共通感的發生、判斷力以及品味的實現，起決定作用的，不是對
象，而是主體。伽達瑪由此說推出了「體驗」的概念。所謂「體驗藝
術」是指由主體的體驗所決定的藝術，藝術作品在此被理解為生命之
完美的象徵性再現，每一種體驗似乎正走向這種再現，藝術作品本身
就被表明為審美經歷的對象。因此，體驗藝術的概念，具體地表明了
主體因素對藝術經驗的決定性意義，在這一種美學觀念之下，象徵和
比喻成為很重要的經驗橋樑❼。

　　伽達瑪所謂的「體驗藝術」，極重視的是主體體驗的美感經驗。
講主體經驗，不能脫離「感」的層次；而談美感經驗，自然「感」的
成分更重要。何謂「美感」？再據高友工先生所論，西洋的「美學」
（esthetics）一詞即源於「感覺」的研究，美是一種「可感性質」，它
因為外在物象的激發而產生，但根據卻是個人的「美感經驗」，只有
在個人的經驗中，才有談到美感的可能。「美感經驗」的基礎是「快
感」，「快感」是一種最簡捷的「經驗過程」：由「刺激」而生的

❼　本段對於伽達瑪「體驗藝術」的說明文字，修潤自 H.伽達瑪著，吳文勇譯《真理
　　與方法》（南方，民 77 年）〈譯序〉（按為吳氏對伽達瑪哲學原理與美學詮釋學
　　的介紹）一文，頁 11。

「感應」立即導致「判斷」,當接受到外物刺激後,立即產生感性的情緒反應活動(指純粹感官上的反應,如聽覺感受的音色、旋律、節奏之美,視覺感受到的色彩、線條、光影之美),因為感官上趨美避醜的傾向,是受到個人的過去經驗所決定,隨即知性的價值判斷,便把感性活動與個人的價值典式連貫起來,因此「快感」不只是「美感」的基礎而已,更重要的是它在整個價值的形成上,有決定性的影響,「快感」本身是由過去的經驗所決定,而各種不同的「快感」更進入了我們的過去經驗,成為個人的「美感價值」。「美感」有持續性,即在美感對象消逝後,仍能在心境中存在,但又保持一種心理上的距離,因此,「美感經驗」可說是在現實世界中實現一個想像世界❽。

　　簡言之,「美感經驗」包括趨美避醜的感性反應過程(對象物刺激→情緒感應→美感判斷),以及決定這個感性反應的知性價值典式,同時也是一段在現實世界裡實現想像世界的心理作用過程。以上高友工先生對於「美感」、「快感」的詮釋,有助於瞭解晚明文人的審美體驗。由於晚明文人階層得自傳統文化的薰習教養,因而面對紛至沓來的美感對象時,莫不以共通的美感價值典式,表現感性的審美反應。對晚明文人而言,焚香、蒔花、品茗、賞鶴、上友古人,無一不充滿著主體體驗式的美感,如何去營造這些美感體驗?晚明文人繼承唐宋時期創造詩畫的文人前輩,他們由技巧的追求中解脫出來,將

---

❽　本段對於美感、快感的解釋文字,摘引自高友工撰〈文學研究的美學問題〉頁147-156,收入李正治主編《政府遷臺以來文學研究理論及方法之探索》,學生書局,民77年。另關於「經驗」在人文研究中的重要意義,亦參見高文頁137-146。

創造活動內化爲一段美感體驗❾，這種美感體驗與生活經驗相互融匯，形成一種特殊的生活美學，努力經營設計出隨處得以體驗美感的居處生活環境。另外，由傳統而來的知性價值典式，爲隨處體驗的生活美感中，添加了古典情懷，這種濃厚的古典情懷，亦爲晚明文人主體體驗之重要美感型態。

以伽達瑪的「體驗藝術」觀點來論晚明閒賞美學的意蘊是很恰當的，無論是創作或觀賞，莫不由主體的體驗出發，以導向一個完美生命型式的象徵性再現。吾人於本論文中，將提出兩個美感體驗型態——佈置居處以得隨處體驗之美感、情懷古典以爲人生價值之追求，試圖說明晚明美學的主體體驗特質。在文獻選擇方面，本文以晚明最具代表性的美賞著作——高濂的《遵生八牋》爲討論重心，探討兩大美感型態。第一節「佈置居處以得隨處體驗之美感」，以《遵生八牋》之〈起居安樂牋〉與〈飲饌服食牋〉架構出當時文人居處生活佈置的大要；第二節「情懷古典以爲人生價值之追求」，則以〈燕閒清賞牋〉所寄託的濃郁古典情懷爲討論起點。

一、佈置居處以得隨處體驗之美感

高濂《遵生八牋》在〈四時調攝牋〉（即按時修養之訣）後，接

---

❾　高友工先生認爲，唐宋以來文人詩畫的創造過程，常被視爲一個美感經驗的起點，對這些創造者而言，技巧問題已不再干擾他們的創造活動，此活動自可融入一個經驗內省的過程中，這類創造追求的理想是自然，是神思，對他們來說，這整個美感經驗即是一種生活經驗，反映了生命活動的眞諦。參見同註❶，高文頁163-164。

著是〈起居安樂牋〉，由於要讓主體經過體驗而得隨處的美感，因此對於文人日常起居的生活周遭必需悉心佈置。這個起居安處的環境架構如何？

> 余故曰知恬逸自足者爲得安樂本，審居室安處者爲得安樂窩，保晨昏怡養者得安樂法，閒溪山逸遊者爲得安樂歡，識三才避忌者爲得安樂戒，嚴賓朋交接者爲得安樂助，加以內養得術，丹藥效靈，耄耋期頤，坐躋上壽，又何難哉？（〈起居安樂牋序〉）

由該篇敘文中可得知，所謂的起居環境包括了：知恬逸自足、審居室安處、保晨昏怡養、閒溪山逸遊、識三才避忌、嚴賓朋交接六大項。這個起居安樂生活的架構，雖未有一字提及美感經驗❿，但對晚明文人而言，隨處體驗的美感生活只有在安樂的起居中始能建立，因此起居安樂的生活架構，自然就是美感體驗生活的架構。這個架構中，第一條『恬逸自足』⓫，高子陳言自足於窮通、取捨、眼界、貧困、辭受、燕閒、行藏、唱酬、居處、嬉遊，乃是主體隨處精神自足的態

---

❿ 高云：「吾生起居，禍患安樂機之也，人能安所遇而遵所生，不以得失役吾心，不以榮辱勞吾形……休休焉……若彼俯仰時尚，奔走要塗，逸夢想於燕韓，馳神魂於吳楚，使當食忘味，當臥忘寢，不知養生有方，日用有忌……禍患之機乘之矣。」（〈起居安樂牋敘〉）

⓫ 『恬逸自足』條的內容包括：「序古名論」，即錄古來對於自足安樂的名語格言，「高子漫談」與「高子自足論」，後二者乃高濂繼古名家言之後所提出的己見。

度，亦即養生論的最高指導原則；第五條『三才避忌』⑫，不言日常生活的建設，而要消極地去除生活中可能遭遇之種種祟害；第六條『賓朋交接』⑬，則要爲主體找出同調聲氣之賓友，以共同分享生活之美。其餘三條，說明如後。

關於『居室安處』條全部內容包括了以下幾項：

1.「序古名論」：搜古名家言。

2.「居處建置」：言居處的幾種必要建築如：熅閣（去藏物霉溼之設）、清閟閣（收藏清玩之雅閣）、觀雪庵、松軒、書齋（「高子書齋說」）、茆亭、檜柏亭、圜室（造形上圓下方，隔爲二間）、九徑（九種花木各種一徑）、茶寮、藥室等。

3.園木盆栽的佈置：「高子花謝詮評」：言草花百種，花之丰采不一，當兼收並蓄，更開十徑，醉賞四時。「高子草花三品說」：將草花分作上乘高品，中乘妙品與下乘具品，乃吾黨盡植林園，以快一時心目。「高子盆景說」言各類植物如何製成盆栽，以供清齋。「擬花榮辱評」：對花之幾種顧惜情境。

4.家居宜忌：「家居種樹宜忌」言家居四周方向適宜與忌諱的樹種，如東種桃柳，西種拓榆，南種梅棗，北種奈杏爲吉，又屋後種榆，百鬼退藏，屋內不可多種芭蕉，久而招祟……等。「選擇黃曆臺曆二說」：教讀曆書之法。「居處生旺吉凶宜忌」乃對住宅方位與時序相配之吉凶判斷。

---

⑫ 『三才避忌』條的內容包括：「天時諸忌」（對天象自然之敬崇與順畏）、「地道諸忌」（對於地壤山林水泊等地的敬服）與「人事諸忌」（實即養護身體）。

⑬ 『賓朋交接』條包括「序古名論」與「高子交友論」。

『晨昏怡養』條全部內容包括以下幾項：

1. 「序古名論」：搜古名家言，包括了末則「高子怡養立成」，乃高濂自言一日自雞鳴醒起開始之後的種種怡養細節。

2. 「怡養動用事具」：有二宜床（製如涼床，冬夏兩可）、無漏帳（帳製幔天罩床，使無隙可漏）、竹榻（午睡）、石枕（磁枕，又有菊枕，後附「女廉藥枕神方」）、蒲花褥、隱囊（供榻上睡起以兩肘倚之小坐）、靠背、靠几（靠肘，上可置薰爐）、蘆花被（北方不用，取其清也）、紙帳、欹床、書枕、袖爐、蒲石盆、仙椅（默坐凝神用）、隱几、梅花紙帳、滾凳、蒲墩、如意、竹鉢（物外高品）、禪椅、禪衣、佛堂（以下爲佛堂中陳設：）禪燈、鐘磬、念珠以及聖蠟燭方、聖燈方、印香供佛方、夢覺菴妙高香方、焚供天地三神香方、臞仙異香（其下則爲焚香的幾個要點）。又有香櫞盤橐（山齋以盤盛香櫞滿室生香）、插瓶花法。

『溪山逸遊』條全部內容包括以下幾項：

1. 「序古名遊」：搜古名家言，末則爲「高子遊說」。

2. 「遊具」包括：竹冠、漢唐巾（巾上玉圈宜有五嶽圖，佩帶入山可拒虎狼遠魑魅）、披雲巾、道服、文履、道扇、拂塵、雲舃（山人濟勝之鞋）、竹杖、瘦杯、瘦瓢、斗笠、葫蘆、藥籃、棋籃、詩筒葵牋、韻牌（刻詩韻每一韻爲紙牌一葉，山遊水泛人取一葉吟以用韻）葉牋、坐氈、衣匣、便轎、輕舟、疊桌、提盒（裝置酒食器具）、提爐（可用以烹煮）、備具匣（裝文房理容酒牌詩筒韻牌葉牋等物）、酒尊（攜山遊者，宜蒲蘆）。

如上所述,『居室安處』條爲居室建築、園林盆栽與居處宜忌;
『晨昏怡養』條爲居室中所陳列供怡養之各類生活用物;『溪山逸
遊』條爲山行水遊時的備具。以上三個不同的層面,大致是以用物的
陳列佈置與說明,詳細勾勒出審美主體的生活起居。這些用物本身不
但具有起居的各類用途外,最重要的是擔任主體獲致美感體驗的橋樑
角色,例如居處建置的「觀雪庵」與「松軒」:

> (觀雪庵)長九尺,闊八尺,高七尺,以輕木爲格,紙布糊
> 之,以障三面,上以一格覆頂,面前施幃幔捲舒如帳中,可
> 四坐,不妨設火食具,隨處移行,背風帳之,對雪瞻眺,比
> 之氈帳,似更清逸,施之就花就山水,雅勝之地,無不可
> 也,謂之行窩。

> (松軒)宜擇苑圃中,空明塏爽之地構立,不用高峻,惟貴清
> 幽,八窗玲瓏,左右植以青松數株,須擇枝幹蒼古屈曲如
> 畫,有馬遠、盛子昭、郭熙狀態甚妙。中立奇石,得石形瘦
> 削穿透多孔,頭大腰細裊娜有態者立之。松間下,植吉祥蒲
> 草鹿葱等花,更置建蘭一二盆,清勝雅觀。外有隙地,種竹
> 數竿,種梅一二,以助其清,共作歲寒友,想臨軒外觀,恍
> 若在畫圖中矣。

木格紙糊的觀雪庵,就花就山水以背風眺雪,文人可收隨處行移的美
感經驗。松軒本身的玲瓏八窗,以及四圍蒼松、奇石、盆蘭、草花、
竿竹、梅栽等的構築,使人置身其中,在一俯一仰之間,獲致觀山水
畫一般的美感經驗。觀畫的活動,亦爲一主體美感體驗的過程,高濂

的居處建置如「觀雪庵」、「松軒」，就在營造繪畫一般的場景，使人居處其間，隨可得致類似觀畫的美感經驗。

上述提供主體美感體驗的居室，高濂又曾舉出吳太素隱居商山時所起六館爲例，春雪未融館，清夏晚雲館，中秋午月館，冬日方出館，暑簟清風館，夜階急雨館，其用意均與「觀雪庵」與「松軒」相同，使主體隨著四時晨昏而獲得各種自然景象之美。對時序變化（四時，晨昏）的注意，高濂的「四時幽賞」，爲其故鄉武林（杭州）提出春夏秋冬四季可供玩賞的景致，每一種景致，由其所揭示的條目名稱可知，均爲一個個主體可充分體察的美感經驗，如春時：西泠橋玩落花、天然閣上看雨、臨水觀魚；夏時：三生石談月、山晚聽輕雷雨；秋時：乘舟風雨聽蘆、寶石山下看燈塔；冬時：掃雪烹茶玩畫、雪夜煨芋談禪……等（詳見〈四時調攝牋〉「四時幽賞」）。同樣地在〈起居安樂牋〉『溪山逸遊』章〈高子遊說〉中，亦細密地舉出四季可從事之美感活動，茲以秋時爲例：

> 秋則憑高舒嘯，臨水賦詩，酒泛黃花，饌供紫蟹，停車楓樹林中，醉臥白雲堆裏，登樓詠月，飄然元亮，高閒落帽，吟風不減孟嘉，曠達觀濤，江渚興奔，雪浪雲濤，聽雁汀沙，思入蘆花。（〈起居安樂牋〉）

文中企圖表現了秋時所能爲人們所帶來之詩意美感體驗。講究詩意美感的起居用物設計，亦表現在晨昏怡養動用的事具，或是遊山玩水時的備具中，試舉數例如下：

（無漏帳）……夏月以青紵爲之，吳中疏紗甚妙，冬月以白厚
布或厚絹爲之，上寫蝴蝶飛舞種種意態，儼存蝶夢餘趣。

（蘆花被）深秋採蘆花，裝入布被中，以玉色或蘭花布爲之，
仍以蝴蝶畫被覆蓋，當與莊生同夢。

（欹床）高尺二寸，長六尺五寸，用藤竹編之勿用板，輕則童
子易抬，上置倚圈靠背，如鏡架後有撐放，活動以適高低，
如醉臥偃仰觀書，并花下臥賞俱妙。

（詩筒葵牋）白樂天與微之嘗以竹筒貯詩往來賡唱……既有
詩，可無吟牋？……乃采帶露蜀葵葉，研汁用布揩沫，竹紙
上伺少乾，用石壓之許……不獨便於山家。

（葉牋）余作葉牋三種，以蠟板硏肖葉紋，用翦裁成紅色者肖
紅葉，綠色者肖蕉葉，黃色者肖貝葉，皆取閩中羅紋長箋爲
之……若山遊偶得絕句，書葉投空，隨風飛颺，泛舟付之中
流，逐流水浮沈，自有許多幽趣。

寫蝴蝶飛舞的帳與被，爲了要與莊生同夢；輕盈的欹床，則便於醉臥
偃仰觀書或花下臥賞，將審美主體詩人化矣。而溪山逸遊時，如何在
山林間興發詩意的美感呢？具有元白傳統的詩筒，或是取蜀葵而製成
的紙牋，均可隨發詩興；製成紅葉或蕉葉或貝葉的「葉牋」，寫上賦
得的詩句投空，有如落葉付風流水的幽趣，這些均是隨處得致美感體
驗的設計。

　　除了上述〈起居安樂牋〉之外，〈飲饌服食牋〉則特別關注審美
主體的飲食內容，包括了：『茶泉類』，其中「茶類」論茶品、採
茶、藏茶、煎茶、試茶、茶具……等；「泉類」論泉水、石流、清

寒、靈水、井水等。尚包括湯品、家蔬、醞造、麴類、甜食類、服食方類等與飲食相關之內容；另〈燕閒清賞牋〉中，與家居布置有關者，又可析出「書齋清供花草六種入格」、「論香」（焚香七要與各種香方）、「琴窗雜記」、「養鶴要略」、「瓶花三說」、「四時花紀」、「花竹五譜」（牡丹、芍藥、菊、蘭、竹）等，此皆可視為高濂居家佈置架構中之重要環節。這個體系龐大的居處細節佈置，所應考慮到審美主體的各類條件，實無法一一盡數，茲以「高子書齋說」為例，以說明高濂如何為審美主體體驗的美感考慮，模擬出文人家居的書齋：

1. 整體採光需明淨，但不必太宏敞，以免傷目力。

2. 窗外築設：四壁薜蘿滿牆，中列盆景或建蘭，有翠芸草繞砌，傍置洗硯池，近窗設盆池蓄金鯽以日觀天機活潑。

3. 齋中文房起居用物的擺設：

  (1)文用長卓：上置古硯，舊古銅水注，舊窯筆格，斑竹筆筒，舊窯筆洗，糊斗，水中丞，銅石鎮紙等，冬置暖硯爐。

  (2)右列書架：置書——有經，傳，理學書，古詩，唐詩，類書，韻書，佛，道，養生，醫，詞……等。置法帖，畫卷。

  (3)左置榻床❶，榻下滾腳凳（按可用以按摩湧泉二穴）。

---

❶ 根據〈起居安樂牋〉『怡養動用事具』「梅花紙帳」條記載：「即榻床外，立四柱，各柱掛以銅瓶，插梅數枝，後設木版，約二尺，自地及頂，欲靠以清坐，左右設橫木，可以掛衣，角安斑竹書貯一，藏畫三四，掛白塵拂一，上作一頂用白

(4)床頭小几上置各物：

①花器：古銅花尊，或哥窯定瓶，瓶用膽瓶，花觚為最，次用宋磁，鵝頸瓶，餘不堪。花時則插花盈瓶以集香氣。

②香具：香爐惟汝爐，鼎爐，戟耳彝爐三者為佳，大以腹橫三寸極矣，或置鼎爐，用焚香。另匙箸瓶與香盒。

③閒時置蒲石於上，收朝露以清目。

(5)適當空間：置一几，如吳中雲林几式，列吳興筍凳六，禪椅一，拂塵，搔背，棕帚，竹鐵如意。

(6)壁間：

①掛古琴。

②懸一畫，以山水為上，花木次之，或山水雲霞中神佛像亦可，禽鳥人物不佳。

③或懸名賢字幅以詩句清雅者可。

④懸壁瓶，四時插花。

⑤上奉烏思藏鏒金佛，以倭漆龕或花梨木龕以居之。

(7)供石：小石盆：或靈壁，應石，將樂石，崑山石，大不過五六寸，而天然透漏瘦削無斧鑿痕者為佳，次則燕石，鍾乳石，白石，土瑪瑙石，亦有可觀。盆用白定官哥青東磁均州窯為上，時窯次之。

楮作帳單之，前安踏床，左設小香几，置香鼎燃紫藤香，榻用布衾菊枕蒲褥。」又榻床上之陳設，可參考『怡養動用事具』中所列之二宜床、無漏帳、竹榻、石枕、蒲花褥、隱囊、靠背、靠几、蘆花被、紙帳、欹床等物，以補此條之不足。參見〈起居安樂牋〉「怡養動用事具」。

這樣巨細靡遺地為文人書齋裡外作體貼地佈置設計，若非高濂個人書齋的影射，至少可視作高濂以自己為審美主體，一步步以知性的價值典式所建立起來的美感體驗過程。

上述高濂《遵生八牋》中與居處美感生活佈置有關的部分，幾乎為屠隆的《考槃餘事》所完全繼承，由高書〈起居安樂牋〉所重組而來的篇章有：〈遊具箋〉、〈起居器服箋〉、〈山齋箋〉、〈盆玩箋〉、〈文房器具箋〉（部分）；由高書〈飲饌服食牋〉所重組而來者為〈茶箋〉；由高書〈燕閒清賞牋〉（與起居環境佈置有關的部分）所重組而來者為〈盆玩箋〉、〈魚鶴箋〉、〈香箋〉與〈琴箋〉（指琴窗雜記的部分，與古琴考證無關者）。到文震亨的《長物志》，則高書的〈起牋〉重組為文的〈室廬〉、〈几榻〉、〈衣飾〉、〈舟車〉、〈位置〉（「置瓶」條），高的〈清牋〉重組為文的〈禽魚〉、〈花木〉（以上二者文字非來自高與屠，惟體例同）、〈香茗〉（香的部分）；由高書〈飲牋〉體例來者，有文震亨的〈蔬果〉、〈香茗〉（茗的部分）。屠與文二書在文字大致有相襲高書之跡，但到了清初李漁的《閒情偶寄》，雖其「恥拾唾餘」，文皆自得，但除了其所鍾愛的戲曲與女子主題之外，大致仍不脫高濂《遵生八牋》的架構模式，其〈居室部〉與高濂的〈起居安樂牋〉異曲同工，其〈種植部〉與高書〈燕牋〉之「四時花紀」、「花竹五譜」等體例相近，〈飲饌部〉則接近高書的〈飲饌服食牋〉❶。

---

❶ 據筆者所考，高濂《遵生八牋》共有八牋，其中為後人所一再輾轉襲錄的部分，集中在〈起居安樂牋〉、〈燕閒清賞牋〉與〈飲饌服食牋〉三篇，顯示隨處體驗美感的起居佈置此一課題，一直獲得後來的文人如屠隆、文震亨所重視。請參見本書之相關附錄，以明高書三牋的彼此繼承相襲的狀況。

二、情懷古典⑯以為人生價值之追求

如前文所述，晚明文人主體體驗的美感型態，除了表現在隨處體驗的居處生活細節佈置外，亦充滿了對古代的敬崇，「古」在文人心中，是一個至高無上的價值，美感對象的轉化過程，賦予物象的人文化象徵意義，亦由文人濃厚的古典情懷所興發。所謂「古典情懷」，是指主觀理想在文化教養的生活中，長期醞釀而成的理念或典型，伴隨著這種理念或典型而有某種情感，故稱之。

㈠ 傾慕古董文物

這些嗜古、好古、稽古的心態最具體的表現，是在對古董文物的傾慕上，高濂曾云：

> 余嗜閒雅好古稽古之學，唐虞之訓，好古敏求，宣尼之教也。好之稽之，敏以求之，若曲阜之舄，岐陽之鼓，藏劍淪鼎，兌戈和弓，制度法象，先王之精義存焉者也，豈值剔異搜奇為耳目玩好寄哉？故余自閒日，遍考鐘鼎卣彝書畫法帖窯玉古玩文房器具，纖悉究心，更校古今，鑑藻是非，辯正悉為取裁，若

---

⑯ 筆者所謂的「古典情懷」，靈感乃取自王夢鷗先生的「文化情感」觀點，王說參引自黃景進〈王夢鷗先生的文藝美學〉頁189，收入淡江中文研究所編《文學與美學》第四集，文史哲，民84年。筆者之所以用「古典」，乃因為晚明文人酷愛用「古」此一詞彙，這個「古」其實是經過晚明文人擇汰後的精粹，「古」在文人心中，已成為價值追求中的一種「典」範，對這種古之典範的情感，筆者稱之為「古典情懷」。

> 耳目所及真知確見，每事參訂補遺，似得慧眼觀法。（《遵生八
> 牋》〈燕閒清賞牋〉序）

高濂好古稽古、考證辯明校訂之學，表面上好像賦予自己先王仲尼宣
教的偉大使命，實際上，高濂的真正目的，還是寓有古典情懷之生活
美學的講究，因此他接著說：

> 坐陳鐘鼎，几列琴書，搨帖松窗之下，展圖蘭室之中，簾櫳香
> 靄，欄檻花妍，雖咽水餐雲，亦足以忘飢永日，冰玉吾齋，一
> 洗人間氛垢矣，清心樂志，孰過于此。（同上引）

鐘鼎卣彝書畫法帖窯玉古玩文房器具等物，成為閒賞生活裡，極重要
的審美對象。三代酒器觚、尊、觶可拿來插花、有的瓠壺用來注水澆
花、有的提卣作文房糊斗、小杯小盤可作筆洗（〈燕牋〉「論古銅器
具取用」）、上古穴中注油點燈的銅缸可用來蓄魚觀賞（《長物志》
〈禽魚〉）等，古物今用並未違背文震亨所謂「備賞鑑非日用所宜」
（〈器具〉篇「香爐」條）的意旨，因為文人們隨處不在賞鑑，古董
器物充作文房日用，適足營造文人古典情懷的美感體驗。

吾人查考《遵生八牋》一書，在〈燕閒清賞牋〉的部分，幾乎全
為古董文物而設，茲將該牋的內容簡敘如下：有『敘古鑑賞』、『敘
古諸品寶玩』、『清賞諸論』三大部分，前二者為古代文獻的集錄。
第三部分為本牋的重心，其下有「論古銅色」、「新舊銅器辯正」、
「新鑄偽造」、「論宣銅倭銅爐瓶器皿」、「論古銅器具取用」、
「論漢唐銅章」、「刻玉章法」、「論官哥窯器」、「論定窯」、

「論諸品窯器」、「論饒器新窯古窯」、「論藏書」、「論帖眞偽紙墨辯正」、「論古玉器」、「論剔紅倭漆雕刻鑲嵌器皿」、「論畫」、「畫家鑑賞眞偽雜說」、「賞鑑收藏畫幅」、「論研」、「滌藏硯法」、「論墨」（附硃墨法）、「論紙」（附造葵箋、宋箋、金銀印花紙、松花箋等法）、「論筆」、「論文房器具」、「書齋清供花草六種入格」、「論香」（焚香七要與各種香方）、「論琴」、「古琴新琴之辯」、「琴窗雜記」、「養鶴要略」、「瓶花三說」、「四時花紀」、「花竹五譜」（牡丹、芍藥、菊、蘭、竹）等。

以上除了少數項目以外，其餘均爲對古董文物的審美鑑識，在這些賞鑑的辨識方法中，蘊含了濃厚的古典情懷。晚明這類以古董書畫器物爲閒賞對象的書籍，不勝枚舉，如張應文的《清祕藏》實與高濂〈燕閒清賞牋〉體例相近，屠隆的《考槃餘事》則將高書〈清牋〉相關部分分化爲〈魚鶴牋〉、〈書牋〉、〈畫牋〉、〈帖牋〉、〈墨牋〉、〈紙牋〉、〈硯牋〉、〈琴牋〉、〈筆牋〉、〈文房器具牋〉（部分）；文震亨的《長物志》則爲〈書畫〉、〈器具〉；清初李漁的《閒情偶寄》則有〈器玩部〉與其體例相同。

古董器物帶給審美主體的美感，不只於該項器物的外觀形貌而已，而是蘊藏於該項器物背後那個龐大的古典情境，以及經過了時間淘洗的歷史感。對晚明文人來說，愈古遠之物，其價值愈高❶，一方

---

❶　高濂在〈燕閒清賞牋〉中所說：「三代有鳩鳥杖頭，周身金銀瑱嵌，又見有飛鳩杖頭，周身鎗金，用以作棕竹杖飾，妙甚，若漢之蟠龍螭杖，頭形若瓜槌，此便不如三代之雅」（〈論古銅器具取用〉）；又云：「即漢人雙鉤碾玉之法，亦非後人可擬」（〈論漢唐銅章〉）；「漢人大小圖書碾法之工，宋人亦自甘心……尚存三代遺風……漢宋之物入眼可識」（〈論古玉器〉）。高濂明顯指出漢代之

面也是因為愈古的朝代，在文人心中代表著愈崇偉的時代價值。這些抽象的古代情境與歷史感，透過現存的古董書畫器物傳遞而來，文人摩挲撫觸著這些器物，亦同時體驗到古典所含蘊的美感。經過抉擇解釋後的古典，是完美無瑕的，文人重新體驗古典，詮釋古典，以期達到主體充足的美感體驗，同時，寓有古典情懷的美感追求，實際上亦就是對完美生命型式的追求。

陳繼儒為其友王路所寫的這段短文，可視為一種古典情懷的美感追求：

> 有野趣而不知樂者，樵牧是也；有果蓏而不及嘗者，菜傭牙販是也；有花木而不能享者，達官貴人是也。……請相與偃曝林間，諦看花開花落，便與千萬年興亡盛衰之轍何異？雖謂二十一史盡在左編一史中可也。（〈花史左編跋〉）

在樵牧、菜傭牙販、達官貴人眼中的山野、果蓏、花木，均不帶有物象以外的色彩，陳繼儒偃曝林間，看花之開落，而有年代興亡盛衰之想，以古典情懷賞花讀譜，將可以長世，可以經世，可以避世，可以玩世⑱。何翰林良俊桑榆之年，塊然閒居，以觀古之達人飲酒、聽

杖不如三代，唐宋之雕刻碾玉之法不如漢代，而漢代之所以受重視，是猶有三代遺風，而元代刻書則又遠不及宋板書，可知高濂的評鑑原則，乃愈古價值愈高。

⑱ 陳繼儒之前已為王路《花史左編》題詞：「其所撰花史二十四卷，皆古人韻事，當與農書種樹書並傳，讀此史者，老於花中，可以長世，披荊斬礫，灌溉培植，皆有法度，可以經世，謝卿相灌園，又可以避世，可以玩世也。」（〈花史題詞〉）

曲、談諧之事，錄之聊以自況，題篇名曰「娛老」（收入《四友齋叢
說》中），並為自己的書室命為四友齋，四友者是指：維摩詰、莊
生、白樂天、與何良俊自己（參見范濂《雲間據目抄》卷一「何良
俊」條）。一為佛家居士，一為道家始祖，一為風流文人，由此可知
何良俊晚年生活對於古代典型的取徑。這是中國文人普遍的通性，以
古人閒聽與心境的體驗作為生活休閒之重要途徑，「尚友古人」，並
不是基於一現實利益的目的，去除了古人的成份，文人的美感生活便
無由建立。

(二) 臆想古代名流

　　對晚明文人而言，古典情懷的產生，除了對於朝代歷史的籠統印
象外（如三代、漢、唐、宋、元），尋找歷史定點——古代名流典
型，其所散發出來教人悅慕的風格氣味，則能興起較具體的復古情
懷。顏回的富貴浮雲，代表了安貧自得之樂；曾點的舞雩歌詠，代表
了求道的韻境❶；這兩個由孔子語錄而來的學道典型，是宋代理學的
重要論題。古人求道乃至於生命情態所表達出來的韻致，其實亦可作
為審美的對象，宋代理學家重視學道的境界次第，晚明文人重視的，
則是生命情態所表達出來的美感意味。因此「曲肱」與「化蝶」可同
時並列，作為生命情態的兩種美感類型❷。袁氏兄弟對古代名士領

---

❶　袁宏道云：「學道無韻，則老學究而已。昔夫子之賢回也以樂，而其與曾點也，
　　以童冠詠歌，夫樂與詠歌，固學道人之波瀾色澤也」參見《袁中郎集》卷二〈壽
　　存齋張公七十序〉。

❷　程羽文以典故短語的名詞作為標題，提出古人之睡態作為美感類型有：化蝶，曲
　　肱，混沌譜，麴世界，蓬萊第一宮……等，其中將儒莊並列。見程羽文《清閒

袖，最為推崇，小修以為「名士領袖其中若秦、黃、陳、晁輩皆有
才、有骨、有趣者」（《珂雪齋近集》卷六〈南北遊詩序〉）；袁中
郎則以為具有文彩風流典型的文人，幾乎已到了出神入化的地步，當
其生時，分身入流於諸人之中，及其歿後，又分身入流於諸神鬼之
中，因此「人見之曰人，神見之曰神，技見之曰技，道見之曰道」
❷。小修為幾位名士作「寄以悅生」的生命速寫，宗炳以臥遊、嵇康
以柳下鍛、陶淵明以酒、戴仲若以音樂、白樂天晚年以粉黛歌舞、陶
弘景以披閱……等（參見《珂雪齋近集》卷五〈硯北樓記〉）。古典
情懷給予小修的美感體驗，在文獻上表露無遺，例如〈東遊日記〉的
遊歷方式，乃是尋找晉唐宋代名流如謝安、杜牧、陸羽、樂天、子
瞻、米元章等人所居、所游經之處，加以評議、懷想，或是論其詩、
書、畫，或是流連典故之地❷。

晚明文人對於古代名流的歷史定點追尋，已涉入個人的抉擇與詮
釋在內，這些被相中的古人，不斷被文人形塑成合於審美理想的典
範。晚明崇尚的古人典型，集中在白蘇，並以白蘇為中心，擴延為具
世說意蘊的晉朝名流與北宋數子。

1.白蘇典型

供》『睡鄉供職』條。

❷ 「余嘗論古人如東方曼倩、阮步兵、白香山、蘇子瞻輩……其耳目手足心神必有
大異乎人者矣，是以謂之異人也……故其生也，分身入流於諸人之中，而其沒
也，又分身入流於諸神鬼之中，於是人見之曰人，神見之曰神，技見之曰技，道
見之曰道。」參見《袁中郎全集》卷十六〈紀夢為心光書冊〉。

❷ 「數月來，行楚尾吳頭間，所玄對者，君山、匡山，而所與神交者，蘇子瞻、白
樂天、陶元亮也。」（《珂雪齋近集》卷三〈東遊日記〉）

　　白樂天在晚明人心中，具有前所未有的高尚形象與地位。袁伯修
對樂天的生涯有較全面的描繪：樂天官至三品之貴；趣高才大，文價
遠播雞林；有元劉互相酬唱，晚年與千奇章諸公共爲賞適；所居之
宅，據東都之勝，花鳥魚池，彷彿蓬瀛；罷守後，即有粟千斛，有太
湖石、華亭鶴、折腰菱等物；蓄有嬌妓樊素小蠻，能舞霓裳；體素
健，年至八十，得疾癒尚能留樊素及駝馬。這是伯修極仰慕樂天之
處，認爲自己除了失女之痛的遭遇與樂天相同之外，其餘包括顯赫的
官階與文名、豐富的文友往還、蓬瀛一般的官宅、清雅尊崇的罷職生
涯、強健體魄及蓄有紅粉嬌妓等，這幾個層面是伯修自己所永遠不及
者❷。以上似乎是以世俗成就的觀點來衡量樂天，這也正是伯修一生
所無法達致而耿耿於懷之處，視此文爲伯修不平而鳴的感嘆則可，若
以爲此即伯修爲樂天所塑造的完美形象，則豈非將袁伯修的境界降低
至與荊州市儈相當而已❷。筆者將於下文逐步探討白樂天與蘇東坡爲

❷　伯修極仰慕白樂天，認爲自己除了失女之痛與樂天遭遇相同之外，不如樂天有七
　　處：1.樂天趣高才大，文價遠播雞林，袁才思蹇澀。2.樂天罷守，即有粟千斛，
　　有太湖石華亭鶴折腰菱等物，袁居官十年，室如懸罄。3.樂天所居之宅，據東都
　　之勝，花鳥魚池，彷彿蓬瀛；袁居石浦之陽，安望花草池臺之樂。4.樂天有妓樊
　　素小蠻，能舞霓裳，袁則兢兢守宮，所謂經歲不聞音樂聲者。5.樂天官至三品之
　　貴，袁終當老一校書郎。6.樂天有元劉互相酬唱，晚年與千奇章諸公共爲賞適，
　　袁則無。7.樂天素健，年至八十，得疾癒尚能留樊素及駝馬，袁則少年病後，骨
　　體脆薄。參見《白蘇齋類集》卷十六〈寄三弟〉。

❷　袁伯修曰：「從來文士名身顯赫者固多，然無過白樂天者，雞林重價，歌女倍
　　直，姑無論矣。荊州街子清市儈耳，自頸以下，遍刺白樂天詩，每詩之下，刺一
　　圖，凡三十餘處，人呼爲白舍人行詩圖。嗟夫！異矣。」參見《白蘇齋類集》卷
　　二十一〈論隱者異趣〉雜說類「從來文士」條。

晚明文人所塑成的典型。

李日華以爲樂天具有生命的曠達之樂㉕，董其昌亦視樂天爲一秉賦通達足以禪悅的參禪文士㉖，袁伯修的白樂天印象，離二人之說亦不遠矣㉗。雖然由文獻來看，東坡在晚明受尊崇的熱度㉘，遠遠超過白樂天，然而東坡在宋明文人心中的地位，原是大相逕庭的㉙，朱國禎云：

> 東坡文字，至今日推尊極矣。在宋則朱考亭比之淫聲美色，蓋以程伊川對頭，故作此語，覺著成心。至葉少蘊何人？而亦痛

㉕ 李日華統計韓白之詩與體裁：「韓退之多悲詩，三百六十言，哭泣者三十首，白樂天多樂詩，二千八百首，言飲酒者，九百首」，見《六研齋二筆》卷四。

㉖ 董其昌推崇樂天曰：「白太傅，唐人達人，出處之際，人有淵明之概，讀長慶集，足以動悟，此賦（按動靜交養賦）是初應省試之作，已近聞道者，不符參窠禪後，方能爲八漸偈」、又云：「白香山得法於鳥窠，有六漸偈深入禪悅，不知何以多爲情語，今年歡笑復明年，秋月春風等閒度，蓋千古壯夫惜時之感」，參見《容臺別集》卷四〈雜紀〉，董喜禪悅，故以詩賦的解讀來印證樂天參禪的境界，並推定樂天天賦通達。

㉗ 袁伯修認爲樂天學禪，而樂天亦有曠達快活的性情，故晚年歲月，多付之詩文歌舞，並不苦修。這點令習淨土宗的袁伯修有些質疑，伯修於官池放生、眷屬長齋念佛、迴避女色……等，表現其學禪之途欲精進的心態。參見《白蘇齋類集》卷十六〈寄三弟〉。

㉘ 蘇東坡受到晚明文人極高的尊崇，最具體的表現，是對蘇東坡詩文集子一再的重刊與刻印，關於此點，請詳參陳萬益著〈蘇東坡與晚明小品〉，收入《晚明小品與明季文人生活》一書，大安，民81年。

㉙ 東坡好友山谷曾說：「東坡畫竹成棘，是其所短；無一點俗氣，是其所長。」（《六研齋齋二筆》卷四），這類隨興的說法，必然存在於東坡友筆群彼此的稱揚中，這樣的說辭與建立東坡高超的形象，尚有一段很長的歷史距離。

誑，且引歐陽文忠爲證，其誰信之？東坡身上事，件件爽快，
只程頤奸邪四字，見之便欲氣死。（朱國禎《湧幢小品》卷十八〈蘇
文〉條）

筆者在此，將先提出米赫依·巴赫汀（Mikhail Bakhtin）的「對話理
論」以利後文說明。巴赫汀認爲人文學科研究方法的基礎，應建立在
讀者與正文的對話關係上，這種對話模式是：作者／角色、看／被
看、我／他，如何理解對話？巴赫汀說：「理解不能與評價區分開
來，他們是同時發生的，構成一個整體的行爲，要理解的人，以他已
形成的世界觀、由他自己的觀點、自己的立場來研究作品，這些立場
在某一程度上決定了他的評價」。他舉莎士比亞爲例，認爲與莎士比
亞同時代的人，不會認識後來者所認識的「偉大的莎士比亞」，作品
經過世代的培養，在它被創造的時代中開花結果，莎士比亞能夠「生
長」，是因爲他的作品內涵不斷被發掘[30]。原來文化巨人是經過不斷
「成長」而來的，朱國禎道出了東坡在宋明兩朝的地位不同，乃由於
宋明兩代的文化環境與氣氛不同，對典範的建立與追尋自然也不一
樣，巴赫汀的對話理論正可印證朱國禎之說。晚明文人以自己的特有
的觀點與立場，夾著讚譽式評價的理解，不僅使白樂天的形象，越過
唐宋元而到達一個高點，更使東坡的地位獲得扭轉與躍昇。
　　袁宗道認爲東坡自貶黃州以後，爲文脫盡應酬心腸，天趣橫

---

[30]　本文內容關於巴赫汀的理論解釋，摘引自馬耀民撰〈作者、正文、讀者——巴赫
汀的『對話論』〉頁 71-73，收入呂正惠主編《文學的後設思考》，正中，民 82
年 7 月。

生❸。是就文如其人的觀點而言東坡的才性；董其昌則推東坡內翰一
場富貴如春夢，晚年無一椽，處貧卻不以爲忤，「無適不臧」，隨處
無不自得，比今之士夫開口便云良田廣宅，去之遠矣（見《容臺別
集》卷四〈雜紀〉）；謝肇淛亦言東坡能隨遇而安，動心忍性，此乃
其學力識見優劣可卜之處❸（見《五雜組》卷十一〈物部〉）；然而
僅處貧安得，豈非顏回第二而已，必有過於顏回者。湯顯祖認爲東坡
資秉高超，因爲多遊於禪，故往往有「拍版門搥之戲」（見《湯顯祖
集》卷十五〈與姚承菴〉）。有了高明的參禪經歷，始能爲喜好禪悅
的文人心嚮往之。謝肇淛載古代詼諧妄誕之軼聞，其中多引東坡禪機
之趣（參見《五雜組》卷十六〈事部〉）；又託名東坡所撰之《問答
錄》，由陳繼儒、李日華校，該書主旨拈出：「東坡以世法遊戲佛
法，佛印以佛法遊戲世法，二公心本無法，故不爲法縛，而詼諧謔
浪……直是滑稽之雄也」（按萬曆趙開美序），該書專錄東坡與佛印
之機趣禪味問答。由此可知，除了富貴如春夢、無入而不自得的顏回

---

❸ 袁伯修認爲王弇州學東坡，畢竟差遜：「弇州……聞其晚年撰造，頗不爲諸詞客
　所賞，詞客不賞，安知不是我輩所深賞者乎？……乃知此老晚年全效坡公，然亦
　終不似也。坡公自黃州以後，文機一變，天趣橫生，此豈應酬心腸，格套口角所
　能彷彿之乎？」，參見《白蘇齋類集》卷十六〈答陶石簣〉。

❸ 謝肇淛另外曾提出東坡「才氣用竭」說：「少時多少聰明……意不可一世，屢經
　摧折貶竄下獄……至不能自保其身，故其暮年議論，慈悲可憐，如竹蟲雞卵，亦
　稱佛子，食數蛤蟹，即便懺悔，向來勃勃英氣，消磨安在？」見《五雜組》卷十
　五〈事部〉，言蘇的學力地位並不遜於韓歐二公，而韓歐從吾儒來，而蘇公則從
　諸子百家來。謝此言，明顯係爲儒者辯護，大力排佛，以爲蘇公的學力不純，故
　造成其生命氣力之遇挫耗折。然謝肇淛此言，恐係針對晚明當時過度習禪的風氣
　而發，未必就是眞正對東坡的貶抑。

形象之外，晚明文人更在禪味中，與東坡「對話」，使東坡的形象逐漸「成長」為一種機趣閒適，韻雅脫俗的典型。

前文由現實成就、曠達胸襟、習禪經驗等層面，分別瞭解了晚明文人對白蘇二人的忻慕之意。白、蘇在晚明文人心中，更經常相提並舉❸，茲以袁氏兄弟為例。袁小修東遊，玄對諸山，而與蘇子瞻、白樂天、陶元亮神遊（《珂雪齋近集》卷三〈東遊日記〉）；袁中郎稱白樂天與蘇子瞻為「白蘇風流」（見《袁中郎集》卷二〈壽存齊張公七十序〉）；袁伯修崇尚白蘇，逕自以之為書齋名，據姚士麟所言，伯修「借白蘇標其齋集，豈非以白蘇兩公，其心忠、其學禪、其人達，其官皆曾翰林？」（〈白蘇齋類集敘〉），文人為齋立名以明志，姚之言似乎是以白蘇兩人的政治忠誠、禪學興趣、曠達性格，與官職位階作為伯修效法的目標。姚雖力闢伯修為文非模仿二者之寫作風格❹，然其說仍不免顯得媚世（其心忠）與露骨（其官皆曾翰林），不如伯修之二弟中郎更能昭其心志，中郎以為伯修對白蘇已到了「嗜」的地步：

> 伯修酷愛白蘇二公，而嗜長公尤甚，每下直輒焚香靜坐，命小奴伸紙書二公閒適詩，或小文，或詩餘一二幅，倦則手一編而臥，皆山村會心語，近懶、近放者也。余每過抱甕亭，即笑之

---

❸　文德翼曰：「故知先生（按指李日華）之書，傳之後代，上可與蘇玉局、白香山共欣賞，次亦不失為遺山、雲林之流。」（〈恬致堂集序〉）

❹　「若曰韻言近白，大篇類蘇，又非後人涎沫自闢門戶之意，故讀之者，第當呼之白蘇齋，不當以白蘇詩文看作白蘇齋集可也。」（〈白蘇齋類集敘〉）

> 曰：兄與長公眞是一種氣味。伯修曰：何故？余曰長公能言，
> 吾兄能嗜……世間第一等便宜事，眞無過閒適者。白蘇言之，
> 兄嗜之，弟行之，皆奇人也。（《袁中郎全集》卷十六〈識伯修遺墨
> 後〉）

大袁崇蘇尙白，實如中郎所說，已到了「嗜」的地步，這種「嗜」的說法，較姚士麟更進一層，是一種氣味的感染，一種行住坐臥間閒適（疏懶放達）生命情調的營造。

就姚士麟的觀點而言，白蘇在世俗成就、禪學興趣與性情表現上，頗有相同之處，而袁中郎則更強化生命情調與氣味的因素，「白蘇」能成爲晚明的一個古典型範，「文人／樂天」與「文人／東坡」此兩組對話關係，經過理解與詮釋者（如姚與袁等人）在兩人世俗成就、禪學興趣、性情表現，乃至生命情調的比對上取得一致，組合建立一個「文人／白蘇」的新對話關係。換言之，文人對東坡以及樂天的古典印象，其實已相互滲融爲一個完整的典型。

2.東晉風流

明瞭了古典情懷來自於對話理論的運作後，吾人可據以檢視晚明文人幾個其他的古典型範。其一便是具有世說意蘊的東晉人物風流。

袁宏道將「江左之士」與「白蘇風流」並提（參《袁中郎集》卷二〈壽存齊張公七十序〉），顯示東晉時期，偏安江左文士所共同創造出來的歷史情境，與「白蘇」一樣，亦成爲晚明文人效慕的一個典型。後人對東晉人物風流的認知，大體是得自劉義慶《世說新語》一

書。晚明時期，文人喜讀此書❸，對此書的喜愛，充分表現在著作與
出版上，當時出版業發達，受歡迎之古典著作一再刊刻乃勢所必然。
筆者於前文中曾論及，晚明當時相當流行的品賞對象之一，是對於古
今韻人、韻事、韻語、韻物的整理分類，如將語言分成：慧語、名
語、豪語、狂語、傲語、冷語、諧語、清語、俊語、諷語、譏語、穎
語等（出自曹蓋之的《舌華錄》）；或如《醉古堂劍掃》將古今格
言，分爲醒、情、峭、靈、素、景、韻、奇、綺、豪等，莫不帶著劉
義慶《世說新語》的濃厚分類色彩。而直接以世說體例來寫作的，如
焦竑《玉堂叢語》、李紹文《皇明世說新語》等書，汲取劉義慶細膩
品人的方法，以東晉人物風流的立場來評賞當代人❸。王思任曾經提
出《世說新語》中所見東晉風流的狀況：

> 今古風流，惟有晉代。至讀其正史，板質冗木，如工作瀛洲學
> 士圖，面面肥皙，雖略具老少，而神情意態，十八人不甚分
> 別。劉義慶撰世說新語……每奏一語，幾欲起王謝桓劉諸人之
> 骨，一一呵活眼前……本一俗語，經之即文；本一淺語，經之
> 即蓄；本一嫩語，經之即辣。（《王季重雜著》『雜序類』〈世說新語
> 序〉）

❸　例如董其昌對世說甚推崇，曾以之與禪宗傳燈錄比較，以爲世說與傳燈錄二者如
　　太陽之與燐火：「劉義慶世說新語，可謂起夕秀於未振；若傳燈錄，皆妙明心
　　中，吐出稱性之語，以視世說，何啻燐火之與太陽」，參見《容臺別集》卷三
　　〈禪說〉。

❸　即使文人彼此欣賞，亦喜用世說語彙，如伯修曾對湯義仍云：「以弟觀足下，如
　　世說所列文學豪爽言語」（《白蘇齋類集》卷十五〈箋牘——湯義仍〉）。

晉人眞實面相如何？已不得而知，正史所載，個個態相一致，板質冗木，毫無生氣，經過劉義慶妙手轉出，則個個骨相靈活，如現眼前，劉不僅還原了晉人的生命活力，其至還作了改造，使俗者爲文，淺者爲蓄，嫩者爲辣。閱讀如此充滿美感的人物誌，使晚明文人「對之如典謨然」❸，視同一部重要之典章。在這樣的情況下，文人喜愛援用世說人物乃至晉朝典故，便不奇怪了，如文震亨《長物志》一書的名稱「長物」，便來自《世說新語》王恭之語❸；另外收於鍾惺《祕笈》與衛泳《枕中祕》，作者不詳的〈閑賞〉篇，其中亦多處引用東晉人物的典故，如「河朔風流」、「碧筒佳趣」、「羲皇上人」、「南樓清嘯」、「龍山落帽」等❸，皆以東晉人物風度的古典情懷，

---

❸　鍾惺〈書宋版世說新語〉一文曰：「今見新安程伸之所購宋版世說新語，曾未讀而愛敬之心，從紙墨生。以此書筆舌輕滑，對之如典謨然」。

❸　「王恭從會稽還，王大看之，見其坐六尺簟，因語恭：卿東來，故應有此物，可以一領及我。恭無言，大去後，即舉所坐者送之，既無餘席，便坐薦上，後大聞之甚驚，曰：吾本謂卿多，故求耳，對曰：丈人不悉恭，恭作人無長物」（《世說新語・德行》）。另《晉書・王恭傳》云：「忱訪之，見恭所坐六尺簟，因求之，恭輒以送……忱聞而大驚，恭曰：我平生無長物」，又載「王恭，清操，美姿儀，被鶴氅裘，涉雪而行，孟昶窺見之嘆曰：此眞神仙中人也」，這種神仙式的風度，亦是文震亨援引的重要因素。

❸　〈閑賞〉篇所用之魏晉典故有：「河朔風流」：「劉松袁紹三伏之際，晝夜酣飲，以避一時之暑，故河朔有避暑飲」（魏文帝《典略》）；「碧筒佳趣」：「魏正始中，鄭公愨三伏之際，每率賓僚避暑於此，取大蓮葉置硯格上，盛酒二升，以簪刺葉，令與柄通，屈莖上輪囷如象鼻，傳翕（按左有口部）之，名爲碧筒杯」（段成式《酉陽雜俎》）；「羲皇上人」：「常言五六月中，北窗下臥，遇涼風暫至，自謂是羲皇上人」（陶潛文）；「南樓清嘯」：世說新語載庾亮於秋夜氣佳景清，使殷浩之徒登南樓理詠，忽聞庾公屐聲甚屬，率左右十許人步來，一夥人於南樓歌詠；「龍山落帽」：「孟嘉爲桓溫參軍，九月九日遊龍山，僚佐畢集，有風至，吹嘉帽墮落，嘉之不覺，溫命孫盛作文嘲之」（《晉

興發文人閒賞時的美感體驗。

　　東晉風流代表的是一種經過人文化處理（按即前文王思任所謂俗者為文，淺者為蓄，嫩者為辣云云）的風度，若以謝安石為典範，則袁宏道、謝肇淛以為是一種處變而從容自若的任達❹，袁小修以為是一種至簡至輕如山光水色之韻致❹，李日華以為東晉人普遍具有脫俗的神仙情趣❹，若再加入陶淵明，則除了煙霞氣質❹外，還具有融合

書》）。又「雪」條用王恭的鶴氅，「冬」條六花飛絮用宋書的「雪花獨六出」，與謝道蘊的柳絮等等。參見朱劍心選注《晚明小品選注》頁 20-30 所附注釋，臺灣商務，民 80 年臺一版十刷。

❹　三袁兄弟對謝安石有許多討論的文字，伯修曰：「東山雖樂，恐不能長留謝安石也」，以謝安喻其文友劉都諫之不得良晤云云（《白蘇齋類集》卷十五〈箋牘——劉都諫〉），又有〈論謝安矯情〉（《白蘇齋類集》卷二十）「謝安妙處，正在矯情」，言人可以扭轉舊有之習，如佛氏所謂無生法忍，忍之者，矯之也，應指肥水之戰謝安臨危不亂從容自若的典故。袁宏道則云：「江左之士，喜為任達，而至今談名理者，必宗之。……且夫任達不足以持世，是安石之談笑，不足以靜江表也；曠逸不足以出世，是白蘇之風流，不足以談物外也……無心故理無所托，而自然之韻出焉」，參見《袁中郎集》卷二〈壽存齊張公七十序〉，其意指理者是非之窟宅，韻者大解脫者之場，似乎對有韻之謝安石，不足以持世，無法擔當經世事業之嘆耶？這與其兄讚譽謝安具有動心忍性之「矯情」說頗不同。另外謝肇淛認為謝太傅之所以能處變而怡然自若，乃是具有輕生死之「舍」與有識見之「達」（《五雜俎》卷十三〈事部〉）。

❹　袁小修評謝安石，則舉其築土山擬東山以起評，謂其具有「煙霞骨」，又言王公貴人思振纓上之塵於泉石而不得，則畫寒林於圍扇曲屏以供耳目之玩，形容謝安石乃從韻來，至簡至輕，若山光水色。顯明其為一種生命情調的展現，其實亦小修自己的投射。

❹　李日華以為東晉士人有神仙之慕：「大都東晉士大夫，既留意筆札，又不屑為俗間書，是以右軍黃庭內外景，陶貞白神仙起居法，琅然照世，不獨楊許喜錄上真祕授也」，參見《六研齋二筆》卷三。又云：「不獨詩有趣，文亦有趣。老莊有

了見事透徹的知性隱識隱才❹，以及東籬采菊美感的高蹈隱逸形象。

3.唐宋風範

除了「白蘇」外，晚明文人順著東晉風流的方向而思考，尚有一些值得懷想的古典型範，唐代繼承煙霞仙骨者，有李白❹；王維贏得千古韻士之美名❹；宋代精神，則由許多東晉意蘊的人物所共同組成，繼承陶淵明高品勝韻形象的林和靖❹，亦爲隱居閒逸的代表人物，淵明的東籬南山與和靖的梅妻鶴子，成爲後代文人隱逸生活的重要臆想方向，甚至成爲一種生活信仰❹。米元章繼承晉宋飄逸的風度，多了好奇喜異的顛癖❹，癖顛之性由元代的倪瓚所繼承❺。

理趣，爲庖羲翼，至西晉而絕；左史有意趣，爲春秋翼，至前漢而絕；屈馬有情趣，爲風雅翼，至六朝而絕」（《六研齋二筆》卷四）李日華以西晉爲理趣、前漢爲意趣、東晉六朝爲情趣之壓軸。

❹ 湯顯祖：「薰然酣歌其中，覺煙霞爲氣質，身世爲風景……陶元亮之流也」，參見《湯顯祖集》卷二十五〈霞美山賦有序〉。

❹ 伯修論淵明，以爲其不只是如蕭統所謂惡囂就靜，厭華樂澹之士，而是具有「審緩急，識重輕，見事透徹，去就瞥脫」之隱識隱才者，是個知性強的人。（《白蘇齋類集》卷二十〈讀淵明傳〉）。

❹ 李日華視李白爲「世外奇人，異人降世」（《六研齋二筆》卷三九）。

❹ 文震孟說：「摩詰，千古韻士」（〈題李流芳畫冊〉）。

❹ 王季重云：「古今能樂其苦者，惟淵明與觀復兩先生，俱有靖名，其行住坐臥之會，莫非陶情怡性之眞，故其詩淡而實腴，近而實逸，每奏一篇，品高者韻自勝也。」參見《王季重雜著》〈閒居百詠序〉。

❹ 王思任看喜愛陶淵明的坡公：「老坡……時時抄寫歸去來辭……其言聖諦，可以澹生，可以饗日，可以解勞，可以驅佈」，參見《王季重雜著》〈律陶序〉，王思任眼中的東坡，甚至將陶淵明的隱逸典型視爲一種生活信仰。

❹ 宋代周煇曰：「米元章，風度飄逸，自處晉宋人物，然所謂不羈，得顛之名」（《清波別志》），米酷嗜書畫，巧偷豪奪（指借眞蹟還以贗本），故所得爲

北宋除了承東晉風流之外，蘇、黃、米、文等人象徵著博古賞鑑的傾向：

> 擅敦禮好事，每以精器古物、茶、茗、香、酒貽涪翁，博其法
> 書，又時以所收蘇米手蹟、李伯時畫求鑑定著語，涪翁剖駁眞
> 贗，不遺餘力……山谷不善畫，而持論屹屹。（李日華《六研齋二
> 筆》卷四）
>
> 子瞻雄才大略，終日讀書，終日談道論天下事；元章終日弄奇
> 石古物；與可亦博雅嗜古，工作篆隸，非區區習繪事者。（李日
> 華《六研齋二筆》卷三）

北宋文人博古賞鑑好學的修養，在李日華眼中看來，不是沒有理由的：

> 上因胸次高朗，涵浸古人道趣，多山川靈秀百物之妙，乘其傲
> 兀恣肆時，咸來湊其丹府，有觸即爾迸出，如石中爆火，豈有
> 意取奇哉？（李日華《六研齋二筆》卷三）

北宋文人就其生命之奇特處而觀之，確有共通處：胸量高闊、涵蘊古

多，有一回在某一貴人「舟中見王右軍帖，求以他畫易之未允，米因大呼攫舡欲
赴水，其人大驚亟畀之，好奇喜異，雖性命有所不計，人皆傳以爲笑」（同
上），頗有好古之癖顛。

❺⓪ 倪瓚有潔癖，參見郎瑛《七修類稿》卷四十〈事物類〉。

人道趣、多山川靈秀之妙，此乃北宋文人在中國文化史始終居高位的緣由。

由白樂天、蘇子瞻二人世俗成就、禪學興趣與性格表現融合而成的「白蘇」典型，具有一種閒適機趣的生命情調；「東晉風流」以《世說新語》所描繪的謝安與詩人陶潛為中心，成為一種從容曠達、飄逸若仙又山林隱退的情趣與韻致；唐代李、王的韻趣，以及北宋諸子的博古學風與米倪的癖顛之性，亦為晚明文人所一再效慕。

結　語

「姑尋世間一種幽閒清適之樂，以自徜徉度日，較之常人，真有仙凡之隔」（《白蘇齋類集》卷二十一雜說類〈楊朱〉條），這似乎是袁伯修代表晚明文人所說的一段美感追尋的話，清幽閒適、飄若神仙的美感情趣，由於是在古代典範中形塑得致，因而使審美主體隨處的生活起居美感充滿了古典情懷的體驗。晚明文人如袁氏兄弟者，在歷史中尋找古典型範，實不為政治、不為道德、不為學問，而是為了美感體驗的需要，為了閒適賞玩之生命情調的營造需要，這是晚明文人最為特殊之處。高濂見周文矩畫〈蕭翊賺蘭亭圖卷〉，如入蘭亭社中，飲山陰流觴水，一洗半生俗腸，頓時令其心目爽朗[51]。這是一個很典型之古典情懷在美感體驗過程中發揮效用的例子。晚明文人透過

---

[51]　高濂云：「余向曾見開皇蘭亭一搨，有周文矩畫蕭翊賺蘭亭圖卷，定武肥瘦二本，并褚河南玉枕蘭亭四帖，寶玩終日，恍入蘭亭社中，飲山陰流觴水，一洗半生俗腸，頓令心目爽朗。」（〈燕閒清賞牋〉「論歷代碑帖」）

重新體驗古典，詮釋古典，以達到主體美感的充足經驗。古典經驗的美感追求，本身就是一種價值的追求，可視爲對完美生命型態的追求，高友工先生認爲，西方力辯藝術或美在反映眞實世界或眞理，辯其「眞」其「實」；但中國文人的「眞」往往可以其他價值來詮釋，即使對「物」有懷疑，但對自我、對心境、對生命價值的體現，皆不懷疑❷。晚明文人經常用「古典」的價值來詮釋眞義，並以力辯眞假，古典人文之所以具有美感，乃是文化所賦予至高的典範價值。

晚明美學，簡約地說是由主體的體驗發展而來，是美感體驗的總和。其美感型態一方面表現在爲審美主體精心設計的居處環境上，另一方面則表現了對傳統文物的文化情懷，二者並非漠不相關，實彼此涵倚❸。晚明文人重視主體體驗的美感活動，簡單地說，是對審美對象予以人文化的比喻象徵歷程，一切的審美對象，種種細膩的分類，訴諸體驗情境的模式，都因爲具這樣人文美的臆想而得到文人無限的賞愛。形塑「白蘇典型」、「東晉風流」或「唐宋風範」的過程中，表現了生命價值理想的依歸，可視爲審美主體對於完美生命美感型式之追求與再現（或再造）過程。

---

❷　參見同註❶高文頁 158。

❸　文震亨曰：「要使軒窗閴檻，儼若精舍，室陳廈饗，靡不咸宜，用之祖遠餞近，以暢離情；用之登山臨水，以宣幽思；用之訪雪戴月，以寫高韻；或芳辰綴賞、或靜女采蓮、或子夜清聲、或中流歌舞，皆人生適意之一端也。」參見《長物志》〈舟車〉篇。文震亨以上這段話，充分表現出主體體驗的細膩美感，亦正好含括了晚明文人主體體驗的兩大美感型態──居處佈置與古典情懷。

養護與裝飾──晚明文人對俗世生命的美感經營*

引　言

　　俗世生命的存在，包括了生命體所能感知到現實時空中的自然，以及所能體認跨越時空的人文兩大範疇。前者以生命體本身為中心所圈繞出來的環境，包括行住坐臥、居處飲饌等一切生活細節、園林、樹藝、牧養均在內；後者則是一切能喚起主體美感興味的人文風俗與情懷，古玩器物，乃至由傳統積累出來的風尚、習俗、宜忌均屬之。然而分作自然與人文兩大類只為敘述的方便而已，對晚明文人來說，二者的關係密不可分，所謂的自然感情嚴格說來，仍是文化感情的一個部分。晚明的王季重便對自然與人文作了很好的縮合：

　　　則野也者，天地間之大史也。此惟大文之人能領略而啖饗
　　　之……一日不得野趣，則人心一日不文，端木氏之晢也，不如

---

* 　本論文已刊登於《漢學研究》第十五卷第二期，頁 109-143，民國 86 年 12 月出
　　版。

子夏之瞳；蔡德珪之青石，不如仲蔚之堵；五侯之鯖，不如庾
郎之貧菜；朱絃牙板肉好廣奏，不如秦缶之鳴鳴。未有野而不
秀者也……蓋廟廊多莊嚴，田野多散逸。❶

自然與人文並非判然兩隔，晚明文人對俗世生命的養護與裝飾，就在
美感興味上，使二者互相融合。

　　晚明文人對於自然美與藝術美的喜好，在中國美學史上，並不顯
得多麼突出；而對人文美，沿承著宋代以來的傳統，有別出的表現。
所謂人文美，顧名思義，是指由人的行爲舉措演變而來的禮樂典章，
風尚習俗之美。宋代時期，文化界極重視道德人格，一方面強調崇高
人格能成就非凡的功業，一方面亦講究人格本身所帶來的美感，故人
品論在當時極爲盛行；晚明亦相當重視人文美，然而卻有意黜抑宋人
所講究的道德人格，著重人在塵俗世界存在的生命體本身，這個生命
體的活動既是自然的一部分，也一定要是人文的一部分。因此，文人
們不但極細膩地講求個人自然生命體的養護，對人我日常生活中的一
舉一動，要時注意是否符合人文美感。但是，尋常生活起居的舉止何
嘗爲美？平凡百姓的風度那裡值得推崇？這都要經過特別的轉化，經
過刻意包裝的功夫，這個工夫就是「隔」，有了「隔」的美學效應，
可使人的一切行爲，彷彿爲了觀眾的存在而表演，行住坐臥好像隨時
都有觀眾在場，必需有突出的表演以求喝采，或是狂縱、癖溺，或爲
雅人、隱士，均將凡夫俗子粧點成可值欣賞的對象。

---

❶　明・王思任，《王季重雜著》，〈楊冷然秀野堂集序〉（臺北：偉文圖書公司，
　　民國 66 年），頁 297-299。

　　茲將本文的論述步驟簡介如下。全文包含兩個部分，第一部分為俗世生命的養護，其中包括了日常起居養身與賞心的細節講求、以時令為主軸的時間觀、樹藝牧養以尊生等三節，其中第二節的時間觀推移著生活起居，從中感知到物候與俗尚，也成為風尚習俗中趨吉避凶的依憑。第二部分為俗世生命的裝飾，其中論析遊戲表演觀、形象經營、「觀看盈餘」——癖疵人物類型的欣賞、以及「隔」——日常起居的裝飾觀點等四節。

一、俗世生命的養護

(一)　日常起居養身與賞心的細節講求

　　高濂（生卒年不詳）閒賞美學的代表文獻——《遵生八牋》❷要為人的軀體生命營造出一個和諧、理想、完美的現世世界，體系龐大，細節紛披，可謂當時同類著作之翹楚，❸筆者認為，若以高濂整部《遵生八牋》視作晚明閒賞文化的縮影，實不為過。本節即以高書為討論分析的起點。該書養生細節的講求程度甚為完備纖細，例如對於人之神形所依之氣的調養工夫有：調氣、嚥氣、行氣、鍊氣、委氣、五行氣法、服日氣、服月精等；❹再就按時修養而言，有以季為

---

❷　本文所參據之明·高濂，《遵生八牋》，收於文淵閣《四庫全書》〈子部十·雜家類四·雜品之屬〉（臺北：臺灣商務印書館）中，在第 871 冊，頁 329-910。

❸　詳參本書第肆篇中〈尊生與審美——晚明美學之兩大課題〉一文。

❹　同註❷，卷 9-10〈延年祛病牋〉中，呼應〈四時調攝牋〉，再次強調養生細節，其中對於氣（人的神依於形，形依於氣）的工夫所言細密，有調氣，嚥氣，行

單位的調攝總論、與季相應的臟腑論，有各月月占主病的說明、該月
食行諸宜諸忌；❺亦有自雞鳴起床開始的一日怡養步驟，並有配合平
日怡養動用的物具清單；❻又在書室之怡養論中，對心與手晨昏間有
閒、懶、定、冗等不同狀態，提出各自不同之應對法，以利處書室居
處而自在。❼

在飲食方面，同樣表現了細節的重視，高濂《遵生八牋》〈飲饌

氣，鍊氣，委氣，養五臟，五行氣法，服日氣，服月精等，此外，又提出按摩，
八段錦導引法（按有點類似瑜珈）並附圖，鍊丹（按外丹如鉛汞，丹鼎等，內丹
指精神修鍊），又有色欲當知所戒，身心當知所損，飲食當知所損等口訣。

❺ 同註❷，卷 3-6〈四時調攝牋〉中，對於按時的「時」有細節的討論，試整理該牋
之諸項體例以明之：一、當季三個月的調攝總論。二、各月月占主病，如正月朔
忌北風，主人民多病，忌大霧，主多瘟災，忌雨雹，主多瘡疥之疾，指歲時變的
預防。三、附圖：該月氣數主屬之圖，以及該季腑神（如心，肝，肺，腎）圖。
四、當季臟腑旺論（如肝臟春旺論，心臟夏旺論），此之下又分，如何修養該臟
腑法、相該臟病法、如何治法、如何導引法（類似坐功操）或吐納用噓法、黃帝
所製醫方。五、當季攝生消息論，言此季之氣候特色，與人體臟腑之關係，人應
如何飲食？應食何？飲何？何時進補藥等關於此季的養生諸法。六、當季三個
月，每月之下，又細分該月食行諸宜諸忌、該月修養法、以及該月陳希夷導引坐
功圖。七、當季逸事：如春時逸事有登山眺、花褥草裀；秋時逸事有風起鱸肥、
梯雲取月、曬腹中書。八、當季幽賞，舉高濂家鄉武林一帶之觀景景點。頁 387-
515。

❻ 同註❷，卷 8〈起居安樂牋〉「怡養動用事具」章，提出一份名目詳悉，日常生活
所要觸用到的各類用品清單，頁 520-528。另於同註❷，同卷 8『溪山逸遊』之
「山人遊具」章，亦列出諸種遊具名目，按其用途可分爲：衣著服飾、遊山時必
備的交通濟勝之具、韻事之具、飲食生活之具、避忌之具（如五嶽圖形）等，頁
531-537。

❼ 參見同註❷，卷 8〈起居安樂牋〉「晨昏怡養條」『序古名論』首則，頁 516。

服食牋〉內容最為廣泛,包括茶泉類,湯品類,家蔬類,醞造類,麴類,甜食類等,這些是日用飲食;尚有神仙服食方藥,包括自然界的食方如松脂,枸杞茶,雄黃等物,以及練成之丹物如九轉長生神鼎玉膏液、蒼龍養珠萬壽紫靈丹,這一部分與〈靈祕丹藥牋〉所載丹藥之方的內容意旨相近。高濂對於飲饌細節的講究,承自元代,元代時期流行飲饌指導方面的書籍,❽如賈銘撰〈飲食須知〉共八卷,包括水火、穀類、蔬果、肉類……等數項,分別說明各種食物之種類與特性,特別舉出對人有負面影響的事忌,如什麼食物吃了會使人墮胎、損人精神、易脫毛、氣閑、頭脹等。該書揭示了正確飲食關乎養生的意旨,亦以便於日用檢點之類書型式出現。❾

　　元人的飲饌書籍,緊緊地守在養生的範疇內立論,高濂的《遵生八牋》,除了神仙方藥與延年長壽有直接關聯之外,排比各種飲食類型如湯品、家蔬、醞造、酒麴、甜食等,已將各類飲食視作美物以譜錄記之,帶著濃厚的審美情懷在內,李漁(1611-1677)《閒情偶寄》❿〈飲饌部〉,記錄蔬食、穀食和肉食,便直捷地表達了重飲食之道與崇尚古玩同一致的觀念:

---

❽　例如不知撰人著《饌史》,共錄二十則古來與飲饌有關之事典,亦為元人所撰。《饌史》,詳參《筆記小說大觀》第六編第 5 冊(臺北:新興書局,民國 64 年),頁 2574-2578。

❾　該書序言稱:「飲食藉以養生,而不知物性有相反相忌,叢然雜進,輕則五內不和,重則立興禍患,是養生者,亦未嘗不害生也,歷觀諸家本草疏註各物皆損益相半,令人莫可適從,茲專選其反忌,彙成一編,俾養生者日用飲食中便於檢點耳」見該書前附之葦山老人〈飲食須知序〉。元‧賈銘《飲食須知》,詳見同註 ❽,第六編第 5 冊(臺北:新興書局,民國 64 年),頁 2502-2554。

❿　明‧李漁,《閒情偶寄》(臺北:長安出版社,1992 年)。

　　　吾謂飲食之道，膾不如肉，肉不如蔬，亦以其漸近自然也。草
　　　衣木食，上古之風，人能疏遠肥膩，食蔬蕨而甘之，腹中菜
　　　園，不使羊來踏破，是猶作羲皇之民，鼓唐虞之腹，與崇尚古
　　　玩同一致也……吾輯饌一卷，後肉食而首蔬菜，一以崇儉，一
　　　以復古。**⓫**

藉飲食來養護軀體，以達成生命體美和的目的，而飲食的本身亦為一
值得美賞的對象，有著與古玩一樣令人懷古復古的嚮往。

　　高濂《遵生八牋》一書，處處顯示了對養生主題所關注之層面極
為細微。其所面對的養生課題、為此課題所圈圍出的範疇、以及種種
應對之道，是晚明文人普遍共有的興趣，若以此書的養生架構為衡量
標準，明末以此為體例者，頗不乏其書。李漁的《閒情偶寄》，該書
儼然以《遵生八牋》作為架構的參考，除了〈詞曲部〉、〈演習部〉
以及〈聲容部〉為李漁個人戲劇的專長與愛好之外，餘者〈居室部〉
如高書的〈起居安樂牋〉，〈器玩部〉如高書之〈燕閒清賞牋〉之
「清賞諸論」，〈飲饌部〉如高書之〈飲饌服食牋〉，〈種植部〉則
如高書〈燕閒清賞牋〉之「四時花紀」，而〈頤養部〉的內容則橫跨
了高書之〈清修妙論牋〉、〈四時調攝牋〉、〈起居安樂牋〉、〈靈
祕丹藥牋〉等。二書的課題內容相互涵蓋，實可證明尊生與審美相關
聯的主題在當時所受到的關注。

　　對於軀體身心養護課題的重視，充分表現在日常起居細節的講究
中，黃東崖著有《屏居十二課》，列出十二項功課，其中晨齋、晚

⓫　同註**⓾**，卷 12〈飲饌部〉「蔬食」小序，頁 253-254。

酒、獨宿、深居、莊內、頜兒、鳥夢、雞燈、惜福等，提出個人在不同時機所應有的身心道德修為；⓬《屏居十二課》兼顧身心養護，至於該書後附的〈夜間九章〉，則涉及到夜間時刻心靈養護極入微的細節，例如「聽漏」章，述及月晦時，丁丁銅漏響，開戶細聽，在鄰雞未動之先，每至四更將盡，五鼓未續，尤低迴久之，此時乃躁心平、慾心釋的時機，亦為修養心性極適當的時機；如「量月」章言中夜看月，隨所照遷坐；如「聞雞」章，言雞聲初在遠近間，若是若非，若斷若續，徐之則漸聞，又久之，則大徹矣，講究對雞聲的細微注意，並探討雞鳴時，人的心念問題；又如「星爛」章，言星星在欲曙前後，光芒變化的狀態，言君子觀察星之自密而疏而淡而滅，可以悟潛見之宜，可以衷身世之理；如「蟲吟」章，討論在物類中，鳥鳴于晝，蟲鳴于夜，鳥鳴親上，蟲鳴親下，次亦在牆壁間，黃東崖獨於蟲鳴有感，認為蟲鳴是任天自動的現象，並非如韓非所言「物不平即鳴」。而「攤書」章言夜讀書踰晝讀十倍，或吟諷三五章，或點定一

⓬ 明、黃東崖之《屏居十二課》，共分十二章：一、晨齋（晨起，旦氣未遠，不宜食葷），二、晚酒（得趣以消難度之夜），三、獨宿（不必僕從侍奉），四、深居（與友朋之往來，斟酌於疏數之間，寧疏毋數），五，莊內（指禁欲），六、頜兒（對兒輩之教誨聽自從師，兒有來白事者，頜之而已），七、弟過（弟來拜訪相聚，言兄弟情誼），八、朋來（交一二佳友，可與賞奇析疑義），九、鳥夢（凌晨每于鳥未鳴時起行，似鳥猶在夢中，子弟輩有懶惰貪眠，日高未起者，真一鳥不如也），十、雞燈（中夜危坐至將旦時，蠟窗忽白，此一段光景佳，孔所云學達，釋所云定慧，老莊所言，盧室生白，其義一也），十一、著書（言其所著書數種），十二、惜福（珍惜身旁人，事，物，昔人云，留有餘不盡之福以還造化），該書收入《百部叢書集成》（嚴一萍選輯，臺北：藝文印書館，本叢書各集出版年次不一）之31，〈硯雲甲乙編〉第一函，列於「哲學類閒適」。

兩字,機鋒偶觸,意緒橫生……等。❸黃東崖在中夜起而覓火、望月、占星、聽蟲、聞雞、聽漏、攤書等事,這種極個人化的獨處經驗,是心靈養護入微的極致,同時亦接近美感境界的追尋。

　　吳從先撰有〈賞心樂事〉一篇,僅短短數則,將黃東崖仔細體察夜間諸象,供作精神心念的修為,轉成以直捷備具美感的字眼,明白揭示精神的調養在「賞心樂事」之上,其文字表達如下:

> 弄風研露、輕舟飛閣、山雨來、溪雲升、美人分香、高士訪竹、鳥幽啼、花冷笑、釣徒帶煙水相邀、老衲問偈、姜奴弄柔翰、試茗、掃落葉、趺坐、散坐、展古蹟、調鸚鵡。乘其興之所適,無使精神太枯。
>
> 齋欲深,檻欲曲,樹欲疏,蘿薜欲青垂,几席、欄干,窗寶欲清淨如秋水,榻上欲有煙雲氣,墨池、筆床欲時泛花香,讀書得此護持,萬卷盡生歡喜,瑯嬛仙洞,不足羨矣。❹

前一則言精神調養在適興,後一則為書齋環境佈置之簡則,文字與內

---

❸　同註❷,後附〈夜間九章〉,包括一、覓火:言夜間用清油炷燈,不需燃蠟剪燭之勞,二、量月,三、聽漏,四、聞雞,五、星爛,六、蟲吟,七、攤書,八、屏酒:言養生家不飲卯酒,何況寅時乃清虛之氣,奈何以薰穢雜之,九、待旦,此章為總敘跋:「惟老人心血消耗,每至期輒雙眸瞭然,勢難留連枕上,則其起而望月,占星,聞雞,聽漏,以至為覓火,攤書計,蓋其宜也,余欲求一安眠不可得致,不得已出此而非有所慕乎先醒之名」。

❹　明·吳從先,〈賞心樂事五則〉,收於朱劍心選注,《晚明小品選注》(臺北:臺灣商務印書館,民國80年)卷1,頁18-19。

容均帶著高濂〈起居安樂牋〉的影子。程羽文所著之《清閒供》❶亦然，該書顧名思義可解釋為：清閒生活之供，內容關心生活起居之種種細節，兼論俗世生命之美，旨在塑造一個清閒美感的生活。「小蓬萊」條，為隱居生活居處之配置；「天然具」條以山居隨取天然物以為日用；「四時歡」條依春夏秋冬四時，分別舉出適宜該時隱居生活之內容；而「二六課」條則更細微，舉出一日十二時辰內宜從事之雅事……等。該書有言癖賞者，有言隱居自然之生活要略，有提出以雅醫俗的辦法，有四時、十二月令、十二時辰自然生態與生活細節之指示。《清閒供》在當時，不應僅視其為文人筆墨遊戲之作，亦反映出對當時士子對這種生活樣式有很深的嚮往之意。

晚明理學家劉宗周著有《人譜》一書，提出「一曰凜閒居以體獨，二曰卜動念以知幾，三曰謹威儀以定命，四曰敦大倫以凝道」（〈證人要旨〉），可知其實為一嚴肅的道德律作。❶然該書體貌卻具有晚明閒賞文獻普遍的共象，即以譜錄的體例來撰寫，視「人」與梅蘭竹菊或禽蟲一般，可作為解析的對象。其內容針對人之行為道德修為而設，特別對於人之過錯有細微的辨識，所製「紀過格」（按其自云言過不言功，以遠利也），人之過分成六種：微過（知主之，如

---

❶ 明・程羽文，《清閒供》，收於註❽，第五編第 5 冊（臺北：新興書局，民國 63 年）。

❶ 至於嚴肅道德修為的著作，在晚明並非沒有，當時理學家劉宗周便曾著《人譜》，劉為明代理學的殿軍，該書針對了凡《功過格》而來，劉認為袁了凡學儒而篤信因果，傳染至今，遂為渡世津梁，但對於道術晦明之故，未能深究，故劉特立「人極圖說」作為人論的形上依據，參見〈人譜自序〉。《人譜》，收於同註❽，第六編第 5 冊（臺北：新興書局，民國 64 年）。

妄念)、隱過(七情主之,如溢喜,遷怒)、顯過(九容主之,表現在容態上者如箕踞、攘臂、視非禮、偷視、煩言、謔笑、詈罵、脫幘、怠懈、履閾、令色等)、大過(五倫主之,如父子、君臣、夫婦、兄弟、朋友)、叢過(百行之之,如好閒、博奕、流連花石、好古玩、好書畫、行不避婦女、暑月袒、毀棄文字、讀書無序、作字潦草、輕刻詩文)、成過(眾惡門,妖獸賊祟等)。其對「人過」的分辨架構,有心知、有七情、有九容、有五倫、有百行等,《人譜》即在對由知、情、容、行諸種面向偏差類型的整理,這樣的整理,其實就是對「人」在俗世生命中個體應如何完美良善存在的思考。

人存在於俗世中,究竟應如何始能使生命個體臻於完美完善?這個課題,對晚明文人來說,顯然比之前的任何一個時代來得要迫切些,不必企求成仙道,而是要在現世中經營一個仙道可居可游的環境。因此,晚明文人對於俗世生命中主體身心的養護細節,顯得極為講究。

(二) 以時令作為主軸的時間觀

1.日常起居細節按時推移

養生最需重視的是生命體無一不在進行著的細微變化,對宇宙萬象之所以會產生變化的根本原因——「時間」,必要給予細密的注意,晨昏、四時、年月能將各種生命體由誕生推向死亡,無怪乎「時間」是延年益壽者,以及農牧樹藝者首要面對的重要課題。因此《遵生八牋》有〈四時調攝牋〉,指導人們如何順著四時的推移而調整養

生的方法，蓄養與園藝，更不可忽略時宜的因素，**⑰**晚明的養生類書、閒賞著作或動植物譜錄之書，均不乏時間因素的考量。晚明對時間變化的細微注意，吾人以衛泳賞美人的一段文字爲例：

> 美人自少至老，窮年竟日，無非行樂之場。少時盈盈十五，娟娟二八，爲含金柳，爲芳蘭蕊，爲雨前茶……及其壯也，如日中天，如月滿輪，如春半桃花，如午時盛開牡丹，無不逞之容，無不工之致，亦無不勝之任。至于半老，則時及暮而姿或豐，色漸淡而意更遠，約略梳粧，偏多雅韻，調適珍重，自覺穩心，如久窖酒，如霜後橘……此終身快意時也。春日艷陽，薄羅適體，名花助粧，相攜踏青，芳菲極目；入夏好風南來，香肌半裸，輕揮紈扇，浴罷，湘簟共眠，幽韻撩人；秋來涼生枕席，漸覺款洽，高樓爽月窺窗，恍擁嬋娟而坐，或共泛秋水，芙蓉映帶；隆冬六花空，獨對紅粧，擁爐接膝，別有春生，此一歲快意時也。曉起臨粧，笑問夜來花事闌珊；午夢揭幃，偷覷嬌姿；黃昏著倒眠鞋，解至羅襦；夜深枕畔細語，滿床曙色，強要同眠，此又一日快意事也。**⑱**

觀賞女子，不止在固定時間中的色貌容態而已，還要隨時間的變化而

---

⑰ 同註**❷**，卷 16〈燕閒清賞牋〉『花竹五譜』之「蘭譜」中，有「逐月護蘭詩訣」，是將正月至臘月如何養蘭的重點，依次訂出，頁 804-805。

⑱ 清·衛泳，《悅容編》〈及時〉章，收於同註**❽**，第五編第 5 冊（臺北：新興書局，民國 63 年），頁 2777-2778。

留意，女子除了自少時之十五、十六到壯時到半老時，終身各具不同風采，一歲中之四季，一日中之曉午昏夜，亦有各類情態。這一段文字，將時間的因素，充分運用於閒賞的對象上。

由於四季的物象景觀有較明顯的轉變，因此四時是閒賞文化中，時間思考的主軸，❹高濂〈起居安樂牋〉有紀錄四時的逸事幽賞，〈燕閒清賞牋〉爲蒔藝提出〈四時花紀〉；李漁仿照高濂的四時幽賞，撰有四季行樂之法，具體描繪四時可資遊賞之景與境，例如冬季行樂之法：

> 嘗有畫雪景山水，人持破傘，或策蹇驢，獨行古道之中，經過懸崖之下，石作猙獰之狀，人有顛蹶之形者，此等險畫，隆冬之月，正宜懸掛中堂，主人對之，即是禦風障雪之屏，暖胃和衷之藥。❹

懸掛險畫以在冬季取樂，不只是就審美觀點而言，還兼含養生目的在內。程羽文《清閒供》〈四時歡〉篇，亦同高、李二人的體例，依春夏秋冬四時，詳述當季起居的細節，例如秋時：

> 晨起下帷……挹露研珠點校，寓中操琴調鶴，玩金石鼎彝，晌午用蓮房洗硯，理茶具，拭梧竹，午後……著隱士衫，望紅樹

---

❹　晨昏日夜雖亦能帶來景物的變化，但晨昏若再加上四季、晴雨等氣候因素相互組合，會產生很多複雜的晨昏面貌，倒不如「四季」較具明確簡化的思考特性，這也是晚明閒賞文獻的反映。

❹　參見註❿，卷15〈頤養部〉『行樂』篇「冬季行樂之法」條，頁334。

葉落，得句題其上，日晡，持蟹螯鱸膾，酌海川螺，試新釀，
醉弄洞簫數聲，薄暮倚柴扉，聽樵歌牧唱，焚伴月香壅菊。❷❶

程羽文在上文爲秋之一日，由晨起、晌午、午後、日晡、薄暮、月出
的時間經歷，安排雅致的作息起居。《清閒供》的時間思考架構在四
時、十二月令、十二時辰的鋪排上，〈月令演〉列出十二月令之節慶
清單，〈二六課〉則依十二時辰列出重點作息，如辰時：「夙興，整
衣襟，坐明窗中，調息受氣，進白湯一甌……櫛髮百餘偏」，巳時：
「讀書，或楞嚴，或南華，或易一卦循序，勿汎濫勿妄想勿聚談」，
午時：「坐香，一線畢，經行，使神氣安頓，始飯」，未時：「獵
史，看古人大局，窮事理，瀏覽時務……勿晝臥」，申時：「朗誦古
人得意文一二篇，引滿數酌，勿多飲令昏志，或吟名人詩數首，弄筆
倣古帖」等等。時辰，成爲清賞生活裡，必修功課之最基礎時間單
位。

2.物候與俗尚的感知

袁中郎（1568-1610）賞花，把握寒花宜初雪、雪霽、新月；溫花
宜晴日、輕寒；暑花宜雨後、快風；涼花宜爽月、夕陽等季節氣候的
條件。❷❷程羽文則提出賞花要以十二月令爲依據，不同的月令，不同

---

❷❶　參見註❶❺，〈四時歡〉章之「秋時」條，頁 2788。

❷❷　賞花能成，原需具備許多條件：如勝花，勝地，勝時，勝情，勝友，缺一則憾，
　　參見明·謝肇淛，《五雜俎》卷 10〈物部〉（臺北：偉文圖書公司，民國 66
　　年），頁 261。袁中郎此條，與謝肇淛相同，亦包括了勝地的因素在內。詳見《瓶
　　史》「十一清賞」，頁 7，收於同註❶❷，《百部叢書集成》之 48〈借月山房彙
　　鈔〉叢書第九函。

的花種有特殊的生態，例如五月「榴花照眼，夜合（按合歡）始交，蕎蔔有香，山丹赭」、六月「菡萏為蓮，茉莉來賓，雞冠環戶」、八月「桂香飄，金錢夜落，丁香紫」、九月「菊有英，芙蓉冷，芰荷化為衣，山藥乳」、十一月「蕉花紅，枇杷蕊，花信風至」、十二月「蠟梅坼，水仙負冰，山茶灼，雪花六出」等等。由以上種種例子看來，四時與十二月的確是晚明文人閒賞文化中，賴以思考的時間主軸。

　　對於四時十二月令中各種節慶的記載，早有傳統，南朝時期已有《荊楚歲時紀》，是對荊州一帶一歲的時令節慶的紀錄。這個傳統到了晚明，並未衰減，《遵生八牋》〈起居安樂牋〉在四時幽賞的部分，便列舉了武林一帶的風俗之美，如夏有「琢冰山」、「招涼避暑」；秋有「圍棋爭勝」、「菊花稱壽」、「穿針乞巧」、「盂蘭盆供」；冬有「腊八日粥」、「書物侯風」等。收於鍾惺《祕笈十五種》與衛泳《枕中祕》之〈閒賞〉篇，㉓其所載各條，包括春夏秋冬四時之風俗與自然景象，有春、元旦、元宵、花朝、清明、夏、端陽、伏、秋、七夕、中秋、重陽、冬、除夕、霧、雪等季節時令氣候，其中有人文活動的描寫，亦有自然景觀的描寫，前者如：

> 元宵，艷節也，星月交輝，煙花競麗，其尤佳者，珠翠叢中，香肩影動，綺羅隊裡，笑語聲來，昔人云：『收天下之春，歸之肺腑』吾於元宵亦云。
>
> （除夕）是節兒童嬉笑，老幼團圞，爆竹在庭，桃符在戶，柏

㉓　本文以下所引述之〈閒賞〉篇文字，皆轉引自同註⓮，頁 20-30。

酒在壺。

對自然景象之描述者如：

> （伏）是時朱明司令，大地爲火宅，吾所取者，風亭月榭，環
> 以湖山，籠以竹樹，爐煙裊裊，簾影重重，遠近荷花，左右圖
> 史，河朔風流，碧筒佳趣，陶然一醉，兀然一枕，便是義皇上
> 人。

〈閑賞〉篇對各季節候的人文活動、俗尚景況或天象自然作美感描
述，正如程羽文所言：「令節良辰，世賞久矣，或因一事而留，或託
一人而重，零時碎日，尚多流風可挹」，❷按十二月序，列出各月風
俗節慶之名目，供閒賞者檢之以備時令之用。

除了重視四季物候與節令風尚之外，另有一個略具世俗宗教色彩
之趨吉避凶的傳統。

3.趨吉避凶

如上文所說，俗世生命有著對自然與人文兩個指向不同的感情，
人文的感情來自文化傳統，代代相沿而成習俗。中國儒道二家同要天
人合一，加上道釋二教在民間信仰的融合發展，逐漸形成中國人敬天
畏地、泛神論的普世宗教觀。所謂泛神，是視宇宙萬象萬物均爲神，
人們在其間生存，必需具備尊重的恭敬心態，以避免不敬所受到的各
類災厄，由此便發展出一套與萬物保持順服關係之趨吉避凶的道理。

---

❷　同註 ❶，〈月令演〉章，頁 2789-2792。

高濂曾繪錄「五嶽眞形圖」，爲五嶽擬畫出五種具象的神祇符號，世人佩此圖，無論渡江海、入山谷、夜行郊野、偶宿凶房，一切邪魔魑魅魍魎、水怪山精，悉皆隱遁，這個圖形的原理，出於道藏經所云「五嶽之神，分掌世間人物」「家居供奉，諸惡不起」的觀念。❷⑤

厭勝類型的圖繪，最常出現在銅鏡上，因爲銅鏡本身被具有照妖除祟的避邪作用，〈燕閒清賞牋〉「論古銅器具取用」章中，敘述古銅鏡背之紋，有海獸、葡萄、荔枝、五岳圖形、十二生肖❷⑥、寶花雲龍、十二符、四靈、三瑞、三神、八衛、六花、蟠螭、龍鳳、雉馬……等，這些出土的銅鏡紋飾，包括了祥瑞吉物，或避凶之厭勝物。不應被認爲純作裝飾而已，如謝肇淛所說：「凡鏡，逾古逾佳，非獨取其款識、斑色之美，亦可避邪魅，禳火災，故君子貴之」，❷⑦郎瑛亦認爲，世間墓中出土之古鏡，懸棺蓋屍，目的在取光明破暗之義（《七修續稿》）。❷⑧

在銅鏡飾物方面表現出來的趨吉避凶傾向，一樣反映在文人的居家生活裡，例如星相堪輿，朱國禎描述晚明文人對此話題的興趣：

> 相法堪輿，三代前已有，惟星命起於唐之李師中，來自西域，

---

❷⑤ 同註❷，卷 8〈起居安樂牋〉「溪山逸遊」篇『遊具』條，頁 531-537。

❷⑥ 同註❷，卷 14〈燕閒清賞牋〉「敘古諸品寶玩」條云：「小銅豬狗牛羊等十二肖形，亦墓中物也」可知十二生肖的確具有厭勝作用，頁 697。

❷⑦ 參見明·謝肇淛，《五雜俎》卷 12〈物部四〉（臺北：偉文圖書公司，民國 66 年），頁 307。

❷⑧ 參見明·郎瑛，《七修續稿》卷 6〈事物類〉「古鏡」條，收於註❸，第 33 編第 1 冊（臺北：新興書局，民國 72 年），頁 831。

在今日士大夫，人人能講，日日去講，又大有講他人命者，講著甚的。❷⑨

不只是談論的興趣而已，著名文人湯顯祖則相信自己不利仕途乃涼薄骨相所致；❸⓿嚴嵩後來導致抄家命運，亦有人從堪輿的角度來發論。❸①小至家居所植樹種之當否，亦有宜忌的說法，❸②屋前屋後汲水澆花，不止耳目堪娛，還可作為家運旺與不旺之徵驗。❸③

以四時作為趨吉避凶的時間主軸，晚明繼承前代而來。元瞿祐編著《四時宜忌》，依十二月，分列各項宜忌事項，如正月事宜、正月

---

❷⑨ 參見明·朱國禎，《湧幢小品》卷 25〈星相堪輿〉條，收於註❸，第 22 編第 7 冊（臺北：新興書局，民國 67 年），頁 4856。

❸⓿ 湯顯祖曾敘述一段對自己相貌不利仕途之言：「癸未春，予舉進士，經房秀水几軒沈師，年少于予，心神迫清，而予方木強，故無柔曼之骨……時馮君夢禎謂沈師曰：子門中固無愈湯生者耶？師曰：固也，恨生骨相涼薄，不如徐聞鄧生，生甫終賈之年，而負河岳之相，必大拜者，其人也。」參見明·湯顯祖，《湯顯祖集》卷 26〈酬心賦序〉（臺北：洪氏出版社，民國 64 年），頁 976。

❸① 明·沈德符《萬曆野獲編》卷 2〈列朝〉，第 57 條「觸忌」（臺北：新興書局，民國 65 年），言皇上世宗時，行事喜拘避忌；又卷 20〈曆法〉，頁 530-531，第530 條「居第吉凶」，亦言嚴嵩所居之宅不吉祥，之前之後入住者皆遭禍，頁 57-58。

❸② 參見註❷，卷 7〈起居安樂牋〉『家居種樹宜忌』條，頁 512。

❸③ 李漁言：「能以草木之生死為生死，始可與言灌園之樂，不則一灌再灌之後，無不畏途視之矣，殊不知草木欣欣向榮，非止耳目堪娛，亦可為藝草植木之家，助祥光而生瑞氣，不見生財之也，萬物皆榮，退運之家，群生不遂，氣之旺與不旺，皆於動植驗之，若是則汲水澆花，與聽信堪輿，修門改向者無異也，不視為苦，則樂在其中。」參見註⓿，頁 344-345，卷 15〈頤養部〉「澆灌竹木」條，頁 344-345。

事忌等,該書乃集錄並條列前人著作中相關之內容,所引者有《千金月令》、《孝經緯》、《玄樞經》、《雲笈七籤》、《養生論》、《瑣碎錄》、《濟世仁術》、《居家必用》、《酉陽雜俎》……等筆記小說、道經、日用類書等。《四時宜忌》一書在元代,由其內容與撰寫體例研判,應係民生日用之必備參考書,到了晚明,則爲高濂養生美學大全——《遵生八牋》所襲用,高濂將其內容拆開,分別穿插置入〈四時調攝牋〉之各月宜忌事項中。《遵生八牋》除了〈四時調攝牋〉有各月宜忌事項之外,〈起居安樂牋〉的「三才避忌」條,更具體顯出泛神論的色彩,天時諸忌乃對天象自然之敬崇與順畏,如:勿指天爲證,勿怒視日月星辰,莫裸體以褻三光等;地道諸忌是對地壤山森水泊的敬畏,如:勿以刀杖怒擲地,入山持明鏡使精魅不近,渡河時書朱禹字佩之;人事諸忌,則爲養生之論,此三者總體而言,是要避開對生命體不利之種種條件。

重視某地天候月令節慶俗尚的紀載,是很早以來就有的傳統,而以一歲之四時、十二月令以作爲趨吉避凶的依據,甚而將一年十二月中諸項節令行事宜忌的細節,給予系統的注意,甚至表列化,這是民間農用曆書不廢的傳統。前者著重人文風俗之美的欣賞,是美學的;後者則帶著神祕宗教的泛神色彩,是尊生甚至是爲農植而說的,二者被晚明的高濂,一同納入到《遵生八牋》的架構中。欣賞各類節令風俗之美,可以心悅神馳,足以裨益養生;而爲了保護生命安康而設之天地四時月令各項宜忌與對應的傳統,本身就是人文習尚的一部分,亦可成爲懷想談賞的對象。

高濂這種以四時十二月令作爲養生美學的時間主軸,筆者以文震亨「懸畫月令」條(《長物志》卷五〈書畫〉篇)爲例說明之,這是

一個極重視時間的例子，「隨時懸挂，以見歲時節序」是該條之主旨所在，筆者將該條文字整理表列如下：

節　令	適宜懸畫之題材
歲朝	宜宋畫福神及古名賢像
元宵前後	宜看燈傀儡
正二月	宜春遊士女、梅杏山茶玉蘭桃李之屬
三月三日	宜宋畫眞武像
清明前後	宜牡丹芍藥
四月八日	宜宋元人畫佛及宋繡佛像
四月十四	宜宋畫純陽像
端午	宜眞人玉符及宋元名筆端陽景、龍舟、艾虎、五毒之類
六月	宜宋元大樓閣大幅山水、蒙密樹石、大幅雲山、採蓮避暑等圖
七夕	宜穿鍼乞巧、天孫織女、樓閣芭蕉士女等圖
八月	宜古桂或天香書屋等圖
九、十月	宜菊花、芙蓉、秋江、秋山、楓林等圖
十一月	宜雪景、臘梅、水仙、醉楊妃等圖
十二月	宜鍾馗、迎福、驅魅、嫁妹
臘廿五	宜玉帝、五色雲車等圖
移家	宜葛仙移居等圖
稱壽	宜院畫壽星王母等圖
祈晴	宜東君
祈雨	宜古畫風雨神龍、春雷起蟄等圖
立春	宜東皇太乙

按時令而列出不同之懸畫題材，製成對應表格，彷彿是一個極簡化之農民曆書的縮影。筆者細審之，可將內容析為三大類：

第一類、爲趨吉、避凶或瑞應目的者：如歲朝—宜宋畫福神及古

名賢像，端午—宜眞人玉符及宋元名筆端陽景、龍舟、艾虎、五毒，
十二月—宜鍾馗迎福驅魅嫁妹，臘廿五—宜玉帝五色雲車等圖，祈
晴—東君，祈雨—古畫風雨神龍春雷起蟄等圖，立春—東皇太乙等。
在幾個特定的節日中，如歲朝元日、端午節、臘月廿五、立春，或是
祈晴、祈雨等日，懸掛特定之趨吉、或避凶、或瑞應的神人事物等圖
繪，以符合該節令之需。

第二類、符合節令典故人文趣味者：如歲朝—宜宋畫福神及古名
賢像，元宵前後—宜看燈傀儡，三月三日—宜宋畫眞武像，四月八
日—宜宋元人畫佛及宋繡佛像，端午—宜宋元名筆端陽景、龍舟，七
夕—宜穿鍼乞巧、天孫織女，十一月—宜水仙醉楊妃等圖，移家—葛
仙移居等圖，稱壽—院畫壽星王母等圖。這些特殊的節日本身，就是
某個典故的世代流傳，因此懸掛起相關的古典故事圖繪，可使懸畫之
居家生活，充滿典故情境的美好想像。

第三類、順應自然之景者：如正二月—宜春遊士女、梅杏山茶玉
蘭桃李之屬，清明前後—宜牡丹芍藥，六月—宜宋元大樓閣大幅山
水、蒙密樹石、大幅雲山、採蓮避暑等圖，八月—宜古桂或天香書屋
等圖，九十月—宜菊花芙蓉秋江秋山楓林等圖，十一月—宜雪景臘梅
水仙等圖。隨著季節風物的變化以更換所掛之景圖，可使屋裡屋外之
景致和諧。

由以上三類分析看來，文震亨的「懸畫月令」的「隨時」觀，是
爲了順應時序節令之變化，而有或是趨吉避忌瑞應、或是典故趣味、
或是自然時景的呈現。文震亨透過一個類似農用曆書的體式，順著高
濂的架構，將人文風俗之美與趨吉避凶的養生觀結合起來，同時亦將
前文所謂的自然感情與文化感情縐在一起。

(三) 樹藝牧養以尊生

晚明文人重視生活美學，故留意盆玩花木的栽種，《遵生八牋》對此課題有廣泛的注意，〈燕閒清賞牋〉中之「瓶花三說」，將盆栽作爲居室安處的憑介，「四時花紀」、「花竹五譜」（牡丹、芍藥、菊、蘭、竹）細言各類花木之生態特性與栽植法；〈飲饌服食牋〉『茶泉類』有專言茶之栽種與品法；〈起居安樂牋〉之『居室安處』篇，有「居處建置」的九徑說（九種花木各種一徑）、「高子花謝詮評」、「高子草花三品說」、「高子盆景說」等各種園林與家居佈置的意見；『晨昏怡養』條之「怡養動用事具」列有插瓶花法。繼承高濂對樹藝課題的關心，屠隆《考槃餘事》有〈茶箋〉專論各種茶品、茶具、泡茶法與茶典等；〈盆玩箋〉專言盆花與瓶花之設計；文震亨《長物志》〈器具〉篇「花瓶」條與〈位置〉篇「置瓶」條，討論各種花器的形製與擺設位置；〈花木〉篇「瓶花」與「盆玩」兩條內容來自屠隆的〈盆玩箋〉，其餘條列各類花木，言可供美賞的植物生態特性；〈蔬果〉篇細數各品蔬菜水果，以追上古蔬食之意❸❹；程羽文則依十二月令，列舉各種花品；袁宏道的《瓶史》與張謙德的《瓶花齋》，則是兩部專門討論種種瓶花事宜的專書。

上述文獻偏重生活美感的營造，李漁則善以人文的觀點來體察植物栽種。李漁以爲世間萬物，皆爲人而設立，能爲人所觀者，必備有

---

❸❹　文震亨曰：「古人蘋蘩可薦，蔬筍可羞，顧山肴野蔌，須多預蓄，以供長日清談，閒宵小飲……又當多藏名酒及山珍海錯如鹿脯（按應係蘿蔔）荔枝之屬，庶令可口悅耳，不特動指流涎而已」，參見明・文震亨，《長物志》卷 11〈蔬果〉篇，收於《百部叢書集成》之 31（同註❶❷）〈硯雲甲乙編〉叢書第二函中。

啓發人們的感性，不僅是供耳目娛玩之用、㉟或情性之適而已，㊱因此李漁對樹藝課題的思考深及養生與處世，他將植物分木本、藤本、草本、眾卉、竹木五類，要人從不同樹種之著土深淺，乃至堅弱生態中，得到養生處世的啓發，李漁言：

> 草木之種類極雜，而別其大較有三，木本、藤本、草本是也。
> 木本堅而難瘁，其歲較長者，根深故也；藤本之爲根略淺，故弱而待扶，其歲猶以年紀，草本之根愈淺，故經霜輒壞，爲壽止能及歲。是根也者，萬物短長之數也，欲豐其得，先固其根，吾于老農老圃之事，而得養生處世之方焉。㊲
> 然則人之榮枯顯晦，成敗利鈍，皆不足據，但詢其根之無恙否耳，根在則雖處厄運，猶如霜後之花，其復發也，可坐而待也；如其根之或亡，則雖處榮膴顯耀之境，猶之奇葩爛目，總非自開之花，其復發也，恐不能坐而待矣。㊳

根部著土深淺會影響整株植物的生命。李漁由此思考人之尊養生命乃至人之處世，皆應從基礎作起，㊳這是晚明種植與尊生之一項重要關

㉟　李漁亦曾提及花卉所帶來的美感：「即其青之綠之，亦不同於有花之葉，另具一種芳姿。是知樹木之美，不定在花……觀群花令人修容，觀諸卉則所飾者不僅在貌」，見註❿，卷14〈種植部〉「眾卉第四」序，頁311-312。

㊱　參見註❿，卷14〈種植部〉「草本第三」序，頁301。

㊲　參見註❿，卷13〈種植部〉「木本第一」序，頁279-280。

㊳　參見註㊱。

㊳　李漁以三種植物的生態觀察人之處世：「人能慮後計長，事事求爲木本，則見雨

聯。

　　至於蓄養，較偏重於色彩斑斕可供觀玩之禽與魚。❹禽鳥取其清聲，魚類見其游態，二者尚需重視搭配之景，禽鳥或覓茂林高樹，或置入曲廊畫檻間之雕籠；魚類使之蕩漾於清泉碧沼間，或游於點綴水藻之古式銅缸中。❹在眾禽類中，獨鶴最得文人之喜愛，要如何養蓄呢？高濂云：

> 當居以茅菴，鄰以池沼，飼以魚穀鱔鰍，勿以熟食飽其腸胃，使乏精采而塵倦仙骨，欲教以舞，俟其饑餒，置食於空野，使童子拊掌歡顛搖手起足以誘之，彼則奮翼而唳，逸足而舞

露不喜，而睹霜雪不驚，其為身也，挺然獨立，至于斧斤之來，則天數也，豈靈椿古柏之所能避哉？如其植德不力，而務為苟延，則是藤本其身，止可因人成事，人立而我立，人仆而我亦仆矣。至于木槿，其生不為明日計者，彼且不知根為何物，遑計上之淺深，藏荄之厚薄哉？是即草本之流亞也。」見同註❸。另外，又以花能媚人故開花之樹不長壽以喻人處世：「竹木者何？樹之不花者也，非盡不花，其見用於世者，在此不在彼……花者，媚人之物，媚人者損己，故善花之樹，多不永年，不若白（按左有木部）桐梓漆之朴而能久。」見註❿，頁315，註⓮〈種植部〉「竹木第五」序。

❹　李漁較為特殊，舉家常所蓄之物——雞、犬、貓三者，以人處世的觀點為其品評，「暱貓而賤雞犬者，猶辟諧臣媚子，以其不呼能來，聞叱不去……雞犬二物，則以職業為心，雞之司晨，犬之守夜，忍飢寒而盡，無所利而為之，純公無私者也，貓之捕鼠，因去害而得食，有所利而為之，公私相半者也……然以我司職業於人間，亦必效雞犬之行，而以貓之舉動為戒。」參見註❿，卷15〈頤養部〉『行樂』「蓄養禽魚」條，頁343-344。

❹　參見明·屠隆《考槃餘事》〈魚鶴箋〉，收於註⓬，〈龍威祕書〉中；又見註❸❹，卷4〈禽魚〉篇。

矣……空林別墅，何可一日無此忘機清友……千年一變蒼色，
再變黃玄，百年之后，則脫硬羽而生柔毛，色白鮮潔……青松
白石之下，更宜此君。㊷

養鶴餓其腸胃，目的在誘食以取其奮唳的舞態。鶴鄰池沼、居茅菴、
活動於青松白石之下、長壽、有羽化成仙之跡、羽色潔白、身姿瘦
臞，綜合塑成一清高的形象，養鶴可與共清高，助人清興，不但可以
成為文人的忘機友，更甚而成為清雅之士精緻虔潔、居宇絕塵性情的
象徵，㊸故極為文人所嚮往。

　晚明文人對樹藝牧養之事的關心，目的在為俗世生活創造美感，
這種美感具有文化感情在內，花卉可以是植物的存在，亦可以是文化
的存在，在披荊畬礫、灌溉培植中，循著古人經世、避世或玩世的步
徑；㊹瀟灑偃曝林間，諦看花開花落，想見萬古興衰之轍㊺。原本園
匠所從事的樹藝農事，在此引發了生命的美好情調與興味，一如陳繼
儒所言：

　分梅種竹，移菊藝蘭，蒔茶采藥，及料理農桑漁樵之事……且

㊷　參見註❷，卷15〈燕閒清賞牋〉「養鶴要略」，頁769-770。
㊸　朱國禎有人具鶴之性的記載：「黃葵……母林氏夢虛空中柴衣人，呼授以物，舉
　衣承之，得鶴雛，是歲……生公。鑒形者謂之鶴相，冠帶衣履，書畫百物，精緻
　虔潔，居宇絕一塵，既老，樂五松，號五松居士，人謂得鶴之性」，參見註❷，
　卷25〈鶴雛〉條。
㊹　參見明·陳繼儒，〈花史題詞〉，收入註❶，卷3，頁100。
㊺　參見明·陳繼儒，〈花史跋〉，收入註❶，卷3，頁101。

笑且啼，且傲且俠，且醉且醒，且仙且隱，日混村童莊客之
中，而神遊於時局菀枯向背之外。古者罷侯種瓜，逃相灌蔬，
龐公條桑，雲卿織屨，其意念亦若此耳。❹

陳眉公將農桑漁樵之事，縮聯古代賢人的行徑，以滋生心嚮往之的生
命情調與美感，這是樹藝最深層的美學義涵。節令習俗與吉凶瑞應的
傳習，出於文化感情；而晚明文人喜愛之樹藝農事，亦由自然感情轉
出了文化感情。

二、俗世生命的裝飾

(一)　小引：遊戲表演觀

琉璃爲盞如珠，形可徑寸，注水焉，畜小紅魚一雙，懸於庭
際。水與琉璃一色，其於空虛亦復一色。魚視之，不知其幾何
水？因琉璃得影，近或小，遠或大，以其形圓，故影互見而交
出，魚觸而相戲，又不知其幾何魚？人視魚如交遊於空虛，又
不知其爲影爲魚，人樂也……魚不知其幾何水，觸而宛轉，動
而不已，與影相戲，近而復遠，又不知其幾何魚，魚故甚樂如
江湖矣。……崇禎歲壬午，粵燈事甚盛，有鬻是而綴以絲花，

---

❹　參見明·陳繼儒，〈芙蓉莊詩序〉，收入施蟄存編《晚明二十家小品》（臺北：
新文豐出版公司，民國66年），第20卷，頁324-325。

使魚視之，又將以爲林池草樹，而以爲遊觀之戲者。❹

晚明黎遂球這篇文章，是一篇精彩描述琉璃珠缸觀魚的小品文，文中，包括了作爲隔離媒介的水與琉璃，透過隔離觀看後的雙魚與幻影，作爲觀眾的人，作爲表演者的魚，以及這一場魚游於珠缸琉璃中的遊戲。筆者以爲黎文中所牽涉到的幾個觀念意義：遊戲、隔離觀看、表演、角色與觀眾，可以爲晚明閒賞美學對俗世生命的裝飾作很好的理解與詮釋，故錄於此。

晚明的閒賞文化，可視爲由文人所共同造出來的大型藝術品，其具有藝術哲學家伽達瑪（Hans-georg Gadamer）所謂的「遊戲三特徵」：反覆進行、表現自我與觀者在場。❹晚明文人們日復一日地經營著這個大型的生活藝術品，或是點化周遭爲美事美物的環境，或是

---

❹　參見明・黎遂球，〈琉璃盎雙紅魚記〉，收入註❹，卷 6，頁 201-202。

❹　伽達瑪對藝術作品存有學的解釋，提出遊戲的三項性質來加以說明：

　　1.遊戲具有反覆進行的活動的本質，藝術作品是在進入人的理解中，與主體的相互作用中獲得存在的。

　　2.遊戲就是遊戲活動者的自我（自身意願）表現，通過遊戲活動者玩味某種東西的過程，彷彿達到他特有的自我表現。藝術作品在主體理解活動中所實現的意義，其實便是理解者主體的內容，主體對作品意義的參與。

　　3.遊戲是依賴於觀者的。遊戲本身可謂由遊戲者和觀者所組成的整體，對於觀者來說，要在觀當中，遊戲才進行著。藝術作品乃以和觀者相遊戲的方式而存在。藝術品的意義是相對於觀者而言，只有進入到理解活動才眞正存在，觀者對於作品意義的實現，具有積極的參與作用。

　　詳見 H.伽達瑪著，吳文勇譯《眞理與方法》（臺北：南方出版社，民國 77 年）一書，吳文勇之〈譯序〉一文，頁 14-16。

品味古董書畫器物,藉以展現文人特有的風姿,與自我生命的價值意向。最特殊的一點,晚明的閒賞文化像個遊戲般,由遊戲者與觀者共同組成,晚明文人對閒賞生活種種飲食起居細節的講究,彷彿是一場一場隨時隨地為觀眾而存在的遊戲表演,沒有觀眾,就好像是個空洞而乏人喝彩的表演一樣,晚明文人是以表演者的心態來經營俗世生命的生活美學,其美學意義的實現,有賴觀者視點的參與。

(二) 形象經營

筆者前引的伽達瑪遊戲(表演—觀眾)觀,與西方著名社會學者高夫曼(Erving Goffman, 1922-1992)的「日常生活戲劇觀」理論,❹非常相近,以下加以詮釋說明。高夫曼將人際交往當做一舞臺來看待,參與人際交往的人,都是舞臺上的演員。一個人的日常生活彷如身處公開場合,其一舉一動有如舞臺上的表演,他的表演要維持一定水準,不能有 N.G. 鏡頭出現,否則就被稱為「演出失誤」,如在喪禮中露出輕佻的動作,這可視為在表演規定動作時的失誤。不過有些規定是因人而異的,有人一板一眼(稱之為「緊」(tightness)),有人打馬虎眼(稱之為「散」(looseness)),這種緊或散端賴一個

---

❹ 高夫曼提出「日常生活戲劇觀」的理論,其研究主題如精神療養院和監獄,雖然非常特殊,然其所詮釋者,卻都是平常人一般生活中,人與人交往都會碰到的現象,而以敏銳的觀察來加以分析,接近文化人類學的分析和詮釋,被學者歸為符號(或象徵)互動論者。其研究出發點是探討本體我(I)如何在社會環境中,以自我(self)解讀情境釋義(definition of the situation)。關於高夫曼的理論,請詳參鄭為元著〈日常生活戲劇觀的評論家——高夫曼〉一文,收於葉啓政主編《當代社會思想巨擘》(臺北:正中書局,民 83 年)頁 26-55。

人對場合的義務而定。既然是演員，在舞臺上的表演就必需儘量去掩飾他本來面目，盡力求好以博取觀者的肯定，高夫曼稱之爲「形象經營」（impression management）。

晚明文人像李漁的「隨時即景就事行樂」，對日常生活睡、坐、行、立、飲食、盥櫛、袒裼裸裎、如廁便溺等種種細節的注意，或是指導美人如何讀書、習字、吹簫與粧飾，在在都是一種「形象經營」，符合高夫曼的「日常生活戲劇觀」，隨時把握場合義務，以避免演出失誤。

場合義務，是指人際交往中，每個人在不同的場合，必需適當地扮演著各種不同角色，以面對不同觀眾。晚明文人在社會中扮演著官員、隱士、文人、消費者、收藏家等各類角色，各有不同的觀眾群在旁觀看。在這些眾多角色中，文人願意扮演的，有時是一無官務纏身、不受拘縛、受過藝術文化洗禮之隱士；有時又欲化身爲一楚楚動人情致的美女；❺有時又要作且笑且啼、或瘋或顚的癖疵人物。簡單來說，未嘗不是這種種角色類型的「形象經營」，締造了晚明的閒賞文化。

由於場合義務與形象經營的考量，人們必需留意各項行住坐臥是否合乎美感標準，所以李漁提出「隨時即景就事行樂之法」，他說：

　　行樂之事多端，未可執一而論，如睡有睡之樂，坐有坐之樂，

---

❺　同註❿，卷7〈聲容部〉「習技·文藝」條中，李漁談論美人文藝與讀書習字的內容，李漁雖別爲客體而成爲檢視的觀眾，同時亦未嘗不可視李漁擬身爲美人，在舞臺上，進行著讀書、習字、吹簫的表演。頁152-156。

行有行之樂，立有立之樂，飲食有飲食之樂，盥櫛有盥櫛之樂，即袒裼裸裎、如廁便溺種種穢褻之事，處之得宜，亦各有其樂，苟能見景生情，逢場作戲，即可悲可涕之事，亦變歡娛。如其應事寡才，養生無術，即徵歌選舞之場，亦生悲戚。❺

睡、坐、行、立、飲食、盥櫛、袒裼裸裎、如廁便溺、乃至種種穢褻起居生活細節之事，必需懷著「逢場作戲」的心情來進行，這便是伽達瑪所謂的遊戲觀，也就是一種表演觀，李漁一一為之撰寫表演指導，舉坐與立為例：

從來善養生者，莫過於孔子，何以知之？知之於寢不尸、居不容二語……吾人燕居坐法，當以孔子為師，勿務端莊而必正襟危坐，勿同束縛而為膠柱難移，抱膝長吟，雖坐也，而不妨同於箕踞支頤喪我，行樂也。立分久暫，暫可無依，久當思傍，亭亭獨立，但可偶一為之，旦旦如是，則筋骨皆懸，而腳跟如砥，有血脈膠凝之患矣。或倚長松，或憑怪石，或靠危欄作軾，或抉瘦竹為节，既作羲皇上人，又作畫圖中物，何樂如之？❺

除了符合養生的目的之外，坐要坐成一種抱膝長吟、或箕踞支頤喪我的燕居姿勢；立要立成一種或倚長松、或憑怪石、或靠危欄作軾、或

---

❺　參見註❿，卷15〈頤養部〉「行樂・隨時即景就事行樂之法」條，頁335。

❺　同註❺。

抉瘦竹爲節的義皇上人姿勢，李漁是以古典文獻、或人物畫高雅之士的形象觀瞻，作爲表演指導的依據。

　　文人營造閒賞文化，一方面爲創造的主體，假設有觀眾的存在，另一方面又別爲客體，以觀眾的立場來檢視。李漁在女子美賞的課題中，跳開主體，成爲檢視的旁觀者，指導美人成爲一美感的表演者。李漁認爲女子要學習各類型絲竹樂器，絃索之形，較琵琶爲瘦小，與女子之纖體最能搭配，笙最不宜，簫笛均宜：

> 蓋婦人奏技，與男子不同，男子所重在聲，婦人所重在容，吹笙搦管之時，聲則可聽，而容不可耐看，以其氣塞而腮脹也，花容月貌爲之改觀，是以不應使習。婦人吹簫，非止容顏不改，且能愈增嬌媚，何也？按風作調，玉筍爲之愈尖，簇口爲聲，朱唇因而越小，畫美人者，常作吹簫圖，以其易于見好也，或簫或笛，如使二女並吹，其聲倍清，其爲態也更顯，焚香啜茗而領略之，皆能使身不在人間世也。㊣

談美人學絲竹，漠視技術層面，而將美人吹彈樂器的造型，包括容貌、玉筍、朱唇、體態等，作整體美感的考量，吹簫品笛時，臂上不可無釧環，釧環又不可太寬使藏入袖中，純粹是以一焚香啜茗的觀者立場發言。不僅是絲竹而已，李漁要婦人讀書習字，姑不論學成之後是否受益無窮，其文化技藝的學習過程，裨益于觀者：

㊣　參見註⑩，卷7〈聲容部〉『習技』「絲竹」條，頁156-158。

> 婦人讀書習字，無論學成之後，受益無窮，即其初學之時，先
> 有裨于觀者，只須案攤書本，手捏柔毫，坐于綠窗翠箔之下，
> 便是一幅畫圖。班姬續史之容，謝庭詠雪之態，不過如是……
> 噫！此等畫圖，人間不少，無奈身處其地者，皆作尋常事物
> 觀，殊可惜耳。❺❹

李漁在本段文末揭示隨時隨地創造可觀生活的重要。在這種情形之
下，美人在文人的閒賞生活裡，失去其主體性，是一種將古典圖繪情
境納入的裝飾性存在，誠如衛泳所說「美人有文韻，有詩意，有禪
機，非獨捧硯拂箋，足以助致；即一顰一笑，皆可以開暢元想」，❺❺
或者在閨閣懸掛之大士像、仙女像、女俠像前，使女子持戒珠，執塵
尾，殷殷禮拜；或者使女子參與參禪唱偈、說仙談俠的活動，目的同
樣亦是為了要「改觀鄙意，滌除塵俗」。❺❻美人乃為了裝點文人的閒
賞生活，十足是一種裝飾性的存在。

　　伽達瑪論藝術作品，以建築物為譬，他認為建築藝術特有的裝飾
視點，適用於一切藝術作品的解釋，裝飾的本質造成了雙向傳導，即
把觀賞者的注意力吸引到裝飾本身上來，滿足觀者的趣味，同時又把
觀賞者從裝飾本身引向其所伴隨的與觀者生活關聯之更廣泛整體中，
觀者在由裝飾聯想之更廣泛整體中，得到一擴延的感受。因此，在裝

---

❺❹　參見註❺❶。
❺❺　參見註❶❽，〈借資〉篇，頁2779。
❺❻　同註❶❽，〈博古〉篇，頁2775。

飾中達到表現的存在，很大程度上是指觀者的存在。❺❼筆者茲以圖示
如下：

> 觀者→→→裝飾（作品）→→→觀者之生活關聯

李漁在論美人習技時，是將觀者的注意力吸引到美人經過修飾的造型
本身上來，或是「案攤書本，手捏柔毫，坐于綠窗翠箔之下」，或是
「按風作調，玉筍愈尖，簇口爲聲，朱唇越小」，這些美麗形象又將
觀者引向與文人生活密切關聯之古典圖繪傳統中，得到擴延的美感。

㈢　「觀看盈餘」：癖疵人物類型的欣賞

　　米赫依‧巴赫汀（Mikhail Bakhtin）在〈美學活動中的作者與角
色〉（"Author and Hero in the Aesthetic Activity"）一文中，說明文學
創作爲作者創造角色的美學活動，他透過視覺來說明這個主客關係：
作者觀看、思考以及再現角色。「觀看」作爲一種美學活動，最特殊
之處在於看者的「觀看盈餘」（the excess of seeing），亦即「看者」
可以補充「被看者」被剝奪的視域，如他自己的臉孔以及背部等，
「看者」可將「被看者」提昇到完整的狀態。巴赫汀把日常生活中
「看」、「被看」的關係，延伸至文字藝術中作者與角色的問題上，
因爲作者如何觀看和再現角色，是創作過程中最基本的活動。巴赫汀
認爲文學作品中的角色形象，並非來自角色的內在，而是作者以觀看

---

❺❼　關於伽達瑪論藝術品的時間性與裝飾性。請參見註❹❽，頁 21-22。

者的立場，給予其角色美學上的詮釋與組織，作品包含了美學活動的兩個層次：作者自我投射到角色身上，並給予角色一個時空的形式。**⑱**

筆者試以李漁論美人習技（參見《閒情偶寄》〈聲容部〉「習技」『絲竹』條），來說明巴赫汀「觀看盈餘」理論的運用。美人或是「案攤書本，手捏柔毫，坐于綠窗翠箔之下」，或是「按風作調，玉筍愈尖，簇口為聲，朱唇越小」，或是釧臂持簫等造型，這些造型，即使美人用鏡子，亦無法看得完全，李漁以「看者」（作者）的便利地位，為「被看者」（美人）補充了被剝奪的視域，為「被看者」（美人）創造一個較完整的美感狀態。由視覺「看」、「被看」為譬所架構起來的寫作活動，李漁看美人，美人為李漁所看，這個習技美人的造型，並非來自角色的內在需求，而是寫作者以自我的意向（按即他意向中所認為的美女形象）投射到角色身上去，以觀者的立場給予其角色美學上的詮釋與組織。

衛泳較李漁更細膩地品賞女子各類容態、情趣與精神狀況：有喜態、怒態、泣態、睡態、懶態、病態等態；有芳情、閒情、幽情、柔情、癡情等情；有空趣、逸趣、別趣、奇趣等趣；有麗神、爽神、清神、困頓神、飄蕩輕揚神等神，**⑲**每一個項類均極為女性化，誠如上文所述，美人種種神態可助人起詩興，使女子具有文人閒賞生活中的

---

⑱ 本文以下關於巴赫汀「觀看盈餘」的理論部分，引述自馬耀民〈作者、正文、讀者——巴赫汀的《對話論》〉，收於呂正惠主編《文學的後設思考》（臺北：正中書局，民國 82 年），頁 57-60。

⑲ 參見註**⑱**，〈尋真篇〉，頁 2775-2776。

裝飾性意義。其中唯獨描寫女子「無明無夜，乍笑乍啼」的癡情是較中性的，這與晚明時期偏好偏至人格的風氣一致，筆者將以「觀看盈餘」的論點來解釋晚明文人對於癖癡型人物的創造。

　　明·周暉錄一則沈石田贊吳小仙之癡翁畫像造型：「眼角低垂，鼻孔仰露，傍若無人，高歌闊步，玩世滑稽，風顛月癡，洒墨淋漓，水走山飛，狂耶怪耶？眾問翁而不答，但瞪視于高天也」，**⑩**明代中葉的沈周，是以激賞的眼光，評贊吳小仙的畫，同時亦表達了對這個逸出尋常舉止的癖癡人物造型的欣賞。晚明時期，對偏僻性格特色，作完整而細微的類型整理與描述者，莫過於程羽文了，程文曰：

> （癖）：典衣沽酒，破產營書，吟髮生歧，嘔心出血，神仙煙
> 　　　火，不斤斤鶴子梅妻；泉石膏盲，亦頗頗竹君石丈，病可原
> 　　　也。
> （狂）：道旁荷鍤，市上縣壺，烏帽泥塗，黃金糞壤……病可
> 　　　原也。
> （嬾）：蓬頭對客，跣足為賓，坐四座而無言，睡三竿而未
> 　　　起，行或曳杖，居必閉門，病可原也。
> （癡）：春去詩惜，秋來賦悲，聞解佩而踟躕，聽墮釵而惝
> 　　　怳，粉殘脂剩，盡招青塚之魂……病可原也。
> （拙）：志惟對古，意不俗諧，飢煮字而難糜，田耕硯而無
> 　　　稼，螢身脫腐，醯氣猶酸，病可原也。
> （傲）：高懸孺子半榻，獨臥元龍一樓，鬢雖垂青，眼多泛

---

⑩　參見明·周暉，《金陵瑣事》卷3〈史癡逸事〉條，收於註**❽**，第12編第3冊。

白，偏持腰骨相抗，不爲面皮作緣，病可原也。**❻**

無論癖、狂、孏、癡、拙、傲等，皆屬於逸出尋常人的行事作風，若在日常生活中與人相處，很可能遭受旁人的排斥，但程羽文一再說「病可原也」，以珍惜欣賞的口吻，一一拈出了性格類型。謝肇淛亦爲嗜癖分層次：

> 人之嗜好，故自迥異，如謝康樂好遊涉山水，李衛公喜未聞見新書，此自天性，不足爲病；右軍好蓄鵝，子敬好作驢鳴，崔安潛好有鬥牛，米元章好石，近於僻矣，而未害也；王思微好潔，陳伯敬好忌諱，宋明帝好鬼，以之處世，大覺妨礙；至於海上之逐臭，□□之嗜足紲也，甚矣。**❻❷**

謝肇淛爲嗜癖分層次：好遊山水、喜見新書者爲上乘；蓄鵝、作驢鳴、有鬥牛、好石者爲其次；好潔、好忌諱、好鬼者，因爲妨礙與人處世，故再次；若逐臭、嗜足紲者，則最下乘，因爲嗜逐臭、嗜足紲者，以鼻嗅難忍之臭味；嗜啖或嗜飲者，口齒大張，粗俗不堪；**❻❸**偶聞鴉聲則痛笞隸人，反應可笑。**❻❹**這些狀況顯示癖疵者的主體，很難

---

❻ 參見註**⓯**，〈剌約六〉章，頁 2783。

❻❷ 參見註**㉗**，卷 7〈人部三〉，頁 180。

❻❸ 謝肇淛說：「善飲者，必自愛其量，每見人初即席便大吸者，輒笑之」，參見註**❻❷**。

❻❹ 沈德符云：「縉紳有性癖可笑者，如周洪謨在成化間爲祭酒，酷惡鴉聲，募監生能捕者與之假，人遂目爲周鷗鴉。近日陳經濟爲湖州太守，酷惡鴉聲，偶聞之必

在「形象經營」上造成雅觀，故滋生不出美感來。若詩癖、書癖、酒癖⑥、茶癖、琴癖、硯癖⑥、石癖、花癖、山水癖、煙霞癖、園林癖⑥、花鳥癖⑥等，由於所癖的對象能引發美感興味，故使得癖的行為本身，亦成為一種值得欣賞的審美對象。

痛笞其隸人，遂目為陳老鴉，亦與鄭鷦鴣，袁白燕等異矣」，詳參註③，『補遺』部分，卷2〈吏部〉「士紳怪癖」條，頁841-842。

⑥ 袁中郎既具有《瓶史》一書（見註㉒），顯示自己對花癖的充分同情，另亦著有《觴政》一篇，收入同註⑫，〈寶顏堂祕笈〉中，該書乃對酒國眾事的紀錄。另有〈酒評〉篇，由歷史典故、人事聯想與自然情景擬譬，專賞喝酒人不同的情態與風貌，亦為一酒癖的大成，收入《袁中郎全集》卷14（臺北：偉文圖書公司，民國65年）。

⑥ 陸樹聲自稱「癖硯」，所癖者，非硯之珍品，而是一種嗜硯之心：「余癖硯矣，寧庸以佳品為癖乎？且昔之論硯者多矣……豈物無定論，其輕重一出士人之喙耶？又安知余所蓄之果佳乎否也？如使余嗜硯而取必於佳，則珍玩殊品，世不有萬於硯者乎？夫珍玩殊品，非有力者不能致，而往往規奪所好於他人，故不以移余之嗜」，參見明·陸樹聲，〈硯室記〉，收於註⑯，卷2，頁18。

⑥ 祁彪佳自稱卜築其山陰園宅時，體力與財力極度耗費稱為：「開園之癡癖」，引自同註⑭，卷2，祁彪佳，〈寓山注小序〉，頁91。

⑥ 李漁不負花鳥，花鳥又以其為知己，實為一花鳥癖，他說：「花鳥二物，造物生之以媚人者也，既產嬌花嫩蕊以代美人，又病其不能解語，復生群鳥以佐之，此段心機，竟與購覓紅妝，習成歌舞，飲之食之，教之誨之以事人者，同一周旋之至也，而世人不知，目為蠢然一物，常有奇花過目而莫之睹，鳴禽悅耳而莫之聞者，至其捐資所購之姬妾，色不及花之萬一，聲僅竊鳥之緒餘，然而睹貌即驚，聞歌輒喜，為其貌似花而聲似鳥也……予則不然，每值花柳爭妍之時，飛鳴鬥巧之時，必致謝洪鈞，歸功造物……夜則後花而眠，朝則先鳥而起，惟恐一聲一色之偶遺也，及至鶯老花殘，輒怏怏如有所失，是我之一生，可謂不負花鳥，而花鳥得予，亦所稱一人知己，死可無恨者乎？」參見註⑩，卷15〈頤養部〉『行樂』「看花聽鳥」條，頁342-343。

　　不僅癖疵的對象要能引發美感，發出癖疵行為的主體，也同樣重要，張岱不僅如程、謝一樣，以寬容的心態來看待癖疵型人物，更進一步為癖疵型人物提出值得欣賞的理由，張岱說：「人無癖，不可與交，以其無深情也；人無疵，不可與交，以其無眞氣也」。⓺有癖有疵，才是眞正有深情眞氣的人，癖疵型的人物與忠孝節義型的人物，同樣應得到名垂青史的地位，因此張岱為其家族中癖於錢、癖於酒、癖於氣（按喜鍊氣）、癖於土木（按喜挖鑿修補古器）、癖於書史等五人作傳。⓻張岱以觀看者的立場，給予家族五人角色上的組織與詮釋，除了給予這些異於常人的角色一個展現生命風姿的時空場域外，他所謂無癖無疵，便無深情與眞氣的說法，是為其作傳而肯認他們的立場，立這五篇傳紀，張岱一方面覺生命無積極功業而歎餒，另一方面則又以這些不能用世的情態為可賞之姿，這其中有張岱將自我意志投射到角色身上的濃厚成份。⓼

　　陳繼儒為友人王路創造了花癖的形象：「獨生負花癖，每當二分

⓺　引自註⓮，卷7，張岱，〈五異人傳〉序，頁235。

⓻　張岱為其家族中五位具有特殊癖好之人作傳：「余家瑞陽之癖於錢，髯張之癖於酒，紫淵之癖於氣（按喜練氣），燕客之癖於土木（按喜挖鑿修補古器），伯凝之癖於書史，其一往深情，小則成疵，大則成癖。五人者皆無意於傳，而五人之負癖若此。」參見註⓺，頁235-258。

⓼　張岱曾為自己前半生作過簡短的描述：「極愛繁華，好精舍，好美婢，好孌童，好鮮衣，好美食，好駿馬，好華燈，好煙火，好梨園，好鼓吹，好古董，好花鳥，兼以茶淫橘虐，書蠹詩魔。」引自註⓮，卷7，張岱〈自為墓誌銘〉，頁264。筆下塑造自己為一種繁華癖的人物類型，在該篇文字中，張岱一方面驚覺一生如夢幻，無功業建樹而自暴自棄，另一方面又憐賞自己這些不能入世之情態。故將自我意識投射到〈五異人傳〉中的角色形象上。

前後，日遣平頭（按戴巾）長鬚，移花種之，犯風露，廢櫛沐」，**⑫**
對花事是一往情深的，袁宏道創造的花癖形象，描繪更為細緻：

> 古之負花僻者，聞人談一異花，雖深谷峻嶺，不憚蹶躄而從
> 之。至於濃寒盛暑，皮膚皴鱗，汗垢如泥，皆所不知。一花將
> 萼，則移枕攜襆，睡臥其下，以觀花之由微至盛、至落、至於
> 萎地而後去。或千株萬本以窮其變，或單枝數房以極其趣，或
> 嗅葉而知花之大小，或見根而見色之紅白，是之謂真愛花，是
> 之謂真好事也。**⑬**

萬里跋涉，不知寒暑，無論日夜，陪臥其側，一分一秒與聞花之開
落，這樣地愛花，是一種什麼樣的情感呢？中郎說：「若真有所僻，
將沈涵酣溺性命，死生以之，何暇及錢奴宦賈之事？」，**⑭**李漁也
說：「癖之所在，性命與通」，**⑮**這是一種不涉功利目的、不惜性命
相許、生死以之的美學情感。**⑯**

---

⑫ 同註**④**。

⑬ 同註**⑫**，卷下第十〈好事〉篇，頁60。

⑭ 同註**⑬**。

⑮ 李漁以為嗜物可醫病，他說：「本性酷好之物，可以當藥，凡人一生，必有偏嗜
偏好之一物，如文王之嗜菖蒲菹，曾皙之嗜羊棗，劉伶之嗜酒，盧仝之嗜茶，權
長孺之嗜瓜，皆癖嗜也，癖之所在，性命與通，遘病得此，皆稱良藥，醫士不明
此理，必按本草而稽查藥性……此異疾之不能遽瘳也。」參見註**⑩**，卷16〈頤養
部〉『疾病』「本性酷好之藥」條，頁362-363。李漁便曾以其所酷嗜之楊梅而使
疫癘瘥癒之經驗，原來醫士以楊梅性極熱適與症反之由拒其食用。

⑯ 康德認為一般的快感是和利害感結合在一起的，對外在事物有所求，是客觀的合

袁宏道將世上言語無味、面貌可憎之人，歸因於無癖之故；衛泳《悅容編》亦云：「視世之奔蝸角蠅頭者，殆胸中無癖，悵悵靡托者也」；張岱也以爲有疵有癖始爲有眞意深情的人。本來要求道德人格完美的人，是絕容不得一點疵癖的，**⑦**然而晚明文人不但對這些性格缺陷一再辯解，給予正面的評價，還要將之塑造成爲一種審美的典型，他們不再去找聖賢完人如孔孟，或堯舜，他們要從古代中另尋典範：皇甫謐之書淫、杜預之左傳癖（《晉書》）、簡文帝之詩癖（《梁書》）、阮籍之醉、王無功之飲（《珂雪齋近集》）、劉伶之嗜酒，盧仝之嗜茶（《閒情偶寄》）、謝安之屐、嵇康之琴、陶潛之菊（《悅容編》）、嵇康之鍛、武子之馬、陸羽之茶、米顚之石、倪雲林之潔（《瓶史》）……等，這些古人，沒有一位足作道德毫無瑕疵的完美人格代表，卻正由於這些缺陷，表達了他們在俗世生命中眞誠的一面。

癖疵型人物表面看來怪異不合常情，然而之能獲得晚明文人的青睞，乃是因爲他們是以審美的觀點來對待，癖疵型人物兼具了主觀合目的性與客觀合目的性。**⑧**在客觀上，癖疵型人物均「唱作俱佳」地

目的性；而審美的快感則無利害上的慾求，是一種「無私的滿足」，這是主觀的合目的性，這個說法與袁中郎所說的相同。關於康德對美的見解，參見劉昌元，《西方美學導論》第二章〈論康德對美的分析〉（臺北：聯經出版社，民國75年），頁27-49。

⑦ 謝肇淛說：「乃知嗜好之偏而酷者，皆疾也」，參見同註**㉗**，卷7〈人部三〉，頁181。

⑧ 關於主觀合目的性與客觀合目的性的說法，乃參自王夢鷗先生對審美經驗的觀點，詳參黃景進，〈王夢鷗先生的文藝美學〉一文，收入淡江中研所主編，《文學與美學》第4集（臺北：文史哲出版社，民國84年）。

扮演著且笑、且啼、或癡、或狂、或嬾、或拙的角色性格，不使癡者
不癡，狂者不狂，這是客觀合目的性；晚明文人將之視爲具有純然天
眞不造假之性格價值，有著對生命「絕假存眞」的誠意，這就符合了
晚明文人主觀理想中的價值情感，這是主觀合目的性。因此，晚明文
人所欣賞之偏至人格類型如疵、癖、奇❼、嗜、狂、顚❽、嬾❾，乃至
於愚拙頑鈍之輩，❿不過是至性之眞的不同性格展現罷了。由於癖疵
型人物的客觀條件符合晚明文人的主觀理想，因此文人能將感情移
入，透過「觀看盈餘」的作用，達到對其生命景致的神遊美感。

　　有缺陷表現出來，表示他們眞誠無僞的俗世生命，這些缺陷，亦

---

❼　奇異的生命姿態，徐渭可爲代表，袁宏道曾評曰：「病奇於人，人奇於詩，余謂
　　文長無之而不奇矣」，袁這篇〈徐文長傳〉，見《袁中郎全集》卷4（臺北：偉文
　　圖書公司，民國65年），頁188-192，紀錄了徐文長一生奇異的生命景致。

❽　袁中郎認爲顚狂的典範來自仲尼敎示下的米顚：「顚狂二字甚好，……古人有不
　　顚不狂，其名不彰之語……狂爲仲尼所思……求之儒，有米顚焉。米顚拜石呼爲
　　丈人，與蔡京書，書中畫一船，其顚尤可笑，然臨終合掌曰，眾香國裡來，眾香
　　國裡去，此其去來，豈草草者」參見同註❼，卷22〈尺牘—張幼于〉，頁1021-
　　1022。

❾　黃貞父（汝亨）將嵇康視爲嬾者的典範：「天地間人，嬾者多矣，而獨一嵇叔夜
　　當之，嬾亦未易言，眞嬾者世外而得身，外身而得性，性便神逸，形骸不能束，
　　塵鞅不能紲，故足尚也。叔夜之嬾，見於絕山巨源一書，鄙薄榮進，遺棄世俗，
　　即肢體骨節，非其所檢，而於琴於鍛，於往古高士，於當世之名流儔品，欣然有
　　合，率爾天放，此眞嬾者也。」見於註❹，卷11，〈嬾園記〉一文，頁165-
　　166。「晏東王時馼自號酒嬾」，見同註❹，第3卷，李維禎〈綠天小品題詞〉，
　　頁29-30；又李日華自號「竹嬾」，均顯示晚明文人對嬾態實有偏好。

❿　袁宏道曾爲家中四位鈍僕冬、東、戚、奎作一〈拙效傳〉，參見註❼，卷4，頁
　　324-327。愚拙之僕能謹守家規法度，強勝狡獪之輩，袁文評賞其拙鈍癡樸的忠
　　誠。

成爲其生命磊塊儁逸之氣得由發出的管道，簡言之，就是「寄」，如同袁中郎所說：「皆以僻而寄其磊塊儁逸之氣者也」（《瓶史》），陳繼儒亦說：「古豪儁必有寄如皇甫淫，杜預癖」（〈文娛序〉）。生命以顚癖狂癡之態寄之，爲晚明文人所普遍的話題。顚癖狂癡的人格偏至，所以令人美賞，因爲是生命眞誠無僞的表現，生命作僞已令人不耐，若還矯作顚癖狂癡，就更令人覺得可厭了，袁小修云：

> 凡古來醉後弄風作顚者，固有至性，其中亦有以爲豪爽而欲作如是態者，若阮籍之醉，王無功之飲，天性也；米元章之顚，有欲避之而不能者，故世傳米老辨顚帖，而世乃以其顚爲美欲效之，過矣。雲林之癖潔，正爲癖潔所苦，彼亦不樂有之，今以癖潔爲美而效之，可嘔也。❸

小修爲其友人故作豪爽而致腳疾而發言，❹認爲米元章之顚癖與倪雲林之潔癖，乃天性使然，有不得已的苦衷，世人不出於至性之眞而故作是態，皆東施效顰造假之屬，故令人可嘔。道德人格完美者不應有

---

❸ 參見袁中道著，《珂雪齋近集》卷8〈書遊山豪爽語〉（臺北：偉文圖書公司，民國65年），頁685-687。

❹ 小修舉出友人故作豪爽而致腳疾爲害的例子云：「昔有一友人以豪爽自喜，同入西山時，初春，乃裸體跣足入玉泉山裂帛湖中，人皆詫異之，彼亦沾沾自喜。過數載，予私問之曰：卿往年跣足入裂帛湖可稱豪爽。其人欣然。予再問之曰：北方初春，冰雪稜稜，入時得無小苦耶？幸無欺我。其人曰：甚苦，至今冷氣入骨，得一腳痛病，尚未瘥也，當時自爲豪爽爲之，不知其害若此。然則世上豪爽事，其不爲裂帛湖中濯足者，寡矣。」參見註❸。

偏至的缺陷，但從另一個角度來看，由於眞誠，故不掩藏性格之偏
至，在晚明人來看，眞誠是道德的必要條件，那麼偏至者，若出於至
性之眞，亦可臻道德的聖境，袁中郎或稱賞一位嗜酒之僧爲酣聖，⑧
或讚譽一位醉叟具「龍德而隱」，⑧陳繼儒亦視具潔癖的倪瓚已臻入
聖人之境，⑧都是基於這樣的理解，是要從生命之任眞處去欣賞，並

---

⑧　袁中郎曾作有一篇〈碧暉上人修淨室引〉，爲一僧人作傳，稱其爲酣聖：「淨室
　　有聖僧……酒酣則拳兩手相角，左勝則左手持杯飲，右亦如之。或指草束木椿相
　　對嫚罵，或唱或哭，或作官府叱喝之聲，或爲皀隷，坐復跪，跪復坐，喧呼不達
　　旦不休，室中一破灶，一折腳床，經年不見人，唯酒盡間出一募化而已，寺僧惡
　　之甚，余獨喜之，呼爲酣聖。夜深無聊，嘗與諸友穴窗竊聽以爲樂。」參見註
　　⑲，卷 7 頁 418-421。

⑧　袁中郎又有一篇〈醉叟傳〉，紀錄其怪異行徑，如生啖蜈蚣，毒蟲，但每數十怪
　　誕語中，必有一入微者等。後有一贊語曰：「石公曰：余于市肆間，每見異人，
　　恨不得其蹤跡，因嘆山林巖壑，異人之所窟宅，見于市肆者，十一耳，至于史冊
　　所記，稗官所書，又不過市肆之十一，其人既無自見之心，所與交遊，又皆屠沽
　　市販遊僧乞食之輩，賢士大夫知而傳之者幾何？余往聞澧州有冠仙姑及一瓢道
　　人，近日武漢之間，有數人行事亦怪，有一人類知道者？噫！豈所謂龍德而隱者
　　哉？」，參見註⑲，卷 4〈醉叟傳〉，頁 316-320，視這些行徑怪異之輩爲具有龍
　　德而隱之人。

⑧　陳繼儒曾針對倪瓚的潔癖，給予很高的稱譽，他在〈倪雲林集序〉一文中，先以
　　泰伯、仲雍、季札、福梅「潔於市」、梁鴻「潔於傭」等古賢者作爲倪雲林之前
　　的潔癖典型（按前三者爲避走即帝侯位之嫌，爲延陵（即吳地）之賢人，倪迂自
　　號荊蠻民，泰伯，仲雍文身斷髮奔之荊蠻，又荊蠻者延陵之故鄉），對其潔之分
　　析爲：「先生，癖人也，而潔爲甚……高臥清祕，洗拭梧竹，摩挲鼎彞，此見潔
　　者膚也，試問學道人，能於元兵未動，先散家人產乎？能見張士誠兄弟，噤不發
　　一語乎？能避俗士如恐浼乎？能畫如董巨，詩比陶韋王孟，而不帶一點縱橫習氣
　　乎？余讀先生之集，所謂其文約，其辭微，其知潔，其行廉……蓋先生見幾類梅
　　福，孤寄類梁鴻，有荊蠻延陵之風……聖人之行不同也，歸潔其身而已矣」，陳

不太在意世俗標準如何。

　　由於有癖寄的觀點支持，晚明人特別喜愛顛覆傳統意見，發出驚世之論，例如衛泳說隱，除隱於屐、隱於琴、隱於菊之外，還要隱於色：

> 謝安之屐也，嵇康之琴也，陶潛之菊也，皆有托而成其癖者也。古未聞以色隱者，然宜隱孰有如色哉？一遇冶容，令人名利心俱淡，視世之奔蝸角蠅頭者，殆胸中無癖，悵悵靡托者也。真英雄豪傑，能把臂入林，借一個紅粉佳人作知己，將白日消磨，有一種解語的花竹，清宵魂夢，饒幾多枕席上煙霞，須知色有桃源絕勝，尋真絕憇，以視買山而隱者何如？❽

謝安、嵇康與陶潛的隱癖，乃是有所寄託的，如果將美色視為枕上煙霞與桃源絕勝，作為避世之媒藉，這也是一種隱，是一種色隱，本段文字接著再度強調色隱為借、為寄的觀念，絕非一般顛倒枕席、牽纏油粉的登徒之流。❾由於以色為隱的癖寄觀念支持，傳統對於「好色」的敵意就可以被扭轉過來了，衛泳進一步為好色辯曰：

繼儒評倪迂之潔已臻入聖境。〈倪雲林集序〉一文，引自註❹，卷2，頁78-80。倪瓚在元明兩代的評價並非一致，然其地位的確是隨著評價者的觀點需求而節節升高，倪瓚的地位升降，參毛文芳撰〈董其昌逸品觀念之研究〉，（淡江中文所碩士論文，民82年）。

❽　參見註❺。
❾　「曰隱曰借，正所謂有托而逃，寄情適興，豈至沈溺如世之癡漢，顛倒枕席，牽纏油粉者耶？」參見註❺。

> 好色好傷乎？堯舜之子，未有妹喜妲己，其失天下也，先于桀
> 紂……文園令家徒四壁，琴挑卓女而才名不減，郭汾陽窮奢極
> 欲，姬妾滿前，而朝廷倚重……若謂色能傷生者尤不然，彭籛
> 未聞鰥居，而鶴齡不老，殤子何嘗有室而短折莫延。世之妖
> 者、病者、戰者、焚溺者、札瘥者，相牽而死，豈盡色故哉？❾⓿

如此一來，好色既不是養生的禁忌，也不需再揹上亡國的黑鍋，反而
成為延年益壽的妙方。衛泳將「好色」之辯置於《悅容編》全書之壓
軸，並給予一個曠古所未有的說法作為結論：「緣色以為好，可以保
身，可以樂天，可以忘憂，可以盡年」，❾➊實呼應晚明美學尊生與美
學合一的觀點。

筆者前文引述巴赫汀以「觀看盈餘」的理論來說明角色創造的寫
作活動，他認為不僅創造角色不只是作者的自我投射而已，更是一種
活向未來、完成自我的過程。依巴赫汀的見解，他認為作者可以「觀
看」角色生命的開始與終結，故能給予角色一個時空形式；相反地，
作者本身不能體驗自己的時空形式，因為作者不可能站在客觀的立場
觀察自我，亦即他也有被剝奪的視域存在，因此在賦予角色時間與空
間形式的同時，作者總是保持開放的形式，拒絕任何時空的限制，作
者只是存在於他的日常生活、思考、感覺和行動中，總是一個有待完
成的開放體（the-one-who-is-yet-to-be-achieved）。因此，作者的創作
過程，是他活向未來的一種行為，而他所觀看、再現的角色，也即將

---

❾⓿　參見註⓲，〈達觀〉章，頁 2780-2781。
❾➊　同註❾⓿。

變成他所經驗的對象。❾晚明文人喜好癖疵偏至的人格類型，在文字紀錄中「觀看」這類角色的活動，不僅是將自我的意志投射到角色身上去而已，他們一再地為癖疵人物辯解與美感造型，企圖要從角色的再現與經驗中，不斷地去雕塑尚待完成的自己。

㈣　「隔」：日常起居之裝飾觀點

　　運用巴赫汀「觀看」理論來說明晚明文人創造癖疵型人物的內涵，頗符合吾師龔鵬程先生所謂隔離美感的說法。龔師說：

> 晚明小品不同於一般文章寫給別人看的，而是作者以文字來安
> 撫、指導、教化、觀賞自我的心靈工程，在紙上縱橫言辯，並
> 以這樣的語言世界作為自己生命安頓之所。這樣的書寫活動，
> 乃是作者觀看自我、體察我的處境與心緒內容，因此「我」同
> 時是一存在者，也同時是一置身局外的旁觀者，此即所謂
> 「隔」，透過隔的觀照，用「倩女幽魂」之法，遙看自己、欣
> 賞自己，甚至指導自己。❾

這種以「隔」造成美感的說法，就是筆者前文所討論的，有觀眾（無論是他人或自己旁觀）視點參與的遊戲表演觀，晚明文人充分運用這個觀念，裝飾日常生活。吾人已由上文種種論析可知，觀者視點的存

---

❾　本文引述巴赫汀的意見，請參見同註❺❽，頁 59-60。

❾　引述自龔師鵬程著，〈由《菜根譚》看晚明小品的基本性質〉，收於《文化、文學與美學》（臺北：時報出版社，民國 77 年），頁 180-181。

在是晚明閒賞美學的重要關鍵。由於有觀者在場，表演者必需重視形象的裝扮與修飾，在這個意義之下，晚明文人任何一種環境佈置或行為舉止，皆為了裝飾目的而設。筆者本節將以李漁的生活美學為例，分析其如何運用「隔」的手法來裝飾平凡無奇的俗世生活。

李漁曾為寢室的床帳作「床令生花」的特殊設計，於床帳內設托板坐花，粧造一鼻受花香，儼若身眠樹下之感，床帳或畫或繡，滿帳俱作梅花，而以托板為虯枝老幹，或作懸崖突出之石，無一不可。另在床帳中，巧置名花異卉，或是鑪內龍涎，盤中佛手，木瓜香楠等物取其香氣，使味直入夢魂。總之，李漁在床帳內設一自然之境，有樹雲山石梅花等，欲使「身非身也，蝶也，飛眠宿食，盡在花間；人非人也，仙也，行起坐臥，無非樂境」，❹李漁大費周章地設計與佈置床帳，得自於前人臥遊之雅意，實際上就是透過精心的設計與佈置，將尋常的睡眠活動隔開，他的睡不徒為身體細胞的歇息而已，他是將自己置入一經過整飾的眠床佈景中；他的睡彷彿不具私密性，彷彿是開放參觀的，他要為他的觀眾，表演一場融合有香氣與造形美的睡姿。

晚明喜愛以繪畫來佈置俗世的生活，便是出於這種心理。前文引述李漁賞美人，要將古典圖繪的情境納入；衛泳也說，女子戴珠翠金玉「需疏疏散散，便有畫意」（《悅容編》〈緣飾〉章）；瓶花的插法，要「得畫家寫生折枝之妙」（〈燕閒清賞牋〉「瓶花三說」）。生活居處的環境，亦要隨時將畫意裝置進去。李漁在這方面，最為拿手，李漁為湖舫的窗格，設計為便面之制，窗裡窗外，一片精彩：

---

❹　參見註❿，卷10〈器玩部〉『制度』「床帳」條，頁223-226。

是船之左右，止有二便面，便面之外，無他物矣。坐於其中，
則兩岸之湖光山色，寺觀浮屠，雲煙竹樹，以及往來之樵人牧
豎，醉翁游女，連人帶馬，盡入便面之中，作我天然圖畫。且
又時時變幻，不爲一定之形，非特舟行之際，搖一櫓，變一
象；撐一篙，換一景；即繫纜時，風搖水動，亦刻刻異形。是
一日之內，現出百千萬幅佳山佳水，總以便面收之。……不特
以舟外無窮之景色，攝入舟中，兼可以舟中所有之人物，并一
切几席杯盤，射出窗外，以備來往遊人之玩賞。何也？以內視
外，固是一幅便面山水，而以外視內，亦是一幅扇頭人物。譬
如拉妓邀僧，呼朋聚友，與之彈碁觀畫，分韻拈毫，或飲或
歌，任眠任起，自外觀之，無一不同繪事。……人人俱作畫圖
觀矣。🄯

遊湖船舫兩扇便面窗的設計，成了最佳的「觀看」管道，不但隨著船
身搖曳而有變幻不定的景觀，還有自內向外與自外向內兩種截然不同
的景觀。由於有這樣窗格的設置，舫外被裝飾成了便面山水，舫內被
裝飾成了扇頭人物。除了湖舫以外，房舍亦可製成便面窗，將窗外之
山水、人物、竹石、花鳥、昆蟲等景物，一一納入，若自然景致不
足，則將窗外一切盆花、籠鳥，蟠松、怪石，時時更換成：便面幽
蘭、扇頭禽鳥等。不必懸掛畫跡，居處環境的本身就可被裝飾成繪
畫。李漁以相同的原理，又在面山之小軒室設計了「觀山虛牖」，又
名「尺幅窗」、「無心畫」，命童子裁紙數幅，作爲畫的頭尾及左右

🄯 參見註🄯，卷8〈居室部〉『窗欄』「取景在借」條，頁179-191。

鑲邊，頭尾貼于窗之上下，鑲邊貼于兩傍，儼然成了一幅裝潢後的畫軸；另又有以梅樹老幹貼製窗櫺的「梅窗」；亦可製紗窗一扇，繪以燈色花鳥，夜間籌燈于內，自外視之，像一盞扇面燈，日間自內視之，光彩相照，亦如同觀燈。

李漁是個生活大師，不僅以繪畫裝潢的方式設計窗扇，用以裝飾生活的居處周遭，也在書法的聯匾形式，作了特殊的裝飾設計。他不受堂中聯匾成規的束縛，設計了「蕉葉聯」、「此君聯」、「碑文額」、「冊頁匾」、「虛白匾」、「秋翦匾」等，❾❻將古人「種蕉代紙、刻竹留題、冊上揮毫、卷頭染翰、剪桐作詔、選石題詩」的雅意，加以變化而成。

李漁所謂「取景在借」，其實就是一種隔離的手法，他不要赤裸未經修飾的風景，他要將門窗框框製作成扇面，或是裝潢成掛軸樣式，用眼睛透過這個框框去看，這個框框便是隔離的媒藉；或者，他要將書法裝置在芭蕉葉、竹節或是冊頁內，這些葉瓣、竹節或冊頁的形狀，也是隔離的媒介，從這個「觀看」的管道中，去創造一種新穎的美感來。李漁以便面窗或蕉葉聯來裝飾生活，能將觀眾的注意力吸引到裝飾的本身上來，滿足其興味，同時又能將觀眾從裝飾本身引向

---

❾❻ 「蕉葉聯」：以木板製成蕉葉形，一樣二扇，一正一反，畫筋紋，蕉色宜綠，筋色宜黑，字宜填石黃，置於平坦貼服之處，壁間門上皆可用之，以之懸柱，則不宜，懸之粉壁，如雪裡芭蕉。「此君聯」截竹為之，墨字，於去青竹面上。「碑文額」，用板作成碑文之樣，地用白粉，字用石青石綠。「冊頁匾」，作成冊頁型式之額。「虛白匾」即字鏤空，貼潔白綿紙於後，又需置於內暗外明之室。「秋翦匾」，宜較蕉葉小之紅葉形製。參見註❿，卷9〈居室部〉『聯匾』章，頁202-208。

與其生活關聯之更廣泛體系中，亦即觀眾在便面窗或蕉葉聯的觀賞中，能進入到書畫文化傳統中，因而得到經過隔離後擴延性的美感。

有了李漁這種「借景」的隔離巧思與設計，任何平凡的景物皆可化爲神奇，其實眞正重要的，倒不是甚麼挖空心思的設計，而是具有隔離觀看的閒情與慧眼，所以李漁說：

> 昔人云：會心處正不在遠。若能實具一段閒情，一雙慧眼，則過目之物，盡是畫圖；入耳之聲，無非詩料，譬如我坐窗內，人行窗外，無論見少年女子，是一幅美人圖；即見老嫗白叟，扶杖而來，亦是名人畫幅中必不可無之物。見嬰兒群戲，是一幅百子圖，即見牛羊並牧，雞犬交譁，亦是詞客文情內未嘗偶缺之資，牛溲馬渤，盡入藥籠，予所製便面窗，即雅人韻士之藥籠也。**❾⑦**

具備閒情與慧眼，即具有收受隔離美感的能力，任何一個人物，經過這樣的隔離觀看，無論日常生活中的少年女子、老嫗白叟、嬰兒群戲、牛羊雞犬，均可作成名畫之觀。

類似李漁這種以隔離觀裝飾起居生活的手法，不乏其人，如程羽文便要將山居生活融成人文與自然的雙重美感，程羽文將山中的天然物，就其物性，製成各種物用，有榆莢錢、柳線、芰荷衣、秧針、竹粉、蓮房、桐葉錢、蕉扇、松拂、荷珠、苔茵、蘿薜帶、蘭佩、碧

筒、蒲劍、柏子香、癭瓢等物。⑱松、竹、柳、秧、芰荷、榆莢、薜
蘿等，均爲山林間的自然植物，將這些植物製成錢、線、衣、針、
劍、拂、瓢等人爲的用物，山中植物經過隔離的觀照，登時產生美
感，使得山居生活，脫離粗陋荒野，而具有豐富的人文美感。「以蘭
花爲供，甘露爲飲，橄欖爲餚，蛤蜊爲羹，百合爲韲，鸚鵡爲婢，白
鶴爲奴，桐柏爲薪，薏苡爲米。」⑲以上乃衛泳仿照程羽文的手法，
透過一串花木禽蟲清單的開列，爲美人營造出一個飲食起居自然淡雅
的周身情境，這些花木禽蟲提供給美人作爲飲、餚、羹、薪、婢、奴
之用，不再只是單純物的存在，有了被隔離觀看的美感色彩，用以裝
飾美人的飲食起居。程羽文的《清閒供》一書，顧名思義，乃以各類
娛玩情節作爲清閒時之供物，⑳「供」的觀念在晚明閒賞文化中，代
表著一種以雅物隔離俗境的意義，程羽文的「清供」、衛泳的「雅
供」，均可作如是解。

　　晚明文人普遍寓有濃厚的古典情懷，舉凡鐘鼎卣彝書畫法帖窯玉
古玩文房器具等物，均爲閒賞生活裡，極重要的一環。這些古物，不

---

⑱　參見註⑮，〈天然具〉條，頁2784。

⑲　參見註⑱，〈雅供〉章，頁2774-2775。

⑳　《清閒供》架構包含了：〈刺約六〉提供六種生命情態：癖、狂、嬾、癡、拙、
　　傲以供玩賞；〈小蓬萊〉與〈天然具〉乃言隱居環境用物之佈置；〈眞率漏〉列
　　舉各種夜間禽蟲鳴啼之聲以代更鼓、〈鳥言〉列舉數種鳥鳴聲；〈棋能避世〉列
　　舉與棋相關之詞彙，〈釀王考績〉則列舉酒之詞彙；〈睡鄉供職〉則列舉與睡相
　　關之典詞彙；〈十七醫〉戲擬十七種閒逸之事以爲醫方；〈四時歡〉、〈月令
　　演〉、〈二六課〉則分別對四時、十二月令、十二時辰提出相關的娛事；關於花
　　的部分，列舉十二個月各類重要花之特殊生態，〈花小名〉則是爲花另考別名。
　　參見註⑮。

只是作為賞心悅目的憑藉而已，他們還進一步地裝飾文人的生活，三代酒器觚、尊、觶拿來插花、瓠壺用來注水澆花、提卣作為文房糊斗、小杯小盤可作筆洗、古穴中注油點燈的銅缸用來養魚等，倒不是這些古物能有多大利用，而是起居生活中，有了這些古物的存在，能喚起文化歷的悠遠感情，將俗世現實的生活作一種巧妙的隔離，經此一隔，俗世現實的生活便能拉開一段美感的距離。

晚明文人表現在閒賞美學文獻上的言談舉止，如李漁、程羽文、衛泳一般，仔細地裝飾俗世生活，用隔離的手法，經營生活周遭，彷彿是有觀眾存在的表演，這個觀眾，可以是假擬的他人，亦可以是將自己假設於局外旁觀的自己。既是表演，扮演角色的人，就有粉墨前後、舞臺上下、戲裡戲外之隔，粉墨前、舞臺下、戲之外，是客觀現實存在的世界；粉墨後、舞臺上、戲之內，呈現的是一個美感的世界，如同龔師所論，是「對客觀世界，拉開一個美感的距離」，這種「隔」，乃是一種藝術的人生觀，在生活起居中，隔離地觀玩、隔離地審美。俗世生命經此一冷眼閒情的隔離觀照，便飽含一種空靈的美感，恰如朱光潛所說：「藝術和實際人生之中本來要有距離，所以近情理中，要有幾分不近情理」，明末人之癖執與危言危行，大致也由此而來，一如金聖嘆所說的，用「倩女離魂」之法，遙看自己而已（見《金批西廂》卷五），晚明文人以這種審美態度對人生問題作一觀照，將俗世生命之種種，化為可欣賞咀嚼的審美觀察中。❶⓪

花、美女、癖人與遊舫
——晚明文人之美感境界
與美感經營*

引　言

　　花、美女、癖人與遊舫，這原是分別有所指涉，而彼此無甚關聯的四個名物，筆者將之並列成爲本論文的題目，實有深意。

　　花與美女，是晚明❶文人極爲關注的審美品類，此二者非僅分別

＊　本論文已刊登於《中國學術年刊》第十九期，頁381-416，民國87年3月出刊。

❶　「晚明」是個學界公認的「文化史」分期，與政治意義上的斷代並不完全密合，時限大致起自隆、萬，下至清初，在中國歷史上，代表著一個充滿了變邊意義的時代，學界以「晚明」爲斷代寫成的專書、學位論文，不勝枚舉。一般學者將在這段期間內活動的文人範圍放寬，有出生於隆、萬之前而活動於此期者，如董其昌（1556-1637）、陳繼儒（1558-1639）、屠隆（1542-1605）、謝肇淛（1567-1624）等著名文人；也有出生於此期，而卒年已入清者，如馮夢龍（1574-1645）、文震亨（1585-1646）、李漁（1611-1677）、方以智等人，由於文化的氛圍與影響無法判然二分，即便如李漁入清甫壯年，然其美學觀念實與晚明當時的文人一脈相傳，具同質性，故視其爲「晚明型」的文人，實不爲過，因此本文所論及之「晚明文人」並不刻意避開清初，亦從此層面來考量。

地存在而已,其往往還是文人審美經驗中,引發美感相互交融的兩個對象。

癖人是性格上有所偏執的人物類型,若以道德修養的角度而言,容或有被指斥的瑕疵,唯他們卻是晚明文人極愛賞的一種審美對象。

遊舫,用來遊行河湖,船舫在遊歷的時候,乘舫者由窗格中,透過左右流動、上下浮沈的水波運行,攫得變幻不定的美感。

這四項名物,在晚明文人的審美世界中,各自具有特殊的意義。「花」與「美女」,代表著當時流行且相互融攝的兩個審美品類,筆者將在「美感境界之達致」的部分,詳加探討。「癖人」的人物類型,如何獲取文人的青睞?這樣的青睞具有如何的美感意義?「遊舫」的韻趣,在於變幻的景觀,文人何以善用這樣的景觀?「癖人」與「遊舫」,在「美感經營之特質」的部分,進行解析。隨著論題的展開,筆者對這四類代表性的名物進行探討,藉以為晚明時期文人所創造出來的美感境界,以及美感經營的特質,有所闡明。

一、美感境界之達致

(一) 由一份美學文件的解析開始

對花如對美女,是晚明文人經常體驗的美感,袁中郎針對不同類型的花,以入浴為譬,並提出宜以不同風格氣味的人來款待:

> 浴梅宜隱士,浴海棠宜韻致客,浴牡丹、芍藥宜靚粧妙女,浴榴宜艷色婢,浴木樨宜清慧兒,浴蓮宜嬌媚妾,浴菊宜好古而

奇者，浴臘梅宜清瘦僧。（《瓶史》卷下〈洗沐〉篇）

袁中郎這份由八個相類語句排比而成的美學文獻，吾人如何體會美感境界的來龍去脈呢？筆者以下將舉高友工先生美學詮釋的架構作爲本節解析的基礎。

　　對於一個文本所可能負載與蘊藏意義的探索，藉以把捉某個時代文化或某一作家思想的縮影，這是詮釋學的重要任務，詮釋在文學、歷史、哲學、美學、社會學各門學域中，始終擔任著重要角色。高友工先生曾爲文學研究擬定出一個美學詮釋的架構：【直覺－等值－延續－外緣】。這是一個解釋與觀照兩種活動相互交替的過程，用以詮釋美感材料，高先生美學詮釋過程包含四個（層次）步驟，表述如下❷：

---

❷　高先生美學詮釋的四步驟如下：1.直覺（intuitive）：直覺地把握物的整體內容意義。2.等值（equivalent）：爲了解釋直覺所把握到的內容意義，必需有釋義作用，即解釋符號及其內涵，此爲內指，包括比喻關係、相等關係、文內解釋。3.延續（continuous）：詞（符號）的外延，指象徵。藝術的解釋中，欣賞者所面臨的是一個藝術品利用內指關係組成的一個延續模式。4.外緣（contextual）：文藝內容並不外指實際外界，但一個語料，必需要假設其語境，此語境不只限於一假想的外境，而實包括此語料在創造時具體外境的功用與目的，另外，亦需注意藝術創作者的意旨與表現，簡言之，即目的與境界的探究。關於高先生美學的詮釋架構，請參見高友工〈文學研究的美學問題〉一文，收入李正治主編《政府遷臺以來文學研究理論及方法之探索》，學生，民77年。

直覺 （intuitive）	等值 （equivalent）	延續 （continuous）	外緣 （contextual）
把握詞（符號）整體的內容意義	解釋詞（符號）及其內涵，此為內指，包括比喻關係、相等關係、文內解釋	詞（符號）的外延，指象徵	目的與境界的探索

以下，筆者就以前述高先生的美學架構解析袁中郎的引文。

吾人於短文所據以把握到的整體印象，來自八個排比語句單獨成立之一系列鮮明印象：「浴梅宜隱士」，是梅林中清隱之士在灌淋梅樹；「浴海棠宜韻致客」，是高韻之人在灌淋海棠；「浴牡丹、芍藥宜靚粧妙女」，是靚粧妙女在澆淋牡丹、芍藥……依此類推而掌握各個直覺印象。吾人由八個獨立語句綜合所得的直覺總體印象，是某種風格的人，在灌溉某一品味互相投合的植物。

在得到直覺印象之後，其次是透過解釋符號及其內涵找出等值關係❸。在「浴梅宜隱士」這個語句中，決定符號意義之結構包括梅、隱士與動詞「浴」。梅與隱士，之所以能夠結合，在於作者運用其間的等值關係來組合。梅與隱士，一為植物，一為人物，原各歸於兩個

---

❸ 關於等值結構的說法，高友工先生論述如下：將同類同質的材料，雖分屬不相關聯的個體，卻在概念上歸而為一，視為「等值」，亦即「同一」原則，故吾人能據之以簡馭繁、命名分類，再進一步以同破異、設喻取譬，例如在桃梅花、血、落日中，找出「紅」的同一性，這是一強而有效的結構原則，可在千變萬化的現象中，抽繹出感性的形式，簡單來說，就是在不同的對象中，找出「通性」，在文藝範疇中，最典型的等值性表現在「隱喻」中（按亦包括明喻），中國詩中，等值用法，比比皆是，如李白玉階怨中所用到的：玉、露、羅、月、水晶等詞，望月夜思的宮人的等值性（通性）為何？也許可以說是透明無色、冷清寂寞之一種複合情性。請參見同註❷，高文頁186-192。

不相關聯的種屬，隱士是芸芸眾生中清雅高尚之人，而梅在眾卉中，是淡色素雅之花，袁中郎在二者之間找出了共通的性質——清雅高尚，使這兩個無關的種屬物之中，產生了關係。等值其實就是相等、比喻。袁中郎在文中爲各種花的植物生態，利用等值的關係，給予不同隱喻的人文意義，除梅花清高外，海棠韻雅、牡丹端麗、石榴美艷、蓮花嬌媚、菊花古淡、臘梅脫俗……等，由於這些人文隱喻，再配以相關聯的人品類型，如隱士、韻致客、嬌媚的妾、瘦僧……等，形成了：「梅－清高－隱士」、「海棠－韻雅－韻致客」、「牡丹芍藥－端麗－靚粧妙女」、「石榴－濃艷－艷色婢」……等等一組組形象複合的等值關係結構。在等值結構中，讀者由此得到了花與人兩個品類交相疊合的美感意蘊。這樣一個大的等值結構，透過了動詞「浴」字來聯結，使上述內指的關係伸向外延，進入第三個層次——延續關係❹。

「浴」實質的意思是澆淋灌溉，但澆淋灌溉這樣的用語，不具任何情感價值的成分，澆淋灌溉只是一個園藝技術的用語，是人栽培植物的方式。而「浴」則不同，各種花卉需要洗浴，就將花視爲美女一樣，袁中郎在該篇文字中繼而表示：「曉則空亭大廈、昏則曲房奧

---

❹　高友工論延續關係如下：前一層次等值結構所形成的感象，往往保留住簡單形象，是一並列組合的複合形象，如前述之李白玉階怨例。而延續結構所形成的感象，無疑地包括了更多的知性材料，形象逐漸失其感性而組合成爲一概念。以文學而言，由語言形成的「延續結構」，由其內在組織來看，爲一意象。此乃象徵的作用，象徵以得抽象觀念，這是以表現心境爲理想的抒情傳統的特徵，抒情傳統的延續傳移結構，用種種象徵、間接的手法，使物境經過傳移關係進入心境，抒發藝術家的心理狀態與理想。參見同註❷，高文頁 192-206。

室、愁則屏氣危坐、喜則謹呼調笑、夢則垂簾下幃、醒則分膏理澤。」花有曉、昏、愁、喜、夢、醒等不同時刻下的情緒❺，這花不再是普通的植物了；而「浴曉者上也，浴寐者次也，浴喜者下也，若夫浴夕浴愁，眞花刑也」，這樣有選擇的「浴」，也不是普通的花木澆淋了。這個「浴」是要奠定於「悅其情性，時其起居」的情感價值基礎上。

在這份美學文獻中，延續關係中最具象徵關鍵的符號，是「浴」與「宜」二字，「浴」字牽引出一連串花被賦予的人文意義，「宜」字則緊密地結合了客體與主觀兩個部分，延續關係是利用內指關係組成的一個模式，通常是運用象徵的作用，以表現心境理想的抒情特徵。抒情的延續傳移結構，是用種種象徵、間接的手法，使物境經過傳移關係進入心境，抒發藝術家的心理狀態與理想。在此袁中郎將某種特質的人物類型，與同樣特質的花卉置於一起，欲其二者相互彰顯與補足，袁中郎在這份美學文本的延續關係中，創造了非花非人、亦花亦人之共存疊合的審美品味，讓讀者領略如此愛賞的情感價值。

這樣花與人類比的安排，目的何在呢？這是高友工美學詮釋的最終關懷，實際上就是審美境界的探索。袁文中，花所具有的植物生態是客體現象，其生態所象徵的人文意義以及相關連的人品類型，乃作者主觀自我的意向所在，既是將花擬人化，主觀化以與自我人格融

---

❺ 袁宏道《瓶史》，卷下〈洗沐〉篇曰：「夫花有喜、愁、寤、寐、曉、夕……膏雨、澹雲、薄日、夕陽、佳月，花之曉也；狂號、連雨、烈燄、濃寒、花之夕也；唇檀烘日、媚體藏風，花之喜也；暈酣神斂、煙色迷離，花之愁也；欹枝困檻，如不勝風，花之夢也；嫣然流盼、光華溢目，花之醒也。」

匯；同時亦是將自我人格擬物化，表現於客體現象中，這是主觀感情移入的結果，得到我化於物，又於物中見我的感受，袁中郎透過八個排比的句子，企圖將植物生態、人品類型與人文價值意識交相融匯，成爲一體，使自己與讀者在閱讀並體會這份美學文件時，得致經由物我相忘而邁向物我合一的美感境界。

㈡　主客合一

「境界」爲王國維《人間詞話》中用以評詞最重要的一個標準，他認爲唐代嚴羽的「興趣」與明代王漁洋的「神韻」，猶不過道出詩詞之面目，不如拈出「境界」以探其本。「境界」有大與小、優美與宏壯之別，但不以是分優劣，何謂「境界」？他說：

> 境非獨謂景物也，喜怒哀樂亦人心中之一境界，故能寫景物眞感情者，謂之有境界，否則謂之無境界。（《人間詞話》卷上）

一般人有「常人之境界」，既外境引致的喜怒哀樂、悲歡離合、羈旅行役之情；然而文藝家具有的是「詩人之境界」，不僅能感於外境，還能寫之。所以，常人所能感之者，惟詩人能寫之，斯之謂「造境」，大詩人所造之境非無中生有，而必需合於自然❻。王國維乃就詩詞論中國文藝範疇中的「境界」，即美感生成的最終階段。何謂「美感境界」？高友工先生對此有更進一步的探究。

---

❻　本段關於王國維「境界」的説法，參見氏著《人間詞話》，臺灣開明書店，民 78 年。

　　據高友工之說，美感經驗中的「美感」與「快感」最顯著的差異，即是在內心的感應過程中是否經過一個「中介因素」，「中介因素」是經驗領域的心理狀態與活動，使「刺激」真正內化爲「經驗材料」與其他的「經驗材料」並立、交錯，同爲「心境」中的成分。這樣的美感有一種持續性，即是在美感對象消逝後，因爲材料是心理的，所以仍然能在這心境中存在，這種「心境」中存在的現象，即爲「心象」，與外在世界和自我都相關，而又保持一種心理上的距離，因此，「美」有一種心理距離，客體現象與主體的審美意識及價值互相交融爲一體，即可謂之「美感境界」。客體現象與主觀自我的交融方式，可以是對象物的主觀化（擬人化），亦即將對象物人文化以與自我人格融匯；亦可將自我客觀化（擬物化），將自我人格表現於外在現象中，這是通往美感境界的路徑，二者的融匯可達致價值與現象合一的「境界」。這個「境界」的達致，也是一個情景交融的階段，是一「解釋」與「觀照」相互交替的「經驗過程」，在「解釋」過程中，我們期望能把握對象的意義與價值，而在此過程中，又時時停留，綜合所知所感，將把握到的片段材料，形成一個整體的感象，這就是「美感境界」❼誕生的過程。

　　高友工將物象邁向心象，繼而產生的審美感象，視爲美感境界，中國文人充分運用主體心理作用，以獲致由物象客體所帶來的美感，這正是審美活動中，主客合一的特質所在。「主客合一」在美學範疇中，是個極重要的觀念。中國很早就對物、我，景、情，客、主等關係有過探討。到了北宋文人畫興盛時期，更是重要的論題。北宋時期

---

❼　　以上對於境界意義的達致過程，參引自同註❷，高文頁156-157。

的文人畫論中，有「重意不重形」的討論，由讀詩「忘言得意」的方法去領略畫意，以意為主宰，畫家用筆草草，使近視不類的物象，遠觀能景物一片粲然，故當以神會，不以形器求，當時文人普遍有「畫意不畫形」的共識。由形意之辨的討論，引發出來的，是創作主體與物象之間的關係，畫竹專家文同明瞭「胸有成竹」之理，故能以兔起鶻落之急筆追其所見；晁補之則提出「遺物以觀物」的觀念，該觀念是指在藝術創作時，心靈極度專注的狀態；董逌進一步要求「以天合天」，要畫家主體縱身於大化中，隨大化流行，筆下便能有天人合一的景象產生。北宋文人畫論由忘我身，忘物形，進一步到與物化，與天合，所呈現的是道與藝二而一的理想❽。

　　西方美學家亦對此課題提出理論，例如康德的「無關心說」、克羅齊的「直覺說」、李普士的「感情移入說」、蒲洛的「心理距離說」等，這些正是二十世紀初西方美學的主流，中國近世美學大師朱光潛亦與此主流一脈相承。朱認為美不僅在物，亦不僅在心，是心藉物的形相來表現情趣，在美感經驗中，我們需見到個意象或形相，這種「見」就是直覺或創造；所見到的意象需恰好傳出一種特殊的情趣，這種「傳」就是表現或象徵；見出意象恰好表現情趣，就是審美或欣賞。王夢鷗先生亦秉此觀點，提出主觀的合目的性，與客觀的合目的性來分析審美經驗，以戲劇為例，當一位演員把劇中的反面角色演得非常生動逼真時，會引發觀眾的不同反應：一種是討厭，一種是讚賞，前者只由自己的主觀好惡出發，故只有「主觀的合目的性」；

---

❽　關於北宋文人對物我，主客等關係的探討，詳參毛文芳著《董其昌逸品觀念之研究》（淡江中文碩論）頁83-95。

後者能從「現實」中脫離出來，除了根據自己的喜好之外，也能客觀地體會劇中的角色，壞人演得很逼真，就是「客觀的合目的性」，具備藝術鑑賞力的成熟觀眾，能夠兼顧主客觀的合目的性。然而主客觀合目性何以會產生審美經驗？這是感情移入的結果，得到我化於物，又於物中見我的享受，這就是「入神」、「神會」或「神遊」，亦即將主觀目的性化入客觀目的性中，這便是經由物我相忘而邁向物我合一的境界❾。

前文所分析袁中郎《瓶史》的一段文字，吾人以高友工美學詮釋架構中之直覺、等值、延續等步驟一一解析後，最終的目的，就是期望得到主體化於客體，又於客體物中表現主觀我的感受，如此一來，則植物生態、人品類型與人文價值意識交相融匯一氣，由物我相忘進而邁向物我合一的美感境界，這是袁中郎在撰寫美學文本時的期許，亦是讀者透過文本逐次所領略到的最終審美情感價值。晚明文人在審美經驗中達致主客合一的方式，大致均表現出這兩種傾向：或是將審美對象予以主觀化，擬人化，以人的觀點待之，以與自我人格融匯；或是將自我客觀化，擬物化，將自我人格表現於物象上。這看來像是兩個路向，其實是合一的。

---

❾ 以上關於中西美學家的主客合一說，以及王夢鷗先生的主客觀合目的說，參引自黃景進〈王夢鷗先生的文藝美學〉頁 190-192，又關於心與物作用而成審美欣賞的過程，參同文頁 185-188，收於《文學與美學》第四集，淡江中研所主編，文史哲，民 84 年。

(三) 比喻與象徵

主客合一，乃由「物象」邁向「心象」，繼而產生審美感象連串過程之結果。高先生認爲「心象」乃是內化了的印象，由「物象」到「心象」的作用過程，必需經由記憶作中介因素，記憶是個人的，亦是種族文化傳統的。記憶必需透過想像力的操作始能呈現爲現時經驗，「心象」亦可看作是個人記憶庫之經驗材料的重組。高先生進一步論析，一朵花或一片紅的色彩，原是再簡單不過的形象了，但可以將個人理想投射到此色彩或圖象上，假如我們以爲「美」的理想之一是生命和諧的境界，只要個人意旨所及，透過想像力的運用，此花或紅的形象的一系列感應，就可能象徵這一內在的理想境界：整個由主體到客體的活動，在韻律對比上，體現此和諧之美，這是透過象徵意義的基礎，其他如自然、圓滿、平衡、生生不息等意義，亦都如此地進入藝術本體❿。筆者試將高先生由「物象」到「心象」的分析圖解如下：

$$\text{物}\longrightarrow\text{感官刺激}\longrightarrow\boxed{\begin{array}{c}\longrightarrow\text{記憶}\longrightarrow\text{想像（如象徵）}\longrightarrow\longrightarrow\\ \textbf{物象}\longrightarrow\text{內化到意識層中}\longrightarrow\textbf{心象}\end{array}}\text{（個人理想的投射）}$$

高先生所呈顯的這個由接收「物象」到呈現「心象」的連串過程，其中以記憶庫的資料索取與想像力的轉換二者最爲重要。筆者以

---

❿　參見同註❷，高文。

為中國文人的龐大記憶庫是歷史傳統，每一位有高度文化修養的文人，之所以對書畫器物乃至於宇宙萬象有濃厚的古典情懷，便是得自於這個歷史傳統的龐大記憶庫，經由比喻或象徵的想像力運用，而將平淡無奇的物象轉化為美感對象。

晚明文人將比喻或象徵的運用，充分表現在對器物命名的興趣上。高濂對茶具的用途，立名以顯其義，如「商象」指煮茶的石鼎、「歸潔」為滌壺之帚、「執權」為茶杓、「漉塵」為茶洗、「納敬」為收茶盞之竹茶橐、「烏府」是盛炭之竹籃、「器局」為收茶具之竹箱、「苦節君」為煮茶爐等（見《遵生八牋》〈起居安樂牋〉『茶具』），這些茶具或以古代鼎彝、或以官吏、或以官府等名稱之，均是人文化的結果。高濂這種茶具命名的人文化象徵手法，古來已有，最常出現在為與文人朝夕相伴之文房用物的命名上，例如以金管、銀管、斑管作為對筆紀功的差等❶，歐陽通善飾文房，曾命藏硯室曰紫方館，具光曰發光地菩薩，研滴曰金小相，鎮紙曰小連城千鈞史，界尺曰由準氏，筆曰畦宗郎君，槽曰半身龍，裁刀曰治書奴❷，酒器可擬兄弟輩份來排比論品❸。物亦可與之為友，或琴、或磬、或南華經、或湘竹❹、或鶴❺，成為日與文人優游於書齋生活的好友伴。文

---

❶　「古之王者，以金管、銀管、斑管為筆紀功，其重筆如此」，參見高濂《遵生八牋》〈燕閒清賞牋〉「論筆」。

❷　歐陽通以下文字，參見同註❶高書，〈燕閒清賞牋〉「敘古諸品寶玩」。

❸　「劉表有酒器三：容七升者曰伯雅，容六升者為仲雅，容五升者為季雅。」參見同註❶，高書〈燕閒清賞牋〉「敘古諸品寶玩」。

❹　「江南李建勳嘗蓄一玉磬尺餘，以沈香節按柄扣之，聲極清越，客有談及俗俗之語者，則起擊玉磬數聲，曰聊代清耳，一竹軒榜曰：四友，以琴為嶧陽友，磬為

人甚至爲之繪圖書寫讚文，爲文房四物或珍愛之物製銘作傳禮讚的傳統，皆可視爲物人文化的表現❶，如高濂曾爲研爐製一銘：「蘊離火於坤德兮，回春陽於堅冰；釋陶泓於凍凌兮，沐清泚於管城」（〈燕閒清賞牋〉「論古銅器具取用」），硯爐蘊含離火所具的坤德，能在堅冰中召回春陽，爲硯解凍，以沐管筆。經此一寫，這個硯爐顯得極有人性。

　　比喻與象徵是主客合一的基礎。晚明主客合一最典型的例子，是「花之榮辱」的話題。《遵生八牋》〈起居安樂牋〉中有『擬花榮辱評』，首先爲花所遇之榮寵拈出二十二種狀況，其中輕蔭蔽日、淡日蒸香、薄寒護蕊、細雨逞嬌、淡煙籠罩、晚霞映彩等，是屬於自然現象；而傍水弄妍、朱欄遮護、名園閒靜、高齋清供、插以古瓶、嬌歌艷賞、翠竹爲鄰、佳客品題、主人賞愛、奴僕衛護、美人助粧等，則是指所處情境。同樣地，花之遭辱害亦有二十二種狀況，其中狂風摧慘、淫雨無度、烈日銷爍、嚴寒閉塞、驀遭春雪、蟲食不治等，屬於自然現象；而惡詩題詠、俗客狂歌、奴僕懶澆、搓捻憔悴、臺榭荒涼、築瓦作瓶、蛛網聯絡、麝臍熏觸等，則是指所處情境。

泗濱友，南華經爲心友，湘竹爲夢友。」（高濂〈燕閒清賞牋〉「敘古鑑賞」章），又高濂將琴的十樣配備視爲十友：有冰絃、玉軫、軫函、玉足、絨刷、琴薦、錦囊、琴床，琴匣、替指。參見同註❶高書，〈燕閒清賞牋〉「臞仙琴壇十友」條。

❶　高濂稱鶴爲忘機友：「何可一日無此忘機清友」，參見同註❶高書，〈燕閒清賞牋〉「養鶴要略」。

❶　晚明文人繼承傳統，喜好爲文房器具乃至生活周遭用物作傳、賦、銘，這類體裁在文人文集中不乏多見。

　　這些帶有詩意的四字駢句，前半段屬於自然現象者，雖然是對花生態環境的觀察記錄，而如細雨逞嬌之「逞」字，確有擬人的意味在內；後半段屬於花所處情境者，例如傍水弄妍、名園閒靜、搓捻憔悴、臺榭荒涼等，眞是將花擬人化了，花可弄妍、花喜閒靜、花感憔悴、花覺荒涼等，都具有人的心緒。高齋清供、插以古瓶、嬌歌艷賞、翠竹爲鄰、佳客品題、主人賞愛、奴僕衛護、美人助粧，花從中得到各種不同的榮寵；而惡詩題詠、俗客狂歌、奴僕懶澆、築瓦作瓶、蛛網聯絡、麝臍熏觸等，則給予花不同程度的辱害，這種榮寵或是辱害的感受，都是將人的情感注入到無情無感的植物身上。屠隆在《考槃餘事》〈盆玩箋〉亦有「擬花榮辱」條，惟文字略有更動。袁宏道亦與高濂之用意相同，花若時地相稱，擺設、行爲、賓客、藝事等合雅度的狀況下，則覺「快意」；反之，則覺「折辱」❶。花所具有「快意」與「折辱」的感覺，亦是擬人化的。

　　說是擬人化，亦可視爲人的擬物化，花具有人受榮辱的心緒，何嘗不可視爲作者將自我人格投射到花的繁茂與枯萎現象上，吾人在讀這樣一則美學文獻時，其實對主客關係的領會是混融的，而能得到物我相忘的美感。

---

❶　袁中郎爲花擬出快意十四條與折辱二十三條。花快意部分：有時地相稱之情境、擺設、行爲、賓客、藝事……諸種雅事，如：明窗淨室、古鼎宋硯、松濤溪聲、主人好事能詩、座客工畫、快心友臨門、手抄藝花書、妻妾校花故實等；花折辱部分乃指諸種俗態，種種不堪，不稱標格之事，如：俗子闖入蟠枝、庸僧談禪、窗下狗鬥、醜女折戴、鼠矢蝸涎、與酒館爲鄰等。宏道曰：「以余觀之，辱花者多，悅花者少，虛心檢點，吾輩亦時有犯者，特書一通座右，以自監戒焉。」詳見同註❺，卷下〈監戒〉篇。

　　袁又用擬人法，以美女與佐侍作爲不同花品之間的配對⑬，並以歷史名人之侍婢擬花，將具有不同類型美感特質的花品比擬爲古代名婢，這些平凡的草本花卉，立即呈顯了歷史人文的美感⑲。袁中郎的體式，爲後來的蘇士琨所仿，直接提出美人與佐侍在品格上的配對⑳，美人品格氣味之清、幽、麗、遠、嚴、濃、俏等類型，各應有相稱格的婢侍，其相稱的方法，或是彼此增益如遠者宜逸、俏者宜通秀；或是互相補足如麗者宜淡、濃者宜疏等。至於如晚霞之擁新月、輕風之吹奇韻、艷夏之蘚澤、秋霜之菊韻等，這些是蘇士琨以意象式批評，爲不同的組合配對所拈出的美感。

　　中國文人喜用直覺意象式的批評，將主觀的情感意識溶入客體現象中，此爲個人美感體驗相當珍貴的部分。這是中國美學中的抒情特性，中國歷來的詩論、畫論，皆不乏運用象徵（或比喻）的例子，透

---

⑬　「梅花以迎春、瑞香、山茶爲婢；海棠以蘋婆、林禽、丁香爲婢；牡丹以玫瑰、薔薇、木香爲婢；芍藥以罌粟、蜀葵爲婢；石榴以紫薇、大紅千葉木槿爲婢；蓮花以山礬、玉簪爲婢；木樨以芙蓉爲婢；菊以秋海棠爲婢；臘梅以水仙爲婢，諸婢姿態各盛一時，濃淡雅俗亦有品評。」參見同註❺，卷下〈使令〉篇。

⑲　原文如下：「水仙神骨清絕，織女之梁玉清也；山茶鮮妍、瑞香芬烈、玫瑰旖旎、芙蓉明艷，石氏之翔風、羊家之淨琬也；林禽、蘋婆姿媚可人，潘生之解愁也；罌粟、蜀葵妍於籬落，司空圖之鸞臺也；山礬潔而逸，有林下氣，魚元機之綠翹也；丁香瘦、玉簪寒、秋海棠嬌，然有酸態，鄭康成、崔秀才之侍兒也。」參見同註❺，卷下〈使令〉篇。

⑳　「品清者宜倩婢，晚霞之擁新月也；品幽者宜鬆婢，輕風之吹奇韻也；品麗者宜淡婢，海棠之玉簪也；品遠者宜逸婢，蓮花之荷葉也；品嚴者宜快婢，松柏之春風也；品濃者宜疏婢，艷夏之蘚澤也；品俏者宜通秀婢，秋霜之菊韻也。」參見蘇士琨著《閒情十二憮》〈憮佐侍〉。

過象徵（或比喻）的運用，達到生命價值理想之依歸，中國抒情傳統從詩經開始，便有意無意地建立一套有豐富象徵意義的直覺形象典式，這類直覺意象式的批評，亦成爲晚明文人美感經驗的一部分❷。

(四) 美感境界的細膩抉發

晚明文人對美感境界有極細膩的抉發，例如高濂曾擬列彈琴的境界，若對月鼓琴，要在萬籟無聲二更人靜時；若對花鼓琴，需共花之香清色素者；若臨水彈琴則要對軒窗池沼、或竹邊林下，有荷香撲人、有微風洒然、可使游魚出聽（〈燕閒清賞牋〉「琴窗雜記」）。袁中郎亦細擬醉境：白晝醉於花下，雪季醉於永夜，月下醉於高樓，暑日醉於泛舟；或是醉於幽靜山景，或是秋氣醉於湖泛；得意而醉需詠唱，將離之醉應擊缽；文人醉酒要有妙令但需謹節奏程，俊人醉酒要加觥盂旗幟，佳人醉顏微酡，豪客醉要舉杯浩歌，與知音同醉當有清曲助興（《觴政》〈四之宜〉）。醉於不同的景中，因而滋生不同的情懷，袁中郎一一爲之鋪寫情景交融的美感境界。

吳從先則爲讀書擬設情境：讀史宜映雪，讀子宜伴月，讀佛書宜對美人，讀叢書、小史宜倚疏花瘦竹、冷石寒苔，讀忠烈傳宜吹笙鼓瑟，讀姦佞論宜擊劍捉酒，讀騷宜空山悲號，讀賦宜縱水狂呼，讀詩詞，宜歌童按拍，讀神鬼雜錄，宜燒燭破幽等（《賞心樂事》），吳從先說：「遇境既殊，標韻不一」，不同的載籍內容能引發讀者不同的思惟情緒，這是主觀之情❷；雪、月、疏花瘦竹、吹笙鼓瑟、擊劍

---

❷　參見同註❷，高文，頁 183。

❷　吳從先另有一則大談讀書所引發之心緒反應，純粹是主觀之情：「讀短冊恨其易

捉鬼、燒燭破幽等，這是客觀之景。主客合一，情景交融，便得冊籍閱讀的境了。黃東崖的〈夜間九章〉，由夜半至天明間，天象自然界的現象變移：覓火、望月、占星、聽蟲、聞雞、聽漏、攤書等，一一細述個人心念浮沈的觀察經驗，一面密切留意外在的現象變易，一面以主體心念的調伏加以迎合，這種極端個人的獨處經驗，亦達到了主客合一的境界。

高濂還曾細別焚香的諸種意境如下：

> 幽閒者，物外高隱，坐語道德，可以清心悅神；恬雅者，四更殘月，興味蕭騷，可以暢懷舒嘯；溫潤者，晴窗搨帖，揮麈閒吟，篝燈夜讀，焚以遠辟睡魔，謂古伴月可也；佳麗者，紅袖在側，密語談私，執手擁爐，焚以薰心熱意，謂古助情可也；蘊藉者，坐雨閉關，午睡初足，就案學書，啜茗味淡，一爐初爇，香靄馥馥撩人，更宜醉筵醒客；高尚者，皓月清宵，冰絃戛指，長嘯空樓，蒼山極目未殘，爐爇香霧隱隱遶簾。（〈燕閒清賞牋〉「論香」）

在這一段文字中，「幽閒」、「恬雅」、「溫潤」、「佳麗」等語彙，乃是對人風格意態的批評用語，高濂原用來稱說香的品種[23]，實

渴，讀累牘苦於難竟，讀貶激則髮欲上衝，讀軒快則唾壺盡碎，讀滂沛而襟撥，讀幽憤而心悲，讀虛無之渺論而謫誕生，讀拘儒之腐臭而谷神死……故每讀一冊，必配以他部，用以節其枯偏之情，調悲喜憤快而各歸於適。」參吳著《賞心樂事》。

[23] 高濂以對人風格意態的批評用語，為香的品種分類，如檀香，香之幽閒者也；沈

際上，吾人亦可視爲焚香的幾種境界，例如幽閒，乃是由物外高隱，坐語道德的「景」（這是外在現象的描述，是客觀的材料層次），與清心悅神的「情」（這是主觀的自我層次），二者相互融合，所得到的境界類型；而皓月清霄，冰絃戞指，是客觀的材料層次，是外在現象的描述，是「景」；長嘯空樓，蒼山極目未殘，是作者主觀之「情」，二者相互融合，得致「高尙」的境界類型。由於這些境界的達致，乃經過客觀材料溶入主觀自我的價值感情，是什麼客觀材料並不最重要，因此，高濂以上所提出的境界類型，原是爲焚香而言，文震亨則將之轉移同用以描述香與茗❷。

這種現象，同樣地，亦出現在賞花與賞美女的課題上，例如花有喜、怒、寤、寐、曉、夕等不同時態下的美境可賞❷；美人亦有喜、怒、泣、睡、懶、病等情態可賞（參見衛泳《悅容編》〈尋眞〉篇）。「神麗如花艷，神爽如秋月，神淸如玉壺冰，神困頓如軟玉，神飄蕩輕揚如茶香，如煙縷，乍散乍收」（同上引），美人可與艷花、秋月、玉壺冰、軟玉、茶香、煙縷等美感互相補足與映發，兩兩

香，香之恬雅者也；黑龍掛香，香之溫潤者也；龍涎餅，香之佳麗者也；玉華香，香之蘊藉者也；伽楠香，香之高尚者也。參見同註⑪，高書，〈燕閒淸賞箋〉「論香」。

❷ 文震亨《長物志》，〈香茗〉篇小序曰：「香茗之用，其利最溥。物外高隱，坐語道德，可以淸心悅神；初陽薄暝，興味蕭騷，可以暢懷舒嘯；晴窗搨帖，揮麈閒吟，篝燈夜讀，可以遠辟睡魔；青衣紅袖，密語談私，可以助情熱意；坐雨閒窗，飯餘散步，可以遣日除煩；醉筵醒客，夜語蓬窗，長嘯空樓，冰絃戞指，可以佐歡解渴。」文震亨這段對香茗所提供的境界分類，乃由高濂〈論香〉一文去繁刪修而來。

❷ 參見同註❺。

物象材料並立、交錯於審美主體的心境中，融合成為心象，而得到一種相互疊映的美感境界。

㈤　「換位」

晚明文人由物象到心象、主體與客體合一、情景交融等美感境界的追求，如上文所述，往往還以「換位」的方式來達成互相補足、互相映發的交融美感。文人由於具有特殊的涵養，多半帶有一種靈心與善想的成分，故其眼所見、耳所聞、心所會的自然景物，不再是那麼地原始與粗糙，常與其藝術賞鑑的審美經驗合一，這種經驗最常表現在以景印證古人畫：

> 出行數十步，溪流回合，水益縹綠可喜，一壁上白石鱗起，如珂雪苔花繡之，皆作層巒疊嶂，余大呼曰：此黃大癡峨眉春雪圖也。（《袁中郎全集》卷十一〈墨畦〉）

袁氏兄弟、董其昌等人，都有著豐富的觀畫經驗，不知不覺地便帶著這樣的胸中錦囊遊歷山水，一遇美景，胸中所藏古人畫幅的印象立即浮現，與眼前景致相互印證，這個當下，是風景的、同時亦是古畫的二合一之審美經驗。

不同的審美對象合而為一的美感型態，可以一「換位」的觀念加以說明。「換位」在藝術理論裡，原指某一藝術門類的作品，跳出自己的範疇界限而越位到其他的藝術門類之中，借彼之長以補己所不足，掠取另一方的美，以建立自己的美，例如畫家運用詩意以入畫，詞人吸收畫的原理與技法以評詞，詩（或詞）與畫彼此出己之位，越

至對方之位中，利用「換位」，相互充實。中國的文人們，經常將詩詞和書畫互相「換位」，彼此融會吸收，運用在實際生活上，不但沒有扞格之處，往往越俎代庖，為自己以及讀者增加情感聯想上的共鳴。唯「換位」不能改變詩詞或畫原來形式的歧異，實際上它們並沒有真正的「換位」，只是「越位觀摩」，離位之後，仍然回到本位⓱。

　　在前文中，筆者闡釋了晚明文人追求美感境界的過程，其中關鍵在於象徵比喻的作用，茲再以「換位」的觀念作更深入的說明。袁宏道、袁小修、董其昌等人遊山望水，眼所見者，或是篷外斜雨江景、或是雪中石壁溪澗、或是西山藍天堆雲，均「換位」成為黃大癡與米芾水墨淋漓的山水畫，登時，賞畫的美感進入了觀景的眼中心下，而產生觀景與賞畫的美感共鳴。不僅古畫而已，尚有其他足以喚起美興

⓱　藝術「換位」的觀念，饒宗頤先生曾有專文討論，筆者簡述其論如下：饒先生以為有時畫家要借重詩詞以充實畫的內容，來增加讀者在聯想上產生情感的共鳴，如文徵明前後兩次用同一首詩來作為他所繪朱竹的題句。詩與畫本質上二者截然不同，但彼此有時亦會跳出自己的圈子，掠取另一方的美，來建立自己的美，詩和畫、詞和畫，均如此互相利用，每每有越俎代庖的現象。西方藝術理論像法國的 Gautier 論畫便有所謂「藝術換位」之語，例如：詩人如何運用詞意以入畫；畫的原理與技法又如何被詞人加以吸收作為批評的南針等，它們在出位的手段下，彼此如何互相利用？吾人接觸到古代文人的生活情形，可以恍然知他們如何把詩詞和書畫在實際生活上加以享用，和彼此間互相換位，採取另一方的優點，加以融會吸收，不但沒有扞格之處，往往越俎代庖，方虛谷說文與可「所學是詩不是竹」，無異說他把竹詩化了，然而到底畫還是畫，詩詞還是詩詞，形式上完全歧異，它們實在沒有換位，只是越位觀摩，離位之後，仍然回到本位。詳參饒宗頤著〈詞與畫──論藝術的換位問題〉，收於饒先生著《畫頗──國畫史論集》，時報，1993 年。

之器物：

> 宿漁家，早起，青衣披衣大叫曰：雪深三寸矣。予急起觀之，
> 遠近諸山皆在雪中，急登舟，繞水心巖一匝而歸，石膚不受雪
> 處，如三代鼎彝，古色照人……時日色漸霽，照耀諸山如爛
> 銀，海中飛波騰浪，又如羊脂玉以巧手雕刻……溪山之勝……
> 窮極其趣，無一峰不似名人古畫……予謂近此者，不必更置園
> 亭，但于漁網溪上作屋三間，以一舟往來穿石水心崖間，即為
> 天下第一名園矣。（《遊居柿錄》第 70 條）

除古人名畫之外，三代鼎彝、羊脂雕玉、天下名園，不但本身即是文
人賞鑑愛玩的對象，亦成為文人賞景時的「換位」對象，擔任了引發
審美欣趣的介質。未受雪而具古色之石膚，「越位」為三代鼎彝；受
晨光照耀燦爛的海波，「越位」為巧雕的羊脂玉，小修清晨急起觀
雪，即獲得這樣多種審美對象彼此換位、交相疊合的美感體驗。

晚明文人善以人作為「越位觀摩」的美感憑介。例如思虎丘茶
「如想高人韻士」[27]，是將虎丘茶所帶來清雅的味覺與嗅覺氣味「越
位」到對高人韻士的風度臆想；王季重則將各地區山水的整體外貌與
氣勢，以人相的幾種特質來「越位觀摩」，如眉巉目凹的險、骨大肉

---

[27] 伯修認為賞畫可以使塵土胃腸為之一浣，夢虎丘茶如想高人韻士，其云：「徵仲
真蹟難得，其做山谷老人者，尤難得，朗窗柴几，沐手展玩，神采奕奕，射映一
室，塵土胃腸為之一浣。十年夢想虎丘茶，如想高人韻士，千里寄至，發訊喜
躍，恰如故人萬里歸來」見袁伯修著《白蘇齋類集》卷十六〈答江長洲綵羅〉。

張的壯、首昂鬣戟的雄、意清態遠的媚、貌古格幻的奇、骨采衣姸的麗、韶秀沖停、和靜娟好的佳㉘，這些是對人相貌與氣質的感知，被王季重「換位」爲相山水的憑介，當面對這些山水時，彷彿對視壯夫、英雄、奇俠、佳麗，以觀人的美感增加觀景時情致的共鳴。高濂則將香的嗅覺美感「換位」成對人氣質的品味，如檀香爲香之幽閒者，沈香爲香之恬雅者，黑龍掛香爲香之溫潤者，龍涎餅爲香之佳麗者，玉華香爲香之蘊藉者，伽楠香爲香之高尙者（參見〈燕閒清賞牋〉「論香」），這些出於鼻嗅的氣味，經過「換位」的品味轉化，已超越了嗅覺本位，成爲焚香所引發情境聯想的整體美感氣氛。

　　以美女作爲美感「換位」對象者，在晚明最爲流行，以美女喻景者，如袁中郎云：「登琴臺見太湖諸山，如百千螺髻，出沒銀濤中……（松）聲若飛濤……此美人環珮釵釧聲」（《袁中郎全集》卷八〈記述〉「靈山巖」），「虎丘如冶女艷粧，掩映簾箔；上方如披褐道士，丰神特秀」（同上「上方山」），袁中郎將太湖群山的山勢與松聲，「換位」爲美女的髮髻與環珮釵釧聲，虎丘山與上方山各自「換位」爲艷粧冶女與披褐道士，各具不同的美感。「花態、柳情、山容、水意，別是一種趣味」（同上「西湖」條），將花柳山水「越位觀摩」成美人的容、意、情、態，能得到多於尋常的美感體會。

　　「換位」何以能成立呢？顯然地，這與筆者前述的「等值關係」

㉘　王季重曰：「天下山水，有如人相，眉巘目凹，蜀得其險；骨大肉張，秦得其壯；首昂鬣戟，楚得其雄；意清態遠，吳得其媚；貌古格幻，閩得其奇；骨采衣姸，滇粵得其麗；然而韶秀沖停，和靜娟好，則越得其佳。故吾吳越謂之佳山水……似百萬名姝。」參見《王季重雜著》〈淇園序〉。

頗有關聯。自然景致如何「換位」為美女呢？或是嬌柔的氣質，或是
艷紅的粧色，二者有相通之處，審美主體以等值關係（即彼此具有的
共通特質）為基礎，經由不同審美對象之間的橫跨，達成相互交融的
境界。酒亦可「換位」為美女，謝肇淛云：

> 『雪酒金盤露』，虛得其名也⋯⋯醇儼有餘，而風韻不足故
> 也，譬之美人，豐肉而寡態者耳。（《五雜俎》卷十一〈物部〉）

品賞雪酒金盤露，醇厚有餘而風味不足，這種對酒的味覺「越位」為
對美女的視覺，飲此酒如見豐腴而寡態的美人，同樣地，見豐腴寡態
的美女，亦如飲醇厚而風味不足之酒，二者的感覺相加相乘。水果亦
可與美人互相「越位觀摩」，荔支之視覺與味覺，均能興發審美主體
冰肌玉骨的美感，故可與廣寒仙子「換位」[29]。醉西施、醉胭脂、病
西施、觀音面、素鸞嬌、醉楊妃、試梅粧、淺粧勻是什麼？不是對美
女容顏或情態的描述嗎？是的，但它們同時還是牡丹、芍藥與菊花的
花名[30]；秋海棠的柔軟嬌冶，正可與倦粧的美人「換位」（〈燕閒清
賞牋〉「四時花紀」篇）。

---

[29] 「上苑之蘋婆，西涼之蒲萄，吳下之楊梅，美矣，然校之閩中荔支，猶隔數塵在
也，蘋婆如佳婦，蒲萄如美女，楊梅如名妓，荔支則廣寒中仙子，冰肌玉骨，可
愛而不可狎也」參見謝肇淛著《五雜俎》卷十一〈物部〉。

[30] 以美人幾種容態命取花名：如「牡丹花譜」中，大紅色者有醉胭脂、粉紅色者有
醉西施、粉西施、觀音面、素鸞嬌、肉西施、醉楊妃。「芍藥花譜」中，有曉粧
新、醉西施、試梅粧、淺粧勻等。「菊花譜」則有病西施、醉西施、白西施、賽
楊妃、觀音面、試梅粧等。參見同註[9]高書，〈燕閒清賞牋〉「蘭竹五譜」。

花與美女是晚明文人愛賞的兩個重要審美品類，如李漁所言：
「名花美女，氣味相同，有國色者必有天香」（《閒情偶寄》〈聲容
部〉「薰陶」.篇），由於二者在氣味、容態、表情上，具有等值關係
的共通基礎，彼此可以互相「換位」，因此文人常以相同態度來對待
二者，如衛泳為女子細心精營居住地：

> 為美人營一靚粧地，或高樓，或曲房，或別館村庄，清楚一
> 室，屏去一切俗物，中置精雅器具，及與閨房相宜書畫，室外
> 須有曲欄紆徑，名花掩映，如無隙地，盆盎景玩，斷不可少。
> 蓋美人是花真身，花是美人小影。（《悅容編》〈葺居〉篇）

美人不可與花須臾離，是因為二者常能「換位」，相互越位觀摩，而
興發出更豐富的美感來。美女與侍婢的關係，如花之有葉**❸❶**，而花品
高低亦如美女有婢侍，美女與花二者經常相互換位。為了表達花品中
的尊卑關係，袁中郎便將之「換位」為美人與佐侍的關係（《瓶史》
卷下〈使令〉篇），花品的尊卑關係要如何進一步說明呢？袁再將其
「換位」為歷史名人之與婢侍的關係，並具體舉出不同名人的婢侍所
各自具有的不同美感：

> 水仙神骨清絕，織女之梁玉清也；山茶鮮妍、瑞香芬烈、玫瑰
> 旖旎、芙蓉明艷，石氏之翔風、羊家之淨琬也；林禽、蘋婆姿

---

❸❶　「美人不可無婢，猶花不可無葉，禿枝孤蕊，雖姚黃魏紫，吾何以觀之哉？」參
　　見衛泳著《悅容編》〈選侍〉篇。

> 媚可人，潘生之解愁也；鶯粟、蜀葵妍於籬落，司空圖之鶯臺
> 也；山礬潔而逸，有林下氣，魚元機之綠翹也；丁香瘦、玉簪
> 寒、秋海棠嬌，然有酸態，鄭康成、崔秀才之侍兒也。（《瓶
> 史》卷下〈使令〉篇）

因爲同具神骨清絕的特質，因此水仙可換位爲織女的婢侍梁玉清，梁
玉清亦可換位爲水仙，同樣地，鮮妍、芬烈、旖旎、姿媚可人、潔逸
有林下氣，其至寒瘦有酸態種種不同風味的美感，都可成爲「換位」
兩端之花與女子，引發審美主體共感的介質。使花與女子二者經過越
位觀摩，而產生互相滲透、互相補足的美感。再引以下兩段文字：

> 茗賞者上也，譚賞者次也，酒賞者下也，若夫內酒越茶及一切
> 庸穢凡俗之語，此花神之深惡痛斥者。（袁中郎《瓶史》〈清賞〉）
> 焚香啜茗清談心賞者爲上，諧謔角技攜手閒玩爲次，酌酒舖有
> 沈酣潦倒爲下。（衛泳《悅容編》〈晤對〉）

以上這兩段文字內容與敘述手法相當接近，袁中郎之文，是爲賞花的
三種情境分品，衛泳則是爲與女子晤對的情境分品，一是對花，一是
對美女，皆可用類似的分品法與品第內容，充分顯示了晚明文人善於
運用「換位」的品味模式以豐富美感經驗。

　　對晚明文人來說，將某一審美對象「換位」成另一審美對象，所
欲得到的，不止是順向的美感攫取而已，尙有逆向的作用效果，其實
在這些美感經驗中，審美對象甲「換位」爲審美對象乙，不止在眼前
的對象甲中顯現了對象乙的美感特質，而對象乙的美感特質同時也在

觀賞對象甲的經驗中獲得再經驗，彷彿隱含有甲乙互喻的意味，因此「換位」的品味方式，使越位的兩端審美對象，互相滲透補足，彼此交叉出各自具有的美感特質。經「換位」的方式，同樣地，審美主體亦達致了如前文所探討者，是一種由「物象」到「心象」、主客合一、情景交融之美感境界。

二、美感經營之特質

由以上的詮析得知，文人們面對美感對象時，在個人藝術修養的記憶庫中蒐尋，經以「換位」的方式，由物象到心象、進而達致情景交融、主客合一的境界。晚明文人對美感境界細膩的追求，在他們俗世的現實生活中，起著如何的作用呢？筆者以下將針對文人在俗世生活中，如何經營美感的幾項特質，加以探析。

(一) 表演遊戲觀

> 琉璃為盎如珠，形可徑寸，注水焉，畜小紅魚一雙，懸於庭際。水與琉璃一色，其於空虛亦復一色。魚視之，不知其幾何水？因琉璃得影，近或小，遠或大，以其形圓，故影互見而交出，魚觸而相戲，又不知其幾何魚？人視魚如交遊於空虛，又不知其為影為魚，人樂也……魚不知其幾何水，觸而宛轉，動而不已，與影相戲，近而復遠，又不知其幾何魚，魚故甚樂如江湖矣。……崇禎歲壬午，粵燈事甚盛，有鬻是而綴以綵花，使魚視之，又將以為林池草樹，而以為遊觀之戲者。（黎遂球

〈琉璃盎雙紅魚記〉）

晚明黎遂球這篇紀錄遊觀之戲的文章，是一篇描述琉璃珠缸觀魚的精彩小品文，文中包括了：作爲隔離媒介的水與琉璃、透過隔離觀看後的雙魚與幻影、作爲觀衆的人、作爲表演者的魚、以及這一場魚游於珠缸琉璃中的遊戲。筆者以爲黎文中所牽涉到的幾個觀念意義：遊戲、隔離觀看、表演、角色與觀衆，可以爲晚明美學對俗世生命的裝飾作很好的理解與詮釋，茲先錄於此。

　　晚明時期的文人，對於花、美人、山水乃至生活細節的講究，超出前代文人甚多，面對種種物象所持具的審美態度，頗具藝術哲學家伽達瑪（Hans-georg Gadamer）所謂的「遊戲三特徵」：反覆進行、表現自我與觀者在場❸❷。晚明文人們日復一日地經營著「審美生活」這個大型的藝術品，或是點化周遭爲美事美物的環境，或是品味古董書畫器物，藉以展現文人特有的風姿，與自我生命的價值意向。最爲特殊的一點，晚明文人的審美生活，就像上引黎遂球所寫的是一個充

---

❸❷　伽達瑪對藝術作品存有學的解釋，提出遊戲的三項性質來加以說明：1.遊戲具有反覆進行的活動的本質，藝術作品是在進入人的理解中，與主體的相互作用中獲得存在的。2.遊戲就是遊戲活動者的自我（自身意願）表現，通過遊戲活動者玩味某種東西的過程，彷彿達到他特有的自我表現。藝術作品在主體理解活動中所實現的意義，其實便是理解者主體的內容，主體對作品意義的參與。3.遊戲是依賴於觀者的。遊戲本身可謂由遊戲者和觀者所組成的整體，對於觀者來說，要在觀當中，遊戲才進行著。藝術作品乃以和觀者相遊戲的方式而存在。藝術品的意義是相對於觀者而言，只有進入到理解活動才眞正存在，觀者對於作品意義的實現，具有積極的參與作用。詳見 H.伽達瑪著，吳文勇譯《眞理與方法》（南方，民 77 年）一書，吳文勇之〈譯序〉一文頁 14-16。

滿韻趣、可供觀賞的遊戲，由遊戲表演者與觀者共同組成，晚明文人對審美生活種種飲食起居細節的講究，彷彿是一場一場隨時隨地爲觀眾而存在的遊戲表演，沒有觀眾，就好像是個空洞而乏人喝彩的表演一樣，晚明文人是以表演者的心態來經營俗世生命的生活美學，其美學意義的實現，有賴觀者視點的參與。

這種類遊戲特質的美學特性，可以李漁❸「隨時即景就事行樂之法」爲例說明：

> 行樂之事多端，未可執一而論，如睡有睡之樂，坐有坐之樂，行有行之樂，立有立之樂，飲食有飲食之樂，盥櫛有盥櫛之樂，即袒裼裸裎、如廁便溺種種穢褻之事，處之得宜，亦各有其樂，苟能見景生情，逢場作戲，即可悲可涕之事，亦變歡娛。如其應事寡才，養生無術，即徵歌選舞之場，亦生悲戚。
>
> （《閒情偶寄》〈頤養部〉『行樂』篇）

李漁所指應事養生課題的處理，在於隨處即景行樂，如何隨處即景行樂呢？睡、坐、行、立、飲食、盥櫛、袒裼裸裎、如廁便溺、乃至種種穢褻起居生活細節之事，必需「處之得宜」，必需懷著「逢場作戲」的心態來進行，這種「宜」的標準何在？就是「作戲」的標準，

---

❸ 李漁出生於明萬曆三十九年（1611），卒於清康熙十六年（1677），入清時已 34歲，生長活躍於明末清初，其《閒情偶寄》一書，依余懷序的紀年來判斷，應完成康熙十年（1671）之前。該書特重生活情趣，其生活美學的許多觀點與晚明的屠隆、陳繼儒、袁宏道、文震亨等人脈絡相接，故本文將入清之李漁列爲「晚明文人」之林，乃爲美學思想上的考量。

是要臺上臺下的眼睛均認可的標準，李漁的見解，便是伽達瑪所謂的遊戲觀，也就是一種表演觀。

　　將生活視爲戲劇、視爲表演，亦符合高夫曼（Erving Goffman, 1922-1992）「形象經營」的觀念。高夫曼將日常生活視爲戲劇，將人際交往當做一舞臺來看待，參與人際交往的人，都是舞臺上的演員。一個人的日常生活彷如身處公開場合，其一舉一動有如舞臺上的表演，他的表演要維持一定水準，不能有 N.G. 鏡頭出現，否則就被稱爲「演出失誤」，如在喪禮中露出輕佻的動作，這可視爲在表演規定動作時的失誤。不過有些規定是因人而異的，有人一板一眼（稱之爲「緊」（tight-ness）），有人打馬虎眼（稱之爲「散」（looseness）），這種緊或散端賴一個人對場合的義務而定❸❹。既然是演員，在舞臺上的表演就必需儘量去掩飾他本來面目，盡力求好以博取觀者的肯定，高夫曼稱之爲「形象經營」（impression-management）。李漁所說的睡、坐、行、立、飲食、盥櫛、袒裼裸裎、如廁便溺、乃至種種機褻之事，需「處之得宜」，這個「宜」，是「作戲」的標準，亦即高夫曼所說的場合義務，是有觀眾視點參與下的「形象經營」。人際交往中，每個人在不同的場合，必需適當地扮演著各種不同角色，以面對

---

❸❹　高夫曼提出「日常生活戲劇觀」的理論，其研究主題如精神療養院和監獄，雖然非常特殊，然其所詮釋者，卻都是平常人一般生活中，人與人交往都會碰到的現象，而以敏銳的觀察來加以分析，接近文化人類學的分析和詮釋，被學者歸爲符號（或象徵）互動論者。其研究出發點是探討本體我（I）如何在社會環境中，以自我（self）解讀情境釋義（definition of the situation）。關於高夫曼的理論，請詳參鄭爲元著〈日常生活戲劇觀的評論家──高夫曼〉一文，收於葉啟政主編《當代社會思想巨擘》，正中，民 83 年。

不同觀眾。李漁的生活美學，的確是重視形象經營、注重場合義務
的，由於這樣的考量，晚明文人們多如李漁一般，特別留意生活各項
行住坐臥是否合乎美感標準。

李漁在女子美賞的課題中，亦指導美人隨時均要是一位美感的表
演者。女子學習各類型絲竹樂器，絃索之形，較琵琶為瘦小，與女子
之纖體最能搭配，吹笙氣塞腮脹，最為不宜，簫笛則宜❸。李漁指導
美人學絲竹，重點不放在技術層面上，而是將美人吹彈樂器時的造
型，包括容貌、玉指、朱唇、體態等，作整體美感的考量。吹簫品笛
時，吹得好不好聽，並不重要，但臂上不可無釧環，釧環又不可太寬
使藏入袖中，這都純粹是以一焚香啜茗的觀者立場發言。不僅是絲竹
如此而已，李漁要婦人讀書習字，姑不論學成之後是否受益無窮，其
文化技藝的學習過程，「案攤書本，手捏柔毫，坐于綠窗翠箔之下，
便是一幅畫圖」（《閒情偶寄》〈聲容部〉『習技』篇「文藝」條）
便能裨益于觀者，李漁揭示了晚明文人隨時隨地創造可觀生活的重
要。

---

❸ 李漁曰：「蓋婦人奏技，與男子不同，男子所重在聲，婦人所重在容，吹笙搦管
之時，聲則可聽，而容不可耐看，以其氣塞而腮脹也，花容月貌為之改觀，是以
不應使習。婦人吹簫，非止容顏不改，且能愈增嬌媚，何也？按風作調，玉筍為
之愈尖，篌口為聲，朱唇因而越小，畫美人者，常作吹簫圖，以其易于見好也，
或簫或笛，如使二女並吹，其聲倍清，其為態也更顯，焚香啜茗而領略之，皆能
使身不在人間世也。」見李漁著《閒情偶寄》〈聲容部〉『習技』篇「絲竹」
條。

(二) 觀看盈餘

晚明文人因爲隨時隨地在各種生活場合中「表演」，所以特別重視形象經營，不管是作爲舞臺下「觀」的群眾，或是舞臺上「被觀」的表演者，顯然地，「觀看」成爲晚明美學中相當重要的一個特性。米赫依·巴赫汀（Mikhail Bakhtin）在〈美學活動中的作者與角色〉一文中，說明文學創作爲作者創造角色的美學活動，他透過視覺來說明這個主客關係：作者觀看、思考以及再現角色。「觀看」作爲一種美學活動，最特殊之處在於看者的「觀看盈餘」（the excess of seeing），亦即「看者」可以補充「被看者」被剝奪的視域，如他自己的臉孔以及背部等，「看者」可將「被看者」提昇到完整的狀態❸❻。正因爲具有「觀看盈餘」的特性，因此表演者對於各項細節必需特別地重視。

筆者再以李漁論美人習技（見《閒情偶寄》〈聲容部〉「習技」『絲竹』條），來說明巴赫汀「觀看盈餘」理論的運用。美人或是「案攤書本，手捏柔毫，坐于綠窗翠箔之下」，或是「按風作調，玉筍愈尖，簌口爲聲，朱唇越小」，或是釧臂持簫等造型，這些造型，即使美人用鏡子，亦無法看得完全，李漁以「看者」（作者）的便利

---

❸❻ 巴赫汀把日常生活中「看」、「被看」的關係，延伸至文字藝術中作者與角色的問題上，因爲作者如何觀看和再現角色，是創作過程中最基本的活動。巴赫汀認爲文學作品中的角色形象，並非來自角色的內在，而是作者以觀看者的立場，給予其角色美學上的詮釋與組織，作品包含了美學活動的兩個層次：作者自我投射到角色身上，並給予角色一個時空的形式。本文以下關於巴赫汀「觀看盈餘」的理論部分，引述自馬耀民〈作者、正文、讀者——巴赫汀的《對話論》〉頁57-60，收於呂正惠主編《文學的後設思考》，正中，民82年。

地位，爲「被看者」（美人）補充了被剝奪的視域，爲「被看者」（美人）創造一個較完整的美感狀態。由視覺「看」、「被看」爲譬所架構起來的寫作活動，李漁看美人，美人爲李漁所看，這個習技美人的造型，並非來自角色的內在需求，而是寫作者以自我的意向（按即他意向中所認爲的美女形象）投射到角色身上去，以觀者的立場給予其角色美學上的詮釋與組織。

癖人在現實社會中，是人格有若干偏嗜與癡執的人，於德性修養上有所匱乏，然而晚明文人卻一反傳統立場，給予這種類型人物極高的評價，尤其特別還是足值美賞的一個品類。晚明文人何以能獨豎異幟？他們持著「觀看盈餘」的角度，給予癖人一個更全面的觀照，對其性格偏執之處，給予同情的讚賞。晚明文人對於癖型人物的愛賞與塑造，是美感經營與追求的一個特性，筆者以下將以巴赫汀「觀看盈餘」的論點加以闡釋。

晚明時期，對偏執性格特色，作完整而細微的類型整理與描述者，莫過於程羽文了，程文曰：

> （癖）：典衣沽酒，破產營書，吟髮生歧，嘔心出血，神仙煙火，不斤斤鶴子梅妻；泉石膏肓，亦頹頹竹君石丈，病可原也。
>
> （狂）：道旁荷鋪，市上縣壺，烏帽泥塗，黃金糞壤……病可原也。
>
> （嬾）：蓬頭對客，跣足爲賓，坐四座而無言，睡三竿而未起，行或曳杖，居必閉門，病可原也。
>
> （癡）：春去詩惜，秋來賦悲，聞解佩而踟躕，聽墮釵而惝

恍，粉殘脂剩，盡招青塚之魂……病可原也。

（拙）：志惟對古，意不俗諧，飢煮字而難糜，田耕硯而無
稼，螢身脫腐，醯氣猶酸，病可原也。

（傲）：高懸孺子半榻，獨臥元龍一樓，鬢雖垂青，眼多泛
白，偏持腰骨相抗，不為面皮作緣，病可原也。（《清閒供》
〈刺約六〉條）

無論癖、狂、嬾、癡、拙、傲等，皆屬於逸出尋常人的行事作風，若
在日常生活中與人相處，很可能遭受旁人的排斥，但程羽文一再說
「病可原也」，以珍惜欣賞的口吻，一一拈出了性格類型。袁中郎亦
有這樣一種珍惜的心情，他認為「世人但有殊癖，終身不易，便是名
士，如和靖之梅，元章之石，使有一物易其所好，便不成家」（《瓶
史》），如果林和靖不獨愛梅，米元章不獨好石，便不能成其為千古
名士，這種對事物精神專篤不一的程度，可說已到如「癡」 ❸❼ 如
「夢」 ❸❽ 的境地，甚至可謂其為「殉」或「溺」 ❸❾，袁中郎將那種對

---

❸❼　晚明文人好用「癡」字。

❸❽　陳繼儒曾為王季重的《游喚》作序，其中說到遊山愛山的人，正如醉夢人一般：
「夢骨以為丘陵，夢髮以為草木，夢耳鼻以為洞門，夢口以為河，夢舌以為沙，
夢眼以為日月，夢氣以為雲霧，困極迷離，游而不得出，則囈語沸發，輒以一喚
為幸。」（《王季重雜著》）愛山人如醉夢者，為山所迷，如醉夢鄉，夢人之骨
髮耳鼻口舌眼氣為其朝思暮想之山中景物。

❸❾　袁中郎云：「舉世皆以為無益而吾惑之，至指性命以殉，是之謂溺……溺於酒者
至于荷鍤；溺於書者，至于伐塚；溺于禪者，至于斷臂；溺山水者亦然……嗜酒
者不可與見桑落，嗜色者不可與見嬙施也；嗜山水者，不可與見神區奧宅也；宋
之康節，蓋異世而同感者，雖風規稍異，其于棄人間事以山水為殉，一也。」見
《袁中郎全集》卷一〈遊蘇門百泉記〉。

事物嗜癖專一至以性命相許的如癡狀態，稱爲溺，即使爲酒荷鍤、爲書掘塚、爲禪斷臂，皆在所不惜，嗜酒者殉於桑落、嗜色者殉於嬌施、嗜山水者，殉於神區奧宅，皆緣於同一種專情的態度，用以對待值得付出深情的一切美好事物。由於對癖執的認同與珍視，故有詩癖、書癖、酒癖❹、茶癖、琴癖、硯癖❹、石癖、花癖、山水癖、煙霞癖、園林癖❹、花鳥癖❹等，所癖的對象能引發美感興味，故使得癖的行爲本身，亦成爲一種值得欣賞的審美對象。

　　不僅偏執的對象要能引發美感，發出偏執行爲的主體，也同樣重

---

❹　袁中郎既著有《瓶史》一書，顯示自己對花癖的充分同情，另亦著有《觴政》一書，對酒國眾事的紀錄，其中〈酒評〉篇，由歷史典故、人事聯想與自然情景擬譬，專賞喝酒人不同的情態與風貌，亦爲一酒癖的大成。

❹　陸樹聲自稱「癖硯」，所癖者，非硯之珍品，而是一種嗜硯之心：「余癖硯矣，寧庸以佳品爲癖乎？且昔之論硯者多矣……豈物無定論，其輕重一出士人之喙耶？又安知余所蓄之果佳乎否也？如使余嗜硯而取必於佳，則珍玩殊品，世不有萬於硯者乎？夫珍玩殊品，非有力者不能致，而往往規奪所好於他人，故不以移余之嗜。」（陸樹聲〈硯室記〉）

❹　祁彪佳自稱卜築其山陰園宅時，體力與財力極度耗費稱爲：「開園之癡癖」。

❹　李漁不負花鳥，花鳥又以其爲知己，實爲一花鳥癖，他說：「花鳥二物，造物生之以媚人者也，既產嬌花嫩蕊以代美人，又病其不能解語，復生群鳥以佐之，此段心機，竟與購覓紅粧，習成歌舞，飲之食之，教之誨之以事人者，同一周旋之至也，而世人不知，目爲蠢然一物，常有奇花過目而莫之睹，鳴禽悅耳而莫之聞者，至其捐資所購之姬妾，色不及花之萬一，聲僅竊鳥之緒餘，然而睹貌即驚，聞歌輒喜，爲其貌似花而聲似鳥也……予則不然，每值花柳爭妍之時，必致謝洪鈞，歸功造物……夜則後花而眠，朝則先鳥而起，惟恐一聲一色之偶遺也，及至鶯老花殘，輒怏怏如有所失，是我之一生，可謂不負花鳥，而花鳥得予，亦所稱一人知己，死可無恨者乎？」參見同註❸，〈頤養部〉『行樂』「看花聽鳥」。

要，張岱不僅如程、謝一樣，以寬容愛賞的心態來看待癖人，更進一步為癖人類型提出值得欣賞的理由，張岱說：「人無癖，不可與交，以其無深情也；人無疵，不可與交，以其無真氣也」（〈五異人傳〉序言）。有癖有疵，才是真正有深情真氣的人，癖疵型的人物與忠孝節義型的人物，同樣應得到名垂青史的地位。張岱因此還為家族中癖於錢、癖於酒、癖於氣、癖於土木、癖於書史等五人作傳❹。癖疵類型人物，由於人格上有瑕疵，不夠完美，在傳統上是被貶抑且不被讚賞的，晚明文人卻以「觀看盈餘」的角度，對其一向被傳統剝奪與貶抑的視域給予肯定與補足。張岱以觀看者的立場，為家族五人作傳紀角色上的組織與詮釋，除了給予這些異於常人的角色一個展現生命風姿的時空場域外，他所謂無癖無疵，便無深情與真氣的說法，是持著肯認他們的立場，立這五篇傳紀，張岱一方面覺生命無積極功業而歉餒，另一方面則又以這些不能用世的情態為可賞之姿，這其中有張岱將自我意志投射到角色身上的濃厚成份❺。

陳繼儒為友人王路創造了花癖的形象：「獨生負花癖，每當二分

---

❹ 張岱為其家族中五位具有特殊癖好之人作傳：「余家瑞陽之癖於錢，髯張之癖於酒，紫淵之癖於氣（按喜練氣），燕客之癖於土木（按喜挖鑿修補古器），伯凝之癖於書史，其一往深情，小則成疵，大則成癖。五人者皆無意於傳，而五人之負癖若此。」（〈五異人傳〉序言）

❺ 張岱曾為自己前半生作過簡短的描述：「極愛繁華，好精舍，好美婢，好孌童，好鮮衣，好美食，好駿馬，好華燈，好煙火，好梨園，好鼓吹，好古董，好花鳥，兼以茶淫橘虐，書蠹詩魔。」（〈自為墓誌銘〉）筆下塑造自己為一種繁華癖的人物類型，在該篇文字中，張岱一方面驚覺一生如夢幻，無功業建樹而自暴自棄，另一方面又憐賞自己這些不能入世之情態。故將自我意識投射到〈五異人傳〉中的角色形象上。

前後，日遣平頭（按戴巾）長鬚，移花種之，犯風露，廢櫛沐」
（〈花史題詞〉），對花事是一往情深的，袁宏道創造的花癖形象，
描繪更爲細緻：

> 古之負花僻者，聞人談一異花，雖深谷峻嶺，不憚蹶躄而從
> 之。至於濃寒盛暑，皮膚皴鱗，汗垢如泥，皆所不知。一花將
> 萼，則移枕攜襆，睡臥其下，以觀花之由微至盛、至落、至於
> 萎地而後去。或千株萬本以窮其變，或單枝數房以極其趣，或
> 嗅葉而知花之大小，或見根而見色之紅白，是之謂眞愛花，是
> 之謂眞好事也。（《瓶史》卷下〈好事〉篇）

萬里跋涉，不知寒暑，無論日夜，陪臥其側，一分一秒與聞花之開
落，這樣地愛花，是一種什麼樣的情感呢？中郎說：「若眞有所僻，
將沈湎酖溺性命，死生以之，何暇及錢奴宦賈之事？」（《瓶史》卷
下〈好事〉篇），李漁也說：「癖之所在，性命與通」**46**，這是一種
不涉功利目的、不惜性命相許、生死以之的審美情感**47**。

---

46 李漁以爲嗜物可醫病，他說：「本性酷好之物，可以當藥，凡人一生，必有偏嗜
偏好之一物，如文王之嗜菖蒲菹，曾皙之嗜羊棗，劉伶之嗜酒，盧仝之嗜茶，權
長孺之嗜瓜，皆癖嗜也，癖之所在，性命與通，遇病得此，皆稱良藥，醫士不明
此理，必按本草而稽查藥性……此異疾之不能遽瘳也」參見同註**35**（〈頤養部〉
「本性酷好之藥」條），李漁便有以其所酷嗜之楊梅而使疫癘瘴瘧之經驗，原來
醫士以楊梅性極熱適與症反之由拒其食用。

47 康德認爲一般的快感是和利害感結合在一起的，對外在事物有所求，而審美的快
感則無利害上的慾求。這與袁中郎所説的相同。

袁宏道將世上言語無味、面貌可憎之人，歸因於無癖之故；衛泳亦說：「視世之奔蝸角蠅頭者，殆胸中無癖，悵悵靡托者也」（《悅容編》）；張岱也以為有疵有癖始為有真意深情的人。本來要求道德人格完美的人，是絕容不得一點疵癖的❹，然而晚明文人不但對這些性格缺陷一再辯解，給予正面的評價為其被剝奪、忽視與貶抑的視域，給予肯定與補充，還要將之塑造成為一種審美的典型，他們不再去找聖賢完人如孔孟，或堯舜，他們要從古代中另尋典範：皇甫謐之書淫、杜預之左傳癖（《晉書》）、簡文帝之詩癖（《梁書》）、阮籍之醉、王無功之飲（《珂雪齋近集》）、劉伶之嗜酒，盧仝之嗜茶（《閒情偶寄》）、謝安之屐、嵇康之琴、陶潛之菊（《悅容編》）、嵇康之鍛、武子之馬、陸羽之茶、米顛之石、倪雲林之潔（《瓶史》）……等，這些古人，沒有一位足作道德毫無瑕疵的完美人格代表，卻正由於這些缺陷，表達了他們在俗世生命中真誠的一面。

癖疵型人物表面看來怪異不合常情，然而之能獲得晚明文人的青睞，乃是因為他們是以審美的觀點來對待，癖疵型人物兼具了主觀合目的性與客觀合目的性❹。在客觀上，癖疵型人物均「唱作俱佳」地扮演著且笑、且啼、或癡、或狂、或嬾、或拙的角色性格，不使癡者不癡，狂者不狂，這是客觀合目的性；晚明文人將之視為具有純然天真不造假之性格價值，有著對生命「絕假存真」的誠意，這就符合了晚明文人主觀理想中的價值情感，這是主觀合目的性。因此，晚明文

---

❹ 謝肇淛說：「乃知嗜好之偏而酷者，皆疾也」參見同註❷，卷七〈人部〉。

❹ 請參閱本文第壹部分第二節「主客合一」。

人所欣賞之偏執人格類型如疵、癖、奇❺、嗜、狂、顛❺、懶❺，乃至
於愚拙頑鈍之輩❺，不過是至性之眞的不同性格展現罷了。由於癖疵
型人物的客觀條件符合晚明文人的主觀理想，因此文人能將感情移
入，透過「觀看盈餘」的作用，達到對其生命景致神遊的美感境界。

(三) 「隔」

王國維的《人間詞話》中，「隔」始終是個次等的美感標準，王
國維的「隔」與「不隔」，是著眼於詩人詞家與所寫之景是否能貼合
如在目前？或所感之情是否能眞誠而無僞？一位詩人或詞家若能筆下

---

❺ 奇異的生命姿態，徐渭可爲代表，袁宏道曾評曰：「病奇於人，人奇於詩，余謂
文長無之而不奇矣」，袁這篇〈徐文長傳〉（《袁中郎全集》卷四），紀錄了徐
文長一生奇異的生命景致。

❺ 袁中郎認爲顛狂的典範來自仲尼教示下的米顛：「顛狂二字甚好，……古人有不
顛不狂，其名不彰之語……狂爲仲尼所思……求之儒，有米顛焉。米顛拜石呼爲
丈人，與蔡京書，書中畫一船，其顛尤可笑，然臨終合掌曰，眾香國裡來，眾香
國裡去，此其去來，豈草草者。」（《袁中郎全集》卷二十二〈尺牘——張幼
于〉）

❺ 黃貞父（汝亨）將嵇康視爲懶者的典範：「天地間人，懶者多矣，而獨一稱叔夜
當之，懶亦未易言，眞懶者世外而得身，外身而得性，性便神逸，形骸不能束，
塵鞅不能紲，故足尚也。叔夜之懶，見於絕山巨源一書，鄙薄榮進，遺棄世俗，
即肢體骨節，非其所檢，而於琴於鍛，於往古高士，於當世之名流儔品，欣然有
合，率爾天放，此眞懶者也。」見於〈題懶園記〉一文。「晏東王時馭自號酒
懶」（李維禎〈綠天小品題詞〉）、李日華自號「竹懶」，顯示晚明文人對懶態
實有偏好。

❺ 袁宏道曾爲家中四位鈍僕冬、東、戚、奎作一〈拙效傳〉，（《袁中郎全集》卷
四），愚拙之僕能謹守家規法度，強勝狡獪之輩，袁文評賞其拙鈍癡樸的忠誠。

處處「不隔」，那麼他的作品必能感人至深。相反的，若有「隔」，則讀者難免要有「隔霧看花之恨」了❺❹。王國維爲歷代詩詞大家的傑作，歸納出「不隔」的品評標準，與嚴羽的觀念相契合，嚴羽認爲盛唐諸公的詩之所以絕妙，唯在「興趣」，他說的「羚羊掛角，無跡可求，故其妙處，透澈玲瓏，不可湊泊」（嚴羽《滄浪詩話》），與王國維的「不隔」有異曲同工之妙。嚴羽的「透澈玲瓏」、王國維的「不隔」認爲作品、作家、讀者三者合一無隙，始爲創作與閱讀的最高理想。

　　然而晚明文人卻大異其趣，偏要以「隔離」的手法來經營生活美學。筆者前文運用巴赫汀「觀看」理論來說明晚明文人創造癖型人物的內涵，這就是一種「隔」的美感經營，本節將再引吾師龔鵬程先生所謂隔離美感的說法，進一步說明。龔師說：

　　晚明小品不同於一般文章寫給別人看的，而是作者以文字來安撫、指導、教化、觀賞自我的心靈工程，在紙上縱橫言辯，並以這樣的語言世界作爲自己生命安頓之所。這樣的書寫活動，乃是作者觀看自我、體察我的處境與心緒內容，因此「我」同時是一存在者，也同時是一置身局外的旁觀者，此即所謂「隔」，透過隔的觀照，用「倩女幽魂」之法，遙看自己、欣

---

❺❹　王國維曰：「白石寫景之作，如……高樹晚蟬，說西風消息，雖格韻高絕，然如霧裡看花，終隔一層，梅溪夢窗諸家寫景之病，皆在一隔字」，又曰：「陶謝之詩不隔，延年則稍隔矣，東坡之詩不隔，山谷則稍隔矣，池塘生春草，空梁落燕泥等二句，妙處唯在不隔」，又云：「覺白石念奴嬌惜紅衣二詞，猶有隔霧看花之恨」。參見同註❻。

　　賞自己，甚至指導自己❺❺。

這種以「隔」造成美感的說法，不走嚴羽或王國維等人所說的老路，而是筆者前文所討論的，有觀眾（無論是他人或自己旁觀）視點參與的遊戲表演觀，晚明文人充分運用這個觀念，追求美感，進而裝飾日常生活。吾人已由上文種種論析可知，觀者視點的存在是晚明閒賞美學的重要關鍵。由於有觀者在場，表演者必需重視形象的裝扮與修飾，在這個意義之下，晚明文人任何一種環境佈置或行爲舉止，皆爲了裝飾目的而設。筆者本節將以李漁的生活美學爲例，分析其如何運用「隔」的手法來裝飾平凡無奇的俗世生活。

　　李漁曾爲寢室的床帳作「床令生花」的特殊設計，於床帳內設托板坐花，粧造一鼻受花香，儼若身眠樹下之感，床帳或畫或繡，滿帳俱作梅花，而以托板爲虯枝老幹，或作懸崖突出之石，無一不可。另在床帳中，巧置名花異卉，或是罏內龍涎，盤中佛手，木瓜香楠等物取其香氣，使味直入夢魂。總之，李漁在床帳內設一自然之境，有樹雲山石梅花等，欲使「身非身也，蝶也，飛眠宿食，盡在花間；人非人也，仙也，行起坐臥，無非樂境」（《閒情偶寄》〈器玩部〉『制度』「床帳」條）。李漁大費周章地設計與佈置床帳，得自於前人臥遊之雅意，實際上就是透過精心的設計與佈置，將尋常的睡眠活動隔開，他的睡不徒爲身體細胞的歇息而已，他是將自己置入一經過整飾的眠床佈景中；他的睡彷彿不具私密性，彷彿是開放參觀的，他要爲

<hr>

❺❺　引自龔師鵬程著〈由《菜根譚》看晚明小品的基本性質〉頁 180-181，收於《文化、文學與美學》，時報，民 77 年。

他假擬的觀眾，表演一場融合有香氣與造形美的睡姿。

晚明喜愛以繪畫來佈置俗世的生活，便是出於這種心理。李漁賞美人，要將古典圖繪的情境納入；衛泳也說，女子戴珠翠金玉「需疏疏散散，便有畫意」（《悅容編》〈緣飾〉篇）；瓶花的插法，要「得畫家寫生折枝之妙」（〈燕閒清賞牋〉「瓶花三說」）。生活居處的環境，亦要隨時將畫意裝置進去。李漁在這方面，最為拿手，李漁為遊舫的窗格，設計為便面之制，窗裡窗外，一片精彩：

> 是船之左右，止有二便面，便面之外，無他物矣。坐於其中，則兩岸之湖光山色，寺觀浮屠，雲煙竹樹，以及往來之樵人牧豎，醉翁游女，連人帶馬，盡入便面之中，作我天然圖畫。且又時時變幻，不為一定之形，非特舟行之際，搖一櫓，變一象；撐一篙，換一景；即繫纜時，風搖水動，亦刻刻異形。是一日之內，現出百千萬幅佳山佳水，總以便面收之。……不特以舟外無窮之景色，攝入舟中，兼可以舟中所有之人物，并一切几席杯盤，射出窗外，以備來往遊人之玩賞。何也？以內視外，固是一幅便面山水，而以外視內，亦是一幅扇頭人物。譬如拉妓邀僧，呼朋聚友，與之彈碁觀畫，分韻拈毫，或飲或歌，任眠任起，自外觀之，無一不同繪事。……人人俱作畫圖觀矣。（《閒情偶寄》〈居室部〉『窗欄』「取景在借」條）

遊湖船舫兩扇便面窗的設計，成了最佳的「觀看」管道，不但隨著船身搖曳而有變幻不定的景觀，還有自內向外與自外向內兩種截然不同的景觀。由於有這樣窗格的設置，舫外被裝飾成了便面山水，舫內被

裝飾成了扇頭人物。

除了遊舫以外，房舍亦可製成便面窗，將窗外之山水、人物、竹石、花鳥、昆蟲等景物，一一納入，若自然景致不足，則將窗外一切盆花、籠鳥，蟠松、怪石，時時更換成：便面幽蘭、扇頭禽鳥等。不必懸掛畫跡，居處環境的本身就可被裝飾成繪畫。李漁以相同的原理，又在面山之小軒室設計了「觀山虛牖」，又名「尺幅窗」、「無心畫」，命童子裁紙數幅，作爲畫的頭尾及左右鑲邊，頭尾貼于窗之上下，鑲邊貼于兩傍，儼然成了一幅裝潢後的畫軸；另又有以梅樹老幹貼製窗櫺的「梅窗」；亦可製紗窗一扇，繪以燈色花鳥，夜間籌燈于內，自外視之，像一盞扇面燈，日間自內視之，光彩相照，亦如同觀燈。

李漁是個美學生活大師，不僅以繪畫裝潢的方式設計窗扇，用以裝飾生活的居處周遭，也在書法的聯匾形式，作了特殊的裝飾設計。他不受堂中聯匾成規的束縛，設計了「蕉葉聯」、「此君聯」、「碑文額」、「冊頁匾」、「虛白匾」、「秋翦匾」等❺⑥，將古人「種蕉代紙、刻竹留題、冊上揮毫、卷頭染翰、剪桐作詔、選石題詩」的雅意，加以變化而成。

李漁所謂「取景在借」，其實就是一種隔離的手法，他不要赤裸

---

❺⑥　「蕉葉聯」：以木板製成蕉葉形，一樣二扇，一正一反，畫筋紋，蕉色宜綠，筋色宜黑，字宜填石黃，置於平坦貼服之處，壁間門上皆可用之，以之懸柱，則不宜，懸之粉壁，如雪裡芭蕉。「此君聯」截竹爲之，墨字，於去青竹面上。「碑文額」，用板作成碑文之樣，地用白粉，字用石青石綠。「冊頁匾」，作成冊頁型式之額。「虛白匾」即字鏤空，貼潔白綿紙於後，又需置於內暗外明之室。「秋翦匾」，宜較蕉葉小之紅葉形製。參見同註❸⑤，〈居室部〉『聯匾』章。

未經修飾的風景,他要將遊舫窗格製作成扇面,或將戶牖裝潢成掛軸樣式,用眼睛透過這個框框去看,這個框框便是隔離的媒藉;或者,他要將書法裝置在芭蕉葉、竹節或是冊頁內,這些葉瓣、竹節或冊頁的形狀,也是隔離的媒介,從這個「觀看」的管道中,去創造一種新穎的美感。李漁以便面窗或蕉葉聯來裝飾生活,能將觀眾的注意力吸引到裝飾的本身上,滿足其興味,同時又能將觀眾從裝飾本身引向與其生活關聯之更廣泛體系中,亦即觀眾在便面窗或蕉葉聯的觀賞中,能進入到書畫文化傳統中,因而得到經過隔離後擴延性的美感。

有了李漁這種「借景」的隔離巧思與設計,任何平凡的景物皆可化爲神奇,其實真正重要的,倒不是甚麼挖空心思的設計,而是具有隔離觀看的閒情與慧眼,所以李漁說:

> 昔人云:會心處正不在遠。若能實具一段閒情,一雙慧眼,則過目之物,盡是畫圖;入耳之聲,無非詩料,譬如我坐窗內,人行窗外,無論見少年女子,是一幅美人圖;即見老嫗白叟,扶杖而來,亦是名人畫幅中必不可無之物。見嬰兒群戲,是一幅百子圖,即見牛羊並牧,雞犬交譁,亦是詞客文情內未嘗偶缺之資,牛溲馬渤,盡入藥籠,予所製便面窗,即雅人韻士之藥籠也。(《閒情偶寄》〈居室部〉『窗欄』「取景在借」條)

具備閒情與慧眼,即具有收受隔離美感的能力,任何一個人物,經過這樣的隔離觀看,無論日常生活中的少年女子、老嫗白叟、嬰兒群戲、牛羊雞犬,均可作成名畫之觀。

類似李漁這種以「隔」裝飾起居生活的手法,不乏其人,如程羽

文便要將山居生活融成人文與自然的雙重美感，程羽文將山中的天然物，就其物性，製成各種物用，有榆莢錢、柳線、芰荷衣、秧針、竹粉、蓮房、桐葉錢、蕉扇、松拂、荷珠、苔茵、蘿薜帶、蘭佩、碧筒、蒲劍、柏子香、瘦瓢等物（見《清閒供》〈天然具〉）。松、竹、柳、秧、芰荷、榆莢、薜蘿等，均爲山林間的自然植物，將這些植物製成錢、線、衣、針、劍、拂、瓢等人爲的用物，山中植物經過隔離的觀照，登時產生美感，使得山居生活，脫離粗陋荒野，而具有豐富的人文美感。

「以蘭花爲供，甘露爲飲，橄欖爲餚，蛤蜊爲羹，百合爲齏，鸚鵡爲婢，白鶴爲奴，桐柏爲薪，薏苡爲米。」（見《悅容編》〈雅供〉）以上乃衛泳仿照程羽文的手法，透過一串花木禽蟲清單的開列，爲美人營造出一個飲食起居自然淡雅的周身情境，這些花木禽蟲提供給美人作爲飲、餚、羹、薪、婢、奴之用，不再只是單純物的存在，有了被隔離觀看的美感色彩，用以裝飾美人的飲食起居。程羽文的《清閒供》一書，顧名思義，乃以各類娛玩情節作爲清閒時之供物❺⑦，「供」的觀念在晚明閒賞文化中，代表著一種以雅物隔離俗境的意義，程羽文的「清供」、衛泳的「雅供」，均可作如是解。

---

❺⑦ 《清閒供》架構包含了：〈刺約六〉提供六種生命情態：癖、狂、嫻、癡、拙、傲以供玩賞；〈小蓬萊〉與〈天然具〉乃言隱居環境用物之佈置；〈眞率漏〉列舉各種夜間禽蟲鳴啼之聲以代更鼓、〈鳥言〉列舉數種鳥鳴聲；〈棋能避世〉列舉與棋相關之詞彙，〈釀王考績〉則列舉酒之詞彙；〈睡鄉供職〉則列舉與睡相關之典故詞彙；〈十七醫〉戲擬十七種閒逸之事以爲醫方；〈四時散〉、〈月令演〉、〈二六課〉則分別對四時、十二月令、十二時辰提出相關的娛事；關於花的部分，列舉十二個月各類重要花之特殊生態，〈花小名〉則是爲花另考別名。

　　晚明文人普遍寓有濃厚的古典情懷，舉凡鐘鼎卣彝書畫法帖窯玉古玩文房器具等物，均為閒賞生活裡，極重要的一環。這些古物，不只是作為賞心悅目的憑藉而已，他們還進一步地裝飾文人的生活，三代酒器觚、尊、觶拿來插花、瓠壺用來注水澆花、提卣作為文房糊斗、小杯小盤可作筆洗、古穴中注油點燈的銅缸用來養魚等，倒不是這些古物能有多大利用，而是起居生活中，有了這些古物的存在，能喚起文化歷史的悠遠感情，將俗世現實的生活作一種巧妙的隔離，經此一隔，俗世現實的生活便能拉開一段美感的距離。

　　晚明文人表現在閒賞美學文獻上的言談舉止，如李漁、程羽文、衛泳一般，仔細地裝飾俗世生活，用隔離的手法，經營生活周遭，彷彿是有觀眾存在的表演，這個觀眾，可以是假擬的他人，亦可以是將自己假設於局外旁觀的自己。既是表演，扮演角色的人，就有粉墨前後、舞臺上下、戲裡戲外之隔。粉墨前、舞臺下、戲之外，是客觀現實存在的世界；粉墨後、舞臺上、戲之內，呈現的是一個美感的世界，如同龔師所論，是「對客觀世界，拉開一個美感的距離」，這種「隔」，乃是一種藝術的人生觀，在生活起居中，隔離地觀玩、隔離地審美。俗世生命經此一冷眼閒情的隔離觀照，便飽含一種空靈的美感，恰如朱光潛所說：「藝術和實際人生之中本來要有距離，所以近情理中，要有幾分不近情理」，明末人之癖執與危言危行，大致也由此而來，一如金聖嘆所說的，用「倩女離魂」之法，遙看自己而已（見《金批西廂》卷五），晚明文人以這種審美態度對人生問題作一觀照，將俗世生命之種種，化為可欣賞咀嚼的審美觀察中❺⑧。

---

❺⑧　文字精華摘引自同註❺⑤龔師文頁154-174。

結　語

　　王夢鷗先生認爲審美經驗是一種特殊的經驗，並不是現實的生活經驗，而是由已有的生活經驗所再度捏造……這種經驗，儘管具體得如現實的經驗，但它的本質，畢竟不是「實境」而是一種「妄境」❺❾。法國美學家杜夫潤（Mikel Dufrenne）亦認爲文藝作者全力以赴約，不是描寫或模倣某一預先存在的世界，而是喚起他所再創造的世界❻⓿。晚明的美學文化，是以文人自己的生活經驗爲基礎，創造一個與現實生活有所隔離的審美世界。在這個再造的表演世界裡，之能引起「觀眾」共鳴，乃是因爲詩人構造了人人所得知解的可喜可怒可哀可樂的意象來寄托著、象徵著心中的感情品質，這喜怒哀樂不即是現實的喜怒哀樂，是似現實而非現實的，古人稱之爲「化境」，其實就是美的經驗與價值感情❻❶。化境之能被創造，乃是隔開現實的，而化境所能帶給人的，亦是隔離了現實生活的特殊經驗，晚明黃貞父（汝亨）曾曰：「借境汰情」（黃貞父（汝亨）〈玉版居記〉）所借的境是爲園林所築造的境，情則是俗吏之情，所謂借境汰情，就是要藉著園林景致的居處，滌除俗情，園林築造能否成爲「化境」，就在能將俗世生活作一種巧妙的隔離，在雅與俗、現實與幻境的隔離中，領悟

---

❺❾　以上王夢鷗先生之言，轉引自同註❾，黃景進〈王夢鷗先生的文藝美學〉一文頁204-205。

❻⓿　引自劉若愚〈中西文學理論綜合初探〉一文頁139，收於鄭樹森編《現象學與文學批評》，東大，民73年。

❻❶　所謂詩人創造喜怒哀樂的純粹感情品質而形成化境的說法，轉引自同註❾，黃景進〈王夢鷗先生的文藝美學〉一文頁204-205。

美感境界。

晚明文人面對客觀世界的萬物萬象，時時透過「換位」（實即與比喻、象徵具同質性）的方式，達致主客合一的美感境界；以表演遊戲的觀點，處處要求審美對象之形象經營，以「觀看盈餘」來創造癖型人物，這樣對生活美感的經營，如同以遊舫便面窗的設計手法，裝飾眼力所及之視野範圍，他們無非是企圖將俗世的平凡生活，隔離出來，成為一無比豐富的生命活動場域。明末陸紹衍云：

> 今秋落魄京邱……酒出所手所錄，快讀一過，恍覺百年幻泡，世事棋枰，向來傀儡，一時俱化。雖斷蛟剚虎之利，亦不過是。友人鼓掌叫絕，曰：此真熱鬧場一清涼散矣。（《醉古堂劍掃》自序）

牟宗三先生順此文意而導論認為，宋明理學家順顏孟之路發展，又與佛老宗趣相頡頏，故益特顯其天地精神之境界，而客觀精神總隱伏不彰顯，因此仁教便擴不出，他們所欣趣的天地精神遂只成一副清涼散而已，故理學家大都帶山林氣（〈荀學大略〉）。龔師以牟先生的觀察進一步解釋，晚明文人只要美感的挹取，所以採擷電光石火一瞬間的體會和感受，故其人生是可觀，可賞的，卻不宜介入並隨之滾動的存在，其山林閒趣與泉石優遊，並不再複述中國古代以山水景物平息現實中孤獨感之隱逸傳統，而只是在現世中，不必遠離現實，不需回歸自然，只要將處理人生問題的心態，轉換成觀賞玩味即可❷。晚明

---

❷　引述自同註❺龔師文頁156。

文人所創造的美學文化，便是以如此隔離之觀賞玩味的方式，將俗陋
現實的生活轉換成豐富多姿、隨時可觀的審美世界。*

---

* 筆者於民國八十六年應彰化師範大學國文系學術討論會之邀發表論文，該論文為筆
者重新整理原博士論文最後兩章的部份內容所寫成，後蒙刊登於《中國學術年刊》
第十九期。其中「美感經營之特質」一節，與前文〈養護與裝飾——晚明文人對俗
世生命的美感經營〉之「俗世生命的裝飾」一節，部份內容重疊，特此說明。敬請
讀者以「美感經營」的角度相互參看。

第伍篇
結論與展望

結　論

　　拙作論題為《晚明閒賞美學》，主旨在考察晚明的審美意識並進行系統化的討論與解析。全文共分成：『緒論』、『晚明閒賞美學之風格意涵與範疇定位：「閒賞」』、『晚明閒賞美學之文獻基礎與探討』、『晚明閒賞美學論』、『結論與展望』等五大部分。

　　第壹篇『緒論』，重點在詮析本論文的題旨義涵，分別對「晚明」、「美學」、「晚明美學」、「鄉紳階層」等幾個重要觀念進行探討。

　　第貳篇『晚明閒賞美學之風格意涵與範疇定位：「閒賞」』，筆者由文人用語與精神價值追求的角度，拈出晚明的美學，乃一具有「閒賞」意涵的風格；其次再以目錄學類例名詞的源流演變與增生義涵的追索，為晚明閒賞美學確立學術範疇與定位。

　　第參篇由四個層面進行『晚明閒賞美學之文獻基礎與探討』。「晚明閒賞美學的文獻環境──博雜學風」一文，考察晚明文人對雜學價值的新視野，稗官小說、雜藝譜錄之類的遊戲墨花，不僅符合堂皇正大的「博識」目的，更可用以涵養性情，這個曠覽博學的新角度，適足作為吾人觀察晚明美學的視點。「晚明文人纖細感知的名物世界」一文中，晚明文人以細究物名、瞭解物性、辨明物用三個角度來整理古典文獻，藉以構築一個紙上的名物世界，他們遊觀萬物，珍重萬物，執此名物世界，消融於日常生活裡，將對古典名物的細膩感知，運用在審美生活中。「晚明閒賞文獻之盛況、分類與分析」一文，筆者於陳述閒賞美學類出版品的盛況之後，以《四庫全書》的類

例名稱爲主，爲晚明閒賞美學相關文獻試作分類：書畫、篆刻、器用、圃藝蟲畜、飲饌、游藝、雜品、叢輯等八大類，類下依實際需要再作細項，前六類爲單一類屬，雜品爲前六類的綜合，叢輯則是雜品精神的擴大，這一大類將晚明文人博學好古的傾向在美學文獻上作了充分的表現。經過內容的分析，叢輯之書具體地指陳了閒賞美學經營閒適清賞生活與品味的面向：藝術的創作與欣賞、生命尊養的講求、隱居清玩生活的佈設、樹藝農圃之事的關注、歷史人事的品評、古今祕書的閱讀等。「晚明幾部閒賞美學著作之承襲關係比較」一文，筆者詳細比對了《洞天清祿集》、《遵生八牋》、《清祕藏》、《考槃餘事》、《長物志》、《瓶史》等幾部著作的承襲關係，發現大部分的書可謂均由高濂《遵生八牋》一書脫胎換骨而來，這部書亦成爲本論文下一篇進行論述分析的重點文獻。

　　上述兩篇僅就風格意涵、範疇定位與文獻環境，作歷史與外圍基礎的考察。第肆篇『晚明閒賞美學論』則爲本論文的核心部分。本篇共有六個單元，「尊生與審美——晚明美學之兩大課題」一文，筆者由文獻的解讀中，將尊生與審美看似無關的課題，牽連起來，一個極具審美意趣的起居生活，是文人爲養護生命而細心營造出來的，站在尊生與審美的立場上，同樣都要創造一個身心居處的安樂環境，二者其實是合一的，這是晚明閒賞美學的獨特性。「晚明閒賞美學之語彙策略」一文，主要取《長物志》的語彙材料爲論析對象，首先化約一個敘述語句的簡式，從而以傅柯「話語形構」的理論觀點作爲語彙策略運用的分析架構，得到了「雅」「俗」對舉、以及「古」「雅」相互涵攝這兩個「聲明」特性；另外又由文人階層的「主體操控」與「稀釋」作用等兩個特點，分析語彙策略運用的社會性。

「晚明閒賞美學之品味鑑識系統」一文，乃筆者爲晚明文人於賞鑑對象的審美品味方式，試圖提出了一套以「比較」、「宜稱」與「換位」等三個模式組成的品味鑑識系統。「晚明美學之主體體驗的美感型態」一文，將閒賞美學的解釋焦點置於審美主體上，其體驗的美感型態一方面包括了爲審美主體所精心設計的居處環境，另一方面則爲傳統文物文化的體驗過程，晚明文人重視主體隨物體驗的美感活動，一切的審美對象，種種細膩的分類，訴諸體驗情境的模式，都因爲具有人文美的臆想而得到文人的賞愛，或是「白蘇典型」、或是「東晉風流」、或是「北宋風範」的形塑，均爲審美主體對完美生命型式之再造過程。「養護與裝飾——晚明文人對俗世生命的美感經營」一文，呼應了本篇第一章「尊生與審美」的兩大課題，樹藝牧養、隨著時令推移，對日常起居養身與賞心的細節講求，以達到俗世生命的養護。此外，隨處注意形象經營、對癖疵人物類型的欣賞、在日常生活中，透過隔的作用觀照，以遊戲表演觀來成就俗世生活的裝飾。「花、美女、癖人與遊舫——晚明文人之美感境界與美感經營」一文，筆者運用高友工先生審美的詮釋架構，試圖以解析袁中郎《瓶史》中的一段文字爲例，藉以推導出晚明文人由「物象」到「心象」所欲追索的美感境界，是一具有隔離美感的境界。這裡同時亦呼應了前一章論文裡，俗世生命之隔離觀照的裝飾意義。

筆者曾引述李澤厚肯定以審美意識作爲中國美學研究對象的說法，出身美國耶魯大學的歷史學教授鄭培凱，進一步將此研究方法推進，提出「文化美學」說，鄭云：

　　「文化美學」，也就是在探索歷史文化發展的主次脈絡時，專

注文化意識史涉及藝術思維與創造的部分，以期通過此一特殊
領域的材料及這些材料衍生的文化價值思考，來理解與評定歷
史文化發展的意義……這一切探討的方向與取向，都要有一個
核心精神貫串其中，那就是歷史意義的追求與文化價值的關
懷❶。

鄭培凱先生以美學的研究，作為解析文化的利器，因為關注的是藝術
思維涉及文化價值思考的部分，鄭先生以為所有的研究方法與取向，
均要以追求歷史意義與關懷文化價值作為學術的核心精神。筆者這篇
論文，初始至今，一直抱著如此的期許。經由晚明閒賞審美意識與理
論層面的解析，希望能為晚明美學的研究同好，提供一個有意義的觀
察。

展　望

沈德符曰：

始於一二雅人賞識摩挲，濫觴於江南好事縉紳，波靡於新安耳
食諸大估，曰千曰百，動輒傾橐相酬。（《萬曆野獲編》）

晚明時期，原來只屬於少數雅人賞玩的嗜好，逐漸擴及於縉紳與富

---

❶　引自鄭培凱著〈湯顯祖與晚明文化美學〉一文，為其著《湯顯祖與晚明文化》一
　　書之序文頁 12，允晨，1995 年。

商，風氣最盛乃在江南吳地官宦聚居之處，以及安徽新安巨賈雲集的
地區，他們的收藏不僅在附庸風雅，同時還是積聚財產及誇示財富的
方式。商人投入古董市場，「雅俗之分，在於古玩之有無」（吳其貞
〈書畫記〉），其大量資金介入市場的動作，自然影響了藝品的價格
及欣賞的方向。

　　晚明閒賞美學在廣大庶民的實際生活中，會是如何的一個面貌
呢？古銅器可用爲香爐、花瓶；玉器可用爲水滴；刀可用爲紙鎮……
等，這樣的文獻記載，透露著當時必有發展得很好的古董交易市場在
運作，而且因爲追求古風潮流的審美裝飾生活，對於古董的需求量變
得更大，更多的文化產品被商品化，商品經濟的流通夾帶著藝術文物
的仿冒，創造了一個雅俗相淆的豪華文物商品市場。庶民對於藝術品
的賞鑑，汲引了文人的訊息，將之帶入民間，但由於美學品味的差
距，庶民只帶走了精美的生活表層，卻缺乏深層的文化體驗，於是雅
俗之別在此立現。這樣的發展，的確伴著矛盾而來，藝術家們一方面
期待自己的藝術品充滿商品潛力，另一方面卻又拒絕自己的藝術品像
商品那樣地被物質化對待，錢謙益「不相稱買主」的譏語，道出了抵
制藝術品商品化的心聲。

　　晚明社會階層的界限有很大的變動性，這樣迷惑與不安的混合，
拉近了四民彼此間的距離，在鄉紳階層主導的文化場域中，收藏家、
鑑識家、玩賞家、消費者、創作者等角色游移而不固定，晚明發展得
很好的戲曲小說，說明文人與庶民之間有了良好的互動；藝術家與贊
助者、文人與富商的美學品味，亦在這樣的狀況下彼此滲透；即使在
藝術的世界中，亦有彼此滲透的情形，例如以筆墨以外的媒介作筆墨
繪畫的再現，立體圓筒雕刻追求平面繪畫的視覺效果，如長卷或手卷

的畫景，供周繞賞觀，或平面裝飾的器物，傾向於冊頁式的小景❷；而變形主義畫家，則用筆墨皴擦出造園怪、漏、透、瘦的疊石氣勢❸、許多繡像插畫，要有戲曲的味道，如人物的動態如打鬥、對談等，有意作戲曲舞臺效果的表現❹。

　　如本論文緒論所言，由於皇室性格的迥異，使得宋明兩代的品味有著清雅與俗麗的差別，官營工藝品多數是官府或內廷的日用器與裝飾器，其共同的特徵是富麗、工繁、奇巧，其實這樣的概括觀察，直貫晚明，當然不僅皇室性格使然，晚明階層界限的鬆動，雖對庶民有文化提昇作用，同時亦使得文人的品味廣泛而不得不往世俗的方向走去，文人擺脫不掉環境影響，不免以價高（貴）、奇特（奇）、罕有（難得）作為品質優劣的標準，這種訴諸市場價值來區分良窳，較宋代文士對個人美感的執著與肯定之獨立判斷相去甚遠❺。

　　拙作的主力鎖定在審美意識的考察與系統化的討論上，這在整個晚明文化美學領域中，只不過作了奠基的工作，如上所述，晚明藝品界受閒賞美學品味的影響，表現在實際文物鑑賞上的狀況如何？這股閒賞意識在晚明時人的日常生活中，如何具體的表現？當時古董文物商品化的市場運作情形如何？宋明兩代的文人結構乃至賞鑑品味的對

---

❷　詳參蔡玫芬撰〈文房清玩──文人生活中的工藝品〉，收入《中國文化新論　藝術篇》「美感與造形」冊頁 648，聯經。

❸　詳參〈明末畫家變形觀念之興起〉一文，收於《晚明變形主義畫家作品展》，國立故宮，1980 年。

❹　詳參莊伯和撰〈明代小說繡像版畫所反映的審美意識〉一文，收於《明代版畫藝術圖書特展專輯》，文建會主辦，國立央圖主編，1989 年。

❺　參同上註蔡文頁 629-630。

比如何？這股閒賞的美學風格意識的後續發展與影響如何？……諸如此類的相關論題，牽連廣大，為筆者與論文篇幅力猶未逮之處，這將是筆者未來秉此論文基礎而延續的研究方向。

參考書目

‧專書‧

【詩文叢輯類】

晚明二十家小品,施存蟄編,新文豐,1977 年

晚明小品選注,朱劍心選注,臺灣商務,1991 年

明清閑情美文,蕭元編,湖南文藝,1994 年

蘇東坡全集(據世界書局 1936 年版影印),中國書店,1994 年

遵生八牋,(明)高濂著,四庫全書本

小窗幽記,(明)陳眉公錄,文津,1993 年

蕉窗九錄(附印章集說、文具雅編),(明)項子京等著,廣文,
　　1987 年

陶庵夢憶／西湖夢尋,(明)張岱撰,漢京,1984 年

萬曆野獲編,(明)沈德符著,新興

焦氏澹園集,(明)焦竑著,偉文,1977 年

王季重雜著,(明)王思任著,偉文,1977 年

曲拳集,(明)屠隆著,偉文

白榆集,(明)屠隆著,偉文

白蘇齋類集,(明)袁宗道著,偉文,1976 年

袁中郎全集，（明）袁宏道著，偉文，1976 年

珂雪齋近集，（明）袁中道著，偉文，1976 年

珂雪齋前集，（明）袁中道著，偉文，1976 年

弇州山人四部稿，（明）王世貞著，偉文，1976 年

莆田集，（明）文徵明著，國立中央圖書館

何翰林集，（明）何良俊著，國立中央圖書館

杜東原集，（明）杜瓊著，國立中央圖書館

石田先生集，（明）沈周著，國立中央圖書館

容臺集，（明）董其昌著，國立中央圖書館，1968 年

石秀齋集，（明）莫是龍著，國立中央圖書館

帝京景物略，（明）劉侗、于奕正撰，廣文

明詞綜（四部備要集部），中華

湯顯祖集，（明）湯顯祖著，洪氏出版社

輸寮館集，（明）范允臨著，國立中央圖書館

歇庵集，（明）陶望齡著，偉文

恬致堂集，（明）李日華著，國立中央圖書館

五雜組，（明）謝肇淛著，偉文

閒情偶寄，（清）李漁著，長安，1992 年

美術叢書，黃賓虹、鄧實合編，藝文

畫史，（宋）米芾撰，美術叢書本

洞天清祿集，（宋）趙希鵠撰，美術叢書本

長物志，（明）文震亨撰，美術叢書本

清祕藏，（明）張應文撰，美術叢書本

燕閒清賞牋，（明）高濂撰，美術叢書本

紙墨筆硯牋，（明）屠隆撰，美術叢書本

香牋，（明）屠隆撰，美術叢書本

茶牋，（明）屠隆撰，美術叢書本

山齋清供牋，（明）屠隆撰，美術叢書本

起居器服牋，（明）屠隆撰，美術叢書本

文房器具牋，（明）屠隆撰，美術叢書本

遊具牋，（明）屠隆撰，美術叢書本

妮古錄，（明）陳繼儒撰，美術叢書本

東圖玄覽編，（明）詹景鳳撰，美術叢書本

筆記小說大觀，新興書局

洛陽名園記，（宋）李薦著，筆記小說大觀本

漁樵閒話錄，（宋）蘇軾著，筆記小說大觀本

飲食須知，（元）賈銘著，筆記小說大觀本

四時宜忌，（元）瞿祐著，筆記小說大觀本

饌史，（元）不著撰人，筆記小說大觀本

七修類稿、七修續稿，（明）郎瑛著，筆記小說大觀本

說郛，（明）陶宗儀著，筆記小說大觀本

金陵瑣事，（明）周暉吉著，筆記小說大觀本

王氏談錄，（明）陳繼儒訂，筆記小說大觀本

雲煙過眼續錄，（明）湯允謨著，筆記小說大觀本

珍珠船，（明）陳繼儒著，筆記小說大觀本

銷夏，（明）陳繼儒著，筆記小說大觀本

春風堂隨筆，（明）陸深著，筆記小說大觀本
燕閒錄，（明）陸深著，筆記小說大觀本
消暑筆談，（明）陸樹聲著，筆記小說大觀本
瓶花譜，（明）張丑著，筆記小說大觀本
祈嗣眞詮，（明）袁黃坤著，筆記小說大觀本
意見，（明）陳于陛著，筆記小說大觀本
山行雜記，（明）宋彥著，筆記小說大觀本
愼言集訓，（明）敖英著，筆記小說大觀本
丹鉛續錄，（明）楊愼著，筆記小說大觀本
雲間據目鈔，（明）范濂著，筆記小說大觀本
舌華錄，（明）曹蓋之著，筆記小說大觀本
責備餘談，（明）方鵬著，筆記小說大觀本
北行日譜，（明）朱祖文著，筆記小說大觀本
蒲陽人物記，（明）宋濂著，筆記小說大觀本
古刻叢鈔，（明）陶宗儀著，筆記小說大觀本
湧幢小品，（明）朱國禎著，筆記小說大觀本
玉堂叢語，（明）焦竑著，筆記小說大觀本
戒庵老人漫筆，（明）李詡著，筆記小說大觀本
六研齋二筆、三筆，（明）李日華著，筆記小說大觀本
皇明世說新語，（明）李紹文著，筆記小說大觀本
水東日記，（明）葉盛著，筆記小說大觀本
遊居柿錄，（明）袁中道著，筆記小說大觀本
草木子，（明）葉子奇著，筆記小說大觀本
四友齋叢說，（明）何良俊著，筆記小說大觀本

青泥蓮花記，（明）梅鼎祚著，筆記小說大觀本

游喚，（明）王思任著，筆記小說大觀本

鼉采館清課，（明）費元祿著，筆記小說大觀本

病榻寤言，（明）陸樹聲著，筆記小說大觀本

雙槐歲鈔，（明）黃廷美著，筆記小說大觀本

酒顛，（明）陳繼儒正，夏樹芳輯，筆記小說大觀本

茶董，（明）陳繼儒正，夏樹芳輯，筆記小說大觀本

人譜，（明）劉宗周著，筆記小說大觀本

花裡活，（明）陳詩教著，筆記小說大觀本

吳風錄，（明）黃省曾著，筆記小說大觀本

蘇談，（明）楊循吉著，筆記小說大觀本

豫志，（明）王士性著，筆記小說大觀本

秦錄，（明）沈思孝著，筆記小說大觀本

晉錄，（明）沈思孝著，筆記小說大觀本

楚書，（明）陶晉英著，筆記小說大觀本

益部談資，（明）何宇度著，筆記小說大觀本

青巖叢錄，（明）王禕著，筆記小說大觀本

震澤紀聞，（明）王鏊著，筆記小說大觀本

辟寒，（明）陳繼儒著，筆記小說大觀本

觚不觚錄，（明）王世貞著，筆記小說大觀本

快雪堂漫錄，（明）馮夢禎著，筆記小說大觀本

霞外麈談，（明）周應治著，筆記小說大觀本

清閒供，（明）程羽文著，筆記小說大觀本

鴛鴦牒，（明）程羽文著，筆記小說大觀本

骨董志，（清）李調元著，筆記小說大觀本

悅容編，（清）衛泳著，筆記小說大觀本

閒情十二憮，（清）蘇士琨著，筆記小說大觀本

艷體連珠，（清）葉小鸞著，筆記小說大觀本

花底拾遺，（清）黎遂球著，筆記小說大觀本

美人判，（清）尤侗著，筆記小說大觀本

百部叢書集成，嚴一萍選輯，藝文印書館

五木經，（唐）李翱著，夷明廣牘本

種樹書，（唐）郭橐駝著，夷門廣牘本

士大夫食時五觀，（宋）黃庭堅著，夷門廣牘本

馬戲圖譜，（宋）李清照著，夷門廣牘本

賞心樂事，（宋）張鑑著，學海類編本

促織經，（宋）賈似道著，夷門廣牘本

茶品要錄，（宋）黃儒著，夷門廣牘本

山家清供，（宋）林洪著，夷門廣牘本

梅品，（宋）張功甫著，夷門廣牘本

王氏蘭譜，（宋）王貴學著，說郛本

古局象棋圖，欣賞編本

譜雙，欣賞編本

硯譜圖，欣賞編本

燕几圖，欣賞編本

文房職方圖贊，欣賞編本

續文房職方圖贊，欣賞編本

古玉圖，（元）朱德潤著，欣賞編本

印章圖譜，（元），欣賞編本

考槃餘事，（明）屠隆著，龍威祕書本

長物志，（明）文震亨著，硯雲甲乙編本

瓶史，（明）袁宏道著，借月山房彙鈔本

觴政，（明）袁宏道著，尚白齋刻寶顏堂祕笈本

清祕藏，（明）張應文著，學海類編本

飛鳧語略，（明）沈德符著，收於《萬曆野獲編》中

瓶花譜，（明）張丑著，尚白齋刻寶顏堂祕笈本

妮古錄，（明）陳繼儒著，尚白齋刻寶顏堂祕笈本

篆學指南，（明）趙宦光著，學海類編本

印章集說，（明）文彭著，學海類編本

綠綺新聲，（明）徐時琪著，夷門廣牘本

琴聲十六法，（明）冷謙著，學海類編本

瓶花齋雜錄，（明）袁宏道著，學海類編本

玉局鉤玄，（明）項世芳著，夷門廣牘本

奕史，（明）王穉登著，學海類編本

拇陣篇，（明）袁福徵著，夷門廣牘本

茶具圖贊，（明）茅一相著，欣賞編本

詩牌譜，（明）王良樞著，夷門廣牘本

投壺儀節，（明）汪禔著，夷門廣牘本

辨物小志，（明）陳絳著，學海類編本

見物，（明）李蘇著，惜陰軒叢書本

虎薈，（明）陳繼儒著，尚白齋刻寶顏堂祕笈本

蠙衣生馬記，（明）郭子章著，尚白齋刻寶顏堂祕笈本

閩中海錯疏，（明）屠本畯著，學津討原本

天文占驗，（明）周履靖輯，夷門廣牘本

春谷嚶翔，（明）周履靖著，夷門廣牘本

畫評會海，（明）周履靖著，夷門廣牘本

九畹遺容，（明）周履靖著，夷門廣牘本

羅浮幻質，（明）周履靖著，夷門廣牘本

淇園肖影，（明）周履靖著，夷門廣牘本

天形道貌，（明）周履靖著，夷門廣牘本

酒史，（明）馮時化著，尚白齋刻寶顏堂祕笈本

酒顛補，（明）陳繼儒著，海山仙館叢書本

屏居十二課，（明）黃東崖著，硯雲甲乙編

鼂元館清課，（明）費元祿著，尚白齋刻寶顏堂祕笈本

巖棲幽事，（明）陳繼儒著，尚白齋刻寶顏堂祕笈本

偃曝談餘，（明）陳繼儒著，尚白齋刻寶顏堂祕笈本

太平清話，（明）陳繼儒著，尚白齋刻寶顏堂祕笈本

枕譚，（明）陳繼儒著，尚白齋刻寶顏堂祕笈本

秋園雜佩，（明）陳貞慧著，伍崇曜校刊本

花裡活，（明）陳詩教著，學海類編本

墨志，（明）麻三衡著，涉聞梓舊本

墨法集要，（明）沈繼孫著，聚珍版叢書本

群物奇制，（明）周履靖著，夷門廣牘本

古奇器錄，（明）陸深著，尚白齋刻寶顏堂祕笈本

蠙衣生劍記，（明）郭子章著，尚白齋刻寶顏堂祕笈本

新增格古要論，（明）曹昭著，舒敏王佐增補，夷門廣牘及惜陰軒兩
　　存之本
許然明先生茶疏，（明）許次紓著，尚白齋刻寶顏堂祕笈本
茶寮記，（明）陸樹聲著，夷門廣牘本
煮泉小品，（明）田藝蘅著，尚白齋刻寶顏堂祕笈本
水品全秩，（明）徐獻忠著，夷門廣牘本
沈氏農書，（明）周履靖輯刊，學海類編本
救荒事宜，（明）張陛著，學海類編本
救荒野譜，（明）姚可成著，借月山房彙鈔本
茹草編，（明）周履靖輯，夷門廣牘本
學園雜疏，（明）王世懋著，尚白齋刻寶顏堂祕笈本
菊譜，（明）周履靖著，夷門廣牘本
蘭譜奧法，（明）趙時庚著，夷門廣牘本
湯品，（明）蘇廣著，夷門廣牘本
易牙遺意，（明）韓奕著，夷門廣牘本
天水冰山錄，（清）知不足齋本
裝潢志，（清）周嘉冑著，學海類編本

【美學、藝術、圖錄類】

歷代名畫記，（唐）張彥遠撰，文淵閣四庫本
宣和畫譜，文淵閣四庫本
宋朝名畫評，（宋）劉道醇撰，文淵閣四庫本
西方美學史，朱光潛著，漢京，1982 年
美的範疇論，姚一葦著，臺灣開明，1982 年

中國美學史資料選編，王進祥執編，漢京，1983 年 4 月
美從何處尋，宗白華著，元山，1985 年
西方美學導論，劉昌元著，聯經，1986 年
先秦美學史，李澤厚、劉綱紀合著，金楓，1987 年
兩漢美學史，李澤厚、劉綱紀合著，金楓，1987 年
中國美學的發端，葉朗著，金楓，1987 年
中國美學的開展，葉朗著，金楓，1987 年
中國美學的巨擘，葉朗著，金楓，1987 年
中國古代繪畫美學，郭因著，丹青，1987 年
先秦至宋繪畫美學，郭因著，金楓，1987 年
元明繪畫美學，郭因著，金楓，1987 年
中國古代美學範疇，曾祖蔭著，丹青，1987 年
當代西方美學，朱狄著，谷風，1988 年
當代中國美學研究概述，趙士林著，谷風，1988 年
西洋六大美學理念史，劉文潭譯，聯經，1989 年
中國美學思想史，敏澤著，山東齊魯，1989 年
美學概論，王朝聞著，谷風，1989 年
美學的方法，（日）今道友信編，李心峰譯，北京文化藝術，1990 年
文學與美學第四集，淡江中文研究所主編，文史哲，1995 年

莊子藝術精神析論，顏崑陽撰，華正，1985 年
藝術史的批評，Heinrich Wolfflin 著，曾雅雲譯，雄獅美術，1989 年
藝術史與藝術批評，郭繼生著，書林，1990 年 10 月
畫頽，——國畫史論集，饒宗頤著，時報，1993 年 6 月

中國工藝美術史，田自秉、楊伯達合著，文津，1993 年 7 月

藝術與拍賣，施叔青著，東大，1994 年

美感與造形中國文化新論——藝術篇，郭繼生主編，聯經，1995 年

中國繪畫史（下），鈴木敬著，東京吉川弘文館，平成七年

Superfluous Things : Material Culture and Social Status in Early Modern China, Craig Clunas, First published 1991 by Polity Press in association with Basil Blackwell, Oxford OX4 1JF, UK.

氣勢撼人——十七世紀中國繪畫中的自然與風格（The Compelling Image: Nature and Style in Seventeenth -- Century Chinese Painting），高居翰（JAMES CAHILL）著，石頭（中譯本），1994 年 8 月

晚明變形主義畫家作品展（圖錄），國立故宮博物院，1980 年

園林名畫特展圖錄，國立故宮博物院，1987 年

陶瓷譜錄，楊家駱主編，世界，1988 年

玉石古器譜錄，楊家駱主編，世界，1989 年

明代版畫藝術圖書特展專輯，行政院文建會策劃，國立中央圖書館主編，1989 年

器物藝術叢談，嵇若昕撰，左羊，1991 年

文房四譜，楊家駱主編，世界，1992 年

飲饌譜錄，楊家駱主編，世界，1992 年

金陵古版畫，周蕪編著，江蘇美術，1993

中國古玩辨偽全書，李雪梅主編，北京燕山，1993 年

中國歷代家具圖錄大全，阮長江編繪，江蘇美術，1994 年

國之重寶（圖錄），國立故宮博物院，1994 年
國之重寶特展圖錄，國立故宮博物院，1994 年

【史籍史料、目錄、工具書】

新校本明史，張廷玉，鼎文
明會要，楊家駱主編，世界，1972 年
列朝詩集小傳，（清）錢謙益撰，世界，1985 年 2 月
二十二史箚記，（清）趙翼著，世界，1996 年
明清史抉奧，楊啓樵著，明文，1985 年
萬曆十五年，黃仁宇著，食貨，1990 年
中國史研究指南（四）明史、清史，高明士主編，聯經，1990 年
明代史，孟森著，國立編譯館主編，華香園，1993 年

郡齋讀書志，（宋）晁公武撰，臺灣商務，1978 年
崇文總目，（宋）王堯臣等編次，錢東垣輯釋，臺灣商務，1978 年
直齋書錄解題，（宋）陳振孫撰，臺灣商務，1978 年
鄭堂讀書記，（清）周中孚撰，臺灣商務，1978 年
四庫全書總目提要，永瑢等撰，商務
清代禁燬書目四種，英廉等編，臺灣商務
書畫書錄解題，余紹宋撰，臺灣中華
國會圖書館藏中國善本書錄，王重民編，美國華盛頓，1967 年
國立中央研究院歷史語言研究所善本書目，自編，1968 年
國立臺灣大學圖書館善本書目，聯合編印，1968 年
國立故宮博物院善本書籍總目，國立故宮博物院編，1982 年

中國善本書提要，王重民撰，上海古籍，1986 年 4 月

國立中央圖書館善本書目，國立中央圖書館編，1986 年

中國善本書提要，王重民撰，上海古籍，1986 年

續修四庫全書提要，王雲五主持，臺灣商務

中國禁書解題，安平秋、章培垣主編，臺灣竹友軒

普林斯頓大學葛思德東方圖書館中文善本書目，屈萬里撰，藝文，
　　1975 年

北京圖書館古籍善本書目，北京圖書館編，1987 年

目錄學發微，余嘉錫著，藝文，1974 年 4 月

中國目錄學史，姚名達著，臺灣商務，1981 年 3 月

中國目錄學史，許世瑛著，中國文化大學，1982 年 10 月

中國目錄學，李曰剛著，明文，1983 年 8 月

中國目錄學，昌彼得、魏美月著，文史哲，1986 年 9 月

中國文獻學新探，洪湛侯著，學生，1992 年

中國叢書綜錄，上海圖書館編，上海古籍出版社，1993 年

Dictionary of Ming Biogrophy (1368-1644) （明代名人傳）, L. Carrington
　　Goodrich (editor), Chroying Fang (associate editor), 1976 Columbia
　　Univ. Press, New York and London.

明人傳記資料索引，國立中央圖書館編印，文史哲，1978 年元月

八十九種明代傳記綜合引得，引得編纂處，北京中華，1987 年

故宮文物月刊索引（第一卷至第十卷），故宮博物院編輯委員會編，
　　故宮，1993 年 5 月

【方法學】

史學與史學方法論集，李弘祺等著，食貨，1980 年 9 月

現象學與文學批評，鄭樹森編，東大，1984 年 7 月

文化論，B. Malinowski 著，費通等譯，臺灣商務，1987 年 10 月

真理與方法——哲學詮釋學的基本特徵，H.伽達瑪著，吳文勇譯，南
　　方，1988 年 4 月

批評的循環，D.C.霍伊著，陳玉蓉譯，南方，1988 年 8 月

政府遷臺以來文學研究理論及方法之探索，李正治主編，學生，1988
　　年 11 月

當代西方哲學與方法論，臺大哲學系主編，東大，1988 年 4 月

藝術社會學，阿諾德‧豪澤爾著，居延安編譯，雅典，1990 年 7 月

看的方法——繪畫與社會關係七講，約翰‧柏格著，陳志梧譯，明
　　文，1991 年 1 月

知識的考掘，米歇‧傅柯著，王德毅譯，麥田，1993 年 7 月

文學的後設思考——當代文學理論家，呂正惠主編，正中，1993年7月

時代心靈之鑰——當代哲學思想家，沈清松主編，正中，1993 年 6 月

當代社會思想巨擘——當代社會思想家，葉啓政主編，正中，1994 年
　　10 月

文學與美學第四集，淡江大學中國文學研究所主編，文史哲，1995 年
　　9 月

【文史思想類】

中國哲學史，勞思光撰，友聯，1980 年

元明詩概說，吉川幸次郎著，鄭清茂譯，幼獅，1986 年

哲學 文學 藝術——日本漢學研究論集，王孝廉編譯，時報，1986 年
　　5 月

晚明思潮與社會變動，淡江中文系，弘化，1987 年

歷史與思想，余英時著，聯經，1987 年

明末佛教研究，釋聖嚴撰，東初，1987 年

晚明性靈小品研究，曹淑娟著，文津，1988 年

文化、文學與美學，龔鵬程著，時報，1988 年

才性與玄理，牟宗三撰，學生，1989 年

明末清初學術思想研究，何冠彪著，學生，1991 年

晚明小品與明季文人生活，陳萬益著，大安，1992 年

日本學者研究中國史論著選譯，劉俊文主編，北京中華，1993 年

中國文化史，柳詒徵編著，正中，1993 年 11 月

中國歷史轉型時期的知識份子，余英時等著，聯經，1994 年

晚明思潮，龔鵬程著，里仁，1994 年

中國文化史，杜正勝主編，三民，1995 年 8 月

湯顯祖與晚明文化，鄭培凱著，允晨，1995 年 11 月

·期刊論文·

詞與畫——論藝術的換位問題，饒宗頤撰，『故宮季刊』第 8 卷第 3
　　期

項元汴名下「蕉窗九錄」辯偽探源，翁同文撰，『故宮季刊』第 17
　　卷第 4 期

晚明江南佛學風氣與文人畫，吳因明撰，『新亞學術年刊』第 2 集

從嘉定朱氏論明末清初工匠地位的提昇，嵇若昕撰，『故宮學術季
　　刊』第 9 卷 3 期

明代社會風氣的轉變──以江浙地區爲例，徐泓撰，收入《第二屆國
　　際漢學會議論文集》『明清與近代史組』

浙派畫風與貴族品味，石守謙撰，『東吳大學藝術史集刊』第 15 卷

晚明蘇州繪畫中的詩畫關係，劉巧楣撰，『藝術學』第 6 期

明末肖像畫製作的兩個社會特徵，『藝術學』第 6 期

明太祖的地方控制與里甲制，『食貨月刊』復刊第 11 卷第 1 期

天地正義僅見於婦女──明清之際的情色意識與貞淫問題，鄭培凱
　　撰，『當代』第 16、17 兩期

明末城市經濟發展下的初期市民運動，劉炎著，『歷史研究』，1955
　　年

明代的工匠制度，陳詩啓撰，『歷史研究』，1955 年

明末畫家變形觀念之興起，收於《晚明變形主義畫家作品展》，國立
　　故宮，1980 年

仕與隱──傳統中國政治文化的兩極，劉紀曜撰，收入《中國文化新
　　論　思想篇──理想與現實》，聯經，1982 年

比較文學中文資料分類目錄，陳鵬翔撰，收於《主題學研究論文
　　集》，東大，1983 年

太倉南轉村明墓及出土古籍，吳聿明撰，『文物』，1987 年

江蘇無錫縣明華師伊夫婦墓，無錫博物館、無錫縣文物管理委員會，
　　『文物』，1989 年

四川平武明王璽家族墓，四川省文管會，『文物』，1989 年

四川銅梁明張叔佩夫婦墓，葉作富撰，『文物』，1989 年

中國古代的個人與娛樂生活，李建民撰，收於國科會專題研究計劃
　　『古代儒家思想中的個人與國家』，1990 年

明代北京都市生活與治安的轉變，邱仲麟撰，『九州學刊』5 卷 2
　　期，1992 年

鄉紳支配的成立與結構，（日）重田德撰，收入《日本學者研究中國
　　史論著選譯》「第二卷　專論」，劉俊文主編，北京中華，1993
　　年

明清鄉紳論，（日）檀上寬撰，收入《日本學者研究中國史論著選
　　譯》「第二卷　專論」，劉俊文主編，北京中華，1993 年

明代蘇松地方的士大夫和民眾，（日）宮崎市定著，收入《日本學者
　　研究中國史論著選譯》「第二卷　明清」，劉俊文主編，北京中
　　華，1993 年

山根幸夫編《新編明代史研究文獻目錄》評介，徐泓撰，『漢學研究
　　通訊』13:1，總 49 期，1994 年

明代北京的社會風氣變遷──禮制與價值觀的改變，邱仲麟撰，『大
　　陸雜誌』第 88 卷第 3 期，1994 年

明清戲曲與女性角色，葉長海撰，『九州學刊』6 卷 2 期，1994 年

明末的戲劇與城市民變，巫仁恕撰，『九州學刊』6 卷 3 期，1994 年

論江南市鎮史的研究，陳學文撰，『九州學刊』6 卷 3 期，1994 年

晚明徽州商人的文化活動──以徽商族裔潘之恒爲中心，林皎宏撰，
　　『九州學刊』6 卷 3 期，1994 年

中國琴樂聲韻的結合與變化──一種獨特的旋律裝飾形態，吳釗撰，
　　『藝術學』第 11 期，1994 年

賦彩製形——傳統美學思想與藝術批評，石守謙撰，收於《中國文化
　　新論》藝術篇，『美感與造形』冊，聯經，1995 年
文房清玩——文人生活中的工藝品，蔡玫芬撰，收於《中國文化新
　　論》藝術篇，『美感與造形』冊，聯經，1995 年
顧愷之論畫的美學意義試探，蔡振豐撰，『中國文學研究』第 9 期，
　　1995 年
韓偓閒適詩初探，卓清芬撰，『中國文學研究』第 9 期，1995 年
晚明「狂禪」論析，毛文芳撰，『第六屆佛學聯合論文研討會』會議
　　論文，1995 年
中國大陸美學研究概況與中國藝術精神之理解，葉秀山撰，發表於聯
　　合報系文化基金會主辦『跨世紀的文化反省與展望系列論壇之
　　二：百年來中國藝術精神之尋思』，1997 年

晚明文人型態之研究，黃明理撰，師大國研所碩論，1989 年
晚明文人自覺意識及其實踐之研究，盧玟楣撰，淡江中研所碩論，
　　1992 年
董其昌逸品觀念之研究，毛文芳撰，淡江中研所碩論，1993 年
清初山水版畫『太平山水圖畫』研究，黃貞燕撰，臺大藝研所碩論，
　　1994 年
龔賢雄偉山水的理論與實踐，巫佩蓉撰，臺大藝研所碩論，1994 年
晚明文藝社會「山人崇拜」之研究，林宜蓉撰，師大國研所集刊 39
　　號，1995 年
蘇軾題畫文學研究，衣若芬撰，臺大中文所博論，1995 年
晚明閒賞美學研究，方文芳撰，師大國研所博論，1997 年

附錄一

趙希鵠《洞天清祿集》為高濂《遵生八牋》之
『燕閒清賞牋』所引據考異對照表

趙希鵠《洞天清祿集》	高濂《遵生八牋》之『燕閒清賞牋』
『古琴辨』〈陰陽材〉條	『古琴新琴之辨』〈陰陽材〉條引其內容，而語出自得
〈琴徽〉條	『琴窗雜記』〈琴用金徽〉條，參引其內容而語出自得
〈彈琴對花〉、〈夜深人靜〉、〈彈琴舞鶴〉	此三條內容融匯成『琴窗雜記』〈對月鼓琴〉條
〈盥手〉	『琴窗雜記』〈張琴須先盥手〉條據此而來
〈露下〉、〈挂琴〉、〈抱琴〉、〈梅月〉	『琴窗雜記』〈露下〉、〈挂琴〉、〈抱琴〉、〈梅月〉數條均據此而來
『古硯辨』	『論研』中，在言端溪三巖之石有眼、色澤、扣之無聲等特質上，以及其他硯石如洮河綠石、羅紋刷絲、金星新舊坑、黎石等部分的描述，有用詞相同之處，然整體敘述無相襲之跡；另高書所列硯品，超出趙書甚多
『古鐘鼎彝器辨』	高書相近條目有『論古銅色』、『新舊銅器辨正』、『論古銅器具取用』等章，然文字無相襲之跡
『怪石辨』	高書無此類
『研屏辨』	高書『論文房器具』有〈研山〉條，然內容與此無涉
『筆格辨』	高書『論文房器具』有〈筆格〉條，然內容無涉
『水滴辨』	高書無此類
『古翰墨真蹟辨』	高書相關條目有『論帖真偽紙墨辯正』、『論紙』，然文字無相襲之跡，且高書內容較趙書豐

	富甚多
『古今石刻辨』	趙書此章之〈北紙〉、〈北墨〉兩條,於高書『論帖真偽紙墨辯正』首條〈高子曰〉文中,用詞有相襲之跡。另在高書『論歷代碑帖』處,雖語出自得,然體例應沿趙書而來
『古畫辨』	高書相關內容的條目有『論畫』、『畫家鑑賞真偽雜說』、『賞鑑收藏畫幅』等,然文字亦無相襲之跡

附錄二

張應文《清祕藏》參引他書內容對照表

『論玉』	
〈古玉人作法〉	本條下注釋「即如雙鉤輾法……」云云，與高濂《遵生八牋》之『燕閒清賞牋』（以下簡稱高書）〈論古玉器〉中字句相同，二者應係採錄自相同文獻
『論古銅器』	
〈商器質無文〉條	襲自趙希鵠《洞天清祿集》（以下簡稱趙書）『古鐘鼎彝器辨』〈夏尚忠〉條
〈鐘鼎尊彝款〉條	取材自趙書同上〈識文〉條與〈古人惟鐘鼎祭器〉條綴成
〈曹仲明〉條	乃針對曹昭《格古要論》辨銅器色澤部分提出補充，並對高書〈論古銅色〉駁曹之說提出質辨
〈古銅聲微而清〉條	襲自趙書『古鐘鼎彝器辨』〈三代古銅並無腥氣〉與〈偽古銅器其法〉兩條部分文字裁成
〈古人作事〉條	襲自趙書同上〈古人作事〉條
『論名畫』	
〈人物顧盼〉條	襲自趙書『古畫辨』〈人物顧盼〉與〈人物如尸〉條而有增益
〈畫有三品〉條	應係襲用兩宋文人論畫之內容，待查
〈王元美云〉條	取王世貞《藝苑巵言》書中之言
『論石刻』	
〈凡帖以北紙北墨爲佳〉條	襲取趙書『古今石刻辨』〈北紙〉、〈北墨〉條，並高書〈論帖眞偽紙墨辯正〉首段
『論窯器』	
〈論窯器必曰柴汝官哥定〉條	襲取高書〈論官哥窯器〉文中數段組成，高文中「汝窯……余嘗見之……」云云，長文則完全照抄
〈均州窯〉條	摘自高書〈論諸品窯器〉、〈論饒器新窯古窯〉中文字，「暗花」、「紅花」、「青花」下隨文小字注解，亦同襲取

『論晉漢印章』	
〈晉漢印章〉條	本條至「閑文矣」一段文,節錄自高書〈論漢唐銅章〉中文字
『論硯』	
〈硯以壽吾文之傳〉條	本條前半段文字,抄錄自趙書『古硯辨』首三條
『論異石』	
〈靈璧石〉條	前數句摘自趙書『怪石辨』〈靈璧石〉條
『論琴劍』	
〈余不知琴〉條	部分文字摘錄自高書〈古琴新琴之辨〉前大段
『論水晶瑪瑙琥珀』	自敘引《雲煙過眼錄》、《邵氏聞見錄》、《珍玩考》中典故
『論宋刻書冊』	本章文字「宋刻……書寫肥細有則」、「格用單邊,開多諱字」、「每本用澄心堂紙爲副」等字句,與高書〈論藏書〉中相同,應有共同來源
『論宋繡刻絲』	
〈宋人刻絲〉條	襲自高書〈賞鑑收藏畫幅〉中「宋人刻絲」以下一段文字
『論雕刻』	
〈宋人雕紅漆器〉條	節自高書〈論剔紅倭漆雕刻鑲嵌器皿〉前大段文字
〈雕刻精妙者〉條	言宣德間夏白眼事數句文字,亦節自同上書
『論古紙絹素』	
〈唐絹粗而厚〉條	襲取高書〈畫家鑑賞眞僞雜說〉「唐人……絹則絲粗而厚……」以下一段文字,以及〈賞鑑收藏畫幅〉「古絹碎裂」以下一段文字綴成
『論裝褫收藏』	
〈凡書畫法帖〉條	引米元章事論述,未詳何出?
〈凡法書名畫古帖王琴〉條	雜抄撮高書〈賞鑑收藏畫幅〉與〈琴窗雜記〉中部分文字綴成
『敘書畫印識』	
〈米芾於最上品〉條	材料應取自米芾《畫史》

附錄三

屠隆《考槃餘事》引據高濂《遵生八牋》及他書對照考異表

屠隆《考槃餘事》	高濂《遵生八牋》卷七－八爲『起居安樂牋』（以下簡稱『起牋』）、卷十一－十三爲『飲饌服食牋』（以下簡稱『飲牋』）、卷十四－十六爲『燕閒清賞牋』（以下簡稱『燕牋』）
『書牋』〈論書〉	摘錄自『燕牋』〈論藏書〉
〈刻地〉、〈印書〉、〈書直〉、〈雔對〉四目	摘自胡應麟《經籍會通》一書之文
〈藏書〉	
〈觀書〉	有小字按語：「出子昂書跋」
『帖牋』〈墨跡難辨〉	摘自『燕牋』〈論帖眞僞紙墨辨正〉
〈南北紙墨〉	摘自『燕牋』〈論帖眞僞紙墨辨正〉，並再引趙希鵠《洞天清祿集》（以下簡稱趙書）之『古今石刻辨』與『古翰墨眞蹟辨』中若干文字
〈古今帖辨〉	摘自『燕牋』〈論帖眞僞紙墨辨正〉
〈贗帖〉	摘自『燕牋』〈論帖眞僞紙墨辨正〉
〈藏帖〉	引自『燕牋』〈論歷代碑帖〉之後跋語
〈學書〉	節引自『燕牋』〈論歷代碑帖〉之中段敘文
〈淳化閣帖〉	引趙書『古翰墨眞蹟辨』相關文字之外，應另有來源
由〈淳化閣帖〉以下敘宋代著名閣帖十數種	除〈淳化閣帖〉、〈汝帖〉二帖外，所有的閣帖，名目大致襲自『燕牋』〈論歷代碑帖〉，而次序則偶有出入，惟屠書在各帖之下，尚補入按語以解釋該碑帖之來由，此處有二種可能：一是屠書除抄自高書外，另依其他帖譜補注，一是屠書與高書有共同來源，而二書去取不盡相同
自「周秦漢帖」以下敘歷代碑帖	自〈周秦漢帖〉至元帖，大致襲自『燕牋』〈論歷代碑帖〉之文，屠書在元之後，又增加了〈國朝帖〉與〈評國朝書家〉，未詳其所自

〈宋姜堯章蘭亭偏旁考〉	與『燕閒』〈蘭亭偏旁考異〉內容相同，惟屠書說明宋代姜堯章的出處
『畫箋』〈評畫〉	屠自述引自「王弇州四部稿」。按屠隆『畫箋』中之〈評畫〉、〈賞鑑好事〉、〈似不似〉、〈古畫〉、〈唐畫〉、〈宋畫〉、〈元畫〉、〈國朝畫家〉、〈邪學〉、〈粉本〉、〈臨畫〉等目，均應出自王世貞《弇州四部稿》之『藝苑巵言』。按『燕閒』之〈論畫〉、〈畫家鑑賞眞僞雜說〉二條文中，有許多論述，亦有引自王書者，如「粉本」、「邪學」、「元畫」、「宋畫」、「唐畫」等諸關內容，高書乃以古人之語爲證的方式引述，並非如屠書照章全收。
〈宋繡畫〉、〈品第畫〉、〈學畫〉、〈藏畫〉、〈小畫匣〉等目	乃割裂『燕閒』〈賞鑑收藏畫幅〉中相關文字，加條目名而成
〈看畫法〉、〈無名畫〉、〈單條畫〉、〈古絹素〉等	乃割裂『燕閒』〈畫家鑑賞眞僞雜說〉中相關文字，加條目名而成
〈裱錦〉	
〈軸頭〉	
〈捲畫〉、〈拭畫〉、〈出示畫〉三目	乃割裂『燕閒』〈畫家鑑賞眞僞雜說〉「畫之失傳其病有五」以下一段文字，加條目名而成
〈裱畫〉	摘自趙書『古畫辨』
〈掛畫〉	
『紙箋』〈南北紙〉、〈唐紙〉二目	分別摘自趙書『古翰墨眞蹟辨』「北紙」條與「硬黃紙」條，而有所增潤
〈宋紙〉	
〈元紙〉	
〈國朝紙〉、〈高麗紙〉	分別摘自『燕閒』〈論紙〉
〈造葵箋法〉、〈染宋箋色法〉、〈染紙作畫不用膠法〉、〈造搥白	一一抄襲『燕閒』中相同條目之文

	紙法〉、〈造金銀印花箋法〉、〈造松花箋法〉等六目	
『墨箋』	〈論墨〉	摘引『燕閒』〈論墨〉中兩段文字綴成
	〈古製墨法〉、〈朱萬初墨〉	自註引自《楊升菴外集》
『筆箋』	〈筆法〉	摘引『燕閒』〈論筆〉中三段文字綴成
	〈毫〉、〈管〉、〈式〉、〈滌〉四目	割裂『燕閒』〈論筆〉之文，裁成新目，且有增潤
	〈工〉	摘引『燕閒』〈論筆〉相關文字，並補入數位製筆工匠之名
	〈藏〉	摘錄『燕閒』〈論筆〉相關之文，惟註明出處如「文房寶飾云」、「蘇東坡以……」、「黃山谷以……」
	〈瘞〉	摘自『燕閒』〈論筆〉末段文字，但有按語《清異錄》
	〈筆經〉	部分文字同於『燕閒』〈論筆〉中文，然前引說苑之文，後註明《楊升菴外集》
『研箋』	〈研〉	後段文字錄自『燕閒』〈硯圖〉前之序文
	〈養硯〉、〈滌硯〉、〈試新墨〉、〈藏硯〉、〈冬月研〉等目	割裂『燕閒』〈滌藏硯法〉相關文字，裁成新目而文字有大幅增潤，似應另有來源
	〈朱研〉	
	〈墨繡〉	
『琴箋』	〈論琴〉	襲自『燕閒』〈琴劍〉之前半段
	〈古琴色〉	摘自趙書『古琴辨』〈古琴漆色〉條
	〈古斷紋〉	摘自趙書『古琴辨』〈古琴以斷紋爲證〉條，惟其中增益龍紋斷、牛毛斷，恐有另參之本
	〈古琴灰〉	割裂『燕閒』〈古琴新琴之辨〉
	〈古琴材〉	割裂『燕閒』〈古琴新琴之辨〉，復補入趙書〈古琴辨〉中「古琴最難得」、「古琴有陰陽材」、「底面俱用桐」三條
	〈琴軫〉、〈琴徽〉二	割裂『燕閒』〈琴窗雜記〉「琴用金徽」條爲此二目

目	
〈琴絃〉	
〈琴臺〉	合『燕閒』〈琴窗雜記〉「彈琴取古郭公磚」與「余在都中」二條綴成
〈琴室〉	摘自趙書『古琴辨』之〈前輩〉條
〈唐琴〉、〈宋琴〉二目	割裂『燕閒』〈琴窗雜記〉「琴絃久而不鳴」條各有所增益
〈元琴〉、〈國朝琴〉二目	部分摘自『燕閒』〈古琴新琴之辨〉與〈琴窗雜記〉而來
〈蕉葉琴〉、〈百衲琴〉二目	摘自『燕閒』〈古琴新琴之辨〉
〈挂琴〉	摘『燕閒』〈琴窗雜記〉「彈琴」、「挂琴」、「琴絃」三條綴成
〈琴匣〉	襲『燕閒』〈琴窗雜記〉「梅月」條
〈抱琴〉	據『燕閒』〈琴窗雜記〉「抱琴」條而增潤
〈對鶴〉	錄自趙書『古琴辨』〈彈琴舞鶴〉條
〈對月〉	錄自趙書『古琴辨』〈春秋二候〉條
〈對花〉、〈臨水〉二目	割裂『燕閒』〈琴窗雜錄〉「對月鼓琴」條而裁成二目
〈焚香〉	融匯趙書『古琴辨』〈焚香〉條與『燕閒』〈琴窗雜記〉「焚香」條內容而成
〈盥月〉	襲自『燕閒』〈琴窗雜記〉「張琴須先盥手」條
〈露下〉	襲自『燕閒』〈琴窗雜記〉「露下彈琴」條
〈飲酒〉	
〈琴壇十友〉	全襲自『燕閒』〈臞仙琴壇十友〉
『香箋』〈論香〉	前半段錄自『燕閒』〈論香〉之文
自〈棋楠香〉至〈黑芸香〉共二十二目	抄襲『燕閒』〈日用諸品香目〉
〈香爐〉	摘錄『燕閒』〈焚香七要〉之「香爐」條
〈香盒〉	摘引『燕閒』〈論剔紅倭漆雕刻鑲嵌器皿〉及〈焚香七要〉之「香合」條相關內容綴成
〈隔火〉	修潤『燕閒』〈焚香七要〉之「隔火砂片」與「靈

		火」二條而成，高書於「隔火」條處細述品級用法，而屠書則刪之
	〈匙箸〉	部分內容摘自『燕閒』〈焚香七要〉之「匙箸」條
	〈箸瓶〉	
	〈香盤〉	
	〈袖爐〉	襲自『起閒』〈怡養動用事具〉之「袖爐」條
『茶箋』	〈虎邱〉、〈天池〉、〈陽羨〉、〈六安〉、〈龍井〉五目	割裂『飲閒』〈茶泉類〉「論茶品」一節而裁成新目
	〈採茶〉	條目名同『飲閒』〈茶泉類〉之「採茶」條，部分內容則摘錄自「論茶品」
	〈培茶〉	
	〈藏茶〉	條目目同『飲閒』〈茶泉類〉之「藏茶」，內容據之而增益甚多
	〈又法〉、〈又法〉	摘錄自『飲閒』「藏茶」後文之「又云……又云」
	〈諸花茶〉	「蓮花茶」條襲自『飲閒』〈茶泉類〉「藏茶」下之「若以上二種芽茶」條；「木樨」條則襲自同上之「木樨」條
	〈擇水〉	
『盆玩箋』	〈盆花〉	起首摘錄『起閒』〈高子盆景說〉「盆景以几卓可置者為佳」以下一段文字，「蒲石之供」以下錄自同上〈怡養動用事具〉之「蒲石盆」條首數句；自「他如春之芳蘭」以下則錄自『燕閒』〈書齋清供花草入格〉中之文
	〈瓶花〉	摘錄『燕閒』〈瓶花三說〉之「瓶花之宜」與「瓶花之忌」二條內容綴成
	〈擬花榮辱〉	條目名同『起閒』〈擬花榮辱〉，內容則據之而有增益
『魚鶴箋』	〈鶴品〉	節錄『燕閒』〈養鶴要略〉，另有若干補益
	〈金魚品〉	
『山齋箋』	〈書齋〉	節錄『起閒』〈居處建置〉之〈高子書齋說〉條
	〈藥室〉	抄錄『起閒』〈居處建置〉之〈藥室〉條

〈茆亭〉	抄錄『起牋』〈居處建置〉之〈茆亭〉條
〈花榭〉	抄錄『起牋』〈居處建置〉之〈高子花謝詮評〉條
〈佛堂〉	抄錄『起牋』〈怡養動用事具〉之「佛堂」條
〈茶寮〉	抄錄『起牋』〈居處建置〉之〈茶寮〉條
『起居器服牋』	
〈榻〉	據『起牋』〈怡養動用事具〉之「竹榻」條多有修潤
〈短榻〉	抄錄『起牋』〈怡養動用事具〉之「短榻」條
〈禪椅〉	條目同『起牋』〈怡養動用事具〉之「短榻」條,而內容不同,惟吳破瓢之名,在「隱几」條中,高云:「余見友人吳破瓢一几」云云
〈隱几〉	抄錄『起牋』〈怡養動用事具〉之「隱几」條
〈坐墩〉	「冬月」部分內容出自『起牋』〈怡養動用事具〉之「蒲墩」條
〈坐團〉	據『起牋』〈怡養動用事具〉之「蒲墩」條後數句增益而成
〈滾凳〉	抄自『起牋』〈怡養動用事具〉之「滾凳」條
〈枕〉	摘錄『起牋』〈怡養動用事具〉之「石枕」條與「書枕」條合成
〈簟〉	
〈被〉	摘錄『起牋』〈怡養動用事具〉之「蘆花被」條
〈臥褥爐〉	
〈帳〉	據『起牋』〈怡養動用事具〉之「梅花紙帳」條修潤
〈禪衣〉	抄自『起牋』〈怡養動用事具〉之「禪衣」條
〈道服〉	
〈冠〉	
〈扇〉	
〈漢唐巾〉	
〈被雲巾〉	
〈文履〉	
〈雲舄〉	
『文房器具牋』	
〈筆格〉	抄錄自『燕牋』〈論文房器具〉之「筆格」條

〈研山〉	抄錄自『燕閒』〈論文房器具〉之「研山」條
〈筆床〉	抄錄自『燕閒』〈論文房器具〉之「筆床」條
〈筆屏〉	據『燕閒』〈論文房器具〉之「筆屏」條而改之
〈筆筒〉	
〈筆船〉	抄錄自『燕閒』〈論文房器具〉之「筆格」條
〈筆洗〉	抄錄自『燕閒』〈論文房器具〉之「筆洗」條
〈筆覘〉	抄錄自『燕閒』〈論文房器具〉之「筆覘」條
〈水中丞〉	抄錄自『燕閒』〈論文房器具〉之「水中丞」條
〈水注〉	抄錄自『燕閒』〈論文房器具〉之「水注」條
〈研匣〉	
〈墨匣〉	抄錄自『燕閒』〈論文房器具〉之「墨匣」條
〈印章〉	摘錄自『燕閒』〈論漢唐銅章〉之文
〈圖書匣〉	抄錄自『燕閒』〈論文房器具〉之「圖書匣」條
〈印色池〉	抄錄自『燕閒』〈論文房器具〉之「印色池」條
〈糊斗〉	抄錄自『燕閒』〈論文房器具〉之「糊斗」條
〈蠟斗〉	抄錄自『燕閒』〈論文房器具〉之「蠟斗」條
〈鎮紙〉	抄錄自『燕閒』〈論文房器具〉之「鎮紙」條
〈壓尺〉	抄錄自『燕閒』〈論文房器具〉之「壓尺」條
〈祕閣〉	抄錄自『燕閒』〈論文房器具〉之「祕閣」條
〈貝光〉	抄錄自『燕閒』〈論文房器具〉之「貝光」條
〈裁刀〉	抄錄自『燕閒』〈論文房器具〉之「筆格」條
〈剪刀〉	
〈途利〉	
〈書燈〉	抄錄自『燕閒』〈論文房器具〉之「書燈」條
〈香櫞盤〉	摘錄自『起閒』〈怡養動用事具〉之「香櫞盤橐」條
〈布泉〉	抄錄自『燕閒』〈論古銅器具取用〉「古之布錢」以下之文
〈鉤〉	抄錄自『燕閒』〈論古銅器具取用〉「古銅腰束」以下文字
〈簫〉	
〈麈〉	
〈如意〉	抄自『起閒』〈怡養動用事具〉之「如意」條

〈詩筒葵牋〉	
〈韻牌〉	
〈五嶽圖〉	
〈花尊〉	前半段摘自趙書『古鐘鼎彝器辨』「古銅器入土」以下之文，後半段錄自『燕牋』〈論古銅器具取用〉「須打錫套」以下之文
〈鐘〉、〈磬〉	割裂『起牋』〈怡養動用事具〉之「鐘磬」條裁成二目
〈禪燈〉	抄自『起牋』〈怡養動用事具〉之「禪燈」條
〈數珠〉、〈番經〉	割裂『起牋』〈怡養動用事具〉之「念珠」條，裁成二目
〈鉢〉	抄自『起牋』〈怡養動用事具〉之「竹鉢」條
〈鏡〉	摘錄自『燕牋』〈論古銅器具取用〉「鏡爲人所必用」以下文字
〈軒轅鏡〉	據『燕牋』〈論古銅器具取用〉「軒轅毬鏡」以下文意寫成
〈劍〉	摘錄『燕牋』〈論文房器具〉之「琴劍」條後段論劍部分
『遊具箋』	
〈酒樽〉	所附之「葫蘆樽式」、「太極樽式」、「山遊提合圖式」、「提爐圖式」等圖，均襲自『起牋』相同圖禎

附錄四

文震亨《長物志》引據屠隆《考槃餘事》及他書對照考異表

『室廬』〈山齋〉		據屠隆《考槃餘事》（以下簡稱屠書）『山齋箋』〈書齋〉條而修潤
	〈佛堂〉	條目名稱同上〈佛堂〉條，然內容無涉
	〈茶寮〉	摘錄自同上〈茶寮〉條
	〈琴室〉	摘錄自屠書『琴箋』〈琴室〉條
	〈臺〉	
『花木』		首敘各種花木，語皆自得，然其體例應源自高濂《遵生八牋》『燕閒清賞牋』〈四時花紀〉中之各類花卉品類，但文字內容無涉
	〈瓶花〉	據屠書『盆玩箋』〈瓶花〉條與高書『燕閒清賞牋』〈瓶花三說〉「冬月……硫黃投之不凍」之文意連綴而成
	〈盆玩〉	參引屠書『盆玩箋』〈盆花〉條，文中增益震亨自己評騭心得
『水石』〈天泉〉		襲屠書『茶箋』〈擇水〉之〈天泉〉條
	〈地泉〉	襲同上〈地泉〉條
	〈流水〉	合同上〈江水〉、〈長流〉兩條而成
	〈丹泉〉	襲同上〈丹泉〉條
	〈品石〉	此條乃根據張應文《清祕藏》（以下簡稱張書）『論異石』〈近時硯山〉條及其隨文注釋內容而發，張文曰：「近時硯山書鎮有以大塊辰砂石青爲者雅甚」其下注文曰：「昔孫承祐用千金市得石綠一塊，呼爲不二山」；文震亨則曰：「近更有以大塊辰砂石青石綠爲研山盆石最俗」
	〈靈璧〉	摘錄趙希鵠《洞天清祿集》（以下簡稱趙書）『怪石辨』〈靈璧石〉條

	〈英石〉	摘自同上書〈英州出石條〉
	〈太湖石〉	
	〈崑山石〉	亦對張書〈崑山石〉條而發，張文曰：「崑山石塊……有雞骨片胡桃塊二種，惟雞骨片佳」，文震亨則曰：「有雞骨片胡桃塊二種，然亦俗尙，非雅物也」
	〈永石〉	據趙書『研屛辨』〈永州祁陽縣石〉條而增益
『禽魚』	〈鶴〉	襲屠書『魚鶴箋』〈鶴品〉條
	〈鸂鶒〉、〈鸚鵡〉、〈百舌畫眉鴝鵒〉三目	
	〈魚類〉	據屠書『魚鶴箋』〈金魚品〉條而修潤
	〈朱魚〉、〈藍魚白魚〉、〈魚尾〉、〈觀魚〉、〈吸水〉、〈水缸〉	
『書畫』	〈論畫〉	本條襲自張書『論法書』〈人物顧盼〉條
	〈書畫價〉	襲自張書同上『論法書』〈書價〉條而增刪
	〈古今優劣〉	內容據張書『論名畫』〈畫學不以時代爲限〉條按應以歷來書畫論著之文意裁改而成
	〈粉本〉	據屠書『畫箋』〈粉本〉條而增益
	〈賞鑑〉	有趙書『古畫辨』中之文意，然語多自得
	〈絹素〉	參引屠書『畫箋』〈古絹素〉條而語出自得
	〈御府書畫〉	僅前兩行引自趙書『古今石刻辨』〈徽宗御府〉條
	〈院畫〉	屠書條目爲『畫箋』〈無名畫〉，內容相近
	〈單條〉	條目名稱來自同上〈單條畫〉
	〈名家〉	分列古今書畫名家，末段「邪學」部分，則與同上〈邪學〉條內容相同
	〈宋繡宋刻絲〉	襲自張書『論宋繡刻絲』之〈宋人之繡〉條
	〈裝潢〉、〈法糊〉、〈裝褫定式〉	

	〈裱軸〉	據屠書同上〈軸頭〉而增益
	〈裱錦〉	據同上〈裱錦〉而增益
	〈藏畫〉	襲同上〈藏畫〉條
	〈小畫匣〉	襲同上〈小畫匣〉條
	〈捲畫〉	合屠書同上之〈捲畫〉、〈拭畫〉、〈出示畫〉三條綴成
	〈法帖〉	開首自「歷代名家刻碑」以下至「雪谿堂帖」之中的內容文字，全襲自張書『敘法帖源委』〈歷代名家碑刻〉條及其隨文注釋。其下則繼續增益歷朝名帖，自周秦漢帖到隋帖，亦屠書『帖箋』所有，而唐帖則摘出歐、虞、褚、柳、顏、懷、李、太宗書……，乃據其內容而重新整理帖次，顯示文震亨極重唐帖，宋、元、國朝，則舉一二，以備一格
	〈南北紙墨〉	襲屠書『帖箋』〈南北紙墨〉條
	〈古今帖辨〉	襲同上〈古今帖辨〉條
	〈裝帖〉	
	〈宋板〉	文字襲自張書〈論宋刻書冊〉條並注釋文字
	〈懸畫月令〉	
『几榻』	〈榻〉	據屠書『起居器服箋』〈榻〉條，更充實內容
	〈短榻〉	襲同上〈短榻〉條
	〈几〉	據同上〈隱几〉條而修潤
	〈禪椅〉	據同上〈禪椅〉條而修潤
	〈天然几〉、〈書卓〉、〈壁卓〉、〈方卓〉、〈臺几〉、〈椅〉、〈杌〉、〈凳〉〈交床〉、〈櫥〉、〈架〉、〈佛櫥佛卓〉、〈床〉、〈廂〉、〈屏〉共十五	

目	
〈腳凳〉	文中「滾凳」的部分襲自屠書同上〈滾凳〉條
『器具』〈香罏〉	據屠書『香箋』〈香爐〉條，而內容增益甚多
〈香合〉	據同上〈香盒〉條，而內容增益甚多
〈隔火〉	節錄自同上〈隔火〉條
〈匙箸〉	節錄自同上〈匙箸〉條
〈箸瓶〉	襲自同上〈箸瓶〉條
〈袖爐〉	同上〈袖爐〉，然品騭意見不同
〈手爐〉、〈香筒〉	
〈筆格〉、〈筆床〉、〈筆屏〉、〈筆筒〉、〈筆船〉、〈筆洗〉、〈水注〉、〈筆覘〉、〈水中丞〉、〈鎮紙〉、〈壓尺〉、〈祕閣〉、〈裁刀〉、〈剪刀〉、〈書燈〉、〈香櫞盤〉、〈如意〉、〈麈〉、〈數珠〉	此數條乃參引屠書『文房器具箋』中相同條目名稱之文，惟在審美評騭、判斷雅俗時，文震亨扭轉屠隆的意見，重新評價，如〈筆格〉條，屠以為「難得」者，文則以為「忌不可用」；如〈筆船〉條，屠以為「以牙玉為之者佳」，文則以為「不可以牙玉為之」；如〈筆覘〉條，屠以為「玉碾片者古」，文則以為「尤俗」；如〈筆床〉條，屠曰「以此為式」，文則以為「最不美觀，竟廢此式可也」；再如〈如意〉條，屠以為「天生樹枝竹鞭，磨弄如玉不事斧鑿者亦佳」，文則謂「至如天生樹枝竹鞭等制，皆廢物也」……諸如此類。又震亨〈水中丞〉條部分內容挪引屠書〈水注〉條
〈糊斗〉	襲同上〈糊斗〉條
〈蠟斗〉	據同上〈蠟斗〉條而增潤
〈貝光〉	襲同上〈貝光〉條
〈燈〉	
〈鏡〉	合屠書同上〈鏡〉與〈軒轅鏡〉兩條綴成
〈鉤〉	襲同上〈鉤〉條
〈束腰〉	
〈禪燈〉	據屠書同上〈禪燈〉條而修潤
〈錢〉	應係據同上〈布泉〉條而改

〈瓢〉	條目名稱同於屠書『遊具箋』〈瓢〉條，而內文無涉
〈鉢〉	據屠書『文房器具箋』〈鉢〉條而增潤
〈花瓶〉	參引同上〈花尊〉條而有所增益
〈鐘磬〉	合同上〈鐘〉、〈磬〉二條綴成
〈杖〉	據屠書『遊具箋』〈杖〉條而增潤
〈坐墩〉	據屠書『起居器服箋』〈坐墩〉條而增益
〈坐團〉	襲同上〈坐團〉條
〈番經〉	襲同上〈番經〉條
〈扇・扇墜〉	屠書『起居器服箋』有〈扇〉條，然文震亨此條內容較屠豐富
〈枕〉	節錄自同上〈枕〉條
〈簟〉	襲同上〈簟〉條
〈琴〉	參佐屠書『琴箋』中〈論琴〉、〈古琴〉、〈古斷紋〉、〈琴軫〉、〈琴徽〉、〈琴絃〉、〈唐琴〉、〈宋琴〉、〈元琴〉、〈國朝琴〉、〈挂琴〉、〈抱琴〉、〈盥手〉等數條內容湊成
〈琴臺〉	內容引同上〈琴臺〉條，然重新評騭
〈研〉	前大半段除摘錄屠書『研箋』〈研〉條內容外，應另參引如《洞天清祿集》『古硯辨』之類的硯譜著作；後半段「研需日滌……」以下之文，則摘錄屠書『研箋』〈養硯〉、〈滌硯〉、〈墨繡〉等條及『文房器具箋』〈研匣〉條，惟評騭有異而略作修
〈筆〉	摘錄屠書『筆箋』〈筆法〉、〈管〉、〈式〉、〈工〉、〈滌〉、〈瘞〉諸條綴成
〈墨〉	摘錄屠書『墨箋』〈論墨〉條增益而成
〈紙〉	摘錄屠書『紙箋』〈南北紙〉、〈唐紙〉、〈宋紙〉、〈元紙〉、〈國朝紙〉、〈高麗紙〉諸條綴成
〈劍〉	參引屠書『文房器具箋』〈劍〉條，部分內容如「陶宏景刀劍錄」、「倭奴所鑄青光射人」等語襲自張書『論琴劍』〈客有攜示古銅劍一器〉條文

〈印章〉	參引同上〈印章〉、〈印色池〉兩條內容，另行評騭。「圖書匣……」以下文字，乃襲屠書〈圖書匣〉條而誤植入此條中
〈文具〉、〈梳具〉	
〈海論銅玉雕刻窯器〉	「玉器」部分，雖內容與高濂《遵生八牋》『燕閒清賞牋』〈論古玉器〉條相近，然考其文字，毫無相襲之跡，應有另資參佐之本；「銅器」部分，是否參引曹昭《格古要論》一書，待查；「柴窯」與「官哥汝窯」部分，文字有同於高濂『燕牋』〈論官哥窯器〉者，「雕刻」部分文意，亦有同於高書〈論剔紅倭漆雕刻鑲嵌器皿〉者，若文震亨之文非直接襲自高書，則二書應有共同來源
『衣飾』〈道服〉	襲屠書『起居器服牋』〈道服〉條
〈襌衣〉	據同上〈襌衣〉條而潤
〈被〉	條目名稱同上〈被〉條，然文字作了修改，評騭亦異，如蝶夢處，屠書引自高書有「餘趣」，文震亨則以為「亦俗」
〈褥〉、〈絨單〉	
〈帳〉	據屠書『起居器服牋』〈帳〉、〈紙帳〉條文內容加以評騭，如「紙帳」俗，「寫山水墨梅於上者……欲雅反俗」
〈冠〉	據同上〈冠〉條，加以評騭
〈巾〉	據同上〈漢唐巾〉、〈披雲巾〉兩條內容，刪去繁冗，加以評騭
〈笠〉	襲屠書『遊具牋』〈笠〉條
〈履〉	內容極短，條目襲屠書『起居器服牋』〈文履〉條，然內文無涉；而「濟勝之具」乃引同上〈雲舄〉條之末句而來
『舟車』〈巾車〉、〈藍輿〉	
〈舟〉	據屠書『遊具牋』〈舟〉條大幅修改，又震亨將屠書

	此條「後倉」以下的文字，另入次條〈小船〉中
『位置』〈坐几〉、〈坐具〉、〈椅榻屏架〉三條，乃將本書『几榻』章中相關內容總理布置而成	
〈懸畫〉	「懸畫單幅」的觀念來自屠書『畫箋』〈單條畫〉條，而「觀畫不對景，其言甚謬」，則為屠〈掛畫〉條之翻案
〈置鑪〉	
〈置瓶〉	參佐屠書『盆玩箋』〈瓶花〉條
〈小室〉、〈臥室〉	
〈亭榭〉	條目名稱應裁併屠書『山齋箋』〈茆亭〉與〈花榭〉二條而成，然內文無涉
〈敞室〉	
〈佛室〉	據屠書『山齋箋』〈佛堂〉條，增益甚多
『蔬果』	無關屠書，其來源待查
『香茗』	序文部分，摘引屠書『香箋』〈論香〉條
〈伽南〉	據屠書『香箋』〈棋楠香〉條而增益
〈沈香〉	據同上〈角沈香〉而增益
〈龍涎〉	
〈片速香〉、〈唵叭香〉、〈角香〉、〈甜香〉、〈安息香〉	此數條皆據屠書『香箋』中相同條目名稱之內文而增潤
〈黃黑香餅〉	條目名稱乃合同上〈黃香餅〉、〈黑香餅〉二條而成，然內文無涉
〈暖閣芸香〉	條目名稱與內容皆合同上〈煖閣香〉、〈黑芸香〉二條而成
〈蒼朮〉	襲同上〈蒼朮〉條
〈品茶〉為茶之序文	
〈虎邱天池〉	據屠書『茶箋』〈虎邱〉、〈天池〉二條，然內容無

	屠書〈天池〉條無關
〈岕〉	「浙之長興者佳……」以下文字襲屠書同上〈陽羨〉條，「採茶……」以下文字內容，摘引屠書同上〈採茶〉、〈培茶〉、〈藏茶〉三條綴成，然與「岕茶」無關，應爲誤植
〈六合〉	襲同上〈六安〉條
〈松蘿〉	內容部分襲自同上〈龍井〉條
〈龍井天目〉	據同上〈天目〉條而增潤
〈洗茶〉	據同上〈洗茶〉條而增潤
〈候湯〉	節錄同上〈候湯〉條
〈滌器〉	據同上〈洗器〉條而修潤
〈茶洗〉、〈茶爐湯瓶〉	
〈茶壺茶盞〉	自「宣廟有尖足茶盞」以下文字，乃摘錄屠書同上〈擇器〉、〈燴盞〉、〈擇果〉三條內容綴成，其餘茶壺之選則語出自得
〈擇炭〉	據屠書同上〈擇薪〉條而增益

附錄五

袁宏道《瓶史》「卷上」引據高濂《遵生八牋》
〈燕閒清賞牋〉文字對照考異表

〈瓶花之宜〉	襲自高書《燕牋》『瓶花三說』之〈瓶花之宜〉條，唯文字略有出入
（以下爲二書此條文字相異之比較）	
「瓶花之具……」	「具」字，高書爲「宜」，應是袁抄寫之誤
「或置几上……」	高書下接「與堂相宜」，袁則刪去
「取花……」	高書爲「花取」
「一種兩種……」	袁下省「薔薇時即多種，亦不爲俗」此句文意似不甚通
「多時插梅……」	袁下省「必須龍泉大瓶」
「欲大枝梅花……」	「欲」字高書爲「砍」，應係袁筆誤；下又省「近有饒窯……」及「花觚高……但小瓶」等有關花瓶形製之文
「插花折枝……」	高書無「枝」字
「彼此各向，則不佳」	「佳」字後，袁刪「矣」字
「須較瓶身短二寸」	高書爲「……短少……」
「花高於瓶二寸」	高書爲「……二、三寸」
「插花挂畫」	袁上省「插花有態，可供清賞，故……」
「何論瓶之美惡」	高書爲「何俟論瓶美惡」
「吾懼客嘲」	袁下省「熟矣」
〈瓶花之忌〉	襲自高書『瓶花三說』〈瓶花之忌〉條，文字亦略有出入
（以下爲二書此條文字相異之比較）	
「忌放生對」	高書爲「忌放成對」
「不令失頓」	「頓」字，高書爲「損」
「夜則須移露天」	高書「夜則須見天日」，應係袁據此而潤飾

「河水或天落水佳」	高書「河水并天落水始佳」，文意略改
「插花之水有毒」	高書無「之」字
「二種尤甚」	「尤」字，高書爲「毒」，袁下省「須防嚴密」
〈瓶花之法〉	條目名稱同高書『瓶花三說』〈瓶花之法〉，然袁書增益甚多
（以下一一列舉袁書襲自高書之處）	
「牡丹」條於「貯湯」以下文字	襲自高書〈牡丹花〉條
「戎葵、鳳仙花、芙蓉花」條	襲自高書「戎葵、鳳仙花、芙蓉花」條
「梔子花」條	襲自高書「梔子花」條
「荷花」條	襲自高書「荷花」條，增潤「魚池水或天落水」數字
「海棠花」條	襲自高書「海棠花」條
「冬間插花」條	襲自高書「冬間插花條」

附錄六

閒賞文獻分類對照一覽表

洞天清祿集	格古要論	遵生八牋	清祕藏	考槃餘事	長物志	
		燕閒清賞牋	敘所蓄所見（總類）			
		養鶴要略		魚鶴箋	禽魚	
		敘古鑑賞	敘賞鑑家			
		敘古諸品寶玩	敘奇寶			
			論珠寶			
	異木	四時花紀			花木	
		論藏書	論宋刻書冊	書箋		
古畫辨	古畫	論畫	論名畫	畫箋	書畫	
		畫家鑑賞眞僞雜說	論宋繡刻絲			
		論古紙絹素				
	綺繡	賞鑑收藏畫幅	論裝褫收藏			
			敘唐宋錦繡			
			敘書畫印識			
古今石刻辨	墨跡	論歷代碑帖	論法書	帖箋		
	碑帖	論帖眞僞紙墨辯正	論石刻			
			敘法帖源委			
			敘臨摹名手（敘書畫印識）			
		論墨	論墨	墨箋	器具	
		附硃墨法	敘造墨名手			
古翰墨眞蹟辨		論紙	論紙	紙箋		
		刻玉章法	論玉			
		論古玉器				
古鐘鼎彝器辨	銅器	論古銅色	論古銅器			

		新舊銅器辯正 新鑄偽造 論新銅倭銅 爐瓶器皿 論古銅器具取用				
	窯器	論官哥窯器 論定窯 論諸品窯器 論饒器新窯古窯	論窯器			
	漆器	論剔紅倭漆 雕刻鑲嵌器皿	論雕刻			
古硯辨	古研	論研 滌藏硯法	論硯	硯箋		
古琴辨		論琴	論琴劍(琴的部分)	琴箋		
		論香	論名香	香箋	香茗(香的部分)	
		論筆		筆箋		
		論漢唐銅章 論文房器具	論晉漢印章 論琴劍(劍的部分)	文房器具箋		
		起居安樂牋				
筆格辨 水滴辨		怡養動用事具				
		溪山逸遊		遊具箋	舟車 衣飾	
		溪山逸遊 怡養動用事具		起居器服箋		
					几榻	
		居處建置		山齋箋	室盧	

		怡養動用事具			
				位置	
		高子盆景說		盆玩箋	
		燕閒清賞牋 瓶花三說			
		飲饌服食牋			蔬果
		茶泉類		茶箋	香茗(茗的部分)
怪石辨	異石		論異石		水石
			論水晶瑪瑙琥珀		
			敘古今名論目		
研屏辨					
	金				
	鐵				

附錄七　晚明閒賞文獻分類目錄提要

說明：

一、晚明文人之詩文作品，實不乏閒賞美學的見解流露，如三袁兄弟等輩，若此類欲收入，則整個晚明集部均可一一臚列，如此則漫漶無從收拾，亦失去筆者登錄的意義，故晚明文人之詩文集一律不收。

二、晚明詩詞曲文等文學評論之作，亦歸屬閒賞美學之範疇，幸歷來已有許多學者整理，在此不擬重覆。

三、分類標目的成立，乃參酌余紹宋《書畫書錄解題》、《四庫全書》、《百部叢書》（藝文印書館）等目錄著作，爲晚明閒賞美學文獻作歸類。

四、排序的通則，大致爲類項優於時間，例如【書畫之屬】『論述類』中，先書後畫，其次先「作法」後「理論」，再次爲編撰時間先後，未可考者列後。又如【園藝蟲畜之屬】『園藝譜錄類』，亦依花果蔬農園各自分列，各項下甫依編撰時間先後排列，若未考者則列該項之末。倘若類下未再分項，一律依編撰時間先後排列，未考者列最後。

五、各屬之分類，以及類下特殊分項狀況，詳見各屬之按語。

六、本目錄提要，乃由筆者閱讀各類書目匯輯所得，其中所涉及的汰擇原則，一言以蔽之，就是「閒賞」。「閒賞」的內涵與意指爲何？請參閱本論文第貳篇第一、二章，與第肆篇第三章等三篇論文。以筆者有限的學力，絕對無法窮盡所有晚明相關文獻，然而本目錄提要，實可視爲一份閒賞美學的濃縮書單。

參引書籍：

四庫全書總目提要

百部叢書，藝文印書館

國立中央圖書館善本書目，國立中央圖書館編，1986 年

國立故宮博物院善本書籍總目，國立故宮博物院編，1982 年

國立中央研究院歷史語言研究所善本書目，自編，1968 年

國立臺灣大學圖書館善本書目，聯合編印，1968 年

中國善本書提要，王重民撰，上海古籍，1966 年

續修四庫全書提要，王雲五主持，臺灣商務

中國叢書綜錄，上海圖書館編，上海古籍，1993 年

中國禁書解題，安平秋・章培垣主編，臺灣竹友軒

清代禁燬書目四種，英廉等編，臺灣商務

國會圖書館藏中國善本書錄，王重民編，美國華盛頓，1957 年

北京圖書館古籍善本書目，北京圖書館編，1987 年

普林斯頓大學葛思德東方圖書館中文善本書目，屈萬里撰，藝文，
　　1975 年

明人傳紀資料索引，國立中央圖書館編，文史哲，1978 年

晚明性靈小品研究，〈附錄一　晚明重要文人生卒及撰作刊行年
　　表〉，曹淑娟，文津，1988 年

壹一【書畫之屬】

※【書畫之屬】分類依據余紹宋著《書畫書錄解題》之體例，以下析
　　為七類：「史傳類」包括歷代史、專史、小傳、通史；「論述類」
　　包括概論、通論、專論、雜論、詩篇，原余書之「作法」一項附入

本項中，包括體製、圖譜、歌訣、法則；「品藻類」包括品第、評騭、比況、雜評；「題贊類」包括贊頌、題詠、名蹟跋、題自作、雜題；「著錄類」包括記事、前代內府所藏、一家所藏、鑑賞、集錄；「雜識類」包括純言書畫者、不純言書畫者；「叢輯類」包括叢書、類書、叢纂、類纂、摘抄。各項下有許多登載資料簡略者，如僅錄書名、作者，或僅錄書名者，乃據余書之「未見」部分摘出存目而已，俟來日增益補足。排列順序，先書次畫次書畫，若年代可考者，以時間先後排列，不詳者列後。

一、『史傳類』

書史會要　陶宗儀撰　朱謀垔補遺

　　陶為元末人，朱序於崇禎三年（1630）

　　載古來（三皇至元代）能書人，補遺續明人

－　－　－

畫禪　釋蓮儒撰

　　釋蓮儒始末未詳，據考蓋為嘉靖、隆慶以後人也

　　自跋謂古尊宿六十餘家，見於〈王氏畫苑〉及夏士良〈圖繪寶鑑〉，自惠覺以下迄智海，凡緇流之能畫者皆列焉

湖州竹派　釋蓮儒撰

　　記文同畫竹之派凡二十人，乃取米芾〈畫史〉、鄧椿〈畫繼〉、夏文彥〈圖繪寶鑑〉、陶宗儀〈畫史會要〉等原書相關內容，不遺一字

圖繪寶鑑續編　韓昂撰

增廣圖繪寶鑑　毛大倫、藍瑛合撰

畫史會要　朱謀垔撰

書成於崇禎四年，該年有朱序（1631）

　　仿陶氏〈書史會要〉之例，探上十至明能人姓名事蹟，亦附以畫法。清〈佩文齋書畫譜〉之畫家傳，多引以爲據

畫志　沈與文撰

　　是書所載畫家起唐王維迄元商琦僅十九人，復附宋葉夢得〈評畫行〉一篇，與文爲之注

二、『論述類』

筆訣　豐坊撰

學童書錄　豐坊撰

一覽知書　董其昌（1556-1637）撰

書法必稽　胡正言（1584-1674）撰

　　胡正言生於萬曆十二年，卒於康熙十三年

書範　王應電撰

書法指要　王應電撰

布字原病　王應電撰

大小篆辨訊　暴昭撰

字學繩尺　姜立綱撰

楷法大成　姜立綱撰

書纂　周瑛撰

字學全書　楊時喬撰

－－（以上作法）

筆玄要旨　徐渭（1521-1593）撰

　　是編論書專以運筆爲主，大概仿諸米氏

書法雅言　項穆撰

穆為項元汴（1525-1590）之子，萬曆間檇李項氏刊本，有萬曆二十

七年（1599）支大綸序

穆特工書法，因抒其心得，作為是書，凡十七編：書統、古今、辨

體、形質、品格、資學、規矩、常變、正奇……等

香光筆勢論　董其昌（1556-1637）撰

書法闡宗　董其昌撰

東圖玄覽　詹景鳳撰

按詹曾於萬曆十九年（1591）序《王氏書畫苑》

寒山帚談　趙宧光（1559-1625）撰

書名取其「家有敝帚，享之千金」之意，全書言篆文筆法：「權

輿」論十五書，「格調」筆法結構，「力學」字功書法，「臨倣」

則力學之餘緒，「用才」論筆墨紙硯及運用法，「評鑒」論辨識之

淺深，「法書」論古帖，「了義」論書家祕諦

書法略　趙宧光撰

書法約言　宋曹撰

宋為明末遺民

論書之言

筆道通會　朱象衡編

推廣徐渭筆玄要旨，書中多述豐坊〈書訣〉之語，多言法書、名跡

書法粹言　汪挺撰

「學海類編」收入

書法綸貫　宋嗇撰

法書通釋　張紳撰

周履靖之「夷門廣牘」收入

草訣辨疑　范文明撰

述古法書纂　潞藩、朱常淓撰

書法要錄　汪其瀾撰

筆法源流　高松撰

書法會編　張夢錫撰

學書集法　胡廷玉撰

字學源流　楊時喬撰

書學指南　呂道曦撰

草韻辨體　郭諟撰

臨池小纂

書則

書法觳

臨池雜俎

書訣

古今篆隸

－－（以上書論）

繪妙　茅一相撰

　於萬曆八年（1580）成書

畫說　莫是龍撰

　莫於萬曆中以貢入學

　論畫之作，共十五條

畫法小學　王思任（1576-1646）撰

雪齋竹譜　明程大憲撰

　萬曆戊午四十六年（1618）重刊本，有附圖

香雪林集　王思義編

　　有梅圖二卷，詠梅詩詞文賦二十二卷，終以畫梅圖譜二卷

畫訣　龔賢撰

　　龔賢爲明末遺民

龔半千畫法冊　龔賢撰

畫法　徐益撰

畫鑑直指　吳金陵撰

畫解　欽遠猷撰

畫法大成　朱壽鏞撰

梅花全譜　王思義

圖畫譜　湯克一撰

梅花譜　沈襄撰

畫譜　顧炳撰

松齋梅譜

畫梅全譜　吳太素撰

明畫譜　韓昂撰

天形道貌　周履靖撰

　　李日華(1565-1635)曾爲周作〈梅墟先生別傳〉，應爲李之同期或後
　　期人。該書「夷門廣牘」收入，按「夷門廣牘」爲萬曆中周所編輯

淇園肖影　周履靖撰

　　「夷門廣牘」收入

羅浮幻質　周履靖撰

　　「夷門廣牘」收入

九畹遺容　周履靖撰

「夷門廣牘」收入

春谷嚶鳴　周履靖撰

　「夷門廣牘」收入

畫家要訣

－－（以上作法）

四友齋畫論　何良俊撰

　何弟良傅（1509-1562），爲嘉靖二十年（1541）進士，良俊當早於
　此

畫旨　董其昌（1556-1637）撰

畫眼　董其昌撰

畫評會海　周履靖撰

　李日華（1565-1635）曾爲作〈梅墟先生別傳〉，應爲李之同期或後
　期人。該書「夷門廣牘」收入，按「夷門廣牘」爲萬曆中周所編輯

畫引　顧凝遠撰

畫麈　沈顥撰

畫傳燈　沈顥撰

苦瓜和尙畫語錄　釋道濟撰

　釋道濟爲明末遺民

畫旨　惲向撰

繪事發蒙　鄒德中撰

畫史　王勣撰

圖繪宗彝　楊爾曾撰

畫苑　安懋晉撰

畫音歸正　宋應星撰

畫響　李永昌撰

孔氏畫語　孫丕顯撰

珊瑚林

－－（以上畫論）

三、『品藻類』

書訣　豐坊撰

　　豐坊爲嘉靖間人

　　論學書之法，尤法心於篆籀，又排比古人能書之家，評其次第，各
　　抒己見

中麓畫品　李開先撰

　　李（中麓其號）爲嘉靖八年（1529）進士

　　李氏藏書畫極富，本書爲畫品次第，持頗與吳人異，以戴文進、吳
　　偉第人爲第一等，倪瓚其次，沈周、唐寅第四等

吳郡丹青志　王穉登（1535-1612）撰

　　依神、妙、能、逸四品及遺耆、棲旅、閨秀等類，爲吳郡畫人各爲
　　傳贊

淡圃畫品　王世懋（1536-1588）撰

游鶴堂墨藪　周之士撰

　　自序於萬曆三十七年（1609），齊興周氏游鶴堂刊行

　　書中稱董其昌爲恩師，則董之弟子也，上卷論字體源流及筆法，大
　　旨爲排唐而宗晉，下卷評書家優劣，所稱明代能書諸家，儼然以己
　　列名其中，亦可謂躁於自表矣

蜀中畫苑　曹學佺撰

閩畫記　徐𤏳撰

古今畫鑑　羅周旦撰

近代畫名家實錄　譚貞默撰

藝林小品書畫評

四、『題贊類』

書畫題跋記　豐坊撰

　嘉靖時人

弇州山人題跋　王世貞（1526-1590）撰

　王著〈弇州四部稿〉有雜文跋、墨蹟跋、墨刻跋、畫跋、佛經跋諸
　類，此本惟墨蹟跋、墨刻跋，其文與稿中所載詳略不，疑當時抄撮
　成帙，其後又經刪訂入人集

平泉題跋　陸樹聲（1509-1605）撰

　陸樹聲為嘉靖二十年（1541）進士

　此書為其題跋書畫之文，萬曆十八年（1590）門人黃林二氏別輯刊
　行

書畫跋跋　孫鑛撰

　王世貞（1526-1590）先有〈書畫跋〉，鑛又跋其所跋，有墨蹟、碑
　刻、畫

繪林題識　汪顯節（1550-1617）撰

　萬曆中周履靖鉤摹古今名畫，勒於石，題曰「繪林」，一時文士，
　多有題識，顯節因彙次成帙，凡 42 人，「夷門廣牘」收入

竹嬾畫賸　李日華（1565-1635）撰

　是書輯錄其題畫之作，謂之「賸」者，作畫而附以詩文，如送女而
　賸以弟姪也，所載諸詩，雖風骨未高，而亦瀟灑有韻

西湖臥遊圖題跋　李流芳（1575-1629）撰

墨君題語　項聖謨編

　是編皆題詠墨竹之文，上卷爲李肇亨（李日華之子）作，下卷爲李
　日華作

魯氏墨君題語　魯得之撰

西廬畫跋　王時敏撰

南田畫跋　惲壽平撰

　惲爲明末遺民

大滌子題畫詩跋　釋道濟撰

砥齋題跋　王宏撰

　王爲明末遺民

王奉常書畫題跋　王時敏撰

　王爲明末遺民

五、『著錄類』

名畫神品目　楊愼撰

　楊爲嘉靖時人

書畫銘心錄　何良俊撰

　成書於嘉靖三十六年（1557）

　記所觀書畫事

珊瑚木難　朱存理撰

　多登錄文徵明、文嘉、王穉登（1535-1612）、王騰程等四家收藏，
　悉載所見字畫名蹟題跋

鐵網珊瑚　舊本題朱存理撰

　末附趙琦美（萬曆中人）跋，乃趙從秦四麟家得無名氏殘稿所編與
　增益而成載書畫諸跋，並辨析異同

寶繪錄　張泰階撰

　　張爲萬曆四十七年（1619）進士

　　張家有寶繪樓，自言多得名畫眞跡，然所得晉唐名畫，皆古所未

　　睹，應爲僞品，又列歷代諸家跋語，如出一手，亦復可疑

南陽法書表　南陽名畫表　張丑（1577-1643）撰

　　皆登錄韓世能（長洲人，隆慶二年（1568）進士，喜收名蹟，即董

　　其昌所稱館師韓宗伯）家藏眞蹟，書名南陽爲韓氏郡望。法書共二

　　十七人，七十二件，分五格，上爲時代，下分正書、行押、草聖、

　　石刻四格；名畫共四十七人，九十五幅，亦分五格，上爲時代，下

　　分道釋人物、山水界畫、花果鳥獸、蟲魚墨戲共四格

茅氏南陽名畫表　茅維撰

法書名畫見聞表　張丑撰

　　仿米芾〈寶章待訪錄〉例，變而爲表，表分四格：第一格爲時代，

　　第二格爲目睹，第三格爲的聞，第四格爲會計（總計每一朝代之

　　數）。已見〈南陽書畫表〉者不錄

眞蹟日錄　張丑撰

　　就所見名品卷軸，信手筆其一二，隨見隨書，不復差次時代，命曰

　　眞蹟日錄

清河書畫舫　張丑撰

　　書成於萬曆四十四年（1616）

　　書名取黃庭堅詩米家書畫船句也。丑家四世收藏，於前代卷軸所見

　　特廣，其書用張彥遠〈法書要錄〉之例，於題識印記，所載甚詳，

　　然所取書畫題跋，不盡出於手跡，多從諸家文集錄入，亦有未見其

　　物，據傳聞編入者

郁氏書畫題跋記　郁逢慶撰

　　書於崇禎七年（1634）輯成卷帙

　　所見法書名畫，錄其題跋，不以辨別真僞爲事

珊瑚網　汪珂玉撰

　　書成於崇禎十六年（1643）

　　汪父愛荊與項元汴交好，築凝霞閣以貯書畫，收藏富甲天下，故玉能勒爲巨編，與張丑〈清河書畫舫〉並駕。皆錄法書名畫題跋，前列題跋，後附論說。名畫特贍，清代卞永譽〈式古堂書彙考〉、厲鶚〈南宋院畫錄〉皆藉是書以成。後則雜錄書旨、書品、畫繼、畫評等舊文

孫氏書畫鈔　孫鳳撰

朱臥菴藏書畫目　朱之赤撰

歷代名家書畫題跋　項藥師撰

　　著錄歷代名家書畫題跋

平生壯觀　顧復撰

　　顧爲明末遺民

六、『雜識類』

墨池瑣錄　楊愼撰

　　有嘉靖十九年（1540）許、張二氏序

　　此書抑顏貶苪，推趙孟頫爲右軍後一人。或採舊文，或抒己意

升菴畫品　楊愼撰

　　雜錄畫家事

鬱岡齋筆塵　王肯堂撰

　　王爲萬曆十七年（1589 年）進士。該書於萬曆三十年（1602 年）

刊行。雜論醫方、天文、算術、六壬、五行家言，以及賞鑑書畫之類，亦頗足資參考，王生於心學盛行之時，凡所議論，大抵以佛經詁儒理

畫禪室隨筆　董其昌（1556-1637）撰

第一卷論書，第二卷論畫，第三卷分記遊、記事、評詩、評文、第四卷皆小品閒文，然多可採，一曰楚中隨筆，其冊封楚王時所作；一曰禪悅，大旨乃以李贄爲宗，明季士大夫所見往往如是

書畫史　陳繼儒（1558-1639）撰

雜錄書畫家瑣碎之事，間及名蹟所在，末附以〈書畫金湯〉四則：善趣、惡魔、莊嚴、落劫，各舉十數字以爲品騭，不脫小品陋習

六研齋筆記　李日華（1565-1635）撰

日華工於書畫，故是編所記，論書畫者十之八，其體皆類題跋，蓋錦贉玉軸，流覽既久，意與之化，故出筆輒肖之，其他亦有記雜事。每一眞跡，必備錄其題詠跋語年月姓名，尤足以資考證，然館臣以爲其大抵工於賞鑑而疏於考證

紫桃軒雜綴　李日華撰

書中惟論書畫，因其所長，餘多剿取古人說部而隱其所自來，館臣以爲不及其〈六研齋筆記〉遠矣

味水軒日記　李日華撰

書畫想象錄　李日華撰

蘭葉筆存　釋本以撰

書中載天啓四年（1624）董其昌所記玉璽事，猶在其後也。論淳熙祕閣續帖於黃庭內景經點畫形模辨析絲毫，蓋即姜夔蘭亭偏旁之意，其餘多談書畫，亦偶及雜事，所稱引者焦竑董其昌語爲多，中

　後雜載詩二十餘首，爲其自作，大抵隨筆紀錄之冊，後人抄合爲帙

書畫史　黃雲撰

明書畫史　劉璋撰

閱古錄　盛德潛撰

題畫詩　范迂撰

畫題　錢江撰

淵著堂畫記　賀氏撰

名賢畫錄

丹青記

七、『叢輯類』

玄鈔類摘　徐渭（1521-1593）撰

　徐渭序於萬曆元年（1573），有萬曆十九年（1591）山陰陳氏刊本

古今法書苑　王世貞（1526-1590）撰

王氏書畫苑　王世貞編　詹景鳳補益

　詹景鳳序於萬曆十八年（1590），二人皆錄前代論畫要籍，王錄謝

　赫〈古畫品錄〉以下十五種，詹錄梁元帝〈山水松石格〉以下十六

　種。按據《國立中央圖書館善本書目》，王氏原編有〈畫苑〉爲郎

　陽刊本，〈王氏書畫苑〉三十六卷三十二冊，爲王元貞金陵刊本。

王氏書苑　王世貞編　詹景鳳補益

　詹景鳳序於萬曆十九年（1591）

　王世貞自早先己所編纂之古書家言已付梓之十數種中選出五種刻

　本，重新翻刻，後再與詹氏續刻八種成補益

文字會寶　朱文治編

　有萬曆戊申三十六年（1608）錢唐朱氏刊本

繪事微言　唐志契撰

　　是編乃其所著畫譜，所錄畫家名論，自南齊謝赫〈古畫品錄〉下至
　　於明李日華（1565-1635）諸人，芟除蕪冗，汰取菁華

杜氏四譜　杜浚著

　　卷末有弟杜漸、杜涇校梓，涇有另書成於萬曆二十二年（1594）

　　凡詩、文、書、畫四譜，體例如王氏〈書苑〉、〈畫苑〉之類，雜
　　輯古人成說，惟卷帙頗短。「詩譜」首揭僎斯〈詩法正宗〉，「文
　　譜」首陸機〈文賦〉，「書譜」首孫過庭〈書譜〉，「畫譜」首張
　　彥遠〈敘畫源流〉

唐詩畫譜　黃鳳池編

　　有明萬曆至天啓間（大約162?年左右）清繪齋集雅齋集刊本

　　取唐人五六七言絕句各五十首，繪為圖譜，而以原詩書於左方，末
　　為花鳥譜，但有圖而無詩，則鳳池自集其畫，附詩譜以行也

十竹齋書畫譜　胡正言（1584-1674）輯

　　天啓至崇禎間刊彩色印本（162?-163?）

　　載梅、石、蘭、竹、果、翎毛、墨華、書畫八種譜

畫譜　不著撰人名氏

　　首〈唐六如畫譜〉，次五言唐詩畫譜，次六言唐詩畫譜，次七言唐
　　詩畫譜，次木本花譜，次草本花譜，次扇譜，譜首各有小序，蓋明
　　季坊本也

書法離鉤　潘之淙撰

　　書名取禪家垂絲千尺，意在深潭，離鉤三寸之語。是書薈萃舊說，
　　大旨謂書家筆筆有法，必深於法而後可以離法，又必超於法而後可
　　與進法

海內名家工畫能事　張鳳翼撰

　采輯前人論畫緒言

書輯　陸深撰

字學叢書

貳－【篆刻之屬】

※以下分『集古印譜類』、『自刻印譜類』與『論述類』三項。

一、『集古印譜類』

宣和集古印史　來行學刊

　據考此書蓋初成於隆慶年間

　來行學自序稱其耕於石菁山畔，桐棺裂得朱笥一函，內蜀錦重封宣
　和印史一卷，素絲玉軸，硃印墨書，蓋南渡以來好事家所寶以自殉
　者。然按四庫館臣所考，此書自宋以來諸家書目不載，惟元吾邱衍
　〈學古編〉後附明隆慶二年（1568）羅浮山樵附錄「世存古今圖印
　譜式」條內有〈宣和印譜〉四卷，計其年月，適在此書初出之時，
　即據此本以載入，非古有是書，依託顯然明白。附題所製印色之價
　某種若干等，後屠隆（1542-1605）作序，極稱之。

印藪　顧從德撰

　有隆慶六年（1572）沈明臣序本，亦另有萬曆三年（1575）王穉登
　序、顧從德序之再刻本。據顧自序稱，是書初名〈集古印譜〉，王
　穉登始易之曰〈印藪〉，然顧以「譜刻成……未遑更焉」，仍舊名
　行世。後復增兩卷，始改題曰〈印藪〉，其後又有改題爲〈秦漢印
　統〉者。是編搜羅古印，篆刻成譜。首尚方諸璽，次官印，次私
　印，以四聲部分爲次，檢閱頗便。顧有一百六十餘枚王印、一千六

百餘銅印，可謂至富。凡收錄自其家以乃好事者所藏，曾經寓目
者，咸以硃摹其文，而詳載其釋文形製於下。並探掇前人如王俅
〈嘯堂集古錄〉、趙孟頫〈印史〉、吾邱衍〈學古編〉、楊遵〈集
古印譜〉等，以備考訂。

秦漢印統　王常編

有隆慶五年（1571）黃姬水序，萬曆三年（1575）王穉登序，以及
舊序。是書乃就顧從德〈集古印譜〉（後易名爲〈印藪〉）重編，
原題王常名，此本仍之，又有吳元維、顧晉亨校刻。

古正文印藪　張學禮等撰

有萬曆十七年（1589）自序

原題：「江都張學禮誠甫彙選，京口劉汝立思禮同選」，卷二、
三、四題：「歙邑吳良止中足、東海徐延年季常同選」。劉、吳、
徐三君皆精刻印，是書早於〈印範〉，已用勒石鈐印之法，允爲先
導，蓋至潘氏始專以此標榜取勝

集古印譜　甘暘編

萬曆丙申二十四年（1596）秣陵甘氏鈐拓本

秦漢印範

有萬曆三十四年（1606）張所敬序，萬曆三十五年（1607）潘雲杰
自序

共有六卷，卷一、三、五題：「雲間潘雲杰源常甫編輯，甬東楊當
時漢卿甫摹篆」，卷二、四、六題：「雲間陸鑨元美甫編輯，鄆郡
蘇爾宣朗公甫摹鐫」據王重民先生考，潘爲本書編者，陸爲爲助
編，楊、蘇二人爲當時有名刻印工匠。潘認爲顧從德以木板摹刻而
失眞，乃出私藏，兼假朋好，並倩蘇、楊二君，就顧氏譜精摹勒

石，以硃泥登冊，由此開後世鈐印之風

二、『自刻印譜類』

印史　何通撰

　書成於萬曆中

　取歷代名人各爲刻一私印，而略附小傳於下，自秦十九至元十四共
　八百三十二人。其印欲仿漢刻，而多違漢法（如漢印不合小篆者多
　兼用隸法，不用古篆），大抵拘於俗工之配合，全未考古

皇明印史　邵潛編

　原題：「廣陸邵潛潛夫篆，吳郡趙宦光（1559-1625）凡夫校」，卷
　三題陳繼儒（1558-1639）校。王士禎〈池北偶談〉稱邵潛性傲僻不
　諧俗，人多惡之。秦武域〈聞見瓣香錄〉云：「〈皇明印史〉，廣
　陵邵潛潛夫篆，有華亭陳繼儒序，晉陵毛應翔爲傳，共五百八十四
　方，自劉基、徐達以下，凡一代名賢，人刻一章，其人皆可鏤之史
　冊者，此其所以名也。」陳繼儒序云：「上自開國六王上公徹侯、
　以至名臣將相、文學布衣，各一印，以寄微尚，蓋不衮不鉞之〈春
　秋〉，而不傳記編年之實錄也」

珍善齋印印　吳迴篆刻

　萬曆戊午四十六年（1618）鈐拓本

虛白齋印殿　王應麒編

　萬曆間鈐拓本

印品　朱聞編

　萬曆間鈐拓本

蘇氏印略　蘇宣篆刻

　萬曆間大鄣蘇氏鈐拓本

學山堂印譜　張灝篆刻

　　崇禎間鈐拓本

印存初集　印存元覽　胡正言（1584-1674）撰

　　胡正言於明末嘗官至武英殿中書舍人，清順治丁亥海陽胡氏十竹齋
　　鈐拓本胡以摹印名一時，此乃其印譜也。初集以朱印之，別名〈元
　　覽〉者，則以墨印之，大抵名字印十之八，齋閣印十之一，鐫成語
　　者十之一

胡氏篆草　胡正言（1584-1674）篆刻

　　清初帶古堂鈐拓本

三、『論述類』

篆學指南　趙宧光（1559-1625）撰

　　「學海類編」收入

古今印史　徐官撰

　　徐官承其師魏校〈六書精蘊〉以篆改隸，又以古篆改小篆之說，於
　　摹印之事，動引六書爲詞。然許慎說文序，載摹印之書，別爲一
　　體，名曰「繆篆」，且漢人之印，傳於今者，往往與小篆不符，蓋
　　古印所以示信，欲人辯識，務肖本形，如改諸葛亮爲諸葛諒，韓愈
　　爲癒，已不知爲誰，徐官動輒以鐘鼎古文鐫之。

參一【器用之屬】

※以下分『古琴類』、『鼎彝奇器類』、『文房日用類』三大類。

　　『古琴類』下分「琴譜」、「琴論論事」兩項。

一、『古琴類』

「琴譜」

梧岡琴譜　黃獻撰

黃獻幼年入內府事孝宗從司禮太監戴居學琴，嘉靖二十四年
（1545）年六十方著爲是書，次年（1546）作序。所載諸譜，皆徐
門群英所修正（黃師名戴義，乃徐門正傳，徐乃徐于，曾著有〈徐
門琴譜〉，戴義師張助有〈琴譜〉，義之同門蕭鸞有〈琴譜〉）

琴譜正傳　楊嘉森編

有陳經嘉靖二十五年（1546）序，黃獻（曾於憲宗時任中官）跋此
應爲黃獻〈梧岡琴譜〉原本，由楊嘉森重刻者

龍湖琴譜　石國禎、陳泰等編

隆慶庚午四年（1570）刊本

琴譜大全　楊表正撰

初刊於萬曆元年（1573）

彙錄琴譜諸調，考正音文，註明指法，搜採視他本頗廣，因此初刻
之後，曾多次重刻，據王重民先生著錄提要者有四種：富春堂刻本
於萬曆元年（1573）最早，原題〈新刊正文對音捷要琴譜眞傳〉，
其次爲〈琴譜眞傳〉（按其題有剜改痕跡），其次又復第初刻之
名，第四種則爲〈重修正文對音捷要眞傳琴譜大全〉，四庫全書乃
據第四種而著錄存目，此本自序、劉御序、陳書箴跋、姚士畏跋皆
於萬曆十三年（1585）。

伯牙心法　楊掄撰

楊爲萬曆以後人，有萬曆三十七年（1609）俞彥序

凡宮音三曲、商音六曲、角音三曲、徵音七曲、羽音三曲、商角音
三曲、慢宮調一曲、黃鍾調一曲、淒涼調一曲、清商調二曲、有詞
者六、無詞者廿三、每詞各有解題，詞旨淺拙，至謂墨子爲梁惠王

時人，其陋可想矣。

松絃館琴譜　嚴澂撰

自序於萬曆四十二年（1614）

是書錄二十八曲，皆無文者也，澂以爲古代琴譜有聲無詞，譜乃聲
調隨口音流傳下來，詞則因各地方言而易失傳

理性元雅　張廷玉撰

張廷玉爲萬曆三十八年（1610）進士

琴譜：琴凡四式，曲凡百篇，有本調、正調、別調、指法、調法、
研注諸門；又別譜鼓瑟之法，按律居昔，按音協調，合十二曲爲一
卷附後

徽言祕旨　尹曄撰

王重民先生引孫奇逢〈尹芝僊傳〉云：「芝僊名曄……幼讀書好
弄，十餘歲聞人彈琴，遂悉心其學者十年，崇禎間，天子明琴理，
延攬天下善琴者，遂官武英殿中書舍人，從上彈琴仁智殿上……即
賜號曰芝僊，鼎革後，浮蹤山岑水湄，晚愛蘇門山水，遂卜居
焉」。初刻有尹自序於順治四年（1647），孫序於順治九年
（1652），謝弘儀跋於順治七年（1650）。增刻本有孫奇逢序於康
熙七年（1668）。緒論爲〈琴川指授〉，之後爲各調譜

移情摘粹　張良器選輯

原題：「天都張廷坤寧一父鑒定，同學張良器不器父選輯，汪乘蛟
非池父、張天垣紫野父、張潮山來父全閱」有張潮、汪乘蛟序，張
兆鉉跋，皆於清康熙五年（1666）汪序云：「今丙午春（按康熙五
年），不器從郡歸，果見知於張子山來，特爲取翁（按廷坤）所傳
者，著爲琴譜」

綠綺新聲　徐時琪撰

　　樂譜，「夷門廣牘」收入

「琴論琴事」

文會堂琴譜　胡文煥撰

　　刻於萬曆二十四年（1596），有自序與張綸後序

　　凡十八條，皆論琴，後十一條多論鼓琴之事。胡自序云：「譜多不
同，琴師炫新，改換名目，欺弊非一，然琴獨尚浙操者，猶曲之有
海鹽也，今余此譜皆新傳之浙操，其間首自創制，未附鄙見，以文
會堂別之，恐濫廁於叢惡間……」其書以浙操相標異

太古遺音　楊掄撰

　　卷首系四古贊一篇，其中上古琴樣一篇，自伏羲、神農迄劉伯溫凡
三十四人之琴，皆繪之爲圖，又繪鍾子期像而以己像廁其後

琴譜合璧　楊掄輯

　　文林閣刻本，有萬曆三十七年（1609）俞彥序（以上爲〈伯牙心
法〉）、李文芳序、呂蘭谷跋（以上爲太古遺音）彙〈太古遺音〉
二卷、〈伯牙心法〉一卷而成，故稱「合璧」

青蓮舫琴雅　林有麟編

　　林有麟於萬曆四十一年（1613）遊西泖作，次年（1614）作自序，
青蓮舫爲其遊湖之舟是書凡古琴之制度、名稱、典故、賦詠，皆所
采錄，而琴譜反黜不錄，蓋爲隸事之書，非審音之書也。王重民按
該書乃抄撮楊氏〈太古遺音〉而成

琴苑　夏樹芳編

　　夏自序於萬曆四十四年（1616）

　　輯古人雜論琴事者爲編，蓋隸事之書，非審音之書也

琴聲十六法　冷謙撰

　「學海類編」收入

二、『鼎彝奇器類』

宣德鼎彝譜　呂震等人奉敕編次

　　宣宗宣德中，太監吳誠司鑄冶之事，與呂震彙著圖譜進呈，尚方世
無傳本。于謙於英宗正統中爲禮部祠曹，從誠得副本，文彭復從于
謙之孫假歸抄之，當時只以進御，未嘗頒行，至嘉靖中，始流傳於
世，故有文彭嘉靖十三年（1534）跋。宣宗以郊廟彝鼎不合古式，
命工部尙書吳中採博古圖諸書及內府所藏柴、汝、官、哥、均、定
各窯之式更鑄，呂震等纂前後本末，以成是書卷一、二爲所奉敕諭
及禮部進圖式、工部議物料諸疏；卷三爲工部請給物料疏、禮工二
部議南北郊、至武學、武成殿鼎彝名目；卷四爲太廟至內府宮殿鼎
彝名目；卷五敕賜兩京衙門至天下名山勝蹟鼎彝名目、工部鑄冶告
成、補鑄二疏、褒獎敕一道，卷六、七、八詳釋鼎彝名義如：某所
某器倣古某式，皆疏其事實、尺寸、制度，一一具載之

古奇器錄　陸深（1477-1544）撰

　雜錄古人奇器名目，各標出處，末附以〈江東藏書目錄〉

槎居譜　黃鶴撰

　黃爲嘉靖三十八年（1559）進士

　宅名槎居，有仰陶亭、空中閣諸勝，皆自出意匠爲之，此譜乃敘其
宮室器服備造之製，各系以銘，語意纖仄

宣爐博論　項元汴（1525-1590）撰

　收於「美術叢書」中

煙霞俱　劉伯生撰

萬曆初年（157?）刊本

素園石譜　林有麟撰

　　林有萬曆四十一年（1613）自序

　　是編乃林有麟於所居素園闕元池館以聚奇石，因采宣和以後石之見
　　於往籍者凡百種，具繪爲圖，綴以前人題詠，大抵以意摹寫，未必
　　一一肖其眞也

石品　郁濬撰

　　成書於萬曆四十五年（1617），雜錄古來石品，又多剽竊類書

蠟衣生劍記　郭子章（1542-1618）撰

　　皆記劍事，分上、下二篇，前有自序謂上篇據劍之實者紀之，下篇
　　則紀其寓言，如莊子所謂天子劍、諸侯劍之類。「寶顏堂祕笈」收
　　入。

名劍記　李承勛撰

　　萬曆甲寅四十二（1614）括蒼氏刊本，《續說郛》收入

蝶几譜　嚴澂撰

　　嚴澂活動於萬曆後期，（萬曆 42（1614）年曾序〈松絃館琴
　　譜〉），汲古閣刊本因〈燕几圖〉（按舊本題北宋黃伯思撰）而變
　　通，燕几以方几長短相參，此則以句股之形作三角相錯，形如蝶
　　翅，故曰蝶几，其式有三，其制有六，其數有十三，變化之式凡一
　　百有餘，較燕几圖頗巧

龍乘　胡安世撰

　　書成於天啓五年（1625），再五年胡始爲進士，可知其少年寄託
　　其引〈禮記・少儀〉云：「觀君子之衣服、服劍、乘馬、弗賈」，
　　乃其取義爲劍馬史也。雜輯群書，述而不作，頗爲該備

諸器圖說　王徵撰

　　有王徵天啓六年（1626）自序

　　共十一圖，各爲之說，附以銘贊

奇器圖說　王徵編撰

　　有王徵天啓七年（1627）自序

　　此書乃王徵詢問西洋人鄧玉函西洋奇器之法，玉函以該國所傳文字
　　口授，徵譯且繪爲是書。首明立法（算測力學原理），次論各色器
　　具之法，次介紹各種器具，特於農器水法詳備，多載裨益民生之具

古器具名附古器總說　胡文煥編

　　每一古器，各繪一圖，先以〈博古圖〉、〈考古圖〉，次以〈欣賞
　　編〉（按實則轉引自說郛所引之元人朱德潤編〈古玉圖〉），而
　　博、考二圖，每器僅擇其一，不知何取？末附總說，則全襲〈博古
　　圖〉之文，引據原疏，乃剽竊割裂，又從而汩亂之，鉤摹古篆，亦
　　不解古人筆法。此書收入胡編之「格致叢書」中

劍筴　錢希言撰

　　亦載歷代劍事，採摭繁蕪，分類冗瑣。明翠幄草堂刊本

焦山古鼎考　張潮輯

　　題曰：「王士祿圖釋，林佶增益」焦山古鼎早已不存，世僅傳其銘
　　識，王與林各據不同本，互有得失，張潮則又就寺中重刻石本爲之

三、『文房日用類』

文苑四先生集　鍾嶽秀撰

　　仿蘇易簡〈文房四譜〉而稍廣之，所採自唐韓愈〈毛穎傳〉以下，
　　凡爲筆墨紙硯而作者，分體編輯，其事跡則隨文附見，而載鍾氏自
　　作者，體例纖小，採摭尤爲蕪遠

歙硯志　江貞撰

　　其書以饒州守葉良貴與其弟東昌守葉良器所撰〈硯志〉，及江貞族
　　祖江遜〈硯譜〉參合成編，大約以北宋英宗年間之〈歙州硯譜〉、
　　南宋洪适〈歙硯說〉爲藍本，而稍增益之

硯譜　沈仕撰

　　「廣百川學海」收入

方氏墨譜　方于魯撰

　　六篇序中，最早有萬曆十一年（1583）汪道昆序，另有李維楨、莫
　　雲卿、屠龍等人爲序方初學詩，後曾受造墨法於程，乃改而製墨。
　　此編首列同時諸人投贈之作，下分六類：國寶、國華、博古、博
　　物、法寶、鴻寶，上自符璽圭璧，下至雜佩三百八十五式，摹繪精
　　細，各系以題贊。然其僅繪墨形製與程氏爭勝於刻鏤間，未嘗一講
　　墨法

程氏墨苑　程君房撰

　　程自序於萬曆二十二年（1594），甚得晚明文人爲序，有申時行、
　　管志道、董其昌、焦竑、顧起元、王思任、屠隆、利馬竇等十七
　　人，均序於萬曆三十～三十三年（1602-1605）。萬曆滋蘭堂刊行。
　　是編以所製諸墨，摹畫成圖，分爲六類：元工、輿地、人官、物
　　華、儒箴、緇黃，每類各分上下二卷，雕鏤題識，頗爲精巧。按四
　　庫館臣所考，程、方二人以名相軋，互爲深讎，此二書乃鬥新角異
　　之作

墨海　方瑞生撰

　　萬曆間浮玉齋刊

墨法集要　沈繼孫撰

「聚珍版叢書」收入

墨志　麻三衡撰

「涉聞梓舊叢書」收入

漫堂墨品　宋犖撰

犖所藏，張仁熙既爲品次，越十四年，爲康熙甲子，又得三十四丸，各列形狀款識，與前品體例略同

汝水巾譜　朱術珣撰

載古今巾式凡三十二圖，自華陽巾以下十三種，或採古書，或徵畫籍而倣爲之，然敘次多舛略。其尺幅形製可考者如葛巾、幅巾者，及略而不敘，而明制本有軟巾諸色及俗尚之凌雲巾亦失載，貝葉巾以下十九種，則無所證據，皆術珣以意創爲之

香林牘　夏樹芳撰

自序曰：「長夏居毗山，日禮蓮花小品，殿最名香，略摭成篇」，著錄香六十八品。依其父夏謙吉（1527-1595）之年，以及曾自序〈琴苑〉於萬曆四十四年（1616）二事來判斷，夏樹芳大約活動於萬曆中晚期。

香乘　周嘉冑撰

初纂於萬歷四十六年（1618），同年有李維楨序，後病其疏略，續輯成編，以崇禎十四年（1641）刊成，有自序與自跋二文是書凡香品、佛藏諸香、宮掖諸香、香異、香事分類、香事別錄、香緒餘、法和眾妙香、凝合花香、薰佩之香、塗傅之香、香屬、印香方、印香圖、晦齋譜、墨城小錄香譜、獵香新譜、香爐詩文等等，採摭極爲繁富，宋以來香譜卷帙大抵不過一、二卷，所傳者惟陳敬之譜，較爲詳備，周氏此編，殫二十餘年，凡香之名品、故實，以及修合

（凝和製造之方）、賞鑑諸法，無不旁徵博引，一一具始末

香國　毛晉（1599-1659）撰

雜錄香事，或註或不註所出，皆陳因習見之詞，亦多龐雜割裂

肆—【園藝蟲畜之屬】

※以下分『園藝譜錄類』與『蟲畜譜錄類』兩類。『園藝譜錄類』依
「花總論」、「個別花譜」、「果論與果譜」、「穀糧與蔬譜」、
「農圃理論」等項排序；『蟲畜譜錄類』依「蟲譜」、「獸譜」、
「魚譜」、「海錯譜」排序。

一、『園藝譜錄類』

「花總論」

花疏　王世懋（1536-1588）撰

「續說郛」收入

藝花譜　高濂撰

原爲高書《遵生八牋》（序於萬曆十九年（1591））〈燕閒清賞
牋〉之部分內容，「廣百川學海」摘出收入

草花譜　高濂撰

此篇應高濂《遵生八牋》〈燕閒清賞牋〉之部分內容，「續說郛」
摘出收入

花裡活　陳詩教撰

輯古今花卉故實，按代分編，大致因襲陳言。書名乃用李賀詩句
「秦宮一生花裡活」（按館臣譏評曰：秦宮何人而可以自比乎？）

灌園史　陳詩教撰

原題：「陳繼儒（1558-1639）刪定，陳詩教編」

　　分爲兩部分：「古獻」輯古人與花，「今刑」述灌花事，王重民先
　　生以爲此乃〈花裡活〉原書後增訂所易之書名

瓶史　袁宏道（1568-1610）撰

　　插花、養植、植物情態等事之清言韻言。「續說郛」等大部分晚明
　　叢書均收入

瓶花譜　張謙德撰

　　謙德即張丑（1577-1643），自序謂其稚齡時所作

　　首品瓶、次品花以及折枝插貯等事，終以護瓶，與袁中郎《瓶史》
　　一書體例相近

瓶史月表　屠本畯撰

　　「續說郛」收入

品花箋　清茗花史編

　　明末娑秀閣刊本，有附圖

新鐫江道宗百花藏譜　江之源撰

　　有萬曆四十年（1612）江之源自序與江一桂序

　　原題：「武林花癖居士江之源道宗父增輯，男華璣野人江一桂靈實
　　父校正」舊本題西湖居易主人撰〈名花譜〉（按實即乾隆人）中九
　　十二種花，並附以三訣「瓶花訣」、「盆種訣」、「十二花木訣」
　　等，乃就此書刪削移易而成，此書列有一百四十四種。另附有江一
　　桂〈續藏譜〉

花史左編　王路撰

　　有萬曆四十六年（1618）自序，復有天啓元年（1621）李日華序，
　　然刻本不止一種，曾爲是書爲序者，除李之外，尚有陳繼儒於崇禎
　　十一年（1638）序。此書皆載花之品目故實，分類編輯，屬詞隸

事,多涉佻纖。陳序云:「遂簡諸藝植方及所藏書中,拈其涉花木者,稍排續爲書,曰〈花史類編〉」。名曰「左編」者,乃別有「右編」爲花之辭翰(按有其名,然未見其書)。此書爲二十四卷本,四庫提要之二十七卷本,乃附入了題百花主人輯之〈花塵〉,題潭雲宣猷馭雲子補之〈花之友〉、〈花之器〉而合成

花史　吳彥匡撰

　　吳爲明人

　　是書本蔣養菴〈花編〉、曹介人〈花品〉二書推而廣之,得百有餘種花。每花爲一類,各加神品、妙品、佳品、能品、具品、逸品。各種標目,附以前人遺事及詠花詩歌,大都以意爲之,所品第不必皆確也

花曆　程羽文撰

　　原爲程羽文〈清閒供〉之一章,「續說郛」摘出收入

花小名　程羽文撰

　　原爲程羽文〈清閒供〉之一章,「續說郛」摘出收入

「個別花譜」

劉雪湖梅譜　劉世儒撰

　　此譜最早有隆慶三年(1569)唐汝楫序,數經翻刻,晚有萬曆二十三年(1595)徐之任跋,入清尚有康熙二十年(1681)之印本。

　　劉善畫梅,筆意瀟灑。全書贈答詩文作者無慮數十人,而書僅十六葉,以見雪湖交游之廣,及明人標榜之習

汪虞卿梅史　汪懋孝撰

　　汪爲萬曆間人,並有焦竑序

　　汪自稱學畫於詹景鳳,又稱:「家大人所善游客雪湖劉繼相(按著

有〈梅譜〉者）」云云，知其與劉譜爲同時。有「寫梅敘論」七
則，「梅影」十四幀

梅史　黃瓊編

　　清初栖園刊本

藝菊　黃省曾（1490-1540）撰

　　「廣百川學海」收入

東籬品彙錄　盧璧撰

　　盧爲嘉靖十七年（1538）進士，有嘉靖四十二年（1563）自序，次
　　年（1564）有許穀序、張祥後序據王重民先生引〈金陵通傳・盧璧
　　傳〉云：「……及歸，杜門謝客，好藝菊，宅畔有園，花時召賓
　　右，吟賞其間」

藝菊志　陸廷燦撰

　　陸在槎溪之上藝菊數畝，畫家王翬爲繪藝菊圖，一時多爲題詠，廷
　　燦因廣徵菊事，以作此志，書分六類：考、譜、法、文、詩、詞，
　　藝菊圖題詞附之

菊譜　周履靖撰

　　李日華（1565-1635）曾爲周履靖作傳，「夷門廣牘」收入

蘭花譜　高濂撰

　　原爲高書《遵生八牋》（序於萬曆十九（1591））〈燕閒清賞牋〉
　　之部分內容，「廣百川學海」摘出收入

種蘭訣　李奎撰

　　「廣百川學海」收入

亳州牡丹表　薛鳳翔撰

　　「續說郛」收入

牡丹八書　薛鳳翔撰

　「續說郛」收入

茶花譜　樸靜子撰

　有清康熙五十八年（1719）自序

　乃其官漳州時所作也，茶花盛於閩南，而以日本洋種爲尤勝，上卷

　四十三花品，中卷詠花之作，下卷種植之法。其文欲學屠隆、陳繼

　儒之步，新雋冷峭，纖佻彌甚

「果論與果譜」

果疏　王世懋（1536-1588）撰

　「續說郛」收入

閩中荔枝通譜　屠本畯編

　萬曆丁酉二十五（1597）年刊本

荔支譜

　晚明徐燉、宋珏、曹蕃均各著有一卷，「續說郛」、「荔通譜」皆

　收入

荔枝通譜　鄧慶寀撰

　有崇禎二年（1629）沈長卿、蔡邦俊二序

　將諸家荔枝譜，輯爲一編，故曰通譜，錄有：蔡襄譜一卷、徐燉譜

　七卷、慶寀自爲譜六卷，附宋珏譜、曹蕃譜一卷

「穀糧與蔬譜」

廣菌譜　潘之恆撰

　潘之恆於嘉靖間官中書舍人

　宋代陳仁玉原撰有《菌譜》，此書「續說郛」收入

理生玉鏡稻品　黃省曾（1490-1540）撰

「夷門廣牘」、「廣百川學海」收入

種芋法　黃省曾（1490-1540）撰

此書言種芋事，一曰名，釋名並言其生態，二曰食忌，旅生有毒，三曰藝，即栽種之法，四曰事，謂可以爲充飢之食品也。「續說郛」、「夷門廣牘」收入

澹園芋紀　楊德周撰

楊爲萬曆十六年（1588）舉人，後有趙士駿增訂

專紀芋魁典故凡十類：名、藝、食、忌、事、論、詩、賦、謠、方，採摭頗詳

甘薯錄　陸燿撰

有辨類、勸工、取種、藏實、製用、衛生六事，種甘薯法之書。「賜硯堂叢書」收入

瓜蔬疏　王世懋（1536-1588）撰

「續說郛」收入

筍梅譜　釋眞一撰

成書於天啓七年（1627）

釋所居江南法華山龍歸塢，其地多產筍，梅花亦盛，故各爲之作譜

野荣箋　屠本畯撰

「續說郛」收入

野蔬品　高濂撰　屠本畯校閱

共收九十六種蔬品，並指導食法。徐光啓《農政全書・荒政》後附王磐西樓氏之〈野菜譜〉一卷，與此書用意正同，惟高書更多出三十餘種野菜。「續說郛」、「廣百川學海」收入

茹草編　周履靖撰

周履靖活動於萬曆中後期

「夷門廣牘」收入

救荒野譜　姚可成撰

「借月山房彙鈔」叢書收入

藥圃同春　夏旦撰

「續說郛」收入

「農圃理論」

學圃雜疏　王世懋撰

王世懋生卒（1536-1588）

皆記其圃中所有及聞見所及者，分花、果、蔬、瓜、豆、竹六類，
各疏其品目及栽植之法，大致以花為主，草木之類從略。收入「寶
顏堂祕笈」中。

汝南圃史　周文華撰

有萬曆四十八年（1620）自序與陳元素、王元懋序

自序稱因見允齋〈花史〉嫌其未備，補葺是書，共十二門：凡月
令、栽種、花果、木果、水果、木本花、條刺花、蔬菜、瓜豆……
等，就江南所產言之

農說　馬一龍撰

書中群言陰陽水火之所以生成之理，下及雜草之方，耒耜之利，纖
悉畢具。「寶顏堂祕笈」、「廣百川學海」、「二十二子全書」均
收入

老圃良言　巢鳴盛撰

言種植之事有十要：下種、分插、接換、移植、修補、保護、催
養、卻蟲、貯土、澆灌等，依法試之，罔有不效，嘉蔬美果，實叨

其惠。「學海類編」收入

農圃四書　種明臣撰

其書分稻品、蠶經、養魚經、藝菊書四類，稻類分二十七種，蠶類
分九事，養魚分三法，藝菊分六法，皆農圃中所從事，故名曰農圃
四書。孔子曰：吾不如老農，吾不如老圃，四民以農次於士，故非
知農之實事，無以補士之空言，故士以農爲副業，農以圃爲副業，
農圃之書極爲寶貴，不可不讀。收於「農學叢刻」中

募種兩堤桃柳議　聞啓祥撰

「續說郛」收入

二、『蟲畜譜錄類』

「蟲譜」

蠶經　黃省曾（1490-1540）撰

「廣百川學海」、「百陵學山」叢書收入

促織志

袁宏道（1568-1610）、劉侗各著有一卷，「續說郛」皆收入

見物　李蘇撰

「惜陰軒叢書」收入

辨物小志　陳綷撰

「學海類編」收入

蟲天志　沈宏正撰

王重民按沈宏正於天啓初（162?），詔求之弗應，故應爲天啓時
人，此書崇禎時（163?）刊行，吳淞沈氏暢閣刊本。是書集鳥獸蟲
魚異事，分爲六部，莊子云：「惟蟲能蟲，惟蟲能天」，書之命
名，蓋取於此。

金石昆蟲草木狀

　　明文俶女士繪，萬曆四十五年至四十八年（1617-1620）彩繪底稿本，明趙均手寫序文及目錄、文從簡手寫標題、張鳳翼、楊廷樞、徐汧各手書題記

「獸譜」

獸經　黃省曾（1490-1540）撰　呂茂良訂

　　天啓間（162?）語溪呂氏刊本

　　本書後附相貝經（漢朱仲撰）、相鶴經（宋王安石訂）、質龜經（唐李淳風撰）、相馬經（宋徐咸撰）、養魚經（明黃省曾撰）等前人著作。「續說郛」、「夷門廣牘」、「廣百川學海」均收入

蠒衣生馬記　郭子章（1542-1618）著

　　摭載籍中所記馬事，分上下兩篇，援引頗博，並著所採書名，較明人其他著作頗有根據。「寶顏堂祕笈」收入

名馬記　李翰撰

　　「續說郛」收入

虎薈　陳繼儒（1558-1639）撰

　　末有黃廷鳳跋，謂繼儒病瘧，王穉登（1535-1612）貼以虎苑一帙佩之，而瘧愈，遂爲是書，凡所引用，多拉雜無倫，與談虎無涉者，亦漫爲牽綴，眞所謂無關體要者。「寶顏堂祕笈」收入。

「魚譜」

魚經　黃省曾（1490-1540）撰

　　「夷門廣牘」、「廣百川學海」收入

異魚圖贊　楊愼撰

　　楊有嘉靖二十三年（1544）自序與席和二十五年（1546）序

凡魚圖三卷八十七種，贊八十六首，海錯三十五種，贊三十首。詞旨頗古雋，可與北宋宋祁〈益部方物略〉頡頏。而詮釋不過形容崖略，所取材之萬震〈南州異物志〉、沈懷遠〈南越志〉、據考僅唐志著錄，宋以後已失傳，何由見得？

異魚圖贊補　胡安世撰

　　自序於萬曆四十六年（1618）

　　以楊書尚多缺漏，摭其遺脫而成此編

異魚圖贊箋　胡安世撰

　　此書乃崇禎三年（1630）胡所箋

　　將楊慎書原有自注而未暇備引其說者，爲補之，且博採傳記以爲之箋

「海錯譜」

海味索隱　屠本畯撰

　　「續說郛」收入

閩中海錯疏　屠本畯撰　徐補疏

　　按不知此書與《海味索隱》是否爲同書？「學津討原」、「藝海珠塵」二叢書均收入

伍－【飲饌之屬】

※以下分『茶類』、『酒類』、『飲膳類』三類。

一、『茶類』

茶譜　顧元慶（1487-1565）撰

　　此書「續說郛」收入

茶寮記　陸樹聲（1509-1605）撰

是書乃其家居之時，爲與終南山僧明亮同試天池茶而作。分人品、
品泉、烹點、嘗茶、茶候、茶侶、茶勳等，寥寥數言

煎茶七類　徐渭（1521-1593）撰

「續說郛」收入

茶錄　馮時可撰

馮爲隆慶五年（1571）進士。「續說郛」收入

別本茶經　不著撰人名氏

舊本題曰：「玉茗堂主人閱」，按玉茗堂乃湯顯祖（1550-1617）之
別號取陸羽〈茶經〉合爲一卷，後附〈水辨外集〉，引前人書文冗
雜顛倒，任意刪略，館臣疑爲仿古托名之作

茶疏　許次紓（1549-1604）撰

論採摘收貯烹點之法。「續說郛」、「寶顏堂祕笈」、「廣百川學
海」等叢書均收入

茶約　何彬然撰

書成於萬曆四十七年（1619）

略倣陸羽〈茶經〉之例，分種法、審候、採擷、就製、收貯、擇
水、候湯、器具、釃飲，末附茶九難

茶董、酒顛　夏樹芳撰

依其父夏謙吉（1527-1595）之年，以及曾自序〈琴苑〉於萬曆四十
四年（1616）二事來判斷，夏樹芳大約活動於萬曆中晚期。該書有
陳繼儒（1558-1639）有補輯附後，有夏自序、陳序與董其昌序是編
雜錄南北朝至宋金茶事，曰茶董者，取董狐史筆之意也。不及採造
煎試之法，但摭詩句故實

茶董補　陳繼儒（1558-1639）補

茗史　萬邦寧撰

　　萬爲天啓二年（1622）進士

　　此書不載焙造煎試諸法，惟採古今茗事，多從類書撮錄而成

茗笈　屠本畯撰

　　錄論茗事，分上下卷八章。每章多引諸書論茶之語，前引以贊，後
　　系以評，又取陸羽〈茶經〉，分冠各篇頂格書之，其他諸書皆亞一
　　格書之，體例似爲〈茶經〉疏解，然又不儘似。有汲古閣刊本。

茶箋　聞龍撰

　　「續說郛」收入

茶解　羅廩撰

　　「續說郛」收入

羅芥茶記　熊明遇撰

　　「續說郛」收入

岕茶箋　馮可賓撰

　　「續說郛」、「廣百川學海」收入

水品　徐獻忠（1483-1559）撰

　　是編皆品煎茶之水。一卷爲總論：源、清、流、甘、寒、品、雜
　　說；下卷詳記諸水：列三十四泉名。舊本題爲〈水品全帙〉，館臣
　　以爲乃藏書家插架題籤，於「水品」下寫全帙字，傳寫者誤連爲書
　　名也。「夷門廣牘」收入。

煮泉小品　田藝蘅撰

　　田藝蘅爲田汝成（嘉靖五年（1526）進士）之子，博學善屬文，多
　　聞好奇，世以比之楊慎（1488-1559），爲人高曠磊落，至老愈豪，
　　朱衣白髮，挾兩女奴，坐西湖花柳下，斗酒百篇，人疑爲謫仙。推

測田藝蘅應活動於萬曆朝期間。是書分十類：源泉、石流、清寒、甘香、宜茶、靈水、異泉、江水、井水、緒談，與〈水品〉、〈茶經〉無大異

湯品　不著撰人名氏

分十六品，首有煎法，以老嫩言者凡三品，次爲注法，以緩急言者凡三品，次以器標者凡五品，次以薪論者凡五品。周履靖編「夷門廣牘」收入

二、『酒類』

酒史　馮時化撰

有隆慶庚申（按查無此年，疑館臣有誤）趙惟卿序，宣和堂刊本

分數類：酒系、酒品、酒獻、酒述、酒餘、酒考，皆酒之詩文與故實

醉鄉律令　田藝蘅撰

關於田之生平，詳見〈煮泉小品〉條。「續說郛」收入

小酒令　田藝蘅撰

「續說郛」收入

觴政　袁宏道（1568-1610）撰

共十六則。宏道引語謂採古科之簡正者，附以新條爲醉鄉甲令，朱國禎湧幢小品曰：「袁中郎不善飲而好談飲，著有觴政一篇」，即此書也

酒概　沈沈撰

沈沈名號詭譎，不知何許人

仿陸羽〈茶經〉，以類酒事，一卷三目曰：酒、名、器；二卷七目曰：釋、法、造、出、稱、量、飲；三卷六目曰：評、僻、寄、

緣、事、異；四卷六目曰：功、德、戒、亂、令、文。雜引諸書

三、『飲膳類』

文字飲　屠本畯撰

　　「續說郛」收入

易牙遺意　韓奕編　周履靖續編

　　「夷門廣牘」收入

飲膳六種　不著編人

　　收有〈茶錄〉（宋蔡襄撰）、〈茶具圖贊〉（明茅一相撰）、〈觴
　　政〉（明袁宏道撰）、〈燭夜仙酒法〉（不著撰人）、〈段食良
　　方〉（不著撰人）、〈蔬食譜〉（宋陳達叟編），所收均爲與茶酒
　　蔬食飲饌有關之書。

※居常飲饌錄　曹寅撰曹寅爲清康熙中人是書將前代所傳飲膳之法，
　　彙成一編，一爲宋王灼〈糖霜譜〉；二、三爲宋東谿豚叟〈粥
　　品〉、〈粉麵品〉；四爲元倪瓚〈泉史〉；五爲元海濱逸叟〈製
　　脯鮓法〉；六爲明王叔承〈釀錄〉；七爲明釋智舷〈茗箋〉；
　　八、九爲明灌畦老叟〈蔬香譜〉、〈製蔬品法〉等，諸書散見於
　　說郛等諸叢書中。錄此書以見明人飲饌類著述。

陸一【游藝之屬】

※以下大致依棋奕、射箭、投壺、博戲、猜拳、猜謎排序。

適情錄　林應龍編

　　書成於嘉靖四年（1525）

　　前八卷載日本僧虛中所傳〈奕譜〉，第九卷以下爲外篇補遺，圖說
　　則應龍所蒐錄

奕問　王世貞（1526-1590）撰

　「續說郛」收入

奕史　王穉登（1535-1612）撰

　歷述古來奕品，敘次頗簡潔，末附辨論一則，駁諸書附會神奇之
　說，頗中理

石室祕傳　王子文撰

　有萬曆四年（1576）許穀序

　許序云：「吾鄉太學王子文徵……素以善奕名者，歷取往牒，較其
　異同，且各吐胸臆，而次第裁訂之，釐爲十卷，彙爲全書……暇日
　持以索題，余聞石室中嘗有仙人對奕，顧其法無考見，茲帙無乃得
　其不傳之祕乎？因題」。按《國立中央圖書館善本書目》此書爲王
　紹岡、徐實同撰，爲秣稜王氏修竹館刊本。

萃奕搜玄　徐希冉撰

　有萬曆八年（1580）自序、陳瓚序與孫樓序，另有嚴澂序

　康熙常熟縣志云：「希冉號聽烏，善奕，有燕人李野泉以奕聞海
　內，希冉與之遊，較覽今昔圖刻，授信眾長，參以獨契，積若干
　局，折爲四集，名曰萃奕搜玄」

奕律　王思任（1576-1646）撰

　是編定奕棋禁令，各以明代律文列前，而以奕者所犯，附會比照
　之，分笞、杖、徒三等，納贖有差凡四十二條

奕藪　蘇之軾撰　程明宗評

　天啓二年（1622）海陽程氏刊三色套印本

仙機武庫　陸玄宇撰　過文年重編

　崇禎二年（1629）刊清康熙間增補本

萬彙仙機　朱常淓撰

　　崇禎間（163?）潞藩刊本

秋仙遺譜　不著撰人名氏

　　爲明刊本

　　皆奕圖，前冠以馬融〈圍棋賦〉、班固〈奕旨〉、張撰〈碁經〉、
　　劉仲甫〈碁法〉及圍棋十訣

坐隱齋先生自訂棋譜全集　汪廷訥編

　　書林王氏刊本

棋經彙粹　汪廷訥編

奕正　雍熙日撰

奕旦評　馮元仲撰

　　「續說郛」收入

玉局鉤玄　項世芳撰

　　言棋藝，「夷門廣牘」收入

射書　顧煜撰

　　有崇禎十年（1637）自序與陸銑序，顧氏亦齋刊本

　　陸序云：「會邇歲戎作不戒，虜寇交訌，習射之令甲，旁午於澤
　　宮，而未有窺左足應者，則銘柏（按即顧煜）最先賈壯焉。洞胸穿
　　札，破的飲羽，猶是爲文之餘勇也，乃又於博綜之暇，取射義之散
　　見六經史書，以及昭代列聖之掌故者，彙而爲一書，曰射書」，是
　　編卷首載明代武科制詔疏義、次射法、次射式、次馬射、次射禮，
　　射法、射式二章所引書多注祕授，不詳所來，射禮考首載明代考試
　　武生儀，又摭拾三禮及吳越、白虎通義、初學記數則，而以袁黃
　　〈兵制考〉、黃道周〈馬政考〉、勞堪馬說及前人詩賦數篇，雜綴

其後。

射義新書　程道生撰

　　上卷雜引禮記、周禮及各子史中言射之事，抄撮故實，無所發明，
　　下卷則專言射訣，而所引〈祗武編〉、〈紀效新書〉、〈武經節
　　要〉、〈射家心法〉四種，亦皆紙上空談，末尙附雜記數則，載養
　　由基神私法，具列咒詞符籙

射經　李呈芬撰

　　收於《續說郛》中

壺譜　李孝元撰

　　李曾爲嘉靖中官都司

　　其書以投壺之法，圖之爲譜，有十八目，一百三十餘式，雖非禮經
　　古制，亦技藝之一種也

壺史　郭元鴻撰

　　成書於萬曆五年（1577）

　　以投壺爲射禮之遺，爲之考訂，首引群書，次載司馬光譜，次列所
　　創新名

壺矢銘　袁九齡撰

　　「續說郛」收入

投壺儀制　汪禔編

　　「夷門廣牘」收入

葉子譜、續譜　潘之恆撰

　　潘爲嘉靖間人。「續說郛」、「藝游備覽」、「廣百川學海」等叢
　　書收入

牌經　龍子猶撰

　按龍子猶即馮夢龍（1574-1645）之別名

　言博戲，「藝游備覽」收入

馬吊腳例　龍子猶撰

　按龍子猶即馮夢龍（1574-1645）之別名。本書「續說郛」、「藝游
　備覽」收入

牌統孚玉　栖筠子撰

　原題：「鍾離栖筠子著，海陽胡正言較」，有崇禎十二年（1639）
　自序，次年（1640）錢秉序

　據王重民先生考訂，六博之具，古用骰子，後變為牌，此言牌之事

詩牌譜　王良樞撰

　言博戲，「續說郛」、「夷門廣牘」均收入

宣和牌譜　瞿佑撰

　言博戲，「續說郛」收入

朝京打馬格　文翔鳳撰

　「續說郛」收入

胘陣譜　袁福徵撰

　言猜拳，「續說郛」、「藝游備覽」、「夷門廣牘」均收入

少林棍法闡宗　程沖斗撰

　有萬曆四十二年（1614）汪以時、陳世竣序

運掌經　黎遂球（1602-1646）撰

　「續說郛」收入

精輯時興雅謎　陳繼儒（1558-1639）輯

　中研院史語所館藏鈔本

廣社　張雲龍撰

成書於崇禎十六年（1643），並有是年自序

乃因陶邦彥所作燈謎而廣之，前載作謎諸格，取字義相似者配合一
句暗射成語

藝游備覽　不著撰人

刊於明末，純爲雜藝而設，包括：〈投壺格〉（宋司馬光撰）、
〈六博譜〉（明潘之恆撰）、〈五木經〉（唐李翺撰）、〈葉子
譜、續譜〉（明潘之恆撰）、〈馬吊腳例〉（明龍子猶撰）、〈牌
經〉（明龍子猶撰）、〈拇陣譜〉（明袁福徵撰）、〈丸經〉（元
人撰）等八種。

柒一【雜品之屬】

※此處【雜品之屬】乃援用四庫全書的類隸名詞，編撰者欲品賞論說
的對象，不限於特定之一事一物，而廣及書畫、器物、飲饌、服
飾、日用、言語……等，均歸屬之。筆者除原列於「子部・雜家
類・雜品之屬」之書外，亦參酌「子部・雜家類」下的雜說、雜考
等子類，凡提要中論及關涉名物賞鑑之內容者，一併收錄。其中，
特將民生利用之類獨出列前，品評女子之類殿後，其餘則大致依編
撰時間先後排列。

多能鄙事　舊本題劉基撰

有嘉靖十九年（1540）程法序

此編乃從〈居家必用事類全集〉一書中抽繹內容，託名劉基撰，取
孔子之言立名，凡飲食、器用、方藥、農圃、牧養、陰陽占卜之
法，無不備載，頗適於查核備用

便民圖纂　不著撰人名氏

嘉靖三十一年（1552）刻於貴州

利民用者甚多，意求全備，故多冗贅。第一卷有十五農務圖，第二
卷有十六女紅圖（以上皆係以竹枝詞一首），第三卷以下則有：耕
穫、桑蠶、樹藝、雜占、月占、祈禳、涓吉、起居、調攝、牧養、
製造。本爲農家者流，旁及於祈福、擇日，及諸格言，不名一家

居家必備　不著編人

明末刊本

莖錄　不著撰人名氏

共十一類，自文房通用至養育禽獸，皆載其名義與一切新法，大旨
倣〈多能鄙事〉諸書爲之，而瑣屑彌甚

田家五行　張師說撰

此書言田家占驗事，故名曰五行，上卷記一年十二月節氣及天文地
理類，下卷記草木鳥獸蟲魚及三旨六甲氣候涓吉祥瑞類，蓋老農之
閱歷經驗談。「農學叢刻」收入

四時宜忌　瞿佑撰

「學海類編」收入

屛居十二課　黃景昉撰

「硯雲甲乙編」收入

李氏居室記　李濂撰

李爲正德九年（1517）進士，嘉靖間免歸，退老居鄉，築別墅於郊
外，有堂有亭，各爲撰記，室中器物，悉製箴銘，以寓規警

鼉采館清課　費元祿撰

元祿爲費堯年之子，堯年爲嘉靖四十一（1562）進士，按此，元祿

最晚應生於萬曆初年左右。鉛山河口有五湖，其一曰官湖，即鼉采
湖，費構館其上，本書記館中景物，及遊賞閒適之事

華夷花木鳥獸珍玩考　慎懋官撰

有慎氏萬曆九年（1581）自序與李時英序

有花木考、鳥獸考、珍玩考、續考。或參以己語，或剽取舊說，或
標或不標出典，真偽雜糅

名義考　周祈撰

有萬曆十一年（1583）袁昌祚重刻序，及次年（1584）劉如寵序

有天部、地部、人部、物部，各因其名義而訓釋之，有異同則雜引
諸書參互辯證，條目浩博，如論箜篌為琵琶，論杜甫詩竹根為酒杯
云云

竹嶼山房雜部　宋詡、宋公望合撰

詡與公望為父子

本書之養生部、燕閒部、樹畜部為宋詡撰，種植部、尊生部為公望
撰（按千頃堂書目中，另有家要、宗儀、家規等部）。所言皆田居
雜事，以農圃之言兼玩好之具

遵生八牋　高濂撰

萬曆十九年（1591）有自序、屠隆序與李時英序三文

全書內容共有「清修妙論牋」言二氏之旨的養生格言，「四時調攝
牋」言按時修養之訣，「起居安樂牋」言寶物器用可資頤養者，
「延年卻病牋」言服氣導引諸術，「飲饌服食牋」言食品名目附以
服餌諸物，「燕閒清賞牋」言賞鑑清玩之事，附以種花卉法，「靈
祕丹藥牋」言經驗方藥，「塵外遐舉牋」言歷代隱逸一百人事蹟。
詳論古器，彙集單方，時有可採，較剿襲清言，強作雅態者勝，此

書一出，遂爲陳繼儒、李漁等濫觴

清祕藏　張應文撰

有張子丑（1577-1643）潤色之，有王穉登（1535-1612）爲序，另
自序文紀年乙未，考乙未爲萬曆二十三年（1595）。

此書乃應文屢試不第，一意以古器書畫自娛，王穉登序稱其雜論玩
好賞鑑諸物，取倪瓚清祕閣意也。大旨於一切器玩，皆辨別鑿僞，
品第甲乙，以及收藏裝褙之類，一一言之甚詳

筠軒清閟錄　舊本題董其昌（1556-1637）撰

本書實乃張應文〈清祕藏〉之另名，僅將其二卷析爲三卷，館臣謂
從前張書抄本流傳不甚顯著，書賈以其昌名重，故僞造繼儒之序以
炫俗射利

新增格古要論　曹昭撰　王佐增訂

曹書原成於洪武二十年（1387），次年有自序。原書分門纖細，較
宋代考古書內容更富，除一般之書畫文房鼎彝之外，更多了金鐵、
古窯器、古漆器、錦綺、異木等。其大旨爲「剖析纖微，諳悉典
故，一切源流本末，無不釐然」，格古之「古」爲古今名玩器具，
格古之「格」爲眞贋優劣之辨，故其書頗爲賞鑑家所重。新增此書
乃萬曆間新都黃正位等校刊本

考槃餘事　屠隆（1542-1605）撰

此書雜論文房清玩以至一切器用服御之物，皆詳載之，列目頗瑣
碎。其書乃雜錄高濂〈遵生八牋〉部分內容，重新組纂以成，概係
清賞之事

蕉窗九錄　舊本題項元汴（1525-1590）撰

賞鑑家稱之「項墨林」，書畫之藏，富於天下。然此書據考爲他人

偽託，全襲屠隆〈考槃餘事〉一書

游具雜編　屠隆（1542-1605）撰

　　笠、杖、漁竿之屬，皆便於遊覽之具，形具附圖以明，其實乃屠隆
　　〈考槃餘事〉中之「遊具箋」獨出

梅花草堂集　張大復（1554-1630）撰

　　此集包括〈筆談〉、〈昆山人物傳〉兩部分。其好友陳繼儒曾爲之
　　作序云：「元長貧不能享客而好客，不能買書而好讀異書，老不能
　　徇世而好經世，蓋古者狷俠之流，讀其書可以知其人矣」。此書共
　　八百五十三則，上自帝王卿相，下至士庶僧侶，樹木花草，飛禽走
　　獸，塵世夢境，春夏秋冬，皆在筆談之內。「物情名理，往往與甘
　　言冷語相錯而出」是本書主要特色。如〈夢〉篇中，透過僧人吟：
　　「佛印燒豬待子瞻，子瞻猶伴曉雲眠；醒時吃酒醉時唱，勘破人間
　　棒與禪」，其如《菜根譚》談賞人生哲理之書。清代列爲禁書。

骨董十三說　董其昌（1556-1637）撰

　　收於「美術叢書」中

妮古錄　陳繼儒（1558-1639）撰

　　評論字畫古玩，仿趙氏〈洞天清祿集〉、周氏〈雲煙過眼錄〉等

巖棲幽事　陳繼儒（1558-1639）撰

　　皆山居瑣事，如接花、藝木、焚香、點茶，詞意纖佻，「寶顏堂祕
　　笈」之『眉公雜著』收入，『眉公雜著』於萬曆二十三年（1595）
　　成書。

太平清話　陳繼儒（1559-1639）撰

　　爲一雜賞之書，「寶顏堂祕笈」之『眉公雜著』收入

千一疏　程涓撰

有李維楨等人於萬曆三十五～三十七年（1607-1609）間之序跋雜輯見聞，間抒己見，千頃堂書目有著錄，而四庫全書不錄，此書列為英廉等編《清代禁燬書目四種·全燬書目》之一，王重民先生列於「雜品」。

五雜組　謝肇淛（1567-1624）撰

謝為萬曆三十年進士，福建長樂人。最早有萬曆末年新安如韋館刻本，書中內容所及，上下古今甚為廣泛，全書分為天、地、人、物、事五部，特別是對於明代的政治、經濟、社會、文化各方面都有較多的記載與論辯，物部篇關於名物訓詁及賞鑑文化者甚多，極有裨於晚明閒賞美學之探討。此書列為英廉等編《清代禁燬書目四種·禁書總目》之一。

飛鳧語略　沈德符（1578-1642）撰

沈德符字景倩，又字景伯、虎臣，秀水（浙江）人，父祖皆進士起家，在翰林院作官，自幼生長於北京，得以在國子監讀書，萬曆四十六年考中舉人。沈撰有《萬曆野獲編》一書三十卷，成書於萬曆三十四年（1606），書中所記多半是萬曆年間親歷見聞之事，故取此書名。初刻本為明大字刻本，每卷自起止，未分類，康熙二十五年（1686）桐鄉錢枋病其不便查閱，依據朱彝尊的抄本，打亂舊次序，分為列朝、宮闈、宗藩、公主等四十八類，之後，其五世孫沈振為作補遺。清代李慈銘《愛禮廬日記》曰：「綜核有明一代朝章國故及先輩佚事，議論平允，而考證切實……以此為淵藪焉」。此書列為英廉等編《清代禁燬書目四種·全燬書目》之一。《飛鳧語略》論字、墨、法帖、古器、真贗鑑別，乃沈德符生平所聞見者十八條，《四庫提要》言：「其中多與沈另書《敝帚軒剩語》相同，

疑即從剩語中鈔出者」。胡玉縉《四庫提要補正》云：「實即野獲
編卷二十六之玩具一門，提要未見野獲編，因以爲從剩語中鈔出
矣」，翁同文《四庫提要補辨》則針對上述二家說法加以補正云：
「經核對，與剩語相同者計五條……皆從沈德符萬曆野獲編析
出……曹溶（按學海類編輯者）……所以不收野獲編而摘抄爲三
書，蓋因野獲編卷帙頗多，刻印殊費工力，而輯叢書者但求博務
多，故摘抄之而另立名目也」。《飛鳧語略》一書皆涉書畫古玩，
以類相從，《萬曆野獲編》相關條目尚多，故錄此書以備參酌。

博物要覽　谷泰撰

　　書成於天啓中（約 162?）

　　紀碑刻、書、畫、銅器、窯器、硯、黃金、銀、寶石、玉、瑪瑙、
　　珊瑚、琥珀、密蠟玻璃、水晶、玳瑁、犀角、香、漆器、奇石，隨
　　所見聞摭錄，未能該備

二如亭群芳譜　王象晉撰

　　王象晉爲萬曆三十二年（1604）進士，此書有崇禎二年（1629）刊
　　本此書乃其田居閒適，偶爾所著。分天譜（按雜述災祥）、歲譜
　　（按泛陳節序）、穀譜、蔬譜、果譜、茶竹譜、桑麻葛苧譜、藥
　　譜、木譜、花譜、卉譜、鶴魚譜等。略於種植而詳於療治之法與典
　　故藝文，割裂餖飣。其後有康熙四十七年（1708）御定之〈廣群芳
　　譜〉以增廣之，後書則刪去前書無關種植與民用者，復改正其體例

清寤齋心賞編　王象晉撰

　　收入《漁洋山人全集》中

墨林快事　安世鳳撰

　　有崇禎三年（1630）自序

記所見古器、古刻、古書畫，各爲跋語，卷一、二爲鼎彝、石刻、墨蹟，卷三爲右軍書，卷四至十二依朝代編次

長物志　文震亨（1585-1646）撰

文震亨於崇禎中任官職

其體例遠以趙希鵠〈洞天清祿集〉爲淵源，近以屠隆〈考槃餘事〉爲參佐，共分室廬、花木、水石、禽魚、書畫、几榻、器具、位置、舟車、蔬果、香茗等門，其曰「長物」，取世說新語中王恭語

讀書考　陳良儒撰

陳於崇禎中（163?）任官職

是書十七門：天象、時令、地輿、人物、仕籍、行誼、肖貌、人事、書籍、法教、方伎、宮室、飲食、服飾、器用、花木、品彙等。每類徵引舊聞，訂其訛舛，亦〈容齋隨筆〉之支流，大抵前人所已言

通雅　方以智撰

方爲崇禎十三年（1640）進士

皆考證名物、象數、訓詁、音聲，卷帙浩繁，四十四門之架構，上自天文下至身體動植等，無不包羅，與賞鑒美學有關者如樂曲（附以樂器）、器用（分書札、碑帖、金石、書法、裝潢、紙墨筆硯、印章、古器、雜器、鹵簿、戎器、車類、戲具等）、衣服（分彩服、佩飾、布帛、彩色）、宮室、飲食、植物（分草竹、葦木、穀、蔬）、動物（分鳥、獸、蟲）、金石等數門

物理小識　方以智撰

此書爲其子中通、中德、中發、中履所編，實〈通雅〉之緒餘也、首總論，中分天類、曆類、風雷雨暘類、地類、占候類、人身類、

鬼神方術類、異事類、醫藥類、飲食類、衣服類、金石類、器用類、草木類、鳥獸類等十五門，大致本〈博物志〉、〈物類相感志〉諸書而衍之，細大兼收，固亦可資博識而利民用，識小之言，亦未可盡廢也

分宜清玩譜　不著撰人名氏

嚴嵩（1480-1565）於世宗時居首輔，恃寵攬權，凡直陳時政者皆斥戮之，其子世蕃喜招權納賄，貪利無厭。好古尊彝鼎奇器書畫，蒐取不遺餘力，其所欲得，往往假總督撫按之勢以脅之，至有傾家殞命者。父子濟惡，御史鄒應龍極論嵩父子不法，帝令嵩致仕歸，劾世蕃戍雷州，未至而返，大治園亭，日縱淫樂，御史林潤發其罪，斬於市，籍其家，嵩老病，寄食墓舍以死。此書乃取嚴家藏書畫器玩之目，彙爲一冊，皆摘其尤珍異者錄之，尚非其全籍也。清初有〈天水冰山錄〉，《知不足齋叢書》收入，前有雍正六年（1728）嚴言序，該書爲嚴嵩抄家籍沒之家藏物資財產清冊，較此書更爲完備。

山居代膺　不著撰人名氏

　　（按「膺」同「應」字，爲答應之意）

序題丁亥夏五，按其所引書有陳繼儒〈巖棲幽事〉，萬曆十五年丁亥，陳繼儒時爲三十歲，應尚無〈巖棲幽事〉一書寫就，蓋係明末另一丁亥即已入清之順治四年（1647）。凡臚列山居、園居、舟居、游居、瓢居、獨居、酣居、宵居、睡居、病居十目，下引前人閒適之語以應之，意以示客，故名代應

閒情偶寄　李漁（1611-1677）撰

李漁生於萬曆三十九年，卒於康熙十六年，生長活躍於明末清初。

據該書余懷序的紀年來判斷，該書應完成於康熙辛亥十年（西元
1671 年）之前。本書共分「詞曲部」、「演習部」、「聲容部」、
「居室部」、「器玩部」、「飲饌部」、「種植部」、「頤養部」
等八部，就內容而言，可大別為二，第一、二「詞曲部」與「演習
部」含有相當完備的戲曲寫作與演出理論。後六部則對日常各個層
面之生活情趣的設計，有相當寶貴的個人意見在內，與晚明文人動
輒割裂或襲引他書者，不可一概而論。

清閒供　程羽文撰

本書乃生活閒賞之作，分「刺約六」（釋癖、狂、嬾、癡、拙、傲
六種生命情態）、「小蓬萊」（言蓬萊居之設計）、「天然具」
（山家居以自然物為用）、「真率漏」（言自然形成的各類聲
音）、「鳥言」（擬各類鳥聲）、「棋能避世」（言棋）、「釀王
考績」（言酒）、「睡鄉供職」（言睡）、「十七醫」（言禪師所
擬之精神調暢法）、「四時歡」（言四時作樂之法）、「月令演」
（言十二月之月令）、「二六課」（言十二時辰之作息）、「花
曆」（言各月之花）、「花小名」（言花之別名）等。

閒情十二憮　蘇士琨

蘇蓋為順治時人，楊復吉跋云：「是亦悅容編之類，而風期散朗，
自見雅人深致，閒情一賦，寄托遙深，正不得輒以白璧微瑕訾陶靖
節也」。該編對人生中所遇逢之各類境象作意象式的品藻與詮釋，
有「憮仙」、「憮達」、「憮奇」、「憮俊」、「憮才」、「憮
色」、「憮飲韻」、「憮憐賞」、「憮快境」、「憮惜別」、「憮
風流」、「憮佐恃」諸項。

藝林彙考　沈自南撰

沈爲順治六年（1652）進士

本書分五篇：棟宇（下分宮殿、府署等十子目）、服飾（下分冠幀、簪髻等八子目）、飲食（下分羹、豉、茶茗等六子目）、稱號（下分宮掖、宗黨、戚屬等十一子目）、植物（僅載瓊花一類）等，切於人事者，略備矣，實爲一類書，然必載明出處，故館臣不與其他類書並列

韻石齋筆談　姜紹書撰

姜爲清初人

此書仿周密〈雲煙過眼錄〉，記所見古器、書畫、諸奇玩，詳其形模，及諸家授受得失之始末，可謂爲完備之鑑識紀錄

七頌堂識小錄　劉體仁撰

劉體仁爲清順治九年（1655）進士

載書畫古器七十四條，多稱許孫承澤、梁清標諸舊家物。此書與〈韻石齋筆談〉一書相近

研山齋雜記　不著選人名氏

「研山」爲孫承澤齋名，此書疑其孫炯所撰。孫承澤雖人不足道，而書畫古器則好事、賞鑑兩擅其長，收藏爲世所重

研山齋珍玩集覽　孫炯撰

孫已入清，此書取〈退谷隨筆〉中所論銅、玉、磁器、筆墨硯紙、印章文玩、刻版繡繪刻絲之屬，益以尙所見聞，編成此帙

老老恒言　曹廷棟撰

曹爲清初人

此書乃衰年頤養之法，前二卷詳晨昏動定之宜，次二卷列居處備用之，附粥譜一卷，借爲調養之需，乃廷棟七十五歲作也

初學藝引　李仕學撰

　李爲清初人

　此編爲初學游藝而作，有六引：文引、詩引、書引、畫引、琴引、
　棋引等，「文引」首論文，次則以左莊史韓文選等爲次；「詩引」
　首卷分論詩、詩體、詩學，次則選漢魏六朝唐詩，末則專論樂府；
　「書引」分論書、書體、書法、書學；「畫引」亦同「書引」之
　例；「琴引」則仿史記之例，編爲琴史，首以古帝王，始製琴及善
　琴者爲十二本紀，又表古今人物及七絃十三徽與手勢指法爲十表、
　又撰禮書等與琴相關書籍爲八書、三十世家則能以琴世其家者，七
　十列傳則古今善琴之人也；「棋引」則自出新意，居邵子之易數以
　爲棋局等等

金陵妓品　潘之恆撰

　潘爲嘉靖間人，「續說郛」收入

燕都妓品　曹大章撰

　「續說郛」收入

蓮臺仙會品　曹大章撰

　「續說郛」收入

廣陵士女殿最　曹大章撰

　「續說郛」收入

秦淮女士表　曹大章撰

　「續說郛」收入

悅容編　衛泳撰

　楊復吉跋云：「悅容編之載於『快書』者，易名鴛鴦譜，又有枕函

小史評林本。首標長水天放生輯，俱不載撰人姓氏，因樹屋書影指
爲梁溪葉文通所作，然亦擬議之辭，初無灼見。間考綠窗女史，則
署名吳下衛泳，其次序詳略，互有異見，究未知孰是也。今春購得
懶仙『枕中祕』二冊，內有是編，因據以錄入叢書。懶仙字永叔，
吳中韻士，順治甲午（按八年即西元 1654 年）嘗刊古文冰雪攜，
皆幽奇蒼古，味在鹹酸外者」。該書自序云：「大抵女子好醜無定
容，惟人取悅，悅之至而容亦至……然猶不敢自匿，用以公之好
事，爲閨中清玩之祕書，以見人生樂事，不必諱言帷房，庶女子有
情，不致埋沒耳」。本編均言女子之事，有「隨緣」、「茸居」、
「緣飾」、「選侍」、「雅供」、「博古」、「尋眞」、「及
時」、「悟對」、「鍾情」、「借資」、「招隱」、「達觀」諸
項。

捌一【叢輯之屬】

※【叢輯之屬】的編撰動機實與【雜品之屬】相同，均欲雜眾事物於
　一爐，而前者的規模較後者更爲龐大，在體式上或是匯抄，或是合
　刻。匯抄就書籍形貌而言，仍爲一書，四庫全書歸於「子部・雜家
　類・雜纂之屬」；合刻則爲叢書，四庫歸隸於「子部・雜家類・雜
　編之屬」。然有些大部頭經過刪整的叢輯，體式上雖屬於匯抄，經
　過刪略整理，但輯刻眾書的原則與規模，與叢書並無二致，如《續
　說郛》等，筆者仍將之歸於叢書類，唯願突顯叢輯的特色，無意再
　細辨編輯體式。筆者以爲匯抄或叢書這類的書籍，無論是編輯者或
　是刊刻者的動機，莫不帶有相當濃厚之閒賞性質在內，欲提供他人
　與自我一個可供閒賞臥遊的文字世界。因此，若將整個晚明的叢書

出版，歸於閑賞文化的領域，實不爲過。筆者將所經眼之各類書目所得之叢書目錄與提要抄錄如下，大致按輯刻時間先後排序，疏漏之處誠屬難免。

一、『匯抄類』

芸心識餘　陳其力

約成書於嘉靖辛酉四十年（1561）

凡禽鳥獸畜龍蛇蟲鼠魚鱉五部，分門隸事，每事標題於前，雜列故實而附以論斷，龐雜割裂，殊無可觀，持論尤多猥鄙。

古今藥石　宋纁撰

宋爲萬曆間人，自序於萬曆元年（1573），此編皆從他人書中摘出，而所摘復毫無義例，卷內所標書名有：〈大儒治行〉、〈自警編〉、〈理學名臣言行錄〉、〈教家要略〉、〈鶴林玉露〉，「得月簃叢書」收入。

六語　郭子章（1542-1618）輯

收有〈謠語〉、〈諺語〉、〈讔語〉、〈讖語〉、〈譏語〉、〈諧語〉等六類。

玉芝堂談薈　徐應秋編

是書亦考證之學而嗜博愛奇，不免兼及瑣屑之事，其例立一標題爲綱而備引諸書以證之，大抵採自小說雜記者爲多。

說類　葉向高編

摘唐宋說部之文，分類編次，每類之下各分子目，每條下悉注原書，其上細書評語

煙霞小說　陸貽孫編

仿曾慥《類說》之例，錄逸事瑣聞、神怪不經之事，乃刪取稗官雜

記凡十二種而來

稗史彙編　王圻編

　　搜採說部分類編次，爲綱者二十八，爲目者三百二十。

蘭芳錄　徐三重

　　皆錄古人輕世遺榮之事，分內外二篇，內篇近自得，外篇稍假物
　　緣，亦不入世累

增定玉壺冰　閔元衢編

　　初都穆採古來高逸之事，題曰《玉壺冰》，寧波張孺愿稍刪補之，
　　題曰《廣玉壺冰》，元衢以爲未盡復增定，此編分紀事紀言二卷，
　　山人墨客莫盛於明之末年，刺取清言以誇高致，亦一時風尚如是也

霞外麈談　周應治編

　　輯隱逸高尚之事，分霞想、鴻冥、恬尚、曠覽、幽賞、清鑑、達
　　生、博雅、寓因、感適十類，大抵以世說新語爲藍本而稍以諸書附
　　益之，乃對隱逸高士類型的品賞。

警語類抄　程達

　　編取先哲格言善行，分類編次

教家類纂　薛夢李編

　　摭取前人家訓及勸善諸書薈萃成編，分四門：首圖說、敦倫、治
　　家、省身

初潭集　李贄（1527-1602）編

　　此乃所集說部分類，分夫婦、父子、兄弟、君臣、朋友，每類之
　　中，又各有子目，皆雜采古人事蹟加以評語

閨範　呂坤（1536-1618）編

　　前一卷皆採六經及女誡女訓諸文爲之訓釋，後三卷爲善行，分女

　　子、婦人、母道各一卷，敘其本事而繪圖上方，並附以贊文

學古適用篇　呂純如編

　　採前代至明凡前事之可爲後法者，分類編次爲九十一門，亦間附以
　　論斷

智品　樊玉衡撰　於倫增補

　　萬曆間刊本

　　品鑑自初古至明代用智之事，仿書畫品鑑之例，分爲七門：「神
　　品」察兆於未萌者也、「妙品」知幾於將至者也、「能品」救敗於
　　已然者也、「雅品」端士之善應變者也、「具品」小才之偶見長者
　　也、「譎品」純任術者也、「盜品」陰賊害正者也，雜隸古事而皆
　　不著其所出。

雪菴清史　樂純撰

　　萬曆間刊本，是書皆小品雜言，分清景、清供、清課、清醒、清福
　　爲五門，每門又各立子目，大抵明季山人潦倒恣肆之言，拾屠隆、
　　陳繼儒之餘慧，自以爲雅人深致者也。由於語涉纖仄，故此書在英
　　廉等編《清代禁燬書目四種·抽燬書目》之列。

枕中祕　衛泳編

　　是編仿馬總意林之體，采掇明人雜說，依類綴合爲二十五種，計
　　有：閒賞，二六時令，國士譜，書憲，讀書觀，護書，悅容編，勝
　　境，園史，瓶史，盆史，茶寮記，酒緣，香禪，棋經，詩訣，書
　　譜，繪妙，琴論，曲調，拇陣，俗砭，清供，食譜，儒禪等諸項，
　　大致皆有關於閒賞生活之經營。

清賞錄　張翼、包衡同撰

　　萬曆間刊本，二人皆久困場屋，棄去制義，因共購閱古書，采摭雋

語僻事，積而成帙

舌華錄　曹臣撰

萬曆末年刊本

取前人問答雋語分類編輯，凡十八門，世說新語之餘波也，所錄皆取面談，凡筆札之詞不載，故曰舌華

醉古堂劍掃　陸紹珩選輯

天啓間刻本，是編輯古今格言，分爲醒、情、峭、靈、素、景、韻、奇、綺、豪、法、倩十二部。王重民先生《中國善本書提要》云：「觀此命題，可知其概，其所取材，上自史記，漢書，下至〈閒情小品〉、〈小窗五紀〉凡五十種，卷端參閱姓氏，列陳繼儒、何偉然、吳從先等八十四人，可謂一部『明季無聊人譜』！士風至此，國社焉得不亡！卷背書估價二百元，今人寶愛此類無聊書至此，人生又那能走上正道？余簿錄至此，有深概焉！」，王重民先生所採取的，與《四庫全書》對晚明文風的訾評爲同一觀點。實則本輯可視爲賞玩語言辭藻之作。

古今韻史　陳繼儒、程銓同撰

崇禎間刊本

撫拾諸書中古人古事之雋語分類編次，凡韻人、韻事、韻語、韻詩、韻詞、韻物，皆以古事與明人事參錄，亦世說新語之支流，亦品賞人事語物之作

穀詒彙　陶珙輯

崇禎甲戌七年（1634）滇南陶氏刊本

陶珙與陶珽爲兄弟，是編凡十餘種，輯顏之推〈家訓〉至袁了凡〈訓子言〉，〈訓子言〉、〈決科要語〉、〈功過格〉諸篇，當時

　刻者甚夥，在明季已家傳互曉

閒情女肆　李萬化輯註

　明崇禎刻本，李並爲摹像

　此書以《嫖經》爲主，逐條註解，舊註有可採者亦存之，又係以古
　今名妓詩詞。《嫖經》不知何人所撰，考《嫖賭機關》（按沈宏宇
　述）上卷所附之「機關條目」所言大致相同。明季此類書，不僅
　二，三種

綠窗女史　秦淮寓客輯刻

　明末心遠堂刊本，有附圖

　將古來女子及相關文獻分作十部：閨閣、宮闈、緣偶、冥惑、妖
　艷、節俠、神仙、妾婢、青樓、著撰等，閨閣部載〈女論語〉、
　〈女誡〉、〈中饋錄〉、〈打馬圖〉之類與女性相關的文獻，著撰
　部載士女詩文，其餘六部均爲唐宋人傳奇小說。此亦可視爲品評賞
　鑑女子之書。

情史　舊題詹詹外史編

　實爲馮夢龍（1574-1645）輯。馮夢龍字猶龍，又字耳猶，別署墨憨
　齋主人，龍子猶，顧曲散人等，長洲人，其兄馮夢桂長於作詩，弟
　馮夢熊擅長繪畫，被稱作「吳下三馮」。馮一生致力於集歷代小說
　的收集、編輯、增補與改編，著名的三言即其手筆。本書全稱《情
　史類略》，又名《情天寶鑑》，共二十四卷，八百八十餘篇，爲明
　代主題筆記小說集，上起夏商周，下至明季，彙集歷代人情之書，
　分類編之，依情之性質分爲：「情貞」、「情緣」、「情私」、
　「情俠」、「情豪」、「情愛」、「情痴」、「情感」、「情
　幻」、「情靈」、「情化」、「情媒」、「情憾」、「情仇」、

「情芽」、「情報」、「情穢」、「情累」、「情疑」、「情鬼」、「情妖」、「情外」、「情通」、「情跡」諸類，每類後面大都有編者的評論，以使「善讀者可以廣情，不善讀者亦不至於導慾」。

五福全書　龔居中輯

五福者指其書有〈修眞要圖〉、〈至說〉、〈祕訣〉、〈金丹〉、〈種玉〉等，末附〈服食〉、〈宜忌〉二卷，此書乃與《遵生八牋》相近，爲當時家庭常識用書，風行一時；龔又著有《新鐫五福萬壽丹書》，是書述五福者爲安養、延齡、服食、採補、玄修，六壽即〈清樂篇〉也，全書雜採舊記。

二、『叢書類』

古今說海　陸楫編

嘉靖甲辰二十三年（1544）雲間陸氏儼山書院刊本

奚囊廣要　洪詹簿輯

爲嘉靖刊本，彙輯田家五行物類相感志、種樹書等凡十三種，前有棟川群長天水素流序，題爲嘉靖戊午三十七年（西元 1558 年）。此叢書的編輯意旨與《多能鄙事》。《竹嶼山房雜部》、《居家備要》、《田家五行》等書相類，惟規模更大。

古今逸史　吳琯編

吳爲隆慶進士，喜刻書，是書彙輯古今歷史輿地諸書，分逸志、逸記、列傳等編，共有五十五種，所收均當時罕見之書爲限，故世說新語等書，皆不列入。萬曆間新安吳氏另有校刊本。

欣賞編　茅一相輯

明初蘇州人沈津於正德六年（1511）編有《欣賞編》，是一部以藝

術賞鑑爲編輯主旨的叢書，所收有〈集古考圖〉（元朱德潤撰）、〈漢晉印章集譜〉（宋王厚之撰）、〈文房圖贊〉（宋林洪撰）、〈續文房圖贊〉（宋羅先登撰）、〈茶具圖贊〉（宋審安老人撰）、〈硯譜圖〉（宋高似孫撰）、〈燕几圖〉（宋黃伯思撰）、〈古局象棋圖〉（宋司馬光訂）、〈譜雙〉（宋洪遵撰）、〈打馬圖〉（宋李清照撰）等十種。該書所收爲宋元人著書，茅一相則依此書主旨，更擴大閒適賞鑑的範圍，合以上十種共收唐宋元明書六十二種，於萬曆八年（1580）重新刊刻。其中的類項包括詩詞曲評、書畫理論、文房樂器、草木蟲蔬茶酒以及游藝譜錄，並收入宋張鑒〈賞心樂事〉、明田汝成〈熙朝樂事〉二書，由其叢書名稱「欣賞」與收書內容與範圍來看，晚明閒賞生活的確較明初沈津時候豐富得多。以「欣賞」爲叢書名稱者，在晚明有別本，爲佚名輯，有十八種，部分收書與茅一相所輯重覆。中研院史語所皆藏有善本。

綠窗小史　佚名輯

本輯共收唐宋元明書四十七種，以明代書居多，所收最多者爲女子相關事務者，有傳記、詩文、故事、品藻……等類，另花譜亦多。惟雜入〈古奇器錄〉、〈茶疏〉、〈觴政〉等書，顯得體例雜亂。中研院史語所藏有明刊本

惠迪叢書　施沛編

是書彙輯敦品立行，可爲人楷模之書，故曰惠迪，爲萬曆時刻本，所輯爲宋表采〈世範〉、宋司馬光〈家範〉、宋李元綱〈厚德錄〉、明王之垣〈百警編〉共四種。其自序云：「余自早歲誦格言心輒警惕，第性善忘，歸田以來，簡閱往籍，若隔世事，乃知古盤

銘有她，暇日披輯成帙，附以俚言，名曰百警編，蓋此心不警則
怠，不百警則疏……」爲一部修養之書。

張氏藏書　張應文

　　張應文爲張丑（1577-1643）之父。共十種：〈簞瓢樂〉、〈老圃一
得〉、〈蘭譜〉、〈菊書〉、〈先天換骨新譜〉、〈焚香略〉、
〈清閟藏〉、〈山房四友譜〉、〈茶經〉、〈瓶花譜〉等。其中最
著名之賞鑑書爲〈清閟藏〉，其餘諸書與〈清閟藏〉互相補足，可
視爲張應文賞鑑觀念之總集。

枕中十書　李贄（1527-1602）編

　　萬曆間刊行。包括〈精騎錄〉、〈筧窗筆記〉、〈賢奕選〉、〈文
字禪〉、〈異史〉、〈博識〉、〈尊重口〉、〈養生醍醐〉、〈理
譚〉、〈騷壇千金訣〉等十種書，後有大雅堂訂正刊本。

漢魏叢書

　　是書初輯於明括蒼何鏜，共百種，新安程榮刻其三十七種，其後武
林何允中搜益之，刻七十六種，清王謨重編，王謨就何允中原本，
取唐宋叢書內漢魏人書十種增入，編爲八十六種，重新訂正何書之
分類義例，爲經翼、別史、子餘、載籍等四大類。

兩京遺編　胡維新編

　　萬曆壬午十年（1582）勾餘胡氏刊本

稗海　商濬輯

　　該書明史藝文志列入小說家類，黃虞稷千傾堂書目列入子部類書
類，故各家著錄，間有不同，彙輯魏晉以來名賢著述，頗多要籍，
仿漢魏叢書體也。萬曆會稽商氏半埜堂刊本。

歷代小史　不著編者名氏

序稱中丞趙公刻歷代野史，爲李公所編書，後有書牌題曰萬曆丙戌十四年（1586）冬月軍門趙爺發刊，知爲趙氏刻李氏所編。彙集古今筆記雜說瑣談著述，題曰小史，而所收輯全非史部之書，多割裂，均非完帙，較古今逸史不如遠甚。

稗乘　張幼安輯

　萬曆刊本

紀錄彙編　沈節甫輯

　萬曆刊本

續說郛　陶珽編

　仿明初陶宗儀《說郛》之例，繼續宗儀所未及收錄之書，以明人著作爲最大宗，共有四十六集。自第三十五集開始，所收即與閒賞文化有關之書，大略別之，第三十五集爲書畫之類；第三十六集爲射劍文房用物之類；第三十七集爲茶、香之類；第三十八、三十九兩集爲酒奕雜藝之類；第四十、四十一兩集爲花果野菜類之譜錄；第四十二集爲獸蟲魚類之譜錄；第四十四集爲美人品賞之類等等。是編增輯陶宗儀說郛迄於元代，復雜抄明人說部五百二十七種以續之，其刪節一如宗儀之例。此書列爲英廉等編《清代禁燬書目四種·禁書總目》之一。

明百家小說　舊本題沈廷松編

　全書乃全與陶珽續說郛同，蓋坊賈以不全說郛僞鐫序目售欺也。

錦囊小史　不著編者名氏

　據《續修四庫全書提要》考，此書原序已闕，目錄及標題均爲鈔配，內九十三種同正續說郛，恐係說郛零種，是否原名錦囊小史，未知？是書彙輯一百零四種書，率見於說郛，板式相同，目錄封

面，均爲鈔寫而成，此乃根據說郛正續殘本，坊間彙集此書。

風流十書

原題陳繼儒（1558-1639）評，是書實共八種，皆不著撰人名氏，卷
目爲〈鍾情麗集〉、〈雙雙傳〉、〈三妙傳〉、〈天緣奇遇〉、
〈嬌紅傳〉、〈三奇傳〉、〈融春集〉、〈五金魚傳〉等，原附有
圖像，大抵爲才子佳人，風花雪月之事，麗辭綺語，間附詩詞，蓋
三言二拍之流亞也，其筆削近雅，則由陳繼儒氏。

寶顏堂祕笈　陳繼儒（1558-1639）輯

萬曆繡水沈氏尙白齋刊本

陳繼儒字仲醇，號眉公，松江華亭人，幼穎悟，與董其昌齊名，當
時名流，王錫爵王世貞均譽之，年二十九居儒衣冠焚之，隱居崑山
之陽，後築室東佘山，杜門著述，名重一時，間刺瑣言僻事，詮次
成書，遠近爭相購寫。嘗稱顏魯公書朱巨川告身其蹟用以寶顏名其
堂，喜搜輯古籍，廣爲刊布，共有正、續、彙、廣、普與眉公雜著
等六集，共二百二十六種四百六十四卷，各集所收以宋明兩代爲主
的書自十六種至五十種不等，每集均或多或少地收有包括書畫、鼎
彝花木鳥獸蟲魚之譜錄、生活閒適等閒賞類的書籍。是書經乾隆間
燬禁，所列剿奴議撮女直考，燕市雜詩等書，以涉及遼事，通行本
均被刪去。陳氏之書，搜集賅博，多未見之書，未可以間有刪，而
遽忽之也。又千頃堂書目所稱正集前篇諸書，即通行本之眉公雜著
也。「續祕笈」曾列爲英廉等編《清代禁燬書目四種·禁書總目》
之一。

夷門廣牘　周履靖編

李日華（1565-1635）曾爲周履靖作別傳。該編廣集歷代以來小種之

書，並其所自著，蓋亦陳繼儒祕笈之類。夷門者，自寓隱居之意也。書凡八十六種分十三門：「藝苑」、「博雅」、「尊生」（以上再查書目）、「法書」爲書法與篆印類、「畫藪」爲肖像、花竹禽石等各類畫科的畫法指導書、「食品」爲茶酒蔬食之譜類、「娛志」爲雜藝游戲類、「雜占」爲命相占驗類、「禽獸」爲鳥獸蟲魚之譜類、「草木」爲農圃樹藝類、「招隱」爲神仙逸民傳記、「閒適」爲詩賦吟詠類、「觴詠」爲酒頌類等。

程氏叢刻　程百二輯刻

　　萬曆四十二年（1614）成刻，收有〈雲林石譜〉（宋杜綰撰）、〈品茶要錄附茶寮記〉（宋黃安儒撰附陸樹聲撰）、〈酒經附觴政、醉鄉記〉（宋朱翼中撰附袁宏道、東皋子撰）、〈畫鑑〉（宋湯垕撰）、〈茶說〉（明黃龍德撰）等五種。其中〈石譜〉、〈畫鑑〉兩種爲程友人焦竑家舊藏本。本叢書之編輯立意，據王重民先生《中國善本書提要》引程百二〈品茶要錄後記〉云：「邇者，目董玄宰、陳眉公贊夏茂卿爲茶之董狐，不揣撮諸致之勝者，以公甌賞，如兀坐高齋，游心羲皇，時披閱之，不惟清風生兩腋，端可洗盡塵土腸胃矣」

祕書九種　鍾惺（1574-1624）輯

　　萬曆金閶擁萬堂刊本

天都閣藏書　程胤兆編

　　自鍾嶸詩品以下，輯錄凡論詩書畫者十四種

五朝小說　馮夢龍（1574-1645）編

　　在「魏晉小說品藻家」項下，收錄東晉南朝時期書畫品鑑之書；在「魏晉小說藝術家」項下，收錄鳥獸奕鼎之類譜錄之書；在「唐人

百家小說偏錄家」項下，大部分爲異聞小說，並收錄了書畫理論與
茶酒花木之類的譜錄書。

格致叢書　萬曆胡文煥編

世傳多部，四庫所藏本有經翼十五種、史外二十一種、居官十二
種、法家十二種、訓誡十四種、子餘八種、尊生十八種、時令農事
八種、藝術十種、清賞十七種、說類十一種、藝苑三十五種等。由
其所收書籍類別來看，乃是一套企圖整齊搜羅經史子集四部的叢
書，其中與賞鑑文化有關者，當屬尊生、時令農事、藝術、清賞等
部分類項。

續百川學海　吳永編

該書乃沿襲自宋代左圭的《百川學海》而來，原左書共有十集，其
中收錄兩宋及前朝賞鑑類著作者，集中在庚、辛、壬、癸四集裡。
庚集收書畫類；辛、壬兩集收文房香茶酒草木等譜錄之書；癸集收
鳥獸園林風土之書。左圭《百川學海》所收的賞鑑書，爲後來陶宗
儀《說郛》及明代以來許多叢書輯錄相關書籍的重要參考。晚明吳
永編《續百川學海》，吳序云：「雅物稗說，多不雅馴，唯百川學
海一書，皆彙輯唐宋名卿大夫所別撰，大則譚經者世，次亦不失廣
見博聞，則一語一目，先輩之風流，于是乎在。余暇日檢敝篋手
訂，集其遺佚者，爲續編，雖琴樽書畫，用如小物，多關至理」。
是書以天干名篇，共分十集，補輯明代以前左圭未所之書，賞鑑類
的書亦集中在後數集。

廣百川學海　馮可賓編

體例亦同於吳永之《續百川學海》，惟收明人著述爲多，是編於正
續百川學海之外，掇拾說部以廣之。分爲十集，以十干標目，然核

其所載，皆續說郛所有，板亦相同，蓋姦巧書賈於說郛印板中抽取
此一百三十種，別刊序文目錄，改題此名，託言出於可賓也。庚、
辛兩集收錄生活閒適與山居之類的書；壬集爲書畫詞曲古器篆印之
書；癸集則爲草木鳥獸蟲魚之譜錄書。由於其集內〈建州考〉、
〈夷俗考〉、〈北征錄〉、〈北征後錄〉、〈北征記〉等五種書，
犯清人違礙，故曾列爲英廉等編《清代禁燬書目四種·抽燬書目》
之一。

明人叢刻　不著編人名氏

　　彙輯梁鍾嶸詩品、王世貞詩評、宋嚴羽滄浪吟卷、元陸輔仁詞旨，
　　明王世貞詞詞、曲藻等書二十種，每書間有敘錄，排列前後不分次
　　序，版式類續說郛、廣百川學海之流，纂輯亦無小統。所輯各書，
　　多爲詩詞書畫談藝評文之作，供茶餘酒後文人之談助，惟以是書之
　　刊刻版本而言，恐爲廣百川學海之殘本，書賈得其殘書，無以出
　　售，乃妄加明人叢刻之名耳。

諸子彙函　舊題歸有光編

　　天啓乙丑五年（1625）刊本

諸子奇賞　陳仁錫編

　　天啓間（162?）蔣氏三徑齋刊本

諸子拔萃　李雲翔編

　　天啓七年（1627）金陵余氏等刊朱墨套印本

漢魏六朝別解九十二種　葉紹泰輯

　　是書選輯經史古學及秦漢至六朝集部諸書，略分四部，爲崇禎間刻
　　本。凡例云，別解向以漢魏晉敘書，今則稍加增定，分爲四種，談
　　經濟則董賈登壇，窺著作則劉曹執耳，匪徒耀目，實足賞心。

唐宋叢書　鍾人傑、張遂辰同編

明末刊本，是書彙輯古今著述，共分經翼、別史、子餘、載籍四
類，載籍下題右補漢魏失刻二十種，蓋補漢魏叢書之缺也。大半均
取材於說郛，均剪裁不完之書。「載籍」項下，收有古來文藝理
論、禽經、茶酒香石竹桐之譜等類的書。

尙友叢書　夏洪基編

明末高郵夏氏刊本

收有與書相關者七種：〈讀書十六觀〉（陳繼儒撰）、書憲（吳從
先撰）、〈讀書樂〉（陳朗撰）、〈書齋清事〉（華淑撰），以及
夏洪基所著的〈讀書筏〉、〈藏書譜〉、〈芸窗砭語〉三書，其中
〈藏書譜〉、〈書齋清事〉應爲賞鑑類著作。

山居清賞　程榮編

是編輯錄之書據四庫提要云：「列〈南方草木狀〉至〈禽蟲述〉凡
十五種，多農圃家言，惟〈茶譜〉一種爲榮所自著」。《四庫全
書》未將十五種書一一列舉，故其實如何，不得而知。據筆者考查
此書與《國立中央圖書館善本書目》所著錄明汪士賢編《山居雜
志》相類，其所列書目，以宋人爲主之草木茶酒蔬食禽蟲譜錄之
書，亦始自〈南方草木狀〉（晉嵇含撰），終於〈禽蟲述〉（明袁
達德撰），與四庫存目者合，但收書二十種，較程書多五種。然二
書之編者非同一人，且《山居雜志》收錄之〈茶經外集一卷茶譜外
集一卷〉標明孫大授撰，亦與程榮無關，可推測應爲性質相類的兩
套叢書，顯示當時人對於山居農圃閒賞生活的喜愛。

山林經濟籍　屠本畯編

全書一百零四種分爲棲逸、達生、治農、訓族、奉養、寄興、漫

遊、玩物等八類。屠隆爲其叔序云：「大抵林壑衡門爲政，達生娛志，山經農種，一味安穩本色，即旁及品泉譜石，茶鐺酒鎗，亦何非林下風氣？率爾寓興，豈留此作累心溺志之事哉？命曰『山林經濟籍』，良足封侯醉鄉，而樹勳南柯矣。」可見此書編輯乃爲有山林嚮往志趣之士。

快書　閔景賢編　何偉然訂

彙輯時賢小品著述，凡五十種，於原書名外，另錫以雋雅之名，例如王聖俞會心編刪本，則題曰秋濤，倪元昌醒言元本，則題曰光明藏……等等。凡有刪節，或錄取原書，均注其詳略出處。其自序云：「予以山居考古之餘間，拾檢時倫零星瑣記，偶入胸臆，輒如呂溫得一善，盱衡擊節揚袂頓足，信容得色曰眞快心書也。如春初早韭秋末晚菘之快口，白雪濯鷺，紫月乘鸞之快目，松嘯庚孫，溪琴挑蔡之快耳，香蕉醉蔫，綺石支床之快體，若是五十種，非獨可以快心娛目，而可以極憂樂之至情。」每種之前，均撰小序。經改易之書名，立名相當奇特，有平易親切者如〈交友觀〉、〈閒情十二憮〉等，亦有詭異神祕者如〈惑溺供〉、〈錢罾〉、〈花案〉等

廣快書　何偉然編

崇禎己巳二年（1629）刊，體例同《快書》一樣，亦以五十種書，增編爲《廣快書》，亦有奇特之書名如〈尋常事〉、〈一聲鶯〉、〈有情癡〉、〈照心犀〉、〈嘔絲〉、〈斷肉編〉、〈鴛鴦譜〉等。

清睡閣快書　華淑（1589-1643）輯刻

同樣以「快」題名者，尚有此編十種，收〈癖顚小史〉、〈草堂隨筆〉、〈說雋〉、〈談麈〉、〈文字禪〉、〈逃名傳〉、〈枕

譚〉、〈寶顏堂清明曲〉、〈清暑筆談〉、〈筆疇〉等，前六種爲
華淑自撰。《快書》、《廣快書》兩輯一百種書之汰選刪節與命
名，其立意乃標新務奇；華淑之輯，亦在生活細節處作文章，二者
均以「快」總稱叢書之名，可知編輯者對適意稱快人生之追求。

閒情小品　華淑（1589-1643）輯刻

其輯刻年月當在《清睡閣快書》之後矣，凡二十六種，除〈田園
詩〉爲陳繼儒撰，其餘並淑所輯，收書爲：〈癖顚小史〉、〈草堂
隨筆〉、〈說雋〉、〈談麈〉、〈文字禪〉、〈逃名傳〉、〈書紳
要語〉、〈睡方書〉、〈雨窗隨喜〉、〈清史〉、〈迷仙志〉、
〈田園詩〉、〈清涼帖〉、〈文章九命〉、〈千古一朋〉、〈揚州
夢〉、〈樂府餘編〉、〈花寮〉、〈花間碎事〉、〈酒考〉、〈頌
酒雜約〉、〈品茶八要〉、〈香韻〉、〈療言〉、〈貯書小譜〉、
〈書齋清事〉等，其中前六種與《清睡閣快書》所收相同，由叢書
題名「閒情」可知，此書乃爲生活閒賞所設。

群芳清玩　李璵編

李爲蘇州人，明末虞山毛氏汲古閣刊本

該叢書收游戲晏賞之冊有十二種：〈鼎錄〉、〈研史〉、〈畫
鑒〉、〈石譜〉、〈瓶史〉、〈奕律〉、〈蘭譜〉、〈茗笈〉、
〈香國〉、〈採菊雜詠〉、〈蝶几譜〉等。據王重民《中國善本書
提要》考訂云：「按陶氏〈汲古閣刻書目錄〉云：『此書即係晉刻
之《山居小玩》十種，其板後歸李某，加入〈採菊雜詠〉一卷、
〈畫鑒〉一卷，亦汲古閣原刻，共十二種，改名群芳清玩』，按
《四庫全書總目存目》著錄本題李璵編，即陶氏所稱之李某也……
徐亮序云：『乃檢點群芳，彙次菊譜，鼎錄諸箋，以爲清玩快

事』，書名蓋取諸此。」據《續修四庫全書提要》（商務）云：
「當是（毛）晉彙其歷年所劇游戲小品，或爲人所刻之書，延李嶼
重編而印行者，故書中格式，亦極不相同」。

山居小玩　毛晉（1599-1659）輯刻

率皆藝術譜錄之品，共十種，乃汲古閣刻本，是本原無籤題，後人
題曰山居小玩。除無〈採菊雜詠〉、〈畫鑒〉二書外，其餘所收與
上書（《群芳清玩》）相同。據《續修四庫全書提要》引徐亮題
云：「歸來隱几小窗，聽松風石泉，看雲行鳥飛。案角苦無快編，
差強人意，留餘箋牘，目攝數行，輒放棄去。悠悠忽忽，爰遂居諸
俄運，月夕汎秋水，問津湖南。小憩子晉汲古閣，候東鏡之吐，左
顧百城，擁衛，芸籤縹帶，走蠹驚鴻，令人裂眼，觀者少焉。集錄
君齋，絳帳清輝，玉池古色，主人手一編相視，乃檢點群芳，彙次
蘭譜，鼎錄諸箋，呼爲清玩，快成諸種，風雅遙留，烏容沒沒，余
不佞，雖復疏頑，須索日尋玩三四通，以破幽鬱，瑟居望遠，驛談
異書，第恐驚喧鳥雀行，取次向人，撮韻事，以資譚麈。」

水邊林下　不著編輯人姓氏

據《續修四庫全書提要》所考，前有湖南漫士小引云：「簡文帝曰
會心處不必在遠，翳然林水，便自有濠濮間想」，當即是書命名之
意，又云：「年來杜門掃卻，因檢韻人書，如寒花野蔬，漁具酒
鎗，野澹而孤冷者，隨意錄數卷鑴之。」是湖南漫士當即此書鑴
者，惟姓氏不可知矣。全書皆零星小品，由戰國以迄元明，以明代
撰述爲多，計三十二種，人撰述次之，計十三種，每種之首，除撰
人姓名外，均署某人校，某人閱等字，不脫書坊習氣。按明季各書
坊，有好事者，每喜刊刻小品文字，官其地者，瓜代之時，輒取板

數十種，彙爲一編，隨意標一總名，並撰序于書首，以作鴻爪之記，所謂書帕本者是也。此書當亦其一種耳。又清順治間，所刊說郛，迥非元人之舊，蓋即合書帕本各書所湊成書，此書亦係其前身之一。故此書應爲晚明閒賞書之匯輯。該書收書範圍，與《群芳清玩》相近，有草木禽蟲飲饌日用各類譜錄、閒賞筆記等，細目詳參《續修四庫全書提要》頁 2192。

津逮祕書　毛晉（1599-1659）輯刻

共十五集一百四十四種，崇禎間汲古閣刻本。據《續修四庫全書提要》考，毛晉初名鳳苞，後更名晉，字子晉，常熟人，性嗜卷軸，湖州書舶，雲集於門，藏宋元佳刊，精本名鈔，構汲古閣目耕樓以庋之。傳刻古書，流布海內，有汲古閣所刻書目，記載甚詳，是書彙輯宋元以前舊帙，以據胡震亨氏所輯「祕冊彙函」殘帙，重爲刊成。據胡序云：「余友虞山子晉毛君，讀書成癖，其好以書行，令人共讀，所鐫大典冊積如山，稗官小說家言，亦不啻數百十種，懼購者零雜難舉，欲統爲一函，而余曏所與亡友沈汝納氏，刻諸雜書，禾竟而殘於火者，近亦歸之君，因並合之，名津逮祕書以行。酈氏之水經云：積石之石室，有積卷焉，世書罕津逮者。今而後問津不遠，當不怪入其窟，披其簡者之爲唐迷矣」，是書所收輯者，雖眞僞雜陳，然書必全帙，較說郛、百川學海等書，已有進步，且漢唐著述，賴以流傳者不少，其後海虞氏，即效其意，刻「學津討原」等書，毛氏有開前啓後之功。另據王重民《中國善本書提要》引學翼主人題記云：「汲古閣藏書甲天下，較槧之精，世尤珍異。吳祭酒梅村贈以長歌，非虛爲推服也。《津逮》一書，乃薈萃四部中人間罕見者，都爲廿函⋯⋯」

國家圖書館出版品預行編目資料

晚明閒賞美學

毛文芳著. － 初版. － 臺北市：臺灣學生，2000
面；公分
參考書目：面

ISBN 978-957-15-1008-8(平裝)

1. 美學 － 中國 － 明(1368-1644)

180.9206   89002774

晚明閒賞美學

著　作　者　毛文芳
出　版　者　臺灣學生書局有限公司
發　行　人　楊雲龍
發　行　所　臺灣學生書局有限公司
地　　　址　臺北市和平東路一段 75 巷 11 號
劃　撥　帳　號　00024668
電　　　話　(02)23928185
傳　　　真　(02)23928105
E - m a i l　student.book@msa.hinet.net
網　　　址　www.studentbook.com.tw
登記證字號　行政院新聞局局版北市業字第玖捌壹號
定　　　價　新臺幣六五〇元

二〇〇〇年四月初版
二〇二二年七月初版二刷

18001
有著作權‧侵害必究
ISBN 978-957-15-1008-8 (平裝)